# 想像之城

Rye Field Publications

BERLIN

羅里・麥克林——著

莊仲黎——譯

RORY MACLEAN

與二十三位經典人物穿越柏林五百

A wonderful impressionistic portrait of this beguiling city. — **CHOICE**

BERLIN

# 目錄

# 前言

黎明的曙光在霧靄中投射出一道已消失的柏林皇宮暗影。一位普魯士國王吹奏的長笛樂音飄盪在空氣裡。一些樹苗已在被遺忘的柏林鐵路支線上發芽生根，蘇聯共產黨領導人列寧在潛回俄國發動革命之前，曾在那兒歇腳休息。兀立於紀念柱上方的勝利女神像閃耀的金色光芒，穿透了周邊動物公園（Tierpark）茂密的樹木與枝葉。柏林北邊薩克森豪森集中營（KZ Sachsenhausen）的骨灰自焚化爐飄往南方，在市中心歐洲猶太人受難紀念碑園區（Denkmal für die ermordeten Juden Europas）上空被捲入一陣帶著灰塵的旋風裡。孩童們的笑聲，迴響在建造於柏林圍牆遺跡上那些缺少植被與綠意的帶狀公園裡。一群遊客在柏林城中區（Mitte）一處單調無趣的停車場駐足發呆，他們站立的地面下方正是希特勒祕密地下碉堡之所在。

為何我們會特別受到某些城市吸引？也許是因為我們在孩提時期曾讀過某個故事，或在十幾歲時曾偶然造訪，或純粹因為那個地方的居民、塔樓與歷史，具體表現出我們所認為的人生意義觀點而深受觸動。在世人眼裡，法國巴黎與浪漫愛情有關，南法鄰近西班牙的天主教朝聖地盧爾德（Lourdes）已與宗教奉獻畫上等號，美國紐約意謂著豐沛能量，英國倫敦總是講究流行時尚。

至於德國柏林，則是「變動」的代名詞。它的認同並非植基於穩定，而是變化。沒有一座城市像柏林這般，處於如此強大、卻又如此消頹的輪迴裡。沒有一座城市像柏林這般，如此令人厭惡、令人恐懼，卻又令人如此迷戀。沒有一座城市像柏林這般，在橫跨五個世紀的雙邊衝突裡，曾被如此地扭曲與撕裂：從十六世紀宗教改革所引發新、舊教陣營間的宗教戰爭，到二十世紀後半葉的美蘇冷戰，柏林始終處於西方兩股對立意識形態的交鋒地帶。

柏林這座城市永遠處於改變之中，從未定型，所以能擁有更活潑的想像力。未曾造訪柏林的人們在親睹柏林之前，早已同時感受到它那些痛苦的欠缺以及亮麗的擁有：生命意義已經存在、夢境已經實現，連邪惡也曾密集地執行。它們曾響徹雲霄，撼動人類社會，令人膽戰心驚。這座城市曾蒙受如此多的喪失，卻也曾經歷如此多的創造，因為人們內心的想法能快速地填補真空，讓無形的東西具體化，並以想像連結真實。既然在柏林沒什麼是固定不變的，在現在與過去之間，在被觀察的實體城市與上萬種書籍、電影、畫作以及充滿幻想力的建築烏托邦虛構的地域之間，便產生了熱烈對話。昨日種種仍然迴響在今日，那些活躍於柏林的夢想家與獨裁者所提出的構想，似乎和它的磚頭與灰泥一樣地牢固。這座深具魅力、充滿變動的城市在精神層面總是顯得生機盎然。

很久很久以前，我背著背包從加拿大來到歐洲四處旅行時，還是個未滿二十歲的青年。在那個開心愉快、無拘無束的夏季，我曾吃力地爬上巴黎的艾菲爾鐵塔，曾以輕快步伐走下羅馬的「西班牙階梯」，並在希臘愛琴海一處沙灘的星空下感受地球運轉。然後，我在這趟旅行的最後一週來到柏林，並看到了柏林圍牆。這道可憎的水泥障礙物打從心底震撼了我，因為，在這個歐洲大陸的心臟地區竟然遍布著警衛瞭望塔、帶刺鐵絲網以及一群東德邊防士兵。他們已受上級指示，一律射殺想逃往西柏林、想在不同政權下生活的東德同胞。

我那時當然知道二戰後的歷史，也了解冷戰時期發生了什麼事，但我卻無法想像眼前這一切是怎麼發生的。那些分裂德國與歐洲的個人——戰爭策畫者、蘇聯人民委員（相當於行政部會的部長）、東德情報組織史塔西（Stasi）的幹員——並不是什麼妖魔鬼怪，他們都是有血有肉的男人和女人，因此，當時的我很想了解他們的動機，了解他們為何會有這樣的作為。不過，同時我又對他們的罪行感到厭惡，覺得應該去感受他們的受害者所承受的痛苦。

在柏林停留的那個星期，我一次又一次受到柏林圍牆吸引。我經常爬上圍牆邊的一座木造瞭望臺，而且一待就好幾個小時。我站在高處俯瞰荒涼的波茨坦廣場（Potsdamer Platz），並沉默地望著柏林圍牆雙牆之間那個布有地雷的死亡地帶。年少的我對於人們竟會因理念衝突直接在市中心設置一道水泥牆、把一座城市硬生生隔成兩半，著實感到訝異不已。

在那場夏季之旅的最後一天，我穿越邊界進入東柏林。我在查理檢查哨旁邊跨過一道白線後，便從柏林圍牆的一道出入口進入雙牆結構的圍牆內。入口的大門升起，接著便在我後頭關上，所有準備進入東柏林的車輛與行人，全被趕入一條雙重急轉彎的水泥迴旋通道。就在那一刻，一架蘇聯米格戰機飛過已無人跡的布蘭登堡門上空，超音速所造成的空氣振動不僅讓窗戶震盪，也搖撼了我對人性本善的信念。

我把護照交給一位全副武裝、沉默寡言的東德軍官。繳付簽證費用之後，便在一位穿著灰綠色制服的東德人民軍中尉注視下，站在細雨中等候。他背著一把子彈已上膛的步槍，他戍守的那座矮小警戒崗哨另一側就是東柏林，周邊建築物的門已全被磚塊砌封住，附近地鐵站入口也已封閉。腓特烈大街——曾經是柏林市中心最繁華的商業街——出現一條陰暗狹窄、表面塗上水泥的過境通道。柏林居民的魂魄與記憶似乎已在這條過道裡被吸走了！

在這場歐洲之旅的最後一天、同時也是我在東柏林的第一天，我離開柏林圍牆附近那個監控嚴密的邊界地帶，直接走向颳著強風的亞歷山大廣場（Alexanderplatz）——東柏林的市中心。我隨身帶著一本阿弗烈德·德布林（Alfred Döblin）於一九二〇年代出版的短篇小說集。在二戰爆發以及柏林圍牆興建之前，這位曾為柏林留下最重要文學作品的作家早已遛達過這座廣場上那些鋪石地面的天井與布料行，並以手中那支妙筆描繪那裡的鐘表匠、戴著便帽遊手好閒的年輕人以及「非常廉價的女人」。廣場上的生意人以喉音大聲地說著猶太人的依地語（Jiddisch）[1]。商店的魚販們將肥美的鯡魚擺在冰塊上販賣，並以粉筆把各種魚類的價格寫在窄擠店面裡那扇通往地窖的門片上。穆恩茲街（Münzstraße）那些電影院外面有幾位街頭藝人搖著他們推來的手搖風琴，樂聲此起彼落，非常熱鬧。一家勞工書籍專賣店的上方架著一幅看板，上面畫著一隻手擺在一本打開的書上，下方還有一把鐮刀、幾穗玉米的圖案以及一行文字：「如果你想增加生產量，就需要知道更多。」

那是我第一次造訪亞歷山大廣場，時間是一九七〇年代。當我看到盤據在廣場周邊那些灰暗的鋼筋水泥建築時，簡直無法和五十年前猶太裔德語小說家德布林筆下所描繪那處「柏林令人震撼的心臟地帶」聯想在一起。這個位在老柏林中心點的舊建築，後來因為不敵納粹首席建築師亞伯特・許倍爾（Albert Speer）在首都展開的日耳曼尼亞大建設、英國蘭卡斯特轟炸機的空襲以及東德都市計畫專家的規畫，而逐一被拆除或炸毀殆盡。我那時站在亞歷山大廣場上，四周既聽不到人聲，也聽不到鳥鳴。位於廣場中央、基座貼著瓷磚的「民族友誼噴泉」（Brunnen der Völkerfreundschaft）看起來實在「很枯燥」（bone dry）。旁邊的

1 依地語早先通行於中歐和東歐各國的猶太人之間，是一種混合中古德語、希伯來語、羅曼語和斯拉夫語的語言，亦稱「猶太德語」。

東德國營連鎖百貨公司「中央百貨」（Centrum Warenhaus）建築表面布滿凹洞、設計毫無特色，裡面除了蘇聯錄音公司Melodiya出品的黑膠唱片之外，似乎沒有販售什麼值得購買的商品。燃燒褐煤的黑煙不斷朝空中噴出，外觀覆滿黑垢的車站發出陣陣濃厚的塵埃味。一列塗裝棕紅色和灰褐色的雙色電車嘎嘎作響地駛過拱橋。那時我由於緊握德布林那本小說，連關節都因使力過度而發白。亞歷山大廣場看起來就像廢棄一般，只剩下一對推著嬰兒車的年輕男女在那裡走動。他們在廣場上那座已經生銹、造型非常類似原子構造的「世界鐘」（Weltzeituhr）——裡面運行的那幾顆行星就像瀕臨毀滅的電子繞著一個原子核（恆星太陽）旋轉——下面停了下來，然後幫車內的嬰兒調整毛毯。我朝嬰兒車裡瞥了一眼，卻驚然發現，裡面竟躺著一隻塑膠娃娃，而不是人類嬰孩。

在廣場西側邊緣電車候車亭另一頭，有一棟符合黃金比例的建築吸引了我的目光。它就是柏林的聖母教堂（St. Marienkirche），也是柏林第二古老的教堂，於十三世紀興建在該處的沙丘上，確切建造年份並沒有文獻紀錄。這座教堂的斜向方位（未依循正南北方向）正好反映出老柏林的市街規畫。然而，當我朝它飛奔過去時，卻看到它的紅磚牆上仍遍布戰火留下的彈孔。從骯髒的大玻璃窗透入的微弱光線，將聖靈往下拉進教堂潛藏的陰暗處，而不是向上帶往天國。一位孤獨婦人坐在這座教堂的門口顫抖著，她的雙腳只穿著一雙已磨損的長襪，身旁那位補鞋匠正磨著他的小刀，準備為她脫下的靴子打造新鞋跟。

死神站在後面的走廊裡，祂向前抓住了紅衣樞機主教與教宗、國王與騎士、行政首長與宮廷弄臣的手，引領他們走完生命最後的旅程。我隨著他們在教堂裡移動，沿著那幅畫風蒼白黯淡、總長二十公尺的哥德式壁畫走著。這幅〈死亡之舞〉（Totentanz）繪於一四六九年前後，簡單的作畫技巧頗似兒童繪畫，它躲過了火災與盟軍空襲，而且還因為在中世紀晚期被塗上石灰水，而默默地在聖母教堂裡存在了將近五百年。因此——舉例來說——當尼采走過這幅壁畫上的舞者面前時，雖首次感受到柏林具有「走向死亡的潛在意志」，但他卻看不到隱藏在石灰之下描繪舞者的那些筆觸笨拙的線條。歌德、伏爾泰及格林兄弟也曾參訪聖母教堂，後來契訶夫、卡夫卡、德布林、弗拉迪米．納布可夫（Vladimir Nabokov）與鈞特．葛拉斯（Günter Grass）——不論是柏林的居民或訪客——也跟隨這些文學前輩的腳蹤走進這座教堂，然而，他們都只能用直覺感受〈死亡之舞〉的存在，無法用眼目觀看。同樣地，活躍於威瑪共和時期的柏林裸體舞蹈家阿妮塔．貝柏（Anita Berber）——德國畫家奧托．迪克斯（Otto Dix）畫作裡那位嘴唇塗黑的色情舞者——也曾在這條走廊裡受到莫名啟發而創造出她自己的裸體死亡之舞。澳洲搖滾創作歌手尼克．凱夫（Nick Cave）在造訪聖母教堂、並在這幅隱藏的壁畫前停下腳步時，突然在腦子裡聽到他的歌曲〈死亡不是結束〉（Death is Not the End）的歌詞。法國存在主義哲學家沙特在柏林逗留期間，甚至曾經想像這座城市是一個死者與活人共存的世界，活人雖然看不見死者，但死者也無法觸摸活人。

「你們大家都一起來，跟著我加入這場死亡之舞！」這幅壁畫裡那位模樣恐怖、穿著壽衣的主舞者以低地德語的韻文呼喚著。當他指示大家一起跳舞時，還回頭一瞥，我發現他正在注視我，正如他也曾注視經過這條走廊的每一個人，而且把我們全部拉進這支舞蹈中。

頃刻間，我想像自己正握住這些難逃死亡命運舞者的手。當太陽從浮雲後方出現時，我正和他們一起步出聖母教堂。此時的亞歷山大廣場已不再荒涼，它忽然變得人擠人，到處都是黑死病患者和哈布斯堡王朝軍隊的妓女；一群中世紀說書人與喋喋不休的賣魚婦已重回這個生活場域；意圖報復納粹德國的蘇聯紅軍辱罵著那些必須彎腰清除瓦礫、協助戰後重建的「廢墟中的女人」（Trümmerfrau）；在人群中，我發現一些嚼著口香糖的美國大兵和已被燒得全身焦黑的英國轟炸機投彈手緊抓著火的降落傘；而且我還看見拿破崙跨騎在他的白色戰馬上；納粹親衛隊裝甲擲彈兵在遇害的猶太兒童四周昂首闊步地行走；在西柏林發表〈我是柏林人〉這場演講的甘迺迪總統命令車隊停在路邊一個烘焙攤前面，一口氣買了十幾個「柏林人甜甜圈」（Berliner）——一種撒上糖粉、內含李子餡的非圈狀圓形甜甜圈。

關於柏林的想像還不只這些，因為這座城市一些標誌性的奇想其實或多或少都與死亡有關：英國搖滾歌手大衛・鮑伊歌曲裡的英雄們在柏林圍牆邊親吻；德國大導演文・溫德斯電影裡的天使仕持著火炬的納粹遊行隊伍上方飛翔；英國小說家克里斯多福・伊舍伍德（Christopher Isherwood）的小說女主人翁莎莉・鮑爾絲曾與德國女星瑪琳・黛德麗一起逛街血拼；還有諜報小說大師約翰・勒卡雷（John le Carré）作品中的主角喬治・史邁利（George Smilely）曾目擊一列塞滿猶太人的火車駛往奧許維茲集中營（KZ Auschwitz）。放眼望去，眼目所及之處，柏林那些真實與想像的傳奇已和我一樣，全加入了這場〈死亡之舞〉！

燈光轉換，我的幻想與夏日假期也隨之結束。我離開東柏林市中心的聖母教堂，搭機返回加拿大的家以及我所歸屬的那個平凡世界。然而，我內在的某個部分卻相信，即使我們已離開某個地方，卻仍舊留在那兒。所以，沒過多久，我便受一股力量驅使而重回柏林。在接下來那十年裡，我一次又一次回到柏林從事電影工作，並開始撰寫我的第一本書——一份關於東歐與蘇聯鐵幕國家的著作。我試圖剝除那層遮蓋壁畫的白石灰以及銅器表面的綠銹，看清人們的日常生活世界，並與這座飄盪著鬼魂、令人著迷而善變的城市墜入情網，之後從中抽離，後來又回到熱戀的狀態。

一九八九年，太陽又再度露臉！東德人和西德人一起在柏林圍牆上跳舞，大家手牽著手，有的人手上還搖著燃燒的仙女棒。這場戶外派對當然不是人們與死神共舞的最後一支華爾滋，而是在歡騰地慶祝一個嶄新的開始！當時我特地在柏林圍牆東、西牆之間那片柔軟沙地上（原先埋設地雷的無人地帶），留下一道連結東、西柏林的腳印。數千名柏林人為了剷除這道障礙物，正在我的周圍拿著十字鎬和鐵錘賣力地敲敲打打。一群東德人開著東德的小型國民車「特拉比」（Trabi）——板金較薄，有時會拋錨，必須下來推車——在那些忙著拆除圍牆厚重水泥塊的士兵身邊繞行轉圈。曾被蘇聯騷擾、恐嚇並剝奪公民權的俄國大提琴家羅斯托波維奇（Mstislav Rostropovich）還特地前來共襄盛舉。他在查理檢查哨即席演奏一首巴哈無伴奏大提琴組曲時，旁邊還有一個老人跪地痛哭。馬路保養人員重新讓阻斷將近三十年的街道恢復暢通。柏林圍牆周邊那些地鐵「鬼站」也因為開始營運而出現來來往往的人潮。長達一百五十五公里的柏林圍牆在一年之內便拆除殆盡，狹帶狀的原地只留下一條不起眼的鋪石線，以及部分路段會彎扭的腳踏車道。在這座城市裡，我本身的行動不僅成為回憶，還成為柏林歷史的一部分，這並非因為我曾對它有重要貢獻，而是許多他人立下的功績深深進入我的生命中。

在認識柏林四十年之後，此刻居住在柏林的我試圖描繪這座城市的形貌，並區分它的過去與現在、順從與反叛、有形與無形。我站在亞歷山大廣場上，忙碌地看著那些身上刺青的遊客以及沐浴在陽光下、手裡拿著iPhone、抱著小寵物狗、手上帶著鮮豔霓虹色彩的腕帶，或是在咖啡廳外頭用毛毯把自己包住的老柏林人。我轉身離開他們，卻又在廣場上來回回地逡巡，然後繞出了廣場走進附近的街區裡。我知道，光是在城市裡走馬看花並記下一些有趣的見聞，並無法展現柏林的真面貌。為了呈顯看得見與看不見的柏林，以及蓬勃活潑的柏林神話力量，人們有必要了解這些神話的創造者，諸如藝術家、思想家以及那些擁有廣被接受、因而富有高度真實觀點的活躍分子。柏林造就了他們，他們也同時造就了柏林，並將這個原本在歷史上平庸樸拙的邊陲地區，改造成歐洲首都。

我在本書裡透過一些男性與女性的故事描繪柏林這座城市的歷史變遷：政治人物、畫家、心碎的普魯士國王、重獲新生的搖滾巨星、惡魔般的天才——不過，至少還有一個天使。此外，這些故事裡還伴隨著多不勝數、沒沒無聞的小人物，他們的生平根本無人知曉：德國人與外國人、本地出生的女兒與外地收養的兒子……他們每個人都不一樣，都是獨立的個體，但全都跟現代的柏林人擁有一項共同特徵：在這座創造與邪惡的實驗室中，在這方幻想與死亡的原鄉，柏林敢讓他們盡情地創造與發揮想像！

# 第一章 孔拉德·馮·寇恩：真愛

# 聖母教堂，一四六九年

相較於歐洲其他大城市，柏林的歷史比較短。中世紀的柏林最初只是兩個由斯拉夫人在淺水位、河道蜿蜒的史普雷河（Spree）兩岸沼澤地上開墾並建立的聚落，即東岸的柏林（Berlin）和西岸史普雷島（Spreeinsel）[1]的寇恩（Cölln）。十二世紀，日耳曼民族驅逐了在此定居的斯拉夫人後，逐漸擴大聚落規模，寇恩和柏林才各自分化為漁村及商業區。到了十四世紀，這兩個村鎮才合而為一，定名為「柏林」，並加入漢薩同盟（波羅的海沿岸地區和北歐各城市間的商業與政治聯盟）。此時的柏林仍只是神聖羅馬帝國境內一個偏僻、由平民髒亂茅屋棚舍和不起眼的貴族莊園拼湊而成的小市鎮。一四一五年，神聖羅馬帝國皇帝的武將、來自西南德霍亨索倫家族的腓特烈，在這一帶平亂立功，受封為布蘭登堡選帝侯，即腓特烈一世（Friedrich I）。這位君主以柏林做為領地首府，從此開啟了霍亨索倫王朝在布蘭登堡地區長達五百多年的統治。

寇恩的貴族勾特弗利德・馮・寇恩（Gottfried von Cölln）是十五世紀的騎士兼遊唱詩

人（Minnesänger），服務於中古世紀晚期的布蘭登堡宮廷。一四四八年，腓特烈一世的繼任者腓特烈二世（Friedrich II）下令在史普雷河畔建造新宮殿後不久，勾特弗利德便率領柏林民眾公然反抗這項逼迫市民放棄土地資產的建築計畫，還打開史普雷河的水閘門，讓河水淹沒了正在施工的宮殿地基。綽號「鐵牙」（Eisenzahn）[2]的腓特烈二世當時凶狠地反擊，他不僅解散市議會，還派出五百名裝備精良的騎士在城區街道上砍殺那群意圖叛變的人民，並把象徵市民權利的羅蘭聖騎士（Roland）雕像丟入史普雷河裡。勾特弗利德領導的「柏林市民起義」（Berliner Unwille）是他人生中唯一的叛變行動，事發之後，他必須趕緊逃亡，無法和剛剛懷有身孕的妻子深情道別。九個月後，他的兒子孔拉德·馮·寇恩（Konrad von Cölln）便呱呱墜地。

在孔拉德生命的頭十年裡，父親是缺席的。勾特弗利德當時輾轉流浪於日耳曼各邦國，

---

1 貫穿柏林的史普雷河，在市中心岔開兩條河道後又在不遠處合流，史普雷島便位於這兩條水道之間。該島北部在中世紀時期是沼澤地，尚未開發，直到十八世紀末期才建設為後來舉世聞名的博物館島（Museumsinsel）；南部則被稱為漁夫島（Fischerinsel），也就是老柏林半城寇恩的所在地。

2 由於腓特烈二世當時對市議會代表們的態度相當強硬，而獲得「鐵牙」這個綽號。一八九二年，威廉二世在位時期，柏林市政府還將維默斯朵夫區（Wilmersdorf）的一條街道以這位選帝侯綽號命名，即「鐵牙街」（Eisenzahnstraße），街名仍沿用至今。

甚至還徒步遠赴巴黎和布拉格，沿路經常倚靠上帝在自然界的賞賜過活——陽光、雨水、霧氣、白雪——以及時而缺乏、時而充足的食物。他在盧薩蒂亞地區（Lusatia）[3]吃食梭子魚和動物肝臟，在易北河畔喝著摻有丁香和紫羅蘭的熱甜酒。在多年浪遊中，他雖曾遭搶劫和毆打，卻還是拖著疲憊步履抵達距離故鄉最遙遠、位於南歐蔚藍海岸的薩伏依公國（Savoy），並在那裡目睹了地中海的日升。他在歐洲四處流浪時，大多藉由在宮廷裡的吟唱表演維持溫飽，並藉此填補內心空虛。

在那些王公貴族的宮廷裡，勾特弗利德以拉丁語、法語和歐西坦語（Occitan）[4]吟唱許多關於勇武士兵、頭戴鮮花環的女孩、充滿智慧的聖徒以及邪惡妖魔等古老的傳奇故事。他曾和一名豎琴手及小提琴手組成一支走唱樂團，本身的詩歌演唱也在這幾位樂手的助陣下顯得更有魅力。同時，他還蒐集許多地區的傳統歌曲——比如他在巴黎和普羅旺斯採集的情歌（sons d'amour）和流浪者歌謠，還有他向來鍾愛、流傳自從前更富有騎士精神時代的宮廷愛情詩歌——並以背誦的方式將它們留存在記憶之中。

然而，當這位吟遊旅者讓定居當地的人們萌發對於自由的嚮往時，卻突然決定依隨自己內心的盼望，回到故鄉柏林。在離家十年後，這位旅人已徒步回到住家門口，他的妻子帶著他未曾謀面的兒子孔拉德前來應門，他看到躲在妻子身後那個陌生而害羞的男童時，便伸出他那雙長繭的手拍拍他。後來勾特弗利德便帶著兒子孔拉德出門，穿過泥土路面的街頭巷尾，往西越過木製長橋（Lange Brücke）[5]抵達史普雷島上的宮殿。當他入宮覲見布蘭登堡選帝侯「鐵牙」時，便立刻屈膝下跪，悲傷而絕望地請求這位君王的饒恕。他還當場嘆息表示，十年前他聽憑內心想法，到外地流浪吟遊，創作的詞曲總是呈現旅途所經歷的種種曲折與遭遇，直到歌詞出現催促他重回柏林的段落時，他才驚覺自己應該回歸故里。此時他還在宮廷裡當眾吟誦這段詩歌：

> 回來吧！現在就回來！
> 這樣我們才能見到你。

此時，穿著金光閃閃、紅色及膝短外衣的「鐵牙」很可能拔出佩劍或召喚一位兇殘的騎士替他處決這位叛徒。然而，這位布蘭登堡選帝侯不僅沒有殺他，反而寬厚地原諒了他，並親自帶著他和他年幼的兒子參觀宮殿裡的珍品收藏室（Wunderkammer）。

---

3 盧薩蒂亞地區位於德國、波蘭和捷克交界地帶，當地居民以索布人（Sorben）為主。

4 一種通行於法國南部與西班牙北部的方言。

5 即現在史普雷島通往紅色市政廳方向的市政廳橋（Rathausbrücke）。

這個收藏室的藏品琳琅滿目，有各種奇禽異鳥標本、一位參與十字軍東征的騎士在圍攻君士坦丁堡時陣亡所留下的刺馬釘、一些罕見珍本書、從某位神聖羅馬帝國皇帝頭上剪下的一綹髮絲，以及一塊耶穌被釘死的十字架殘片等。這些豐富而了不得的收藏品讓十歲的孔拉德看得目瞪口呆，父親勾特弗利德非但沒有震懾住，反而還因為看到那些珍貴物件而大受感動，詩興大發，開始表達靈魂深處那股對於美的渴望，以及身為遊唱詩人對於愛情、晴朗明亮的夏日時光、高貴的生命追尋，還有那些正等待未婚夫歸來的美麗仕女的歌頌。他詠嘆著：「在這世間，沒有更偉大的權能、更神奇的魔術能比得上音樂對於柔嫩生命花朵的拯救。」

一開始，這些古老而完美的詩歌似乎感動了選帝侯「鐵牙」，因為他不僅沒有對這位叛徒發怒，反而還要求他：「我的遊唱詩人，您是否願意為我高歌一曲？」勾特弗利德當場有感於古羅馬詩人奧維德（Ovid）流放黑海之濱時期撰寫的《愛情三論》（*Amores*）以及珍品收藏室那面大鏡子閃現的神聖光芒，立即吟唱了一段從前遊唱詩人撰寫的敘事詩歌〈英雄霍恩的冒險史詩〉（Roman de Horn），似乎藉此暗示自己過往的吟遊生涯：

他為那把豎琴調音，
並撥動琴弦，

讓音樂隨之流瀉；
主啊，這是何等美妙的樂章！

勾特弗利德還接著誦唱以古法語寫成的中世紀敘事詩〈英雄之歌〉（Chanson de geste）及兩首抒情詩。他把詩詞輕鬆地轉化成音樂，就像把自己的雙手套進手套那般地自然，這位遊唱詩人陶醉地搖頭晃腦，愈唱愈興奮，似乎就要張翅飛翔。接下來，他仍不斷對著這位君王演唱關於基督教英雄和一些失戀故事的敘事詩歌，直到黃昏時分，日頭斜照的暗影透入了宮殿的珍品收藏室。此時，晚禱的鐘聲響起，穿著連帽長袍的修士們已聚集在宮殿附設禮拜堂的長廊裡，虔誠地祈禱著。

勾特弗利德在高聲詠唱時，這位布蘭登堡選帝侯始終保持沉默，未發一語。表演結束後，他只是簡短地對這位前來輸誠的遊唱詩人說：「我將賞給你一份禮物，不過，你只會用它一次。」

成年後的孔拉德在一個陰暗的九月天夜晚，蓬頭垢面、步履蹣跚地走出聖母教堂。他在教堂附設的墓園裡閒晃徘徊，並未嗅聞到剛下葬的死屍散發出那股腐敗、令人不快的氣味；相反地，他倒覺得這座墓園帶給他一種奇特的安慰，因為在這一方天地裡，王子與平民百姓已經平等，沒有尊卑之分，所有的人，不論階級高低，全都抵達這個生命的終點站。當時天色雖已暗下，喝得醉醺醺的孔拉德卻不想回家，只想坐在覆蓋母親墓穴的那塊冰冷石板旁，聆聽她在地底哭泣。

孔拉德在這座擁擠、插滿木質十字架的墓地裡小心地走著，後來還絆跌在一塊蓋墓石板旁。當他發現自己的腳趾間夾塞著泥土時，已不記得自己到底把靴子遺落在何處。此時他仍舊相信，被「鐵牙」處死的父親並未死亡，還在附近活動：或許他就在磨坊堤岸（Mühlendamm）旁那群來來往往的人潮裡，或夾雜在列尼修道院（Kloster Lehnin）那些修士當中。

夕陽餘暉染紅了天際，榆樹的枝枒彼此交錯著，似乎要在黃昏時刻張開雙臂擁抱彼此，相互慰藉，共度即將來臨的黑夜。此時，有個女人走近孔拉德身邊，對著睡著的他大喊：「讓開！」他驚醒後，發現全身骨頭變得很僵硬，才知道自己已不知不覺在這座墓園裡沉沉入睡，根本不知道現在時間多晚了！當他在石板旁伸展四肢時，這位女人便警告他：「不要這樣伸張手腳！把手肘縮回去，不然會打到這裡的鬼魂。」孔拉德被這番不友善的言詞激怒了！他覺得這個女人已攪擾了他獨自悲傷的空間，而且天氣還變得很冷。「這裡沒有鬼魂，只有人的肉體在地底下腐爛著，」他答道。此時新市集（Neuer Markt）已點上照明火炬，眾多十字架的黑影還隨著火焰搖擺在墓園裡跳動著。「講這種話就是褻瀆！我們就在一群鬼魂當中，只有靈魂使者才看得到祂們。」她責罵他，還用食指戳刺他。在昏暗的光線裡，他發現這個女人並沒有對他不高興。她未戴帽，頭髮也未繫紮，還有一對粗厚的臂膀，不過，他卻沒有心情和她交談，只是譏諷地反問她：「難道妳是靈魂使者？」「我叫蘿拉。」她這麼回答。

孔拉德當時其實可以踢她，或趕她離開，或乾脆自己溜掉，但她主動接近卻打動了他的心，尤其是她那雙溫暖的手現在正溫柔愛撫著他的大腿。他從前就曾耳聞，一些被戲稱為「燕子」的女人和輕浮的旅人會在夜晚到教堂周邊的墓園裡聚集，彼此苟合，周遭那些呻吟聲和浪蕩笑聲當然都來自這些活人，而非從墓穴裡復活的死人。這群在墓地裡交歡的男女只聞其聲、不見其人，在如此寒冷的夜晚，孤單的他也想花一、兩塊硬幣，一同享受異性肉體的溫存，並讓自己暫時忘卻親人的死亡。蘿拉則滿帶笑意地回應：「你現在總算活過來了！」

蘿拉與孔拉德在那座墓園裡共度良宵，後來蘿拉基於本身某種迷信，在黎明破曉時趕緊起身離開。孔拉德也決定把自己拖回家，離開聖母教堂的墓園後，他沿路經過剛開市的市場，看到那些身材壯碩的馬匹交易商、身上沾著白麵粉的烘焙師傅，和一邊打哈欠、一邊沿街叫賣胡椒及小茴香的小販。此外，還有胸部豐滿的農婦穿著沾滿塵土的涼鞋，在擺出來的好幾籃洋蔥旁邊打盹兒；身體有異味的乞丐露出他們的殘肢，請求路人施捨；穿著一塵不染及膝黑色大禮服的猶太人在布料商攤位前逗留，攤開一大塊法蘭德斯地區（Flanders）生產的靛青色布料仔細打量；身穿熊皮、頭髮隨風披散的大力士正等著接受過路人的挑戰，彼此較量力氣。

史普雷河兩旁的沙岸市井鼎沸、商業活絡，年輕漁夫一大早便以高亢聲調兜售他們剛捕起的漁獲，一聲聲叫賣吆喝聲隨後都消融在潺潺的流水聲裡。一些肌肉結實、打著赤膊的男子忙著為貨船卸貨，搬運來自萊茵地區的葡萄酒以及產於義大利北部阿柏里歐（Arborio）的稻米。一位富裕的年長婦人伸長脖子，在攤位上仔細挑選新鮮肥美的鱒魚、剛出爐的麵包、切塊厚實的起司，並一一把這些戰利品放入她那只柳條編籃裡。一群頑童在堤岸林立的磨坊旁賽跑，就像狗兒聞嗅到某種氣味往前飛奔一般。穿著藍色及膝外衣的士兵在這個熱鬧的市集裡閒逛，只要看到喜歡的東西就爽快地買下。

孔拉德穿越史普雷河，來到西岸的寇恩——柏林這個雙子城發展較完善的半城——他跟在一位穿著暗色夾克、脖子紮繞著一條發皺亞麻巾的學究身後，後來還瞧見他悄悄走進前方天主教道明會的修道院，即現在的柏林大教堂（Berliner Dom）。他自己則左轉進入狹窄、擠滿尖頂房屋的兄弟街（Brüderstraße），此時鐵匠們打鐵的聲音此起彼落，還可以聞到空氣中瀰漫著蜂臘和炒栗子的氣味。

在這個擁擠建築區塊那些陽光無法射入的陰暗庭院裡，孔拉德已暗自學會、並能背誦他父親所創作、卻已被禁唱二十年的那些詩歌，而且還找到吹奏長笛的好手和幾位弦樂師為他伴奏。父親勾特弗利德在教他詩歌吟唱時，向來要求很嚴格，而且他的標準還因為過往的人生挫折變得更嚴苛，孔拉德似乎總是無法滿足父親的要求與期待。他曾為了詩歌藝術的完美而刻苦地努力，然而，卻始終存在無法克服的瓶頸，最後他決定放棄他父親吟唱的那些已過時、用優雅法語和拉丁語譜詞的騎士詩歌。

獲得靈感的詩人脫口而出的詞句就是活潑的思想，就是對那些形式不斷變化、已在內心成形或正在醞釀的意念與心思的表達。它們不斷源自詩人的綺想與笑聲，因此不該受局限與壓制，不該像布蘭登堡選帝侯珍品收藏室裡那些已失去生命氣息、羽翅被修剪、被安裝義眼的鳴禽標本。詩歌中的潤飾與美化、英雄的豐功偉績或牧羊女深情的思慕，都應該為布蘭登堡地區的柏林、寇恩、許班道（Spandau）或特雷普托夫（Treptow）量身打造。畢竟每個城區都有所不同，每一首敘事體裁的詩歌都應該反映創作的地域、時代以及那段時空的人民心聲、偏好與需求。這些作品已成為隨從詩人召喚而飛翔的呢燕，它們體現了真正的藝術才能和創作自由。少了這種生命活力，詩歌的文辭會缺乏音樂性，而且音樂也會缺乏共鳴，猶如枝頭的畫眉鳥被人類設下的羅網捕獲，嚇得無法啼鳴。

因此，孔拉德希望自己能在平民百姓聚集的酒館和市集裡自由歌唱，不再只為貴族服務，且不再受限於傳統的詩歌形式。他喜歡憑著當下內心的感動，即興為身邊的工匠和農民編寫歌曲旋律，並以他們的語言——德語——作詞，雖然這些收入微薄的勞動者幾乎無法支付他半點兒創作的酬勞。他不斷地彈奏樂器並演唱，直到他們隨樂曲翩翩起舞。為了他的聽眾以及那個年代，他解放了父親的騎士詩歌，採用激昂的吟唱風格並重新填詞，而且對於自己當時演唱的曲目不曾重複，感到相當自豪。

孔拉德在柏林的吟唱表演並沒有固定收入，賞錢多寡通常都隨聽眾意思。他在表演臺上和臺下，都是一位精力充沛的調情聖手，是個不折不扣的好色之徒。他貪戀柏林的女人，無法想像自己會一直和同一位小姐或女士共進晚餐。然而，這種情慾遊戲卻是危險的，因為布蘭登堡選帝侯已經頒布法令嚴懲這種不道德的罪行：淫亂放蕩的通姦者會處以絞刑；私通的婦女會用劍刺死；偷取教堂財物的人會被活埋；說謊者會丟入熱水滾燙的大鐵鍋裡。每個月第二個星期三會在歐德柏格城門（Oderberger Tor），也就是在聖母教堂東邊公開執行死刑，然後這些死囚的屍體會被掛在長橋上展示，以儆效尤。

從墓園回家後，孔拉德一整天都心情哀傷。迨夜幕低垂時，他便再次走過長橋，從寇恩往東走向聖母教堂所在的另一個半城——柏林。這是個陰暗濕冷的夜晚，來自北方波羅的海的鋒面為這座雙子城帶來濛濛寒雨，人們隱約還可以聞到一股海水的氣味。對於土生土長的他而言，柏林一點兒也不親切溫厚，它就像一位抑鬱、情緒不穩定的悍婦，時而熱情、時而冷酷，有時還悲傷地流著眼淚。

在這個晦暗的九月夜晚，孔拉德需要在聖母教堂寫下一些文句，以賦予傳統抒情詩歌的歌詞與旋律一種極致美感。況且昨天他在墓園裡已告訴長眠地底的母親，要再次進去聖母教堂看看那幅繪有父親肖像的濕壁畫（Fresko）[6]。在搖曳的燭光下，他在教堂裡那面剛完成的濕壁畫上看到父親勾特弗利德的畫像，亡父臉頰上還未變乾的顏料讓他看起來彷彿在流淚。孔拉德把隨身攜帶的小酒瓶湊到嘴邊，喝下幾口酒液後，便踉蹌地往後退幾步，穿越教堂長廊，走入緊鄰的那座墓園裡。

他今晚重回聖母教堂，其實不只為了已過世的父親，還為了活著的蘿拉。後來他在墓園裡看到蘿拉時，發現她的長裙沾有髒污，便立刻明白，她剛剛在濕草地上與別的男人進行性交易，因此感到一陣氣惱。蘿拉就跟當時大部分的柏林人一樣，無知而粗野，喜歡玩樂更甚於沉思冥想。當蘿拉走近他時，他便決定躲開，因為他必須強化內心脆弱的自我防衛，讓自己不再陷於情感的失落，但他後來還是無法抗拒蘿拉的魅力，隨即投降。蘿拉看到他這副樣子，只是簡單地警告他，不要打擾到那些在墓地裡飄盪的鬼魂。此時，天色更暗了，蘿拉堅持與他在一起的態度，軟化了他的心。

「蘿拉，蘿拉」，孔拉德像個孩子般，大聲喊著她的名字。附近的樹林後來開始冒煙，煙霧還飄向這座墓園。當煙幕散去後，他開始和蘿拉談論他的父親勾特弗利德，並以手勢往

6 濕壁畫是一種將顏料塗在濕灰泥表面的壁畫。

下指著他們躺臥的小土丘。「我打算用文字把這些古老的騎士詩歌記錄下來，我實在無法忍受它們就這樣消失。」他這麼告訴蘿拉，雙眼還因為那陣煙霧的熏蒸而泛著淚水。

在十五世紀，當中世紀接近尾聲時，流傳的抒情詩歌仍極少以文字記錄下來，這些歌曲的保存幾乎全靠師徒或父子之間的口頭傳授，非常強調音律的形式與精確性，諸如音節的數目、正統的押韻和機械式的背誦練習。當時古騰堡的活字版印刷術才出現十幾年，尚未取代這種口述的承傳。布蘭登堡選帝侯宮殿珍品收藏室所保存的少量詩歌手稿，則來自一些修道院的紀錄室，即天主教道明會和聖方濟會修士們的抄寫和裝訂，在此之前，有學識的知識分子從未投入這些古老詩歌的抄錄和保存工作。然而，窮苦潦倒的孔拉德此時卻想憑藉一己之力以文字留存這些古老詩歌，如此不凡的抱負，所幸現在還多了蘿拉在他身邊支持他。

他們的關係不同於一般戀人。孔拉德並未寫給蘿拉任何示愛的隻字片語，蘿拉也沒有為孔拉德而停止賣淫，他們維持性關係，滿足彼此生理的需求，就跟麥稈堆裡的老鼠沒啥兩樣。他們結婚之後，蘿拉便搬入孔拉德的房子裡。白天，孔拉德在父親從前使用的桌子前，努力回想並寫下他父親曾吟唱過的抒情詩歌，並把這些作品寫在一卷又一卷的羊皮紙上；夜間，他就像田地裡的農夫，在父母留下的雙人床上歡愉地耕耘妻子豐美的肉體。

就在菩提樹下
就在荒原裡
在美妙的情事過後
徒留一片被壓扁的青草與芳花。

宗教改革家馬丁·路德自一五二〇年代開始翻譯德語聖經，並賦予這個尚未文字化語言標準的書寫方式。然而，孔拉德的年代早於路德數十年，他當然無緣使用路德建立的這套標準德語羅馬拼音法，不過，這個書寫的問題卻並未降低他以筆墨記錄當時流傳的德語抒情詩歌的渴望。其實，他當時覺得必須迫切解決的，並不是德語的羅馬拼音，而是他當時面臨的婚姻危機：他的妻子蘿拉仍不願意為他放棄行之有年的皮肉生涯。當他發現這件事之後，便理直氣壯地毆打她，把她關在穀倉裡，直到她同意不再從事性交易為止。但蘿拉卻感覺，與其他男人交合是她真實的渴求，尤其在她的頭胎孩子夭亡之後，這種性需求就變得更強烈。她曾在某年春天產下一名男嬰，當時天氣仍相當寒冷，農民尚未在牧草地上播種，沒多久孩子便夭折，被放進小棺木裡。在蓋棺下葬之前，她還把一本聖經放在他的頭旁。

沒有任何的離別比他的遠去更令我心傷，

我把心掏給了他，
要引領他前方的旅程。

柏林和寇恩這個小型雙子城由一位市長主政，並由同一班行政人員進行管理。它當時雖位於歐洲主要貿易路線上，重要性卻遠遜於西南方的瑪格德堡（Magdeburg）以及東南方、位於奧得河[7]畔的法蘭克福（Frankfurt an der Oder）。在這座雙子城堅實的防禦城牆裡，閒言流語的傳播就跟天花的傳染一樣快速。圍在火堆旁取暖的婦女、市政廳旁管理供水唧筒的人員以及宮殿裡的朝臣都是消息傳遞者。當孔拉德正以文字記錄騎士之間流傳久遠的抒情詩歌這件事傳進「鐵牙」耳中時，這位布蘭登堡選帝侯便決定召他進入宮廷。

選帝侯「鐵牙」在位期間也很重視前人遺留的文化資產，因為，他已深切認知到，他所統轄的布蘭登堡領地是一個知識水準低落的邊陲地帶，絕大多數民眾都是無產的被剝削者，生活貧困，性情頑劣，未經文化的薰陶。有時他的百姓還會在神聖羅馬帝國各處流浪，甚至漂泊於日耳曼以外的歐洲地區。這位選帝侯知道，他的子民需要文化陶冶，才有能力為他效勞，不過，也必須適時壓制他們，免得群起造反。

選帝侯明白編年史的力量，因此，他在宮殿的珍品收藏室接見孔拉德時，便當面指示他，應該保留哪些歌曲，畢竟詩歌也是一種歷史資料。例如，孔拉德應該透過詩歌的記錄與保存榮耀日耳曼部落歷代領袖——從古羅馬時代擊退三個羅馬軍團的赫曼英雄（Hermann）、十二世紀著名十字軍騎士也是首位布蘭登堡侯爵與阿斯卡尼王朝的開創者「大熊阿布雷希特」（Albrecht der Bär），以及「鐵牙」自己。孔拉德還應該在書寫中把戰爭描述為不可避免的軍事行動，而且應該稱呼自己的土地為日耳曼，而不是斯拉夫或斯洛維尼亞。「照著做，你就可以在我的宮殿裡和我一起進餐；如果你讓我失望，你和你那位不貞的妻子將開始過不一樣的生活，你們將走上與你父親相同的命運之路。」選帝侯「鐵牙」這麼告誡他。

依照出生日期，選帝侯「鐵牙」屬天蠍座，性格上容易記仇，不懂得寬恕別人。孔拉德的父親勾特弗利德即使已向他俯首認罪，他仍舊不原諒他，還賜喝有毒藥液，讓他啞然失聲，以如此殘酷的方式禁止他表演，讓他從此跟那些擺放在珍品收藏室的鳴禽標本一樣安靜。「鐵牙」後來為了彰顯自己的權力，決定在勾特弗利德放水淹沒宮殿基地二十年後，對他展開最後報復。他派人把勾特弗利德強行從家裡拖出，綁在一座木造平臺上，接著用棍棒把他打得遍體鱗傷，四肢與脊椎骨都已斷裂，然後把他捆在一個轉動的巨輪上輾壓，最後再把他高掛在歐德柏格城門崗哨上方。當他斷氣之後，蛆蟲開始吃食他的屍體，烏鴉也飛來啄

---

7 奧得河為二次大戰過後德國與波蘭的邊界河。

食他的眼珠，此時「鐵牙」便指示畫師，在聖母教堂繪製一幅以〈死亡之舞〉為主題的壁畫，把騎士勾特弗利德畫成歌唱的愚者，與披著白布的死神手牽著手，穿著掛有幾只樂鈴、雙色的及膝外衣，隨著鼓聲起舞。

孔拉德在父親死後的表現，稱不上是個英雄，因為他並不希望慘死在巨輪下，而是希望能與人們分享一些令他感動的故事。他害怕失去性命，就像他恐懼自己鍾愛的人喪命一樣。對於死亡的恐懼讓他變得很膽怯，於是他便修正了原先努力的方向。他不只斷然停止表演活動，還更改他父親創作的詩歌，藉此取悅那位貴為君主的贊助者。他後來在羊皮紙上記錄那些歌詠英勇、血統純正的日耳曼民族的詩歌，一方面浪漫化先祖們的戰鬥，另一方面則妖魔化那些粗俗不堪的西法蘭克王國與莫斯科公國的騎士。總之，他那支妙筆後來只為後世保留內容恰當的——以政治正確性而言——史詩。

孔拉德由於順服選帝侯「鐵牙」的意志，後來還獲賜綠色天鵝絨外套、毛皮便帽以及上等皮革製成的手提包等昂貴物品。一些曾嘲笑他吟唱詩歌漫不經心的貴族，耳聞他準備加入名歌手協會（Meistersinger-Gilde），開始對他另眼相待。當他對於自己的妥協感到不安時，「鐵牙」就會在宮殿裡為他舉辦詩歌朗讀會，活動結束後，還可以自由地和會中願意獻身的女性上床，只要陪伴她們的女僕守在房門外為他們把風便可。

孔拉德當時經濟狀況還不錯，身邊仍有足夠銀錢讓他每星期到那間以法蘭德斯妓女為號召的色情澡堂買春。那個地方後來也成了他生命的轉折點，因為，他覺得自己似乎在那位最紅牌布魯塞爾妓女的臂膀中——她那纖細雙足以及豐潤乳房尤其讓他心醉神迷——聽到了父親的聲音。

其他房間的男女在交媾時發出的淫叫聲聽起來都差不多，那些火熱呻吟總讓他想起他父親從前剛回柏林時，在宮廷裡苦求選帝侯「鐵牙」原諒的情景。孔拉德後來起身離開他的女伴，就這樣一絲不掛地突然走進隔壁房間，裡面有一對正在行房的男女，男嫖客並沒有受到打擾，仍繼續享受魚水之歡。他並不認得那個男人，卻發現被他壓在身下的妓女就是自己的妻子，而且他的妻子也看到了他。

「妳竟然靠賣淫過日子！」他咒罵她。

「我們竟然靠賣淫過日子！」她回答。

黎明時分，他在聖母教堂的墓園裡醒來，前一晚在妓院裡，他父親召喚他的聲音和賣春妻子對他說的話仍縈繞耳際。今天是他人生最後一個星期天，他的下巴脫臼，口袋裡塞了幾顆小石子，絲絨外套上沾了一些髒污，因為喝烈酒，全身都是醺臭的酒氣。此時，他在墓園裡大大地展開雙臂，宛如要伸手擁抱地面的墳塋。

他沒有回家睡覺補眠，也沒有沖澡。不過，他後來卻告訴自己，早上不該這麼不修邊幅，況且今天他必須登臺演唱一首已被名歌手協會審核通過的詩歌，如果演唱過關，便可獲准加入該會。

依照名歌手協會的主張，詩歌吟唱的藝術與靈感無關，只要人們肯勤加演練，便能有不錯的表現。為了取得入會資格，孔拉德已同意在演唱時，遵守該協會種種關於詩歌主題、結構、押韻、旋律、不諧和音以及整體表現方式的規定，他也接受絕不擅自更改歌詞的要求，除非事先取得協會最高層的允許或指示。

孔拉德於是火速返家。他匆匆經過猶太教堂和一條水流近乎停滯的溝渠，隨後改走僻靜的巷弄，以免被別人看到自己那副邋遢的模樣。他在家裡把自己徹底打理一番後，便又回到城區，此時市政廳屋頂已掛著許多紅白相間的旗幟。在聚集的人群裡，有穿著黑色長袍的道明會神父、身著鎧甲的金髮士兵、織工、補鞋匠以及那些手挽著裝滿紫羅蘭和石楠花編籃、高喊效忠並祝福君王幸福安樂萬壽無疆的吉普賽人。後來，一群忙著展現自身重要性的學者、頸項掛著象徵職位的金鍊子的市議員以及那些手指帶著炫目珠寶戒指、自信滿滿的名歌手協會歌唱評審官出現在群眾當中，引發一陣騷動。此時孔拉德的腦子裡雖然存在一些憤怒的聲音，卻顯得很有自信地穿梭在這些人士當中，或親密、或生疏地與他們互動。

之後，布蘭登堡選帝侯「鐵牙」步入會場，並端坐在前方禮臺的高座上。當他的騎士們也一一就座後，典禮便正式開始。首先，由一位年長詩人誦讀《舊約．以賽亞書》的一段經文做為開場，緊接著由外地前來赴會的一位名歌手吟唱聖約翰日（Johannistag）的詩篇，然後安排名歌手協會會長演唱〈開滿花朵的樂園〉（Geblümte Paradiesweis）這首詩歌。接下來終於輪到孔拉德上場表演。

孔拉德上臺後便面向那幾位坐成一排的歌唱評審官，而背對臺下的觀眾。首席評審官負責審查歌詞內容是否牴觸聖經，所以他前面還放著一本攤開的聖經；第二位評審官負責評判演唱者的歌曲韻律，比如押韻以及音調的抑揚頓挫等。第三與第四位評審官則負責判斷演唱者的韻腳和曲調是否正確，必要時，還必須查閱名歌手協會訂定的演唱規則，如果出現失誤，就會有人用粉筆在評審官後方的黑板上登記扣分。不過，這些評審官都認為，遵守規定的孔拉德應該不至於出現什麼失誤。

孔拉德在演唱前，依照名歌手協會的表演規定，向眾評審官深深一鞠躬。他把準備演唱的歌詞放在胸前口袋裡，緊貼著他那撲通跳動的心臟，演唱的曲目是十三世紀著名的遊唱詩人海因利希·馮·摩倫恩（Heinrich von Morungen）創作的一首傳統詩歌，題旨在頌揚一位貴族仕女高貴的貞節，宛如日頭穿透晦暗烏雲所發出的亮光。然而，當他開口吟唱時，卻唱出完全不同的歌曲。它既不是北歐的貝奧武夫（Beowulf）英雄史詩、莫拉維亞地區流傳的敘事長詩片段，也不是法語舞曲（rondet）的選輯，而是一種融合傳統與創新的曲式。當歌詞從他雙唇間流瀉而出時，他便轉身面向觀眾、背對那幾位評審官，因為，他已不再對這些權威人士感到敬畏或羨慕，他的內心此時充盈著對飽受屈辱的父親、不完美的妻子以及自己出身的柏林城的熱愛。他全神貫注地用自己特有的音質在舞臺上演唱，歌聲比以往還宏亮。他的思想彷彿被這首詩歌賦予一對飛翔的翅膀，並因此獲得解放。這樣的歌吟不僅打破了名歌手協會所有的演唱規則，還揭發了布蘭登堡選帝侯的謊言與暴行。

在場的評審官都被孔拉德的表現嚇得目瞪口呆，甚至無法從那些精雕細琢的座椅上起身，為他犯下的錯誤在黑板上記下扣分。他已完全不按牌理出牌，似乎採用了一種被詛咒的魔法吟唱那首屬於他個人、也屬於群眾的詩歌。當他表演結束後，全場悄然無聲，只有常春藤上那些麻雀嘰嘰喳喳地啁鳴著。

在場的選帝侯「鐵牙」並不需要開口說話，只消舉起一根手指示意，身邊便有兩位騎士立即起身，向前抓住孔拉德。臺下的群眾依然靜默不語，就這樣眼睜睜看著孔拉德被拖下表演臺。稍後，就在那個上午，孔拉德被切下舌頭，他的房子被占領，家中物品被任意丟棄，他的妻子蘿拉被控使用巫術以及與死者通靈而被活活燒死。「鐵牙」當天便拿到孔拉德裝在真皮手提袋裡的文稿，在撕毀裡面一些「不恰當的」斯拉夫語詩歌後，便把其餘稿件鎖在宮殿的珍品收藏室裡。隔天，即星期一早晨，這位可憐的詩人便遭斬首處決，當局還把他的屍體掛在長橋上示眾並任其腐爛，讓市民們能因此有所警惕。

布蘭登堡宮廷後來在聖母教堂那幅〈死亡之舞〉的壁畫上塗抹石灰水，希望勾特弗利德和孔拉德能隨著壁畫的絕跡就此從歷史中消失。這對父子後來雖被世人遺忘，但他們部分的事蹟與行誼仍殘留在柏林人的想像中。孔拉德反抗統治者的異議角色以及勾特弗利德水淹宮殿地基的記憶，在往後數百年間逐漸混淆在一起，父子兩人的生平故事後來就演變成柏林民眾反抗專制政權的神話，即「柏林市民起義」。從前大部分的柏林市民都不是獨立自主、思想自由的個體，他們仍深深受限於這座狀況時好時壞的城市，仍受制於它的陰鬱和淚水，從未轟轟烈烈實現一場成功的革命。不過，這個源自十五世紀的「柏林市民起義」神話卻強化了柏林市民的精神韌性，讓他們有能力承受許多陸續降臨在這座城市的悲劇。這一切，全是因為數百年前曾有一位柏林人用詩歌唱出了自己的城市與愛情的故事。

第二章

# 科林・阿巴尼：演員

# 柏林皇宮，一六一八年

請看！蘇格蘭青少年演員科林．阿巴尼（Colin Albany）正站在柏林皇宮的臺階上抬頭仰望夜空，驚嘆地凝視著。請看！他的身形與內在正散發著亮光，臉面肌膚緊實、五官俊秀、雙頰柔嫩，鼻子還長著雀斑。他的眼珠是海水特有的綠色，頭髮光澤就像日落沙灘映現的霞光。這位未經世事的男孩，還仿效當時上流社會男子在耳邊紮一條垂肩的髮辮，衣著整潔而入時：白色長褲上繫著皮帶，上身搭配赤褐色外套，圓帽上還插了幾根羽毛。他突然浮現的笑容可以讓旁人卸除心防（他的劇團老闆約翰．史賓賽〔John Spencer〕曾這麼對他表示），同時也表露出愉悅生活和美好時光所賦予他的樂觀精神，以及對於即將來臨的大事件的天真無知。

時值一六一八年秋天，年方十三的阿巴尼和身旁的好友丹迪．侯勒（Dandy Hohler）——有時還被阿巴尼暱稱為「安東尼」或「威尼斯公爵」——站在柏林皇宮的臺階上，仰觀一顆大彗星劃過黑夜星空。這顆彗星呈微紅色，頭部的彗核發出耀眼強光，彗尾看起來就像蜥蜴尾巴。當時的歐洲人從烏克蘭西部利維夫（Lviv）到英國倫敦都有機會親睹這難得一見的天文奇景。「跟血一樣的顏色，」丹迪在一旁誇大地形容著。「丹迪，你就這麼想像，直到入睡為止，」小阿巴尼笑著告訴他。「這顆憤怒的彗星將把人類帶入危險年代。」丹迪當時不知道該怎麼回應他，便引用了使徒保羅收錄在新約聖經那幾份書信當中的一句話。

當這位容光煥發的蘇格蘭男孩來到柏林時，這座城市已擁有數百年歷史，雖然他和劇團大多數的演員都認為柏林其實沒有什麼了不得的過往，不過，他仍相信這座城市曾孕育血統純正的日耳曼英雄（儘管市集上出現各種不同民族的臉孔）；他仍相信首位布蘭登堡藩侯「大熊阿布雷希特」驅逐斯拉夫部落、勇於抵禦外侮的英勇事蹟，還有，這個地區本來就屬於古日耳曼部族的土地。

此外，阿巴尼也相信，他的蘇格蘭同胞曾在布蘭登堡這個神聖羅馬帝國的邊防地區留下輝煌歷史：來自大不列顛島北部的蘇格蘭騎士們數百年來在此聚集，為了基督教的宣教活動，以武力支持霍亨索倫家族的布蘭登堡選帝侯，此外還有一些蘇格蘭的船長和布商——諸如高登（Gordon）、楊恩（Young）和勞德（Lawdre）等姓氏的蘇格蘭人——遠從愛丁堡和利斯（Leith）前來進行商品貿易。其中特別值得一提的是，十四世紀曾令英格蘭人聞風喪膽、帶領蘇格蘭人發動獨立戰爭的主帥之一「黑色道格拉斯」（Black Douglas）。這位蘇格蘭將軍曾率軍渡海，協助日耳曼的條頓騎士團保衛漢薩城市但澤（Danzig），當戰役獲勝之後，所有蘇格蘭人都成為但澤市的自由市民，同時為了褒揚主將道格拉斯的戰功，他的兵器還被高高地掛在城門上。當然，這位蘇格蘭貴族當時並不知道，他從蘇格蘭高地徵召入伍、並在戰勝後長期留駐但澤的數萬名士兵——曾有歷史學家估計約五萬五千名——會在三百年後一場激烈的大型戰爭中慘遭滅絕，即十七世紀前半葉的「三十年戰爭」。

阿巴尼渡海前往歐洲大陸，一開始其實跟那些願為利益而冒險的蘇格蘭傭兵沒什麼差別。阿巴尼傳奇的生命故事始於蘇格蘭中部城市史特靈（Sterling），而且還與該城最重要、也是斯圖亞特王朝第一位君王詹姆斯一世加冕的教堂——聖魯德教堂（Church of the Holy Rude）——密切相關。他的父親是這座大教堂的執事，母親是家庭主婦，住家就在這座教堂附近。阿巴尼是父母唯一的孩子，孤單的童年讓他自幼便習於假想身旁圍繞著一些玩伴，在這樣的成長氛圍下，就像生活在夏日溫暖的霧靄中，因此阿巴尼從未注意到冬天戶外的寒雨或貧民區居民的飢餓。當他一發現自己有能力遠行時，便喬裝成騎士的模樣，與友伴們假冒兄弟，試圖穿越高牆絕壁，進入君王的城堡裡。當他發覺自己有歌唱的天賦時，便勤練歌喉，努力找機會登臺表演，以向全世界表明（至少向那些願意聆聽他演唱的聽眾），他的人生將會充滿遊歷與詩歌。

阿巴尼是個傻裡傻氣的表演者，喜歡得到觀眾注目。才十二歲的年紀，他便覺得史特靈這個單調沉悶的城市已無法給他足夠的讚賞與喝采，於是便動身前往南方熱鬧的倫敦，不再返回。他的父親曾教導他新約聖經的福音書，在送他出遠門時，還諄諄告誡他，必須了解自己，讓自己能堅定地立足於人群，不可信任陌生人，而且不要結交壞朋友。然而，這些慈父的勸誡卻立刻被離家遠遊的他拋諸腦後，為了排解異鄉生活的寂寞，他成天都跟一群粉墨登場的演員們混在一起。

十二歲的阿巴尼由於尚未發育完全，身形苗條、手臂細長而且臀部窄瘦，因此非常適合在戲中扮演身材窈窕的女性。他曾在倫敦東區的舊休迪奇劇院（Old Shoreditch）登臺飾演護士、女僕和貴族的情婦，還在《愛的徒勞》（*Love's Labour's Lost*）這齣莎士比亞早期喜劇中扮演村姑賈奎妮塔（Jaquenetta），充分發揮了自己的演技。他在演員生涯的頭一年便演出莎士比亞戲劇《泰特斯·安卓妮克斯》（*Titus Andronicus*；亦中譯為《血海殲仇記》）裡那位被強暴的拉薇妮雅以及《李爾王》劇中那位被絞死的三公主寇蒂莉亞（Cordelia）等女性要角，而且還在班·強森（Ben Johnson）的成名劇作《脾性人各不同》（*Every Man in His Humour*）裡，一口氣飾演緹珀（Tib）和布里吉特太太（Mrs. Bridget）這兩個角色。整體而言，他的修長身材和蒼白膚色正好非常吻合那個時代對於女性的審美觀。

某個星期六下午，當阿巴尼準備登臺演出莎士比亞喜劇《皆大歡喜》（*As You Like It*）的女主角羅莎琳德（Rosalind）時，劇團老闆史賓賽卻在預備出場的舞臺側邊嘲笑阿巴尼的男扮女裝，而且還淘氣地伸手抓住他的裙子。史賓賽當時正在為他的流動劇團「英格蘭喜劇團」（English Comedians）物色演員，他打算率領該劇團到歐陸的低地國家（即現在的荷蘭、比利時和盧森堡）以及日耳曼地區巡迴演出，沿途一路往東，最後抵達終點站布蘭登堡。史賓賽把布蘭登堡當成此行首要目的地，主要是因為當時該領地的選帝侯約翰・西吉斯蒙德（Johann Sigismund）相當著迷於英國戲劇，一直期待英格蘭地區的劇團能前往他的宮廷演出。阿巴尼在臺上演出《皆大歡喜》時，雖然漏了好幾句臺詞，但在這齣戲結束後，史賓賽仍相當看好他，便邀請他加入他的「英格蘭喜劇團」。他當時對阿巴尼說，劇團的經費相當拮据，只能送給每位演員一套刺繡精美的新服裝做為全程演出的報酬。然而，對於好奇的阿巴尼而言，史賓賽的流動劇團最具吸引力的地方卻是可以到國外遊歷，增廣見聞。於是阿巴尼便答應加入「英格蘭喜劇團」，並和十幾位認同史賓賽戲劇構想的英格蘭演員一起出發，前往歐洲大陸，最後終於抵達目的地柏林。

阿巴尼就這樣以外地藝人的身分來到柏林這個陌生城市。他當時可能不諱言，這座雙子城的坐落地點實在平淡無奇。而且在他看來，這兩個分別位於史普雷河東、西岸的半城組合只凸顯了雙方最糟糕的部分：兩邊發臭的河岸和幾座不具吸引力的廣場。柏林的宮殿看起來如此粗獷而厚重，一點兒也不賞心悅目，他甚至懷疑這就是兩百年前在建造期間被市民放水淹沒的原因。柏林人性情浮誇，喜歡吹噓誇耀，所以很容易發生爭吵，總是因為一丁點意見衝突便要拔劍決鬥。此外，柏林當時的街道狀況極差，到處都是泥巴和坑穴，而且路旁酒館林立，嗜喝啤酒的市民經常一杯接一杯地牛飲，許多人的健康狀況已到了無法醫治的地步，而且打賭風氣相當盛行。這些醉酒者即使在路上沒有絆跌或倒臥在泥濘裡，他們的妻子也不歡迎他們走進家門，甚至還因為他們把外面的髒泥帶進已打掃乾淨的家裡，而狠狠修理他們一頓。阿巴尼從未見過像柏林這樣的城市：巷弄污穢不堪，但私人的住家卻打理得相當整潔乾淨。儘管這座陌生的日耳曼城市顯得如此粗鄙，但它所散發的那股怪異魔力卻深深吸引著這位蘇格蘭男孩。

在大彗星劃破夜空、預示災禍來臨的那個夜晚，這群從英格蘭遠道而來的演員，正在柏林皇宮的劇院裡為布蘭登堡選帝侯約翰・西吉斯蒙德即興演出莎士比亞的血腥悲劇《馬克白》。阿巴尼登臺扮演發瘋的馬克白夫人，頭戴一頂難看的女性假髮，雙手還沾滿了鮮血。丹迪則在該劇中扮演馬克白貼身侍衛，與懸浮在舞臺上方那把屢屢無法奪下的匕首打鬥著（因為，當時荷蘭和日耳曼的觀眾喜歡武鬥場面出現想像的刀劍，也就是一些非真實的耍弄刀槍戲劇場面）。後來，這場演出卻因一個突發狀況而中斷。一位廷臣神色凝重地從舞臺左方走向觀眾席，並在選帝侯西吉斯蒙德耳旁竊竊私語，隨後幾位宮廷策士也湊了過去。對於臺上的演員們來說，臺下那些刻意隱而不宣的交談，反而比史賓賽團長在演出前咆哮地對他們發出表演的指示更吸引他們注意力。臺上演員由於察覺氣氛不對勁而立即停止演出，史賓賽團長看到這種情況，便把那條操控匕首的繩索降下，並將那件道具擺在觀眾席前方地板上。

就在這一年的稍早，布蘭登堡選帝侯約翰．西吉斯蒙德因為同屬於霍亨索倫家族普魯士公國的公爵絕嗣，而以女婿身分取得該公國執政權，意氣風發地合併自己統轄的這兩塊領地，建立了布蘭登堡—普魯士公國，也就是普魯士王國的前身。「我的紳士們，戰爭爆發了！」他在離席之前對臺上的演員們簡短地宣布，隨後還不忘補上一句：「願上帝保佑你們，晚安！」這就是約翰．西吉斯蒙德的「退場」，從此這群演員未再遇見這位尊貴的布蘭登堡選帝侯暨普魯士公爵。

這群來自大不列顛島的演員當時只知道，當晚的演出無法獲得報酬，他們還無從知曉，歐洲即將爆發有史以來最激烈的宗教戰爭，即腥風血雨的「三十年戰爭」，並將造成日耳曼地區大量傷亡與徹底破壞。除此之外，這群異鄉人也無法在有生之年看到，「三十年戰爭」的恐怖後來如何深深鎖入日耳曼人的內心，即使在四百年後的今天，已進身為工業強國的德國人民仍無法擺脫這種內在潛藏的畏懼。

「彗星會帶來八樣東西：風暴、水災、地震、饑荒、瘟疫、君王駕崩、戰爭以及一些可怕的事情。」丹迪仍舊一派輕鬆地喃喃說著。後來戰爭果真爆發，不消一年，選帝侯西吉斯蒙德便因病駕崩，團長史賓賽見情況不妙，乾脆把「英格蘭喜劇團」的演員們丟下，自行逃回英倫。為了阻擋天主教陣營的奧地利（哈布斯堡王朝）軍隊步步進逼，當時曾有三千名英國新教徒傭兵投入「三十年戰爭」，他們在趕往布拉格途中，還行軍經過柏林，高唱戰鬥歌曲並大喊詛咒敵人的口號。當這批英國士兵和其他的新教徒勢力在對戰中敗北潰退後，獲勝的奧軍便趁機強占一些日耳曼邦國，並進一步要求戰敗的布蘭登堡—普魯士選帝侯（霍亨索倫王朝）保證他們在占領區的安全，而且還命令大量被他們俘虜的人質，必須盡快在抵達的異地從事開墾並就此落腳安身。被擊敗的布蘭登堡選帝侯暨普魯士公爵雖已支付天主教陣營的哈布斯堡家族六萬古爾登金幣（Gulden）賠款，該陣營的軍隊後來還是攻入了首府柏林。

「英格蘭喜劇團」在戰爭爆發後，起初仍有一段時間滯留於柏林皇宮，繼續搬演戲劇。阿巴尼就在那時遇到一位同齡女孩，長相與模樣就像水蜜桃那般甜美。當他第一眼看到她時，便被她吸引住，巴不得飛到她的身邊伺候，為她服務、效勞。他把這位女同伴當成「曾經失去的另一半」——一如從前詩人的比喻——而且相信，從未有男孩能像他這麼深愛她。這個女孩擅長針線，當時阿巴尼的劇團剛好需要一位能快速做針線活兒的人手，因此她後來便在這個劇團裡工作。她勤快地為這些外地演員縫補並製作戲服，當她為穿著女性戲服的阿巴尼修補衣領蕾絲時，他的頸子都可以感覺她呼吸的氣息。她對於其他男性團員的態度總是正經八百，卻可以輕鬆自在地面對總是男扮女裝的阿巴尼，或許她已把穿著長裙、戴上女帽的他當成了女性同伴。他們會一起躺在宮殿的藏衣間裡，談論未來計畫或曾幹過的荒唐事，還會傻裡傻氣地玩起一些孩童的遊戲，直到有一天，這個女孩的父親終於前來皇宮，把她接回家中。

柏林城在落入一群恣意妄為的奧地利士兵手中之後，許多建築物便被放火燒毀，橡樹成了處死民眾的絞架，選帝侯宮殿裡的珍品收藏室也被掠奪一空。年輕女人寧可跳史普雷河自殺，也不願意再次被那些入侵的士兵強暴。阿巴尼所鍾愛那位女孩的母親被闖入家中的士兵強姦後，便被丟進烤爐裡活活燒死；他的父親則被同一批士兵用毛瑟槍的槍托活活打死。這個女孩當時從家裡脫逃而出，一路奔向皇宮，並躲進「英格蘭喜劇團」的藏衣間裡，不過，後來還是被侵占皇宮的敵軍發現。一位來自克羅埃西亞（當時屬於奧地利領土）的騎兵把她壓在一堆戲服上，砍她幾刀後，還把半條襯裙塞進她嘴裡，不僅讓她無法出聲求救，還讓她幾乎無法呼吸。當阿巴尼發現他心愛的女孩已逃回劇團並遭砍傷時，便立即拿出那把在《馬克白》劇中充作道具的匕首，使出全身力氣，不停地戳刺那位騎兵，直到他倒下，鮮血流在那些已損毀的戲服上為止。

這位騎兵被阿巴尼刺殺時發出的尖叫聲驚動了他的同袍，阿巴尼便在其他騎兵趕到之前，迅即穿上羅莎琳德這個女性角色的服裝。當他們進入這位克羅埃西亞籍騎兵倒臥的藏衣間時，男扮女裝的阿巴尼便謊稱，另一位同樣來自克羅埃西亞籍的騎兵剛才和死者為了爭奪這個受傷的女孩而醋勁大發，動手殺了自己的伙伴後，已逃得無影無蹤。阿巴尼接著對站在面前的那位奧地利軍官說：「我的主子，您的同袍當時想傷害我們，後來卻轉而攻擊自己的伙伴。」然後立刻請求他保護「她們」這兩位弱女子。由於阿巴尼演技絕佳讓這位軍官信以為真，後來「她們」才有機會溜出已被占領的柏林皇宮，穿越市中心那座老舊長橋，經過猶太街（Judenstraße）猶太社區公有的木造住屋群，最後從許卓洛維城門（Stralower Tor）逃出柏林。

少不更事的阿巴尼當時並沒有什麼逃亡規畫，只知道要避開天主教陣營的軍隊，於是便決定帶著這位已負重傷的女孩，前往柏林東南邊郊區的科彭尼克森林（Köpenicker Wald）避難。他當時精神有些恍惚，一路上還幻想他們兩人可以在那座森林裡生存下來，可以在一個隱密狹窄的谷地裡靠捕食野鳥和採集山毛櫸的果實過活，直到這場戰火遠離柏林。然而，與他一同出逃的女孩卻因為傷口血流不止，離開柏林城後，兩人才走了一個鐘頭的腳程，便無法繼續前進，必須在一間燒毀的農舍裡落腳休息。阿巴尼用四周撿來的松枝鋪成兩人的臥鋪，還用採來的藥草煮湯給受傷的她喝下，但她的情況始終未見好轉。她身上的刀傷讓她疼痛不已，發出的哀號類似附近聚落的農民被敵軍拷問時發出的淒厲慘叫聲。

他們倆整夜都未入睡，隔日清早天光拂曉時，她依然血流不止。到了正午，她便割下一綹頭髮，把它繞在阿巴尼手指上當作愛的信物。傍晚時分，她便在阿巴尼的懷裡斷氣。阿巴尼不捨地抱著她，直到她的軀體變得冰冷為止。由於他當時找不到挖掘工具可以把她埋入地下，於是便用幾件她曾縫補過的裙子把她的屍身包裹起來，然後在她周邊和身上堆出一個石頭堆，做為她的墓塚。當他動手為她處理後事時，嗚咽的哭聲就像故鄉蘇格蘭的風笛吹出的那些氣氛哀傷樂音。後來由於這座石堆堆得不夠穩固，石塊還一度崩落在她的屍體四周，不過，此時他已覺得這種挫折沒什麼大不了了！為了不讓夜間出沒的狼群啃食她的屍體，他便點上火把嚇退牠們，沒想到這束亮光卻引來更大的麻煩。奧地利士兵一發現遠處有火光，便前來探察究竟，此刻阿巴尼只能趕緊逃離，一路奔往科彭尼克森林深處。

隨後一整個夏天，阿巴尼都躲在這座森林裡，靠野果和蝸牛充飢果腹。淪落至此，一方面他已喪失生活意願，另一方面他下意識裡卻又存在堅決的求生意志。眼看冬天逐漸逼近，他便著手為自己挖掘一個可以避寒的洞穴，並儲藏一堆蕪菁和一塊偷來的煙燻火腿準備過冬。這位在森林裡孤獨求生的蘇格蘭男孩此時的精神狀態已近乎癲狂，他會在覆滿冰雪的針葉林下自言自語地宣稱：「整個世界就是一座大舞臺。」不論該林區降雪多寡，他都會在這個白色的舞臺上扮演羅莎琳德、奧蘭多（Orlando）、希臘神話的月亮女神菲碧（Phoebe）和蓋妮米德（Ganymede）等角色，為他那孤寂的幻想世界增添一些人氣。

冬天凍人寒氣讓阿巴尼的身心顯得既僵硬又麻木。由於獨自在森林裡生活，一直未與他人接觸，因此他對於這場戰爭隨後的發展一無所悉：比如當時的瑞典國王已率軍加入新教徒陣營、城市規模相當於當時巴黎的馬格德堡慘遭入侵的天主教軍隊屠城等。

然而，這個世界並沒有就此讓阿巴尼離群索居。時令進入春季，有一天，阿巴尼忽然瞧見遠處地平線上有炊煙裊裊升起，他一見狀，便立即飛奔而去，原來那是瑞典軍巡邏隊的駐紮所在。這支遠從北歐加入新教徒陣營的軍隊已在布蘭登堡地區擊敗奧地利部隊，當時所有的瑞典軍人都在軍帽上綁著黃、藍兩色——瑞典國旗顏色——的緞帶，踩著勝利的步伐前進，看起來洋洋得意，威風不已。當時負責巡邏的瑞典士兵正在尋找敗陣落單的敵兵，在他們眼中，突然現身的阿巴尼就是他們搜捕的對象。當他們準備處決阿巴尼之前，還把這位自投羅網的青少年當成玩具一樣拋來丟去，用力抓著他那亂成一團的頭髮，扯著他那條編在耳邊的髮辮，還拉著他那身先前從被謀殺的農民身上剝下來的衣服，最後阿巴尼用他那一口流利的英語證明自己不屬於奧地利陣營，逃過了這場死劫。他後來被帶到巡邏隊隊長面前時，才吐露自己的遭遇。這位隊長一方面基於同情，一方面想差遣他這個人力，於是便指派他在部隊裡擔任馬僮。他當下欣然接受了這個職務，並因此得以再度進入柏林城，只不過這次是以軍人的身分，而不是演員。

從天主教占領軍解放出來的柏林城，並未就此脫離苦難。進城的瑞典軍隊雖與柏林的貴族和平民同屬新教徒陣營，但他們卻跟敵對的奧軍一樣，恣意在柏林城裡燒殺擄掠，殘忍地迫害百姓。為了搜刮奇珍異寶，他們會不惜打破門窗、闖入民宅，男孩們如果反抗，便二話不說砍斷他們雙手。為了逼供，這些北歐軍人還發明「招待瑞典生啤酒」這種軟性刑求方法——強行把臭水溝的穢水灌入刑求對象喉嚨內——讓受害者因此求饒而取得口供。現在懸掛在樹上的屍體已從新教徒換成了天主教徒，這些高掛的死屍看起來就像乾枯的長條果實，至於猶太教徒，則算是最倒楣的族群，因為他們都是新、舊教陣營絞殺的對象。當時柏林城內燃燒的建築物散出的火花與灰燼，就如同撒在人間的邪惡種子。

身為馬僮的阿巴尼必須跟隨部隊移動，行軍沿途還有軍需品供應商、娼妓和一幫跟班跑腿的人伴隨。阿巴尼在軍隊裡負責照顧馬匹、端餐盤，還做一些打雜的工作，他的酬勞則是填飽肚腹的黑麵包以及任何已被他的上司軍官玩膩的村姑。他會取用黑麵包果腹，至於女人則不考慮，因為她們哀傷的啜泣聲讓他覺得心痛。他也跟其他的士兵一樣，被列入正式兵員名冊中，隨時等候上級指示以採取軍事行動。

後來阿巴尼被調派為步兵，負責子彈數量盤點以及彈藥與軍需品補充，為了搬運一些重型武器，他還努力鍛鍊身上肌肉足足六個星期。當上級下令前進戰場時，他便登上了這個人類最古老的舞臺，與十幾名持槍隊友一起埋伏在某個暗處或設下某些陷阱，準備攻擊前來的敵軍。他當時曾幻想自己就是某個英雄人物或驍勇善戰的大將軍，正勇往直前地在戰場上奮勇殺敵，不僅體內的熱血在召喚他，他那旺盛體力還可以把跪地求饒的敵兵殺得片甲不留。他那輕盈的身形比從前更敏捷，他衝到行伍前排時，還想像自己對於敵人的威脅已不下於可怕的瘟疫。

奧地利軍隊吃了敗仗後，便重組隊陣，再度攻下柏林這座已殘破不堪的城市。在那些已被戰火燒得焦黑的城牆上，兩軍手持槍矛的士兵激烈交鋒的金屬聲響、槍枝發射子彈的咻咻聲、馬具發出的咔嗒咔嗒聲、小號嘹亮的樂音以及傷者的呻吟與哀號此起彼落地交錯著。阿巴尼當時因為深陷敵陣而被俘虜，再次面對即將被處決的命運。

就在這個危急時刻，被迫加入奧軍的丹迪——他在「英格蘭喜劇團」結識的好友——意外出現，及時挺身為阿巴尼擔保，讓他得免一死。後來他們還一起在柏林皇宮劇院裡為丹迪的司令官演出戲劇，並朗誦舊約聖經裡亞當談論人類美德的那段經文。表演結束後，他們便一塊兒享用法式菜肉濃湯（pottage）並大口暢飲希臘白葡萄酒（malmsey），直到酒喝盡了，話也聊完了，才倒頭入睡。隔天早晨，阿巴尼仍舊在部隊裡擔任步兵，只是改變了效命陣營，調換了射擊方向。

阿巴尼首次在奧地利軍隊執行巡查任務時，其實只是做做樣子，主要是想藉此表達對自己剛投誠陣營的效忠之意，以求自保。當時柏林寇恩區的參事如果想改變政治立場，轉而支持天主教陣營，其實比他還要容易，但這位參事卻遲遲不願表態支持重回柏林城的天主教軍隊。備受柏林市民唾棄的許瓦琛伯爵（Graf zu Schwarzenberg）是奧地利新任命的柏林最高行政首長，他曾對瑞典軍隊企圖奪回的柏林周邊地區人民曉以大義，而且還堅持，如果寇恩區參事不願支持他在柏林的政權，就要把他處死。

當時阿巴尼和丹迪帶著槍矛和刀劍，銜命前往這位參事府上，希望透過勸說讓他改變心意。不過，卻有一隊士兵趕在他們之前到達，而且為了完成任務，不惜使出殘酷的手段。當他們兩位走進參事住家的庭院時，便看到參事的大拇指已被士兵按壓在一枝遂發手槍的火藥盤（pan）上，如果他的態度不軟化，就會有人扣上板機，讓燧石撞擊火藥盤，點燃火藥並射出子彈，他那根已血肉模糊的大拇指就會隨著子彈發出而被吸入槍管裡。然而，在士兵尚未扣板機開槍之前，參事那位藏身於閣樓的女兒便已被這群士兵搜獲而發出陣陣哀號。在此之前，阿巴尼以為，應該沒有年輕女性留在這座房宅裡，這位少女落入這些士兵手中也讓後來情況出現不一樣的演變。該小隊的隊長認為，加深這位參事的痛苦是迫使他屈服的必要手段，於是便當著他的面，強暴他那位未成年的女兒，而且還突然對著這位悲傷的父親發出惡意的獰笑。

阿巴尼頓時在此刻認出，眼前這位強姦者就是在劇團藏衣間砍殺他心愛女孩的那位克羅埃西亞籍騎兵。這位阿巴尼自以為已將他殺死的騎兵，現在竟成了同一陣線的戰友！當然，對方並沒有認出穿上軍服、已改為男性裝扮的阿巴尼。

自從那顆火紅的大彗星出現後，阿巴尼已在往後那幾年目睹許多人間的不堪：無數破碎的家庭、戰場上散落的那些剛被砍離人體仍逕自抽動的殘肢，以及許多為了攻擊敵軍、忙於在地上鋪撒黑色火藥粉並伺機點燃引爆的童兵。阿巴尼這位可憐的演員已強烈地渴望改寫眼前這齣戲劇的劇本，希望能制止這些悲慘情節繼續上演。此刻，他心想，既然自己先前無法保護他鍾愛的那個女孩，他希望現在可以解救這位被凌辱的少女。

「還有沒有發現其他的女人？」這位來自克羅埃西亞的隊長詢問他的部下。然後，他向阿巴尼及其他巡邏兵打手勢示意並說道：「這幾天在柏林城裡實在難得享受到這麼美妙的肉體。」

這位隊長往後退了幾步，然後對著丹迪大喊，這場饗宴應該拿來好好招待還沒有性經驗的年輕人。他的手下立刻領會他的意思，於是便把丹迪拉向前，丹迪不肯服從，還抵抗著。這位隊長便親自走到他身邊，解開他褲頭的皮帶，拉下他的長褲並把他推向那位剛被他強暴、仍躺在地板上的少女，然後對他說：「來吧，小伙子，現在就讓你證明自己是個男人。」

此時丹迪的內心五味雜陳，他一方面因為隊友的友愛與信任而覺得受到支持，另一方面卻陷入了戰爭的悲哀。他知道自己的靈魂有卑劣的一面，但他也希望自己能變得更好，希望自己能受到他人的讚賞與欽佩，希望臺下觀眾因為他的演出而開懷大笑。然而，他在舞臺上的表演終究只能遵照劇作家編寫的劇本，自己並沒有自主性。他認為，那個已脫下漂亮劇服、臉上不用再掛著微笑的自己根本是個該死、窮凶惡極的無賴。

就在當晚，阿巴尼便去找那位克羅埃西亞的騎兵隊隊長，請他到軍營外某個小酒館喝酒，然後在返回營舍途中，趁機把醉醺醺的他痛打一頓，直到他昏迷為止。阿巴尼知道那附近有一個大坑穴，原是為了建造柏林皇宮禮拜堂而開挖的地基，後來因為「三十年戰爭」爆發，無法繼續修建而荒廢在那裡。於是他便把那位不省人事的克羅埃西亞人拖入那個土坑裡，而後用周邊泥土把他埋到頸部的高度。當他恢復意識後，發現自己已被捆縛與掩埋，全身動彈不得，此時的他終於明白阿巴尼的意圖，便立即大聲求救。阿巴尼見狀，立刻把一塊布塞進他的嘴裡，並鄭重地對他說：「你既然喜歡玩死亡的遊戲，在你人生的最後，我可不會讓你錯過這項娛樂。」

為了不引起軍隊夜巡員注意，阿巴尼緩慢地把坑穴裡的土壤堆在這位隊長頭部上方，並讓土堆內部留下一個漏斗狀的空間，隊長的頭顱就在這個大漏斗下方。當阿巴尼把土堆堆完後，便開始對著他頭部撒下一把又一把的泥土，直到他的鼻孔被塞滿，窒息死亡。當坑下的他停止掙扎時，阿巴尼便低頭凝視他那雙清澈晶瑩的棕眼，他當下真的覺得它們漂亮極了！他後來填平了那個凌遲死者的漏斗坑，並相信彼此的罪惡已從此掩埋在柏林皇宮地底下。總之，他已順利完成這項行動！

人的一生可以充滿多少傷痛與悲哀！阿巴尼仍繼續留在奧軍擔任那個始終令自己猶豫不已的勤務，後來在值勤時受傷而落得肢體殘廢，最後他和丹迪終於從這個天主教陣營脫逃，在柏林城牆西邊，也就是在布蘭登堡選帝侯的狩獵場裡（即現在柏林市中心的動物公園；**Tiergarten**）找到一個棲身的避難所。此時戰火仍在周遭肆虐，仍在歐洲各地如火如荼地展開。波蘭人攻打日耳曼人、法國人征伐荷蘭人、西班牙人與奧地利人結盟，至於大不列顛島的蘇格蘭人就跟英格蘭人一樣，扮演傭兵角色，在歐陸戰場上並沒有支持特定陣營，只要哪一方願意出錢，他們就為雇用他們的主子賣命。新、舊教雙方軍隊在柏林城展開拉鋸戰，當一方攻入，另一方便被迫退出，持續的戰亂不僅造成半數以上市民喪生，還導致農作物毀壞，繼而出現饑荒與瘟疫，民不聊生。不堪苦難長期折磨的阿巴尼變成了眾多在柏林城遊走的幽靈之一，由於煙霧燻蒸和過度流淚而雙目失明，時而步履蹣跚、踉踉蹌蹌地穿越城內廢墟，時而逗留於已廢棄的民宅門口或墓穴已盜空的墓地裡，等待世界末日降臨。

請看！阿巴尼來到柏林之後的人生，已從一位未經世事的蘇格蘭青少年、戀人、雙方陣營的士兵變成被命運愚弄、悲嘆哭泣的老人，晚年的他已失去牙齒、視力、生活愛好以及所有的一切。請看！阿巴尼在舞臺上的演出，或神氣十足地昂首闊步，或擺出焦躁不安的模樣，後來卻突然轟隆一聲，舞臺瞬時墜入了黑暗的深淵，那是某個空蕩蕩墓穴示意歡迎的擁抱。由於他長年遭受外在環境打擊，整個人已變得精疲力竭，長著雀斑的鼻子已塌平，耳旁已不再蓄留髮辮，心中的愛戀已然消失，精神也早已委靡。當他徘徊於聖母教堂旁的墓園時，只發現被挖出的人骨碎塊散落一地，骨骸裡的骨髓已被這塊瀰漫腐臭氣息的土地吸吮得一乾二淨。

阿巴尼現在已屬於、而且仍將屬於這座被詛咒的鬼城，以及那些遠比他本身還要巨大的一切。當他闔上雙眼，辭別人世時，如果您能陪伴他走上那條通往冥界之路，您就會明白，在死亡的睡眠中，將不再有夢境出現！

第三章

# 腓特烈大帝：普魯士的創制

# 忘憂宮，一七六二年

身著黑袍的地獄死神在世界每個角落揮舞著那把長柄大鐮刀。在西元前三世紀的坎尼（Cannae）會戰[1]以及兩千多年後的索姆河（Somme）戰役[2]與史達林格勒保衛戰[3]裡，祂都曾經大大地發威。美軍在日本廣島投下原子彈的當日是祂最忙碌的一天；蘇聯時期設於西伯利亞的古拉格集中營曾定期勞煩祂駕臨，前後長達數十年；東方的成吉思汗與毛澤東對於橫跨整個亞洲地區或　整個世代人民的摧殘與荼毒幾乎要把祂累垮；然而，近幾個世紀以來，柏林卻是祂最頻繁往返的地方。

古代的條頓族、匈奴族與斯拉夫族曾在柏林這塊多沼澤的平原上展開一波波爭戰，當時這位地獄死神便已降臨現場，而且祂還不放過早在七世紀於史普雷河畔沙地落腳屯居、並用他們的波拉比安語（Polabisch）[4]為柏林[5]命名的斯拉夫部落。當占據柏林地區的日耳曼人為了抵禦外來勢力入侵，先後與幾位神聖羅馬帝國皇帝以及波蘭國王的軍隊交戰時，祂也曾緩步出現在這塊蠻荒之地。後來這塊保留最純粹日耳曼部落文化的化外之地，被神聖羅馬帝國以武力征服，成為帝國境內的「布蘭登堡邊防區」（Mark Brandenburg），同時也是歐洲最後被基督教化的地區之一。

年復一年，死神透過饑荒、瘟疫以及歷代封建領主那些無異於強盜的行徑，頻頻現身於這塊落後荒僻的土地。這些領主不僅醜惡可憎，還相當無知，由於水利管理缺失而讓沼澤地的積水平白流失，造成農地土壤貧瘠，農業生產不足。當奧地利與瑞典這兩個新、舊教陣營的軍隊於「三十年戰爭」期間在柏林城交戰時，城內那些泥濘不堪的街道上，時常可以看到被屠殺而殘缺不全的屍體。在那慘絕人寰的數十年裡，死神已親自見證了這座城市如何失去半數以上人口，有些死者被活活燒死，或被丟入熱油鍋燙死，或被簡單捆以柳條後、扔進河裡溺斃。此外，尚有數千名市民因感染傷寒而喪命，當時城內還飄散著這些腐爛屍體所散發

---

1 坎尼會戰是指西元前二一六年，北非的迦太基將軍漢尼拔在坎尼擊敗羅馬軍隊的戰役。坎尼是義大利東南沿海的一座古鎮，位於巴列塔（Barletta）附近。

2 一九一六年發生於法國北部的索姆河戰役是第一次世界大戰期間規模最大、最慘烈的一場戰役。

3 史達林格勒保衛戰是二次大戰期間，納粹德軍為奪下蘇聯南部城市史達林格勒（Stalingrad；現名為伏爾加格勒Volgograd）所發動的戰役。

4 波拉比安語是古代的西斯拉夫語，現今的波蘭語、捷克語和斯洛伐克語均屬西斯拉夫語支。

5 Berlin（柏林）這個地名源自波拉比安語的Berl，意為「沼澤濕地」。柏林地區在西斯拉夫部落未開墾前，原是一片蠻荒的沼澤地。

的陣陣惡臭。一六三八年，距離「三十年戰爭」結束還有十年，柏林的房屋總數卻只剩下八百四十五棟，不及戰前一半數量，古舊的寇恩區——位於史普雷河西岸的半城——也已破壞殆盡。目睹這一切慘狀的死神只能鼓舞那些已被遺棄而心痛欲絕的老百姓，在他們哭泣時擁抱他們，並傾聽他們基於渴求一位強大領導者而發出絕望的呼喊。

隨著嚴肅不苟、雄心勃勃的腓特烈．威廉（Friedrich Wilhelm）於一六四〇年繼位為布蘭登堡選帝侯暨普魯士公爵，在戰火中苟全性命的柏林人殷切的祈求終於獲得回應。身為十五世紀腓特烈一世——富裕的紐倫堡伯爵以及霍亨索倫王朝在布蘭登堡領地首位統治者——的後裔，他已下定決心，要讓自己統治的布蘭登堡—普魯士公國不再遭受外來軍隊劫掠與摧殘。當時倖存於戰亂的百姓仍驚魂未定，於是他便利用這種恐懼心理，積極動員他們投入布蘭登堡領地的建設（這是個長期被戰爭蹂躪的神聖羅馬帝國邊境地區）。腓特烈．威廉開始大興土木，在簡陋茅舍林立的柏林城外圍興築大型新式碉堡。由於他曾在荷蘭——新教喀爾文教派的核心地區——就讀萊登大學，因此，在繼位之後便仿效荷蘭當時進步的發展，積極在柏林推廣商業貿易並發展科學技術。欣欣向榮的柏林城也逐漸往南邊與西邊的郊區擴展，比方說，市容樸實的腓特烈市（Friedrichstadt）[6]便在一片遍插木柱與木樁的沼澤地上快速興起，施工頭一年便已蓋好三百棟兩層的制式樓房。二十年後。這個規畫完善的城區已擁有一萬兩千名居民。當時許多貴族與宮廷要臣——例如山姆．馮．馬夏爾（Samual von

Marschall）[7]這位蘇格蘭貴族後裔——富麗堂皇的宅邸都坐落於這個城區主要街道兩旁，即威廉街（Wilhelmstraße）。

為了讓柏林地區在各方面能獲得穩定與成長，這位霍亨索倫王朝的君主要求他的子民必須絕對服從他的統治，當時仍受戰爭創傷的柏林人對此毫無怨言。他們恪盡職責，內心從不質疑、身體從不知倦怠地勞動著，後來終於被訓練成遵守紀律、有作戰能力的人民。

「如果一位統治者無法採取恰當手段並擁有自己的武力，就是欠缺深思熟慮。」被後世譽為「大選帝侯」的腓特烈．威廉在駕崩前，曾在他的「政治遺囑」（Politisches Testament）裡留下這句話。

一七〇一年，「大選帝侯」腓特烈．威廉的兒子腓特烈一世（Friedrich I）成功透過爭戰而將布蘭登堡—普魯士公國升格為普魯士王國。後來繼任王位、人稱「軍曹國王」（Soldatenkönig）的腓特烈．威廉一世（Friedrich Wilhelm I）比先王更熱中於發展軍事武力，在他的統治下，十八世紀初葉的柏林已成為一座大型軍事要塞城市。柏林是當時實行軍

---

6「腓特烈市」這座於十七世紀晚期在柏林郊區闢建的城區，位於現今柏林市城中區（Bezirk Mitte）及腓特烈罕—十字山區（Bezirk Friedrichshain-Kreuzberg）之間。

7 馮．馬夏爾是「大選帝侯」腓特烈．威廉及其子腓特烈一世時代的廷臣，尤其對腓特烈一世初建的普魯士王國國力與經濟發展貢獻卓著。

國主義的普魯士王國首都，年輕人均被徵召入伍，他們身著軍服，踩著整齊步伐穿越那座堅固、已改建為石造的「長橋」，魚貫地進入技術精進的軍火工廠裡工作。當時普魯士王國八成的歲收全耗用於軍隊運作與軍械武器製造。此外，這位「軍曹國王」還以軍事管理方式改革王國的行政體系，嚴格要求公職人員必須一絲不苟地堅守職責。當時，曾有一位大臣因為忘記出席某個委員會的會議而被扣除六個月薪資。依照當時官方規定，如果他第二次缺席，就會被解除職務。總之，普魯士王國上上下下每一個人都必須做到絕對的服從。

沿著那條外觀普通、道路寬度足以讓部隊行軍通過的大道，行進的士兵們向閱兵臺上那些大權在握的普魯士官員致意，然後穿過鋪有鵝卵石的閱兵場繼續往前邁進，周遭瀰漫著戰鬥與紀律的氛圍。吹奏的軍樂在整齊的巷弄間迴響，並飄進了一列列似乎為了晨間檢查而刷洗乾淨的房屋裡。每日正午，會有一支奇特的隊伍——由一群自歐洲各地招募或綁架而來的身高特高男子組成的「波茨坦巨人近衛隊」（Potsdamer Riesengarde）——在柏林皇宮的廣場上為「軍曹國王」進行軍事操演。「我就是喜好身材高大的士兵，世界上最美麗的女孩或女人根本無法引起我的興趣。」這位尚武的普魯士國王曾對當時的法國大使這麼表示。

「軍曹國王」在位期間從未主動挑起任何一場戰爭，但戰爭以及備戰狀態的戒慎恐懼卻是這位實行極端軍國主義的君王維持其專制政權的實力來源。這些軍事實力一方面體現了盡責守分的普魯士精神，另一方面卻也凸顯了人性的愚昧與殘酷。

「軍曹國王」一共有七個兒子，其中有三位被培植為軍人。黎明時分，皇宮會發射加農砲喚這些王子們起床，然後他們必須練習普魯士軍隊例行操演的五十四種動作。「軍曹國王」的頭兩個兒子全因照顧的疏忽而夭折：長子在教堂的受洗典禮上，由於被強行戴上一頂過小的皇冠，造成頭部受傷死亡；次子則是因為睡在搖籃中時，槍砲發射過於接近、轟鳴聲過響而被活活嚇死。第三個兒子終於順利活下來，他就是王儲腓特烈王子（Prinz Friedrich）：一位體形纖瘦、性情靈巧的叛逆者。

腓特烈王子有一雙藍色大眼睛，性情敏感，喜歡文學與藝術，因此他的表現讓崇尚軍事作風的父王大感失望。「軍曹國王」為了讓這個王位繼承人在性格上強悍起來，一向以粗暴態度對待他。他曾因腓特烈王子跳離一匹狂奔的馬而毆打他，也曾因他在濕冷天氣裡戴上手套而鞭笞他。此外，他還曾在一個酷寒冬夜裡，當吹自俄羅斯的北風在戶外呼嘯、餐桌上水壺裡的飲用水已結冰時，命令腓特烈王子站在皇宮外面當守衛，當時這個孩子嚇得只好趕緊躲在母后床下。

腓特烈王子自幼接受的宮廷教育暨嚴格、又缺乏想像力，而且學習科目全集中於數學、政治及軍事領域，文學與拉丁文則刻意排除在外。既然古羅馬人從前曾被日耳曼民族擊敗，為何還要向古希臘和古羅馬人學習？「軍曹國王」曾不解地咆哮著。

「王子必須在六點鐘起床，」國王下令，「穿上拖鞋後，要跪在床邊，簡短地向上帝禱告，而且音量要夠大，讓所有在場的人都聽到。他應該以最快速度一邊穿衣服、一邊吃早餐。在盥洗之後，必須趁著男僕為他束辮子並在臉上撲粉時，把熱茶喝完。這一切必須在一刻鐘內完成，也就是六點十五分。」

為了培養王儲對軍事的愛好，「軍曹國王」在腓特烈王子六歲時，便為他設置一個由一百三十一位孩童組成的少年兵團，專供他訓練。當俄羅斯沙皇及英國國王來訪時，這支王儲兒童軍訓隊（Kronprinzen-Kadett）還必須在歡迎國賓的典禮上接受校閱。到了十四歲，腓特烈王子就被父王指派管理「波茨坦巨人近衛隊」。

腓特烈並不喜歡軍事訓練，甚至還稱身上的軍服是他的壽衣，但他惟恐父王震怒，只好順服於這種生活方式，其實他內心相當渴望閱兵場外的另一個世界。他喜歡在夜空清朗的夏夜裡溜進皇宮花園，躺臥在潮濕的草地上仰望星空。當他有一次在滿天繁星中發現大熊星座時，便拿出隨身的手槍朝它瞄準，並在憤怒中扣下板機，射擊這隻野獸，想像射出的子彈穿越銀河，正中牠的腰窩。

腓特烈後來透過書籍發現了另一個世界。經由御用教師的指點與協助，他祕密建立了自己的「珍品收藏室」，一座典藏豐富、幾乎都是法文書籍的個人書庫。他會坐在靠窗的位子，花幾個小時背誦亞里斯多德、弗朗索瓦·拉伯雷（François Rabelais）[8]或雅客—貝尼涅·博舒埃（Jacques-Bénigne Bossuet）[9]的著作內容，或流連於一冊薄薄的對開本，比如三百年前一位佚名詩人所創作風格溫文優雅的抒情詩集，或在展冊閱讀中讓自己歡喜地浸淫在愛情、夏日的愉悅以及年輕人的歌聲中。他創作詩歌，也寫長篇書信給家人和朋友，在俯瞰聖母教堂或列隊行進的軍官帽上羽飾時，還不忘提筆寫下那些關於武裝攻擊以及歐洲情勢的論述文章。在盱衡當時的國際局勢後，他指出：小邦國林立是日耳曼地區的不幸，「三十年戰爭」期間是它最脆弱的時期；俄羅斯已陷入無止境的混亂狀態；英國雖然富足而幸福，卻缺少文化創造力，因此未出現著名的畫家、雕刻家或音樂家。

當他的父親「軍曹國王」為了羞辱死囚而讓他們在絞刑臺上穿著法式衣服時，熱愛法國文化的他卻夢想成為巴黎詩人或漂泊於各地宮廷的吟遊詩人。年輕的腓特烈懂得隱藏自己對於藝術的愛好，他會在白天隨著鼓聲的節奏行軍前進，夜間則在上鎖的房裡練習長笛。

十五歲的腓特烈深感困惑與挫折。儘管他的內心因為渴望而燃燒，因為好奇而生氣勃勃，但他的生活卻仍脫離不了武力、嚴格與責任。幸好他首次的國外旅程滿足了他這些內在飢渴：他隨著父王訪問當時日耳曼地區最富裕、也最聲名狼藉的邦國——薩克森公國（Sachsen）。在首府德勒斯登，腓特烈開心地觀賞戲劇和歌劇演出，而且還迷戀上安娜·卡

---

8 拉伯雷是法國文藝復興時期知名作家與人文主義者。

9 博舒埃是法國主教、神學家，也是法王路易十四的宮廷佈道師。

洛琳娜（Anna Karolina）伯爵夫人。她既是他們的東道主「強者」奧古斯都二世（Friedrich August der Starke）的私生女，也是他的情婦，因為這位薩克森選帝侯暨波蘭國王並不忌諱近親相姦，他從各地蒐集而來的美女比普魯士「軍曹國王」自各處羅致的那些身材超高的軍人——即「波茨坦巨人近衛隊」——還多。這位風流成性的薩克森君王一生總共生下三百五十五位子女。

當時奧古斯都二世禁不住想引誘普魯士的「軍曹國王」和他那位剛墜入情網的兒子。當他邀請這對父子參觀他的宮殿時，曾在某間臥房請人拉開簾子，讓他們瞧一瞧那位正等候他們駕臨、全身赤裸的高級交際花。「軍曹國王」看到這一幕，便顯得慌張不安，連呼吸都變得急促起來，當下連忙向大家道歉告退。然而，奧古斯都二世卻觀察到王儲腓特烈王子有不錯的反應，於是當場便把這個一絲不掛的女人賞給他，以取代他正愛戀的那位伯爵夫人。腓特烈當時是否接受這個賞賜，我們已不得而知，不過他當時仍沒打算放棄他心愛的安娜．卡洛琳娜。

回到柏林後，腓特烈找到了另一種形式的愛情。他認識了漢斯．馮．卡特（Hans Hermann von Katte）這位英俊又富魅力的年輕貴族，他的前額高闊，柔滑的金髮上還繫紮著一個黑色蝴蝶結。這兩個同性的年輕人已墜入情網，彼此難捨難分。他們就像一對命運多舛的戀人，正暗中策畫逃離普魯士軍營，一同動身前往英國。他們已預定在深夜裡逃跑，那天傍晚，馮．卡特還站在腓特烈寢室門口，並用腳頂住房門，以保持敞開。他們交談時臉面如此靠近，以至於雙方都可以感受到彼此的呼吸。

那夜，一輪皎月高掛夜空，戶外的空氣讓人感覺清新而自由，但這兩個準備出逃的年輕人卻不幸地被告密者出賣了！「軍曹國王」在盛怒下，將兒子腓特烈監禁起來，後來還強迫他到行刑現場觀看馮．卡特的斬首處決。當死神帶走他的戀人後，腓特烈隨即昏厥了兩天。他的靈魂因為精神創傷而枯萎，內心也喪失了同理心，從此性格出現轉變。

腓特烈對女性比較疏遠，據說，只有當他心情高興時，才喜歡與女人親近，之後便又對她們鄙夷不屑。一七三三年，他奉父王之命，與神聖羅馬帝國皇帝查理六世（哈布斯堡王朝）皇后的堂妹成婚，即信仰新教的伊麗莎白．馮．布朗許維克—貝維恩（Elisabeth Christine von Braunschweig-Bevern）。結婚典禮過後，腓特烈便立即與妻子分居，雙方並無夫妻之實，也沒有生下任何子嗣。腓特烈只是每年例行到她的住處拜訪一次，一起喝喝咖啡，如此而已。

腓特烈最親密的知己清一色都是男性。自從貴族男友馮．卡特被處死後，他便轉而擁抱他的士兵侍從米歇爾．弗雷德斯朵夫（Michael Gabriel Fredersdorf），這位男侍一直在他身邊服侍他，直到他年老駕崩。腓特烈後來還跟淫亂的蘇格蘭陸軍元帥詹姆士．凱斯（James Keith）、英國外交官蓋．狄更斯（Guy Dickens）以及德國長笛家約翰．柯望茲（Johann

Joachim Quantz）密切交往。威尼斯的紈袴子弟法蘭契斯科．阿嘉洛帝（Francesco Algarotti）則是他的最愛，他曾在一封寫給婚後的阿嘉洛帝的書信上表示：「我的命運已經改變，我焦急地等著你，請別讓我憔悴嘆息。」這位普魯士王儲私底下會披一件繡花的天鵝絨寬鬆長袍，仿效法國的藝文愛好者把頭髮弄亂，而且眼眶噙著淚水，為朋友們演奏長笛。每位受邀的朋友都知道，他需要受到矚目，而且渴望獲得名聲。

當時的英國大使曾在一則回報倫敦的消息中表示，腓特烈的男性友伴們是他的「繆思男神」（the he-muses），而且還提到，女性不得接近腓特烈的宮殿。曾有一夜，身為父親的「軍曹國王」就像一頭黑熊般猛然撲向這群自成一圈的男孩們，並將他們的長袍與浪漫詩集丟入火焰裡焚毀。

此外，音樂也成了腓特烈另一個逃離現實的媒介，讓他得以克服生活陰影，填滿內心苦澀空虛。音樂緩解了他那冷酷的自我克制，並讓他在忍受父王陰晴不定的脾性時，可以獲得慰藉。他的父親漠視藝術與文化的行徑令他膽戰心驚，早在他出生之前，這位「軍曹國王」便曾戲稱宮廷的知識分子是「狗食」，後來還任命一位在宮廷裡以插科打諢提供娛樂、地位卑微的弄臣（Hofnarr）主持柏林的普魯士科學院（Preussische Akademie der Wissenschaften），上任後便著手關閉這個研究機構以節省經費。

一七四〇年，「軍曹國王」駕崩，王儲腓特烈登基為普魯士國王，即腓特烈二世，史稱腓特烈大帝（Friedrich der Große, 1712-1786）。甫即位，他便擘畫首都發展藍圖，準備將柏林打造為歐洲思想及音樂中心。他重啟普魯士科學院運作，邀請法國數學家暨哲學家皮耶．莫佩爾地（Pierre Louis Maupertuis）擔任該院院長。他擴建並整修外觀老舊的柏林皇宮，使之能與法國凡爾賽宮匹敵，並在皇宮旁興建一座歌劇院。他驅逐了皇家狩獵場（即現今柏林市中心動物公園）最後一批擅自入住者，並重新對這一大片位於市區的綠地進行規畫與設計。此外，他還仿效羅馬的人民廣場（Piazza del Popolo），在柏林市中心的「御林廣場」（Gendarmenmarkt）北側及南側修築風格優雅的法蘭西大教堂（Französischer Dom）與德意志大教堂（Deutscher Dom）。

腓特烈大帝最登峰造極的建築工程是波茨坦（Potsdam）的忘憂宮（Sanssouci），一座建於六層梯形露臺上、可讓這位君王擁有私密生活的洛可可式小型夏日宮殿。他在這座夏宮內部的柱廊與金碧輝煌的大廳裡擺放了許多書籍和工藝品，並邀請舞者及思想家前來造訪交流。他會在宮殿華麗的地板上遛著他心愛的義大利灰獵犬，看起來似乎與這世界相安無事。腓特烈大帝每年從四月底到十月初都住在這座夏宮裡，入住期間，每天晚間十點固定在「圓廳」舉行一場音樂會。他曾在某一晚和作曲家卡爾．巴哈（Carl Philipp Emanuel Bach）——即史稱「音樂之父」的偉大作曲家約翰．巴哈第三個兒子——一起演奏音樂，這位吹長笛的國王當場還給這位彈奏大鍵琴的作曲家一個音樂主題，要求他以此發展出一首六聲部賦格曲。此外，他還盛情邀請領導歐洲啟蒙運動的法國哲學家伏爾泰在宮殿裡定居，並從事研究。

伏爾泰是十七世紀的哲學大師，熱愛法國文化的腓特烈大帝從孩提時期就很仰慕這位思想家。他曾耽讀他的劇作、小說與文章，並宣稱要捍衛這位「法蘭西思想之父」的人本主義理想。後來雙方開始通信，腓特烈在魚雁往返中，曾要求這位大師評論他以法文撰寫的一些文章及色情詩（「他們內心燃起的愛情讓他們的親吻更火熱／讓他們更緊密地纏繞著／神聖的渴望！世界的主宰！」）。他一直試著吸引伏爾泰前來柏林，前後長達十幾年。一七五〇年，已身為普魯士國王的腓特烈決定以年薪兩萬法郎延聘這位思想家到他的宮廷擔任文學侍從，伏爾泰當時欣然受聘，腓特烈長久以來的心願終於實現。

伏爾泰的啟蒙思想後來促成法國大革命爆發，然而，他在這場驚天動地歷史事件發生的前幾年便已過世，無緣親歷。他在世時曾主張，唯有受過啟蒙運動洗禮的君主才能為歐洲帶來社會變革，但他卻對民主頗不以為然。他認為，平民百姓只能在自己的生活空間裡接受保護，民主無異於張揚他們愚蠢無知的行徑。這種對民主思想與制度的不信任，讓他因而深獲主子——腓特烈大帝——的歡心。這對一度志同道合的君臣曾採用莎士比亞悲劇《科里奧蘭納斯將軍》（*Coriolanus*）裡的一個隱喻，把庶民比擬為「烏鴉」，終將被身為「老鷹」的貴族一點一點地啄食殆盡。伏爾泰當時風塵僕僕來到柏林，為腓特烈大帝編纂六冊法譯本的中國古代兵書《孫子兵法》，並把實現政治理想的希望寄託在這位英明的普魯士國王身上。他讓皇宮晚餐餐桌上的對話變得更精采、也更迷惑，甚至會孜孜不倦與人辯論公民自由的問題直到深夜。

普魯士人期盼一個嶄新的開明時代來臨。他們相信，腓特烈大帝不僅是一位性情平和的君王，還是一位知識分子，一位音樂與詩歌的愛好者。「和平可以促進藝術與科學的長足發展」，這位普魯士國王也如此向他的子民們保證。當時曾造訪柏林的英國傳記作家詹姆士·包斯威爾（James Boswell）便親睹了柏林的繁榮昌盛，難怪會在那本描述他精采豐富的歐洲之旅遊記中讚嘆地寫道，這個普魯士首都「是我所見過最美麗的城市」。

然而，這位英國作家可能只看到這座普魯士首都的表象，並未發現它所隱藏的真正本質。這位年輕國王曾下定決心，要以他所承繼的普魯士遺產為基礎，建立一番豐功偉業，讓自己能在歷史上留下顯耀聲名。除了普魯士強大的軍事武力之外，他那顆冷酷、工於心計的心也是他父親「軍曹國王」遺留給他的資產。他就在自己最無情、也最具創造力的時刻，決定把普魯士王國帶入戰爭。

當時日耳曼地區仍是群雄割據的局面，一共有三百多個大大小小的邦國與自由城市，民族內部的關係就像十七世紀日耳曼理性主義哲學家勾特弗利德·萊布尼茲（Gottfried Wilhelm Leibniz）當時對於歐洲局勢的感慨：「各國仍在為歐洲宰制權的爭奪而作戰！」在林立的日耳曼邦國裡，北方普魯士的霍亨索倫王朝與南方奧地利的哈布斯堡王朝是其中的兩強，彼此互為競爭對手。當哈布斯堡王朝的神聖羅馬帝國皇帝卡爾六世駕崩而無男嗣繼承皇位時，腓特烈大帝由於不贊同卡爾六世的女婿承襲皇位，便與幾個盟國發動奧地利王位繼承戰爭（一七四〇～四八），驅策他的柏林城由獵物蛻變為掠食者。

「大家都知道，我對西利西亞（Schlesien）[10]很感興趣，我計畫去接管它，並將它保留給正當的擁有者。」他曾如此宣告。他將普魯士原先處於緊張恐懼的防禦態勢扭轉成赤裸裸的攻擊，從柏林揮軍南下，突襲位於目前波蘭南部的西利西亞，占領它的礦場與麥田，在七週內，便拿下當時廣大的奧地利領土中最富庶的省份，以如此霸氣的軍事行動撼動全歐。最後，腓特烈大帝打贏了奧地利王位繼承戰爭，從戰敗的哈布斯堡王朝手中正式取得西利西亞地區，並將它設為普魯士的西利西亞省。

腓特烈大帝會在戰爭中發動機詐陰險的襲擊，並從親身的戰鬥經驗裡精進作戰技巧，由於一生戰功赫赫，被史家譽為那個時代最英勇無畏的軍事首腦。他在戰場上從不心軟，勇於冒險的作風還彌補了他一開始在戰爭經驗上的不足。「腓特烈在戰場上總是熱情激昂……他會採取迅雷不及掩耳的作戰策略並充分發揮本身性格的負面部分，也就是冷酷無情。」一位被他打敗的敵營將軍曾哀嘆地說著。某天，當他再次帶領一群騎兵，準備上場衝鋒陷陣時，一位侍從便向他喊道：「陛下，您要自己單獨奪取那個砲臺嗎？」腓特烈作戰時，就是個拚命三郎，似乎不考慮自己的性命安全。在二十幾年的爭戰生涯裡，腓特烈大帝每每在完成軍事布陣、準備襲擊前的夜晚總是無法入眠，他會透過寫詩及閱讀法國劇作家尚・拉辛（**Jean Baptiste Racine**）的作品讓自己平靜下來。

一七五六年，就在奧地利王位繼承戰爭結束沒幾年，歐洲又爆發列強彼此結盟對抗的「七年戰爭」。奧地利為了報復並擺平普魯士這個狡猾的軍事暴發戶，便與法國、俄羅斯等國締結同盟關係，普魯士為了反制敵方陣營，便與英國結盟，先出兵占領立場搖擺的薩克森公國，繼而圍攻奧地利領土內的布拉格城。當腓特烈大帝率領普軍出戰而被奧地利軍隊擊退時，他便躲回他的藏書裡，等到一切準備周全之後，便在萊比錫附近的羅斯巴赫（**Roßbach**）再次發動攻擊，對奧軍展開另一次屈辱性的迎頭痛擊。

開戰一年後，情勢轉而對普魯士不利，數以萬計的普魯士大軍在戰場上慘遭奧軍屠戮，為了腓特烈大帝冷酷的野心而犧牲了自己的性命。奧軍不僅收復了西利西亞地區，還俘擄了一支護衛四千臺補給車輛、攸關戰爭勝敗的普魯士部隊。在此期間，奧地利的盟國俄羅斯也派軍往東，進攻波羅的海沿岸的東普魯士地區，俄軍素來殘暴的惡名——遠早於第二次世界大戰結束之際，俄軍對東普魯士首府柯尼斯堡（**Königsberg**）的野蠻犯行——讓該地區人民

---

10 西利西亞是從前的地理名詞，二戰過後，絕大部分地區併入波蘭，只有小部分位於德國和捷克境內。

陷入萬分驚恐，一些關於俄軍可怕暴行的傳說早已繪聲繪影。為了力挽戰局頹勢，腓特烈大帝便向當時結盟的英國借款（當時英國希望歐陸各國處於戰爭狀態，藉此牽制法國在北美洲擴張殖民地的野心），以增強普軍的軍力。

一七六二年俄羅斯女沙皇駕崩，由於沒有子嗣，而由立場親普的彼得三世繼位。這位新沙皇非常欽佩腓特烈大帝的武功，登基之後便轉而與普魯士結盟，並命令俄軍直接聽從腓特烈大帝的調度與指揮，齊心攻打舊盟國奧地利，讓普魯士在「七年戰爭」中戲劇性地反敗為勝，這起歷史事件就是歐洲史上所謂的「布蘭登堡王室奇蹟」。奧地利陣營因為俄羅斯突然背叛而瓦解，哈布斯堡王朝自此未再收復西利西亞的失土，戰敗的法國則把萊茵地區割讓給普魯士，並將北美的魁北克地區讓予英國。在腓特烈大帝領導下，普魯士透過戰爭的勝利而在歐洲大陸迅速崛起，成為無可匹敵的軍事霸權。這一切的發展就如他的恩師伏爾泰當時寫下的：「勇猛無畏的柏林人已經改變了歐洲的命運！」

當凱旋歸來的腓特烈大帝回到柏林時，對於進城顯得很遲疑，這座首都又再次因戰火淪為廢墟，讓他感到相當痛心。他在入城之前，先騎馬繞行柏林老舊的城牆一周。他沿著城牆前進，一路經過已荒廢的牛市——曾是柏林的刑場與「惡魔的遊樂園」，沒過幾年，便因為沙皇彼得三世之孫亞歷山大一世的造訪而改稱亞歷山大廣場（Alexanderplatz）——以及腓特烈市這個新城區裡的幾座花園。在沿途所經那些殘破不堪的柏林街道上，這位剛打贏戰爭的普魯士國王舉目所及盡是可憐的孤兒以及毀壞的建築物。他後來還在波茨坦城門（Potsdmer Tor）旁那片空闊的八角形閱兵廣場——也就是後來的波茨坦廣場（Potsdamer Platz）——停留，觀看一位神情落寞、束著馬尾、鬢角剃光的雜耍演員表演噴火把戲，並向觀眾討賞錢。「國王陛下，您還需要更多的火（Feuer；戰爭的雙關語）嗎？您希望火再次出現嗎？」他透過自己那雙變黑的雙手看著腓特烈大帝，大聲地問著。

腓特烈大帝來到「漁夫區」（Fischerkiez）——即史普雷島的寇恩區——並在那些殘缺破損的船隻周圍以及被踩壞的花園裡徘徊，接著便行經一片漆黑的宮廷歌劇院以及那座巴洛克風格、外面擺設好幾尊神情苦悶戰士半身石像的軍械庫，然後幾乎頭也不抬地走進柏林皇宮的中庭。「戰爭是殘酷的」，他當時在已損毀的柏林皇宮裡，曾就著燭光寫道：「沒有親眼目睹的人是無法了解的。我現在相信，只有那些不愛任何人的人，才是地球上真正快樂的人。」

普魯士雖已通過「七年戰爭」的考驗而得以繼續存在，然而，那些戰敗君王內心的悲痛以及陣亡士兵遺孀流下的眼淚又是什麼呢？腓特烈大帝在回到柏林後，便在〈關於戰爭的論述〉（Discours sur la guerre）這篇法文文章裡提出這個疑問。腓特烈大帝在戰後積極重建他的首都與國家，把軍方的三萬五千匹戰馬發配給鄉下農夫，吸引有技術的難民定居在柏林附近已復原的地區。他委託興建的新建築必須呈現筆直與純粹的視覺風格，以藉此強調普魯士崇尚的價值：秩序、準確和力量。為了讓日益增加的人口獲得足夠糧食，他開始嘗試栽培自南美洲引進的馬鈴薯作物，下令挑選田地、展開實驗性種植，並派哨兵駐紮在馬鈴薯田周邊。當時普魯士民間曾有不實的消息散布，說只有國王可以享用馬鈴薯。一些飢餓的人民憑著在艱困生活中養成的生存直覺，決定潛入那些衛兵看守的土地，偷取王室種植的這種新種類塊莖作物，並將它們重新種植在自己農田裡。當時王室衛兵並未捉拿這些偷挖馬鈴薯的老百姓，因為他們已事先被告知，對於入侵的盜採者應該睜一隻眼、閉一隻眼，不要正面制止或處罰他們。

與俄羅斯結盟的普魯士後來仍繼續發動戰爭。它從波蘭王國逐次取得的土地，「就像人們一葉葉地剝食菜薊（Artischocke）一樣」，因此，東面的版圖得以從西利西亞進一步擴張到波蘭，柏林與布蘭登堡也藉由這些新領土，得以和波羅的海沿岸的東普魯士行省相接連。一七八六年，腓特烈大帝終於在人生的最後一年，透過陸續的武力征服，成功將領土零散、未彼此接壤的普魯士變成一個版圖完整的國家。

一生功業彪炳的腓特烈大帝駕崩時，身上竟穿著補綴過、沾有鼻菸粉髒污的破軍服。這位被暱稱為「老弗利茲」（Alter Fritz）的普魯士國王在世時，廣受人民敬畏甚於愛戴，當時普魯士民間曾傳言，雷雨和冰雹降臨都比不上「有幸」獲得這位國王的造訪這麼令人害怕。腓特烈大帝後來在宮殿中過著孤獨的生活，雖沒有朋友，卻也不再受到人本主義的虛假所干擾。由於當時的柏林人仍恐懼失序與混亂，仍害怕再度捲入漩渦而滅頂，因此願意繼續讓這位國王引導並支配他們的生命，一如對前、後任的普魯士君王一樣。

一八〇六年，腓特烈大帝去世二十年後，甫於巴黎稱帝的拿破崙率領法軍一舉攻入普魯士首都柏林，並在圖林根地區（Thüringen）的耶拿（Jena）與奧爾斯泰特（Auerstedt）殲滅了普魯士軍隊。這位剛登基的法蘭西皇帝當時騎著他的白色戰馬穿越布蘭登堡門，並從帽緣下凶狠地怒視那些被打敗的柏林人。他還到柏林附近的波茨坦，在腓特烈大帝埋骨的「宮廷禁衛軍駐防教堂」（Hof-und Garnisonkirche）附屬墓園裡，和一群軍官走到這位普魯士國王的墓穴旁，並對他們說：「各位請脫帽，假如他還活著，我們就不可能在這裡了！」

法國大革命摧毀了法國傳統的階級制度，舊有體制因而崩解，國王路易十六最終被送上斷頭臺。大部分美洲與歐洲國家的公民，因為認同法國大革命的精神而紛紛排斥專制政體，並對理性與進步精神抱持堅定信念。然而，這種改革風氣並未吹向柏林，因為「三十年戰爭」對柏林人造成的精神創傷、霍亨索倫王朝的自私自利、日耳曼人服從的習性以及對專制政體的信任仍難以改變。腓特烈大帝曾親自就教於啟蒙運動思想家伏爾泰，對於這個盛行於當時的思潮瞭如指掌，再加上他從未真正接受相關激進理念，因此，他的普魯士王國並未捲入十八世紀歐洲啟蒙運動的風起雲湧當中。

腓特烈大帝透過爭戰取得新的土地，成功地把普魯士原先不相連貫的世襲領地連結成一大塊完整版圖。後來，普魯士的國力轉弱，首都柏林在十九世紀初期不幸遭拿破崙的軍隊占領。當法軍入侵柏林皇宮，掠奪霍亨索倫王朝珍藏的寶物、繪畫及對開手抄本的中世紀歌曲集，並運走雕像時，行經皇宮的市民似乎聽到長笛的樂音在皇宮廣場（Schlossplatz）上迴響著。遭法國占領而蒙羞的柏林人，此時想起了被遺忘的腓特烈大帝的長笛音樂，他們開始追憶與懷念過往普魯士所確信的一切：為了填補生命空虛而擁抱國族主義，而不是對他者的寬容以及四海一家的博愛精神。

腓特烈大帝曾寫道：

絕不要指謫士兵的行為，
他們注定要走向死亡，
應該給他們想要的，
讓他們飲酒，讓他們親吻，
因為誰知道，他們將在何時捐軀。

第四章

# 卡爾·辛克爾：首都之夢

# 皇宮大花園，一八一六年

柏林人會藉由建築營造而在石頭、或至少在磚塊上成就他們的夢想。柏林不是古老的城市，它不像英國倫敦有古羅馬的遺跡，也不像法國巴黎有年代久遠的地下墓穴遺址。柏林的年輕人總是驅策柏林邁向未來，但柏林人也會留戀輝煌的過去，因此仍不忘致力於修造建築物以建構自己城市的神話。

幾世紀以來，柏林的皇宮大花園（Lustgarten）這一大片介於博物館島[1]與柏林皇宮之間的綠地就跟倫敦的西敏寺與聖保羅大教堂、華盛頓的白宮、五角大廈和史密森尼學會（Smithsonian Institution）的博物館群一樣，都是象徵國家權威的所在。它周邊的那幾座歷史性建築還展現著柏林人的雄心壯志以及他們的驕傲。

在這片提供王公貴族休閒遊樂的戶外空間裡，綽號「鐵牙」的十五世紀布蘭登堡選帝侯腓特烈二世，已認定戰爭是他的邦國不可避免的命運；十八世紀的普魯士國王腓特烈大帝為了榮耀自己赫赫的聲名，曾在這廣場上大陣仗擺出普軍威武的陣容；一九一四年，渴望掌控歐洲的末代德皇威廉二世，曾向在此聚集的柏林民眾正式宣布德國參加第一次世界大戰。此後，便有一百萬名德軍陣亡於西線戰場的凡爾登（Verdun）[2]、伊普爾（Ypres）[3]及帕雪戴爾（Passchendaele）[4]；當「十一月革命」（Novemberrevolution）在戰敗的德國國內爆發、威廉二世被迫退位後，德國共產黨的領導人卡爾・李卜克內西（Karl Liebknecht）曾經在此宣告當時仍不成氣候的社會主義共和國（Sozialistische Republik）成立；納粹頭子希特勒也曾在此許諾德國人民一個國祚千年的「第三帝國」（Das Dritte Reich）[5]。

十年後，在皇宮大花園對面出現了比較戲劇性的發展：共產東德的執政黨視柏林皇宮為令人痛惡的普魯士侵略象徵而將之夷平，並把內部皇宮廣場的空地一併闢建成馬克思—恩格斯廣場（Marx-Engels-Platz），一座蓋有大型觀禮臺的閱兵廣場；後來東德領導人艾利希・

---

1 柏林市中心的博物館島並非一座島，而是史普雷島北端的博物館群，總計有舊博物館、新博物館、舊國家畫廊、佩加蒙博物館與波德博物館，一共五座。

2 凡爾登位於法國東北部。凡爾登戰役是第一次世界大戰德、法之間持續時間最長、戰況最慘烈的著名戰役。

3 伊普爾是比利時西部鄰近法國的一座城市。第一次世界大戰的伊普爾戰役是人類戰爭史上首次大規模使用化學武器的武裝戰鬥。

4 帕雪戴爾離伊普爾不遠，帕雪戴爾會戰也被稱為「第三次伊普爾戰役」。

5 「第三帝國」一詞是指希特勒統治下的納粹德國，因負有承繼「第一帝國」（神聖羅馬帝國）和「第二帝國」（德意志帝國）的歷史使命而得名。

何內克（Erich Honecker）於執政期間在廣場緊鄰史普雷河的東側興建東德國會大廈「共和國宮」（Palast der Republik），由於內部極度浪費地安裝了一千零一顆燈泡，而被東德人民戲稱為「何內克的燈泡店」（Honeckers Lampenladen）；東、西德統一後，馬克思—恩格斯廣場更名為「皇宮廣場」，象徵共產東德舊勢力的「共和國宮」也因為政治不正確以及使用過量、有害人體健康的石棉建材而遭拆除。接下來，柏林市便準備透過大手筆的重建計畫，讓舊霍亨索倫皇宮（das alte Hohenzollernschloß）如重生的浴火鳳凰般，再現於這片廣闊的空地上。

在柏林，過去與未來永遠相互牴觸。這種時代的矛盾存在於柏林那些銅管樂進行曲、烏托邦意象、令人舒心卻也令人惋惜的遺忘，以及夢想的建構、破壞與保存當中。

一八一六年初，柏林城在一個嚴寒冷冽的夜晚施放煙火，歡欣慶祝日耳曼解放戰爭已成功驅逐拿破崙法軍的占領。當晚的氣溫雖然低寒，人們熱烈的情感以及在空中劈啪綻放的煙火，卻讓城內氣氛顯得一片熱烘烘。那些充滿渴望的歌聲在老舊的城牆上迴響著，隨後逐漸消失。在夜空閃爍不定的火花下，繫在樹上的彩色紙帶與枝條交纏在一起，讓這些樹木看起來就像一群身材纖細、在微風中輕甩髮辮、正在跳舞並互擁的妙齡女孩們。

就在這一夜，普魯士知名的建築師、都市計畫師暨畫家卡爾·辛克爾（Karl Friedrich Schinkel）來到皇宮大花園裡。他放下手提燈籠，目光望向前方漆黑的暗處。他的身後是柏林皇宮，左手邊是氣派的菩提樹下大道（Straße unter den Linden）盡頭，矗立在遠處的布蘭登堡門已綴上象徵勝利的裝飾物，周圍已被眾多歡呼喝采的市民擠得水洩不通。他的右手邊坐落著一座在中世紀天主教道明會修道院原址、由荷蘭建築師約翰・鮑曼（Johann Bouman）設計督造的巴洛克風格大教堂——即現今的柏林大教堂。然而，在他的前方卻什麼也沒有，連個人影兒也看不到。

辛克爾才三十二歲，便已擔任普魯士政府最高營建機要官員（Geheimer Oberbauassessor），負責所有公共、王室及宗教建築的設計。優雅的藍色大衣內搭雪白亞麻襯衫的衣著，讓他得宜地呈現出意志堅定的普魯士文官形象。在燈光照射下，他那宛如經過雕琢的嘴部以及細緻的容貌更顯得清晰分明。然而，在得體、用心打理的外表下，他卻是個深受自己想像力折磨的人。

辛克爾假想在面前的黑暗中，將出現一座皇家博物館，博物館正面是由十八根愛奧尼亞式圓柱組成的柱廊，內部公共門廊的後方則是博物館中央的主展廳，即三層樓的圓形大廳。在暗夜中，他似乎已瞧見穿著大禮服的柏林男人以及身穿高腰洋裝的柏林女人，一級級地走上博物館前那座開放式大階梯，並在這座宏偉堂皇的新古典主義風格藝術殿堂裡，觀賞古希臘羅馬時代的雕塑品與文藝復興時期的繪畫。在他的構想裡，這座博物館島的第一個博物館將是一棟新樣式的建築物，隔著皇宮大花園與柏林皇宮遙遙相對，兩側分別是軍械庫與柏林大教堂。在皇宮大花園四邊做如此的空間安排，還彰顯了博物館所代表的文化，正是支撐普魯士社會的四大支柱之一。

他的建築想像讓他陷入工作狂熱中，幾乎每晚都精神飽滿地在他的畫板上描畫。即使在白天，這些構思與靈感仍經常盤據在他腦際，並進一步化為具體圖像浮現在他眼前，好像他在做白日夢似的。他的心眼似乎還看到了貫穿市中心的菩提樹下大道兩旁那些中世紀建築與石造建物如何樓起樓塌，幾座廣場如何改變它們的中軸線。當他在柏林老舊的城牆南方，看到有座山丘在一大片麥田當中隆起時，他便虛構出一座尖塔狀的紀念建物巍然卓立於那座山丘上，以向普魯士凱旋歸來的將士們表達致敬之意。

辛克爾在拿破崙法軍占領柏林那幾年，建築設計的工作完全停擺，只能從事繪畫創作。當拿破崙的軍隊因為戰況不利撤出柏林後，辛克爾才有機會將一些狂野空間構想導入他高度自律的工作熱忱中，並在這種振奮激昂的精神狀態下，為柏林市規畫了一處新的核心地帶。

辛克爾生長在不安定的環境中。六歲時，他的家鄉新魯平（Neuruppin）——布蘭登堡地區的一個小鎮——因為一場大火徹底焚毀。他的父親是一位新教路德派牧師，也在這場祝融之災中不幸罹難。

新魯平是一個有軍隊駐紮的要塞小鎮，位於柏林西北二十公里處，被視為普魯士地區最具普魯士作風的聚落：服從、保守、因循舊習。那兒的居民以古典風格建造他們的住屋，固定在每個星期天早上到教堂作禮拜。每年在吃過復活節的晚餐後，孩子們都會遵照習俗，親吻父親的手。年幼的辛克爾覺得生活沉悶而拘束，當時的他就像年輕的腓特烈大帝，只有在走入田野時，才真正覺得可以自在地呼吸。夏天的傍晚，他會抬頭仰望群燕在薄暮中自由地飛翔。一團黑沉沉的燕影在昏暗的蒼穹中舞動著，當這群燕子俯衝而下時，灑在光滑羽衣上的霞光讓牠們看起來就像落下的黑色飛鏢，閃耀著黃金般的光芒。

辛克爾在孩提時期是個羞澀的男孩，內心渴望接觸新奇事物，而且急於獲得樂趣，在性情上還有易怒傾向。有一次，他曾因為母親不想跟他解釋父親去世的原因而大發脾氣，當下立刻把一只湯碗甩在鋪石的地板上。她的母親無法傾聽他內心恐懼，甚至他在睡夢中大聲尖叫，也對他不聞不問。他那時經常夢見祝融的鬼魅把他折磨得筋疲力竭，讓他既無法救出他的父親，也無法營救已故的腓特烈大帝。辛克爾後來變得比較內向，他開始用墨水筆素描他所仰慕的腓特烈大帝、「大選帝侯」腓特烈．威廉以及其他富有傳奇色彩的日耳曼英雄畫像。此外，他還一絲不苟地為這些歷史人物製作精緻的小戲偶，並把它們架在細竿的一頭，在他自行搭造的玩具舞臺上，搬演這些歷史人物的尊榮與失敗故事。

辛克爾在成長過程中深受他的時代影響，尤其是一七九七年，他在柏林科學院舉辦的一場展覽中受一件展品的浪漫主義精神啟發：他在展場中被一幅為紀念腓特烈大帝——被視為可以拯救普魯士免於拿破崙軍隊蹂躪的領導者——而預定在波茨坦門旁邊建造的一座宏偉的多利克柱式神廟建築草圖深深吸引。在這幅設計圖裡，這座模仿古希臘風格的神廟矗立於一座巨大的幾何形臺基上，裡面擺放著腓特烈大帝的棺槨，神廟兩側各豎立著方尖碑。即使這座紀念性建築未曾建造，它的設計草圖卻激發了辛克爾的想像力，並讓他了解，原來建築就是把腦海中曾浮現的構想落實在建材上。那年他十六歲，便已立志要成為一名建築師。

被拿破崙法軍擊敗與占領的恥辱，進一步催化了日耳曼地區浪漫主義的發展。礙於柏林短淺的歷史，這座城市的年輕藝術家們便回到古代「失落的」神話世界裡尋求出路，並擁抱盛行於中世紀的哥德式教堂建築，試圖以此連結日耳曼的中世紀歷史。既然拿破崙把自己在歐洲打下的江山比擬為古羅馬帝國，這群年輕人便頌揚古希臘，藉此和這位入侵者劃清界線。對他們而言，在法國大革命之前蔚為風潮的啟蒙運動太強調實際效益，在精神方面太淺陋，而且法國風格過於強烈；「真正的」日耳曼人其實渴望歌頌自然界的奇蹟，渴望解開心靈的奧祕，渴望讓內心進入一種狂喜狀態。當時日耳曼的唯心主義哲學家約翰．費希特（Johann Gottlieb Fichte）便曾宣稱，相對於其他民族，日耳曼人是道德方面比較優越的民族。

當時的大文豪歌德就是這些浪漫主義藝術家的支持者。他在早期的成長小說中，便曾描述青年主人翁如何離家踏上旅程，前往未知的遠方。這些藝術家為了追尋意義與真理而脫離安定的生活方式，步行穿過充滿危險的森林，他們體驗愛情，也面對死亡，如果能通過考驗而存活下來，就可以成為真正的生活大師。

一八〇三年，二十二歲的辛克爾從柏林出發，開始他的青年壯遊歲月。他一路徒步南下，在德勒斯登、紐倫堡及維也納的畫廊及藝術家工作室裡度過那年的夏天，然後穿越阿爾卑斯山，來到地中海地區。

「突然間，我看到下方那片浩瀚的亞得里亞海，殘陽餘暉下的海面波光粼粼。我站在陡峭的山崖上，海水就在數千呎下的崖底周圍波動著。」辛克爾寫信給他在柏林的妹妹，奔騰的筆觸充溢著激動之情。「葡萄園聚集在山區的斜坡地上；鄉間別墅成百上千，有的在大自然的綠意中閃耀著亮光，有的隱沒於茂密的枝葉裡，有的暗藏在山谷當中。」

地中海的明亮與活力讓來自北方的辛克爾目炫神迷，一如日耳曼的歌德與英格蘭的華茲華斯（William Wordsworth）這兩位詩人在義大利旅行時的反應。在他的〈埃特納山（Etna）[6]峰頂上的景色〉（Aussicht vom Gipfel des Ätna）以及後來陸續創作的十幾幅風景畫中，那些旅人似乎心懷敬畏地站在一個新世界的入口，並從岩石嶙峋的高處俯視下方港邊的市鎮。當時辛克爾的繪畫不斷重複這類主題，因為在他充滿詩意的綺想中，港口就是文化與永恆生命的象徵。

---

6 埃特納山位於義大利西西里島東海岸，海拔三千三百五十公尺，是歐洲最高的活火山。

經過十八個月南歐生活洗禮，那些燦爛的陽光和變化莫測的星空讓他內心再度感到自由。他笑得比以往更開心，而且他的笑容對別人更富感染力。他總是在畫畫，畫筆和墨水筆似乎從未離手，生動的素描以及受到感動所寫下的評論，一共填滿了十幾本素描簿和筆記本。

當他在北方的波隆那（Bologna）時，曾有一隻紅蜻蜓——牠的紅色就像該市區著名的馬焦雷廣場（Piazza Maggiore）旁磚造建物那種窯燒過的顏色——停在他的素描簿上，由於牠很美麗，實在捨不得把牠趕開。在南方的西西里島上，他描繪著伊斯蘭紀念碑，並自行修正了它們的長寬高比例。他那僵硬的北方繪畫技巧因為巴勒摩（Palermo）與梅西納（Messina）這兩座城市令人屏息的景觀而趨緩和，阿格里真托（Agrigento）[7]則喚起了他的烏托邦想像，讓他情不自禁地要把它們畫在紙張上。他身上只有少許的錢，因此經常處於飢餓狀態，只靠著麵包和葡萄果腹，但這樣的困頓並無礙於他邁向自我覺醒——一如歌德在作品中所歌頌的那些英雄——也無礙於他實踐費希特的哲學理論。

當辛克爾回到柏林後，等待他的卻是不如意的現實：他既沒有獲得肯定，也沒有取得工作職位，再加上拿破崙的大軍攻入並劫掠了這座普魯士首都，光是這場災厄便足以澆熄他原先的喜悅。他每次在夜裡聞到煙味時，就會清醒過來，同時還擔憂這座飽受屈辱的城市已變成一片火海。那些狂妄的法國征服者沿著柏林那幾條林蔭大道展開威風凜凜的遊行，宣揚他們戰勝的榮耀並揮舞著法國大革命的藍、白、紅三色旗。當時柏林的葡萄酒商與妓院的生意還拜這批外來占領軍的捧場所賜，更加興隆。這些占領柏林的法蘭西軍人還會標榜他們對那些裝扮成知名女性人物的妓女的愛好，辛克爾便曾在波茨坦廣場販售啤酒與蛋糕的攤位前面，以及牛奶市場周邊房屋的巷弄內看過這類娼妓：她們會把自己裝扮成希臘神話中的蛇髮女妖梅杜莎、埃及豔后克麗奧佩特拉、甚至是已逃離柏林的現任國王腓特烈·威廉三世（Friedrich Wilhelm III）王后路易絲（Luise）等，不是在樓上的窗邊揮手攬客，就是等在陰暗的門口推銷自己。每當這些賣春女子拉住辛克爾的袖口時，他便立刻轉身離開。

當時怯懦的柏林市長曾告知市民，他們的第一要務是「閉嘴，我要求柏林的居民必須克盡這項義務。」當辛克爾聽到這位行政首長竟發出這樣的指示時，感到前所未有的羞愧，原先那些浪漫的幻想也因為內心的憤怒與挫折，轉化為政治上的國族主義。不過他也知道，自己必須以務實的態度過生活，畢竟在霍亨索倫皇室尚未回到柏林之前，他無法取得任何建築計畫的委託。當前的他必須設法填飽肚腹，穿著體面優雅，讓自己看起來有模有樣。

在義大利旅行期間，辛克爾已發展出一種獨特的風景詮釋法，也就是賦予普通景色特定的情感、意義以及奇妙的光影感。他在畫面上還讓自然風光的明亮額外顯透出內在的光輝，

7 阿格里真托是西西里島南海岸中央、距離海岸不遠的內陸大城，自古以來即是扼守地中海的軍事重鎮，擁有大批古建築遺址與出土文物。

作品裡所呈現的世界也因而更加寬廣，而且更有希望。辛克爾相信，藝術——以繪畫、戲劇或建築等形式存在的作品——能轉化生命，美學教育能帶動社會與政治的變革。同時代的浪漫主義風景畫家卡斯帕．佛烈德里希（Caspar David Friedrich）在畫作中，讓大自然看起來彷彿在對人心傾訴，辛克爾於是起而效法，開始透過繪畫啟迪柏林人。

在法國占領軍的統治下，到外地旅行困難重重，此時辛克爾便以他在義大利畫下的那些素描簿上的草圖為基礎，畫了一幅長達三十一公尺的油畫〈巴勒摩全景圖〉（Panorama von Palermo）。此一巨幅畫作後來展示在亞歷山大廣場附近一座空間設計相當特殊的圓柱形劇場裡，參觀者走上升起於劇場中央的舞臺觀賞時，懸掛於四周圓柱牆面的繪畫便會出現一種擬真的視覺效果，再輔以隱藏的旁白者與合唱團的講述與歌聲，入內的參觀者往往會出現置身於巴勒摩城的錯覺。

這幅超大油畫在展出時獲得驚人成功，大受鼓舞的辛克爾後來還陸續以威尼斯聖馬可廣場、梵蒂岡聖彼得大教堂、土耳其君士坦丁堡、埃及尼羅河、義大利南方維蘇威火山以及〈古代七大奇景〉（Sieben Wunder der alten Welt）等為主題，創作出一系列巨幅的新式「立體視覺透視畫」。他以各地美麗而民眾無法親炙觀賞的景色為主題所創作的繪畫，能夠讓被征服而備感屈辱的柏林人得以將他們的自尊投射到「古希臘羅馬時代留下的一些不可思議建築」上。為了讓這個藝術觀點能在普魯士本土落實，辛克爾在描繪普魯士北方的港都斯泰丁

（Stettin，位於現今波蘭的西北方）時，還參考了雅典衛城的繪圖。

當拿破崙的軍隊於一八一二年進攻俄羅斯並放火焚燒莫斯科城時，辛克爾便在〈莫斯科的大火〉（Brand von Moskau）這幅畫作中，描繪翻湧於克里姆林宮上方的滾滾黑煙，藉此歌頌俄羅斯盟友的戰鬥精神。他還重拾孩提時對戲劇的熱愛，狂熱地從事舞臺設計，作品約有百件之譜，並嘗試以輕便的圖繪背景布幕取代龐大笨重的布景道具，讓舞臺得以快速變換場景，為當時的戲劇演出帶來一大創新。此外，他還為莫札特[8]的歌劇《魔笛》設計舞臺布景。例如，繁星滿天的穹形夜空，或於破曉時分在太陽神殿旁金字塔群上方初露的晨光，以藉此隱喻光明與黑暗力量之間的糾結與鬥爭。辛克爾認為，戲劇裡呈現的「純粹、完美的幻象」不一定是怪異弔詭，只要它們能激發觀眾創造性的想像力以及愛國精神，並藉此改變他們的情感與想法，便是恰當合宜的作法。

在侵俄慘敗後——四十二萬兩千名法軍向東進擊，越過尼曼河（Fluss Neman），六個月後只剩一萬八千人歸來——拿破崙的軍隊在一八一三年的萊比錫會戰也吃了敗仗，最後於一八一五年在滑鐵盧戰役徹底覆滅。柏林因為法軍撤離而獲得解放，逃亡到東普魯士的腓特烈・威廉三世——即腓特烈大帝的姪孫——隨後回到柏林。這位飽受數年流亡之苦的國

8 作者註：莫札特曾於一七八九年造訪柏林，並在皇宮登臺演出。

王，立刻委託辛克爾為普魯士英勇的軍士們設計榮譽獎章，即知名的鐵十字勳章。當法國把拿破崙運回巴黎的戰利品——布蘭登堡門上的銅質雕塑〈駕著四馬戰車的女神〉（Quadriga）——歸還柏林後，辛克爾還在工匠們修復這件大型銅雕品時，在女神手持權杖上的橡樹葉環內，添入一枚他剛設計完成的鐵十字勳章，人物塑像也從和平女使者（Friedensbringerin）改為勝利女神維多利亞（Siegesgöttin Viktoria）。

拿破崙法軍被逐離後的那一年，日耳曼地區瀰漫著狂熱的樂觀精神。民主主義者鼓吹政治改革，學生們要求終結日耳曼的邦國林立以建立統一民族國家。辛克爾當時也感受到新時代的新希望，並在一幅描繪他懷孕妻子蘇珊娜的鉛筆畫中把這種新氣象表現出來：年輕的蘇珊娜穿著樸素的衣服倚立在古典風格的石造欄杆旁，一隻玉手擺在她那突起的腹部上，她身後的背景是一片海岸邊風光明媚的闊葉樹林，目光含蓄朝下的雙眼充滿了平和的樂觀精神。

然而，在拿破崙戰爭後，普魯士的統治階層已轉趨保守，並不打算順應自由與民主的風潮，放棄他們歸返首都後重新取得的特權。辛克爾那時曾向當局提出建造一座有高聳尖塔環繞的中世紀大教堂建築計畫，以慶祝普魯士的勝利，但由於這種哥德式建築風格已成為日耳曼浪漫主義的象徵，普魯士當局便認定這種建築設計帶有政治改革意圖，予以駁回。重掌政權的腓特烈·威廉三世就跟前任的普魯士國王一樣，一心一意壓制民間要求自決與政治變革的聲音。身為國王的他只看重霍亨索倫王朝的延續、子民的服從以及能顯揚其無上政治權威的建築物。

辛克爾後來捨棄了浪漫主義的夢想，因為他需要透過建物的設計與建造宣洩他那源源不絕的想像，而且他還需要為自己的建築設計爭取贊助者。然而在這段時期裡，他又再度為失眠所苦，每月至少有一次會在夜晚睡夢中突然出聲尖叫，吵醒襁褓中的女兒。他現在已身為人父，而且他還提醒自己，要成為一位受人敬重的王室僕臣。總之，他受到責任的束縛，必須為了大眾福祉服務獨裁政權。當他白天忙於工作時，他的妻子蘇珊娜則帶著孩子們在柏林大教堂另一邊的田地裡採集甘菊花，每晚為他烹煮能安神助眠的甘菊茶。

一八一六年一月，普魯士政府為了慶祝法國在拿破崙戰爭的失敗，於柏林城大肆施放煙火。那是個令人興奮的夜晚，在燦爛的夜空下，站在皇宮大花園裡的辛克爾想像柏林即將成為歐洲重要的首都城市。當他翹首望向北方那塊幽暗空地時，心裡已經明白，現在可以著手進行自己真正的工作了！

新崗哨（Neue Wache）[9]是他第一件受普魯士宮廷委託的建案。他在菩提樹下大道北側

---

9 新崗哨是辛克爾於一八一八年完成的建築物，早期曾做為宮廷禁衛軍的崗哨；一九三一年起，用於紀念在第一次世界大戰陣亡的德軍；兩德統一後，則改為「德國戰爭暨暴政犧牲者紀念館」（Gedenkstätte der Bundesrepublik Deutschland für die Opfer von Krieg und Gewaltherrschaft）。

軍械庫旁建造了這座低高度的立方體建物，正面由多利克式柱廊及其上方的三角門楣構成。為了向戰勝的普魯士軍隊致敬，裡面還陳列著成排普軍將領的雕像。

從新崗哨往南步行三分鐘，就到了南、北兩側聳立著德意志大教堂與法蘭西大教堂的御林廣場。此前，廣場側邊介於兩座大教堂之間的國家戲劇院（Königliches Nationaltheater）因火災而焚毀，辛克爾隨即獲得腓特烈．威廉三世委任，重新在原址打造一座戲劇院——即皇家戲劇院（Königliches Schauspielhaus）[10]，並透過嶄新設計把這座廣場塑造為歐洲最優美典雅的廣場之一。戲劇院前面那座精緻而寬闊的大階梯，通往入口前方造型堂皇高雅的柱廊，內部的表演大廳莊嚴宏偉，宛如廟堂一般。在這座新劇院開幕當夜，觀眾們為辛克爾在舞臺布景上呈現的柏林城市景觀而喝采歡呼。他們因為看到了自己的城市、自己的新劇院而興高采烈，因辛克爾創造了恢弘氣派的柏林新氣象而覺得與有榮焉。當這場開幕演出結束後，現場的觀眾還群聚在戲劇院四周，對辛克爾高聲齊唱小夜曲。

對於那些希望成為自己生命主宰的激進浪漫主義者而言，備受腓特烈．威廉三世器重的辛克爾是個不折不扣的叛徒。曾席捲歐洲的拿破崙倒臺後，重掌政權的普魯士國王與其他日耳曼邦國的君主開始壓制境內那些高舉自由主義的民間團體，並建立出版品審查制度。由於那時的政治犯喜歡哼唱《費黛里奧》（Fidelio）裡那首囚犯們歌頌自由的合唱曲，這齣貝多芬唯一的歌劇作品便因而被禁演。當腓特烈．威廉三世下令將一名行刺某位思想保守劇作家的大學生公開斬首時，他也委託辛克爾著手設計一座被後世視為大師之作的建築物：皇家博物館（Königliches Museum）。

皇家博物館——即現在的「舊博物館」（Altes Museum）——是柏林博物館島第一座博物館，被普魯士當局定位為教育機構，而且舉辦的藝術與文物展覽不僅可以培養人民文化素養，展示的典藏品還可以宣揚王國威望。環伺當時歐洲強權國家的博物館建設，倫敦的大英博物館尚在施工當中，巴黎的羅浮宮則已對一般民眾開放。柏林對於興建博物館的企圖心，一方面受到本身根深柢固不安全感的驅使，不希望在這方面屈居下風，另一方面，則由於法國已將從前法軍掠奪的寶物送還柏林，而強化了普魯士當局這份建設偉大博物館的宏願。

辛克爾以新古典主義的建築風格設計這座位於博物館島南側的皇家博物館。這座興建於加高地基的三層長方體建築，透過入口前方的開放式過渡空間——即古希臘的愛奧尼亞式柱廊——而將外面「粗鄙庸俗」的世界與裡面「莊嚴崇高」的藝術殿堂連結起來。柱廊內側牆面上的壁畫，描繪著理想化的人類文明史，內部中央三層樓的穹頂圓形大廳模仿羅馬萬神殿（Pantheon）的空間設計。辛克爾當時曾寫道：「美存在於博物館本身，並為了所在的城市

---

10 這座戲劇院在二戰末期遭西方盟軍轟炸而嚴重損毀，後來由東德政府重建完成，外觀完全復原辛克爾當初的設計，內部則改為音樂廳，名稱亦改為「柏林音樂廳」（Konzerthaus Berlin）。

而存在。」總之，他希望為柏林這座好鬥尚武、有重軍駐防的要塞城市，打造一座藝術的避風港。

建築師從事建築設計時，必須在建物的實用功能與詩意美感、穩固堅實與視覺愉悅之間取得平衡。由於許多建築的構想必須通過建材、建物性質與營建費用等方面的考驗，因此，建築師只能在合於現實條件之下處理他們的空間藝術，而且還必須在規定期限內完成工作。在那個專制政權壓迫人民的時代裡，辛克爾是普魯士少數幾位活躍的藝術家，不是彎著腰在畫板上製圖，就是乘坐馬車到普魯士各地——從波緬地區（Pommern）[11]到萊茵地區——為兵營、教堂、燈塔以及砲兵學校的建造提供專業建議。

他將煤氣燈與街道路標這些新穎發明引入柏林，並著手規畫與設計市中心的波茨坦廣場：不僅廣場上那些販售糕餅的攤位以及攬客的娼妓被驅離，辛克爾還為它設計了一座外觀類似神廟的石造門樓，似乎在向激發自己立志當建築師那張從未興建的腓特烈大帝陵墓建築草圖致敬。後來他又在柏林城南邊那座長著蜀葵並點綴著幾座風車磨坊的山丘上，豎立起自己設計的那座鑄鐵鍛造的「普魯士將士紀念碑」，並根據碑尖上的鐵十字將所在的小村莊更名為「十字山」（Kreuzberg），即柏林現在的「十字山區」。此外，他還為普軍設計「普魯士軍盔」（Preußische Pickelhaube），這種帶有尖錐的黑色頭盔後來還成為德意志帝國尚武好戰的國族主義象徵，但這項設計卻也讓他進一步遠離日耳曼浪漫主義。

辛克爾那時曾協助官方建立與建築及室內設計相關的工藝技術培訓系統，比如家具製造以及鐵、銀與玻璃材料的打造。然而，他那絢麗、奔騰的空間想像以及超出尺度的建築計畫始終在內容上太過豐富，以至於無法實現，後來連他自己也覺得不恰當；但另一方面，他的藝術抱負卻仍驅使他提出更多具有理想與奇特感的設計。「我所從事的設計工作已讓我遠離我創作的『真正』目的，我的內在已被這些工作撕裂。」他承認，即使他設計出最好的作品，仍舊會害怕與現實條件妥協。

辛克爾於一八二六年造訪英國。他打算在倫敦考察由英國建築師羅伯・史莫克爵士（Sir Robert Smirke）設計、仍未竣工的大英博物館，也是當時歐洲面積最大的建築工地。如果二十幾年前的義大利之旅讓他見識了歐洲早期文明的光輝與浪漫，此刻已展開工業化的英格蘭與蘇格蘭卻讓他看到了黑暗而醜惡的當下。他還參觀倫敦的船塢、特佛德（Telford）——伯明罕西邊小鎮——的鐵橋以及英國工程師伊桑巴德・布魯內爾（Isambard Kingdom Brunel）設計的泰晤士河河底隧道，全世界第一條建於水道下的隧道。在英格蘭中部地區，他畫下了當地的鑄鐵廠與鐵工廠。在曼徹斯特（Manchester），他描繪了那些連綿林立於運河兩岸，八、九層樓高的紡紗廠，他認為那些工廠的空間根本不考慮工人們的福祉，而且建

11 波緬地區是指德國與波蘭北部臨靠波羅的海的低地地區。

物本身也毫無美感可言。在英格蘭西北部的蘭開夏郡（Lancashire），他還用他的畫筆記錄了當地那些污穢骯髒的製陶工廠與機械裝置，並寫道：「三年前，這個地方都是田地，現在這些工廠卻已被煙霧熏得如此烏黑，好像這些建物已經使用了一百年。」他還注意到工廠的工人們每天得工作十六小時，而且工資相當微薄，每星期只有兩先令。對辛克爾來說，這些「由工頭建造、奇形怪狀、毫無建築概念的建物群」已在英國形成一種陰鬱的城市景觀。他還受工業革命引發的轉變以及愛爾蘭修築鐵路與運河的工人在街頭罷工抗議的震撼，但同時也對英國工程技術的創新感到震驚不已：防火的圓拱形屋頂、軌道加高的鐵路線，尤其是磚塊的運用。結束三個月的英國之旅後，他已確知應該把什麼、且不該把什麼引進普魯士。

在這位普魯士建築師眼裡，英國和它的工人們似乎完全屈從於實用目的，所以這個國家的工廠與煤氣處理廠也就顯得如此僵化呆板而且不具美感。辛克爾對此頗不以為然，甚至他還質疑，為何實用性建築不能同時具備藝術感？如此一來，不就能改善環境，讓人們的生活更美好？此外，他還受英國經驗啟發開始讓磚塊——工業化時代運用廣泛的建築材料——成為普魯士建築的新元素。一開始，他先嘗試用磚材建造一座教堂，之後於一八三二年，便在市中心一椿相當重要的公共建案中使用這種建材：「柏林建築學院」（Berliner Bauakademie）。

「柏林建築學院」的紅磚建築外觀優雅，結構先進，算是當時革命性的建築設計。它的建築形式、實用性以及流線形外觀所表現的極簡現代主義，領先二十世紀初期的包浩斯學派（Bauhaus）足足一百年。如同博物館島的「舊博物館」，辛克爾也試圖讓這棟磚造建築發揮文化的教育功能，尤其是外部陶瓦鑲板所呈現的西方建築發展關鍵時刻：例如，希臘神話裡的大力士英雄海克力士（Hercules）抱著一根多立克式圓柱；以頭戴麥穗編環、雙膝跪地的女孩們象徵科林斯與愛奧尼亞這兩種基本的希臘建築柱式；一位裸身女子拿著一根鉛錘線測量空間等。總之，辛克爾既能掌控建築的傳統形式，又能觸及未來的創新，只是後來他避開了後者。

富有開創性的心靈不會處於整齊有序的狀態；優秀的創意不會在整齊行列與適當間距——比如閱兵場的軍士陣容——當中產生，但也不會脫離這些行伍。它總是隱匿在這些排列分明的隊陣裡，由於和士兵們穿著相同制服而令人難以辨認。既然陰影會因為光線投射而消失無蹤，人們最燦爛的創意也往往會由於悲觀的懷疑而黯然失色。

辛克爾仍受到腦海中那些不斷翻滾的想像困擾。為了維持這個世界的秩序感，他必須努力掌控想像的不穩定性，甚至後來已索性不再信任自己的直覺，而是退回到那些已過時的階級觀念裡。他當時曾表示：「當代雖由於強求的進取精神而注重個體存在，但卻不具備反省意識，反而因為敢於冒險而被吸入令人不安的活動中。」每當他在夜間無法入眠時，便拖著沉重腳步走到柏林工廠林立的城區，抬頭仰望當時「火車頭大王」奧古斯特．波爾西（August Borsig）的鑄造工廠第一批冒著黑煙的煙囪，並看著下班的工人們擁入狹窄、悶不通風的廉價公寓，就在此時，他已了解到還有多少事留待自己去完成。在柏林市中心以外的地區，由於人們只顧著追逐利益，一切正處於失序狀態。他對於柏林將會變得跟英國那些城市一樣醜陋的恐懼，似乎就要成真。

辛克爾在人生最後那幾年還熱心推動十幾項柏林的都市計畫，而且還取得兩件歐洲皇室委託設計的宮殿建案，希望能藉最後機會發揮自己的建築理念：辛克爾在第一個建案裡，為希臘皇室在雅典衛城上方設計了一幢造型奇特的府邸。他交出設計完成的建築草圖後，案主卻從未施工建造。

接著他又為普魯士王儲（未來的腓特烈．威廉四世）的妹妹——即俄國沙皇尼古拉一世的皇后——設計了一座預定坐落於黑海邊的夢幻宮殿：奧里安達宮（Schloss Orianda），宮內附有噴泉、花園中庭以及一座耀眼炫目的愛奧尼亞柱式神廟，從宮殿的大露臺上還可以眺望黑海。宮殿入口的長狀門廊裡，擺著一列伸展著翅膀的古典風格女神雕像，外觀飾以金漆與昂貴礦石，此外還有大理石的女像雕柱撐住門廊，一如古希臘時代的建築。辛克爾曾告訴這位俄國皇后，他要讓自己設計的奧里安達宮象徵歐洲偉大王朝的恆久不衰。不過這個建案後來也不了了之。在接受俄國皇后委託設計的兩年後，皇室便送給辛克爾一個珠母貝材質的小寶盒，以酬謝他的辛勞。後來這位老邁的建築師便陷入憂鬱，受盡中風的折磨，臥病在床的他逐漸進入昏迷狀態，一年後便與世長辭。

「在我的觀點裡，唯一吸引我的藝術領域是如此無邊無際，相形之下，人類的生命實在過於短暫。」辛克爾因積勞成疾而去世，他就像歌德塑造的戲劇主角浮士德一樣，終其一生不計代價地追求與奮鬥。他那源源不斷的想像已讓他的身心徹底耗盡。此外，他也跟其他的浪漫主義者一樣，由於太天真而過晚才了解到原來文化並無法有效而普遍地促成民族的啟迪與教化，藝術也無法擊敗專制政權。

一八四一年，辛克爾在柏林出殯那天，上萬人在沿路的街道上為這位偉大建築師送行，還把秋天掉落在腳下的菩提葉踩得劈啪作響。史普雷河上的船夫們紛紛向經過的辛克爾靈柩脫帽致敬，普魯士國王專屬的軍樂隊一路演奏著陰沉、哀傷的進行曲，低頭默哀的柏林人列隊站立在送葬隊伍行經的那幾條鋪著圓石、兩旁種有橡樹與栗樹的大街兩旁。這支隊伍蜿蜒越過史普雷河上那座橋面可以升起的活動橋梁，在穿越歐拉寧堡城門（Oranienburger Tor）後，便魚貫進入「多蘿提恩市」城區（Dorotheenstadt）——目前城中區中西部一個分區——一座墓園。墓園裡的一尊白色大理石天使雕像在周圍景物因夕照而變長的暗影下，似乎在發著亮光。在這位一生不斷被自己的想像糾纏的建築師墓碑上，刻著這幾行字：

天國賜給我們的一切
讓我們升上大國的一切
對於死亡過於強大
對於人間則過於純粹

「終於來到了柏林的市街，」在辛克爾過世幾年之後，一位維也納人在抵達這座普魯士首都時曾寫著：「這座城市擁有我曾見過最優美的建築群，而且它的街道寬闊，整體而言，就是一派王都風範。」

辛克爾成功改造抱負不凡的柏林都城，重新規畫柏林市中心最重要的幹道與大型公共空間，諸如菩提樹下大道、皇宮大花園、御林廣場及動物公園等，並透過一些新古典建築的設計與起造，讓柏林能與雅典及羅馬這兩座西方重要文明古城接軌。他在那些已建造或未建造的——他的學生弗利德里希·史度勒（Friedrich August Stüler）在設計博物館島的「新博物館」（Neues Museum）時，便採用了辛克爾的觀點——建築設計作品中，留下了兼具美感與實用、傳統與創新的美學傳奇。辛克爾一生的建築成就已是無可置疑的事實，然而，他卻始終認為自己是個失敗者，因為他心裡很清楚，現實永遠無法跟上他所有的想像，而且自己還必須不斷向現實低頭妥協，以便讓部分的建築構思能夠實現。

實際上，辛克爾的建築作品還存在虛幻、甚至虛偽的面向，即使那些造型優雅的新古典主義風格建築物也無法倖免。這是因為，出入於辛克爾設計的那些文化殿堂與占地廣大貴族府邸的普魯士菁英階層，仍緊緊抓住自身享有的特權不放，而為自己的國家鋪排了下一個世所周知、血腥殘酷的歷史階段。

# 第五章 莉莉·諾伊斯：貓頭鷹

# 老莫阿比特街，一八五八年

在這個夜裡，她看到同居人站在窗邊向外望，那副準備迸發能量的模樣宛如一匹站在賽馬場跑道起跑門後方的賽馬，正蓄勢待發、準備全速奔跑。他走回房間時，她試著與他的目光接觸。她微笑地勸他不要急著離開，並要他坐下，等到天亮之後再做打算，但他卻沒有回應。他的目光顯得如此幽遠，當他看著他們正熟睡、還未滿九歲的兒子時，神情既溫柔又疲累，然後又把目光轉向窗戶。莉莉則低頭看著她的女紅，但全身已被一股戰慄穿透。

或許有一天這個男人會離開，她心想。這個男人或許會離開並丟下他所親愛、而且信靠他的人，到時被他拋棄的人也只能哀嘆和哭泣。畢竟能夠離開的是男人而不是女人。女人只能留在家裡和孩子們在一起，並從事她們的工作。

「我帶他一起走，」他說著，接著便去搖醒他們的兒子。

在這個小房間裡，這位同居男人突然的舉動讓她大吃一驚。他是個大塊頭的男人，身軀如此龐大，以至於在生氣揮拳時，雙手有時還會打到對牆，頭部也經常擦碰到滿是煙漬的天花板。床邊塗在牆壁上那層灰泥早已不堪他拳頭的揮舞而碎裂、掉落。但此時，他並沒有伸手攻擊她，而是抱起床上的男孩，在罵醒他後，便讓他穿上外套和靴子。

「放開他！讓他睡！」莉莉．諾伊斯（Lilli Neuss）放下她在織布機前的工作，懇求她的男人不要干擾兒子睡眠。這對父子都在波爾西機械製造公司（**Die Borsigsche Maschinenbau-Anstalt**）的金屬鑄造廠工作，由於當天是工廠發工資的日子，他們忍耐著工作到很晚才下工，但卻沒有拿到工資。老是憂心忡忡的莉莉很擔憂這個當童工的孩子，因為他真的需要休息，但孩子的爸爸卻不聽勸。為了拿到錢，他堅持男孩必須跟他一起回工廠領回他們應該在當天拿到的工資。

「你們會立刻回來嗎？」她問，因為她覺得事情有些怪異。

「在妳織完最後一塊布之前，我們就回來了。」他帶著不可思議的微笑說道。「繼續做妳的工作吧！」莉莉覺得，孩子的父親雖然不快樂，卻是她在柏林最好的、而且是唯一的朋友。

莉莉聽著他們的腳步聲下了樓梯，然後又回到房內的織布機工作，在就寢前，她還必須織完七件。後來，她突然從織布機前起身，從窗口探出身子，盯住他們在下面街道上移動的身影。父子兩人在城門街（Straße vor den Thoren）[1]的新兵營處轉彎，但他們後來卻沒有走

1 即現在的Torstraße。

進平日上班的鑄造工廠，而是朝著柳樹堤大橋（Weidendammer Brücke）方向繼續前進。為了追蹤他們的身影，她還繼續往窗外探身，差點失去平衡。在一片黑暗中，她再也看不見他們。

她坐回織布機前的座椅上，試著把注意力集中在眼前的工作。怎會如此？應該有個解釋吧！她心裡狐疑著。「等他們回來時，他就會跟我解釋，為什麼他們要往火車站走去，然後我們就會笑了起來，繼續開心地過日子。我要做他喜歡吃的、酥脆的馬鈴薯煎餅，而且還要去借一些果醬給兒子享用。」她再次從紡織機的椅子上起身，並告訴自己，女人就是要等待與擔憂。等待與擔憂。

一小時過去了，然後兩小時也過去了。她完成手邊的工作後，即使知道自己無法入睡，還是把燈火調暗，上床就寢。她在床鋪上仍保持警醒，並持續傾聽是否已出現自己熟悉的腳步聲。然而，在那個失眠的夜晚，她卻只聽到樓上和樓下傳出嬰兒的啼哭以及病人怪異的呻吟聲。

當天色濛濛發亮時，鄰居們烤麵包的香味從敞開的窗戶飄了進來，薄牆的另一頭還傳出幾對已睡醒的夫婦在鬥嘴的聲音。男人們紛紛踩著重步外出工作，留在家中的妻子們仍怒氣未消，猛然落坐在織布機前繼續從事她的工作。抽菸斗的菸味混合著炒洋蔥的香味，錫匠的鐵錘在公寓樓房中庭裡輕敲著。陽光穿過披掛在曬衣繩上的尿布以及不像樣的內衣褲，映照在地窖門邊那些孩童髒兮兮的臉龐。

當附近工廠的喇叭號聲響起時，莉莉認為，或許她可以在街道上那群行走的泥水匠與金屬鍛造工當中發現她男人和兒子的身影，於是便走到窗臺前往外瞧個究竟，但內心卻再度承受失望所帶來的刺痛。一位女鄰居經過莉莉窗下時，注意到她那雙哭得通紅的眼睛。她和其他的女工們——女製帽工、女裁縫師及洗衣婦——正跟在一群男人身後走著。

「妳先生還在睡嗎？」這位準備外出上工的女鄰居語帶嘲弄地對著靠在窗戶上的莉莉喊著。

「是啊，還在睡。」她回答。當那群女人發笑時，羞赧的她立刻脹紅了臉。

這陣揶揄讓她不再倚窗眺望。此刻，在清晨的曙光中，她注意到她同居人那套西裝和家中的手提行李箱不見了，當她把手伸進麵粉桶後面的壁櫥裡時又發現，家中僅有的錢也不見了！莉莉的男人總是守護著他們父子賺來的薪水，好像她還是個不懂事的孩子，會隨便花錢購買一些俗氣無用的東西似的。

莉莉來柏林已經十年了！那時家鄉西利西亞的農作長期收成不佳，只有少數人負擔得起結婚的花費，許多居民便決定到首都柏林尋找謀生與發展的機會。田地歉收的第二年夏天，才十五歲的她便離家，跟著一大群同鄉來到這座首都。在那個鬧饑荒的年代，柏林與西利西亞之間的鐵路線剛好鋪設完成，於是當地數萬名居民便利用這條新完工的鐵路線，手抓著剛領到的紙本護照，懷抱著長久以來的夢想，背著背包或帶著沉重的嫁妝，搭乘火車抵達柏林這座工業大城。莉莉也擠在這批移民之中，當她從火車車廂的窗戶探出身子與親人告別時，不禁哭泣起來，火車加速後，她只好放開妹妹的手，並揮手向母親道別，直到一小塊煤屑飛進她的眼睛時才停止。

此時有個男人走到莉莉身邊，用他手帕的一角耐心地幫她把煤屑從眼裡挑出。由於她很感激他主動幫忙，便讓他坐在她身邊。他對她說，他往返於柏林和西利西亞之間已十幾次，他也是西利西亞人，這次回去主要是探望家人和親戚。他還告訴她，等他在柏林攢足了錢，就會買船票去美國。她既為他的男性魅力所傾倒，也相信他口中說的那些關於單身女子在柏林尋找安全住處的種種困難。後來，他便建議，不妨和他假扮成夫妻，這項提議雖令她感到恐懼，不過他已向她保證，只有如此才能保護她的安全。後來她也發現，如果他們沒有以夫妻的名義，確實無法在那晚入住火車站旁那家小型鐵道旅館。她並不討厭他，甚至覺得他溫柔體貼（或至少設想周到）。當他用手指扭捲著嘴唇上那兩撮黑髭鬚時，他們還大笑起來。

當莉莉告訴這個男人已經懷了他的孩子時，這消息雖讓他嘴角上的微笑頓時消失，但他卻沒有遺棄她，一個男人能做到這一點，其實相當難得。他當時在以生產火車頭聞名的波爾西機械製造公司的鑄造廠工作，所生產的蒸汽火車頭，還可以讓更多普魯士東部行省的年輕人前來柏林這座工業城市落腳。他在下班後，情緒經常很低落，不時會對她口出惡言，不過她還是很信任他。她在他們租來的房間裡一臺小織布機上工作，兒子在四歲之前便已被她訓練成織布的小助手。他們一家三口的生活還算過得去，幾乎每天都有食物果腹，不至於挨餓，而且在夏日和暖明亮的星期天，還可以到附近的人民公園（**Volkspark**）[2]享受美好的野餐時光。莉莉坐在陽光下，臉龐散發著溫馨、明朗的光彩，彷彿是在儲存陽光，準備面對即將來臨的生命風暴。

在男人和兒子走了一星期後，她曾考慮自殺。在那個陰暗的房間裡，她曾把一束紗線紮成一個軟繩結，準備用它上吊，以自我了結。她也曾想跳史普雷河自盡，或跳樓尋短。不過，她也考慮到，如果自殺不成而落得殘廢，該如何張羅醫療費用？如果她的男人和兒子後來又回家，她如何能照顧他們？

莉莉的男人經常告訴她：他憎恨柏林，厭惡那些陰暗的街道，厭惡那些自以為是的官員，厭惡那些冷酷無情、剛愎自用的柏林人，還有他們那種令人覺得格格不入的幽默感。但他卻從不問莉莉，她討厭什麼？是否覺得太受束縛？除了質疑她為何某星期織布的收入短少之外，幾乎對她不聞不問。他要求她不要浪費時間和鄰居們說長道短，而且不讓她交朋友，但同時他卻愈來愈少同她交談，經常整晚不回家，也不對她做任何解釋。有主子，就會有奴

---

[2] 柏林市在許多城區都設有人民公園，以供民眾休閒遊憩。

隸存在；有勝利者，就會有受害者存在。處於弱勢的莉莉已將服從視為本分，特別是被她的同居人毆打之後。她已接受自己的不幸與孤獨，只為了和自己的兒子相處時那份溫暖的親情而活著。她還記得，第一次在錫製浴盆裡為他剪髮；某一晚學會以雙手鼓掌的他，即使趴在她胸前睡覺，也還繼續輕拍著他的小手。這個孩子六歲時，便被父親帶到波爾西的金屬鑄造廠當童工。當他下工後的隔天，被不知情的莉莉喚醒時，還一臉困倦地告訴她：「別傻了，媽，我昨天去工作啊！」

現在她已隨著兒子的出走陷入絕望之中。她曾到波爾西的工廠探聽他的下落，但相關部門的主管因為她兒子根本沒去上班，覺得很莫名其妙而對她惡言相向。她也曾在工廠外頭轉角處的小酒館等候她男人出現，但她的等待並沒有結果，也沒有酒客承認，最近曾看過她的男人，或同情她這個弱女子的處境。她覺得柏林人真是冷酷無情，生活的艱苦似乎已榨乾了他們的同理心，讓他們只會嘲笑別人的軟弱。

然而，莉莉卻無法逃離冷漠的柏林人和高傲的柏林市，因為她不知道自己還能去哪裡。她已被自己深愛的人欺騙、遺棄並剝奪了一切，她覺得自己很丟臉，沒有顏面再回西利西亞的家鄉。現在的她只能繼續留在柏林，繼續活在謊言中，並嘗試找到一種方式讓自己在這座大城市裡存活下來。

隔月，莉莉便因無法繳納房租而被房東趕出租屋處，留下的紡織機已被房東搬走，以抵償未付清的租金。她那時還設法搶出她的鋪蓋，但拿去當鋪典當所換來的錢只夠她購買一星期的食物。她後來睡在人民公園的一座橋下，從前她兒子曾在附近拿整條麵包餵食池塘裡的鴨子，她的男人當時見狀，趕忙跳進水裡將它取回。她後來在「牛頭勞動教養所」（Arbeitshaus Ochsenkopf）[3]得到一席臨時床位，並在一家磚廠做工。但由於她沒有外套，眼見嚴寒的冬天即將到來，於是便開始應徵室內的工作。

她後來在莫阿比特（Moabit）[4]的一家洗衣場辛勤地工作了三個月，不斷重複為衣服塗肥皂、搓揉、用力刷洗，然後再翻面上皂並加以搓洗。從水龍頭不斷沖瀉而下的水流中，她凝視著自己那雙覆滿白色皂沫的粗糙雙手，並想起自己年輕時的纖纖玉手。接下來，她改在一家位於地下室的洗衣店工作，負責為已洗淨的衣服袖口及領子上漿。

她曾有幾個夜晚在驚恐中醒來，且已無法想起自己愛子的面容。怎會如此？如果不是她這個母親，有誰還會記得這個男孩？還有，在這世上還有誰會記得她，並把她從迷失當中解救出來？

---

3 柏林的「牛頭勞動教養所」原是柏林市屠宰公會的會址，後來改為貧民收容所。

4 莫阿比特是現今柏林市城中區的分區之一，位於動物公園北方。

莉莉的心情除了等待與擔憂，還是等待與擔憂。她回憶起從前搭乘火車前來柏林時，她的男人曾告訴她移民美國的打算。於是她便對身邊一起做事的女工們說，她的丈夫和兒子已前往美國，只要他們賺到足夠的錢，夠她買船票，就會派人帶她去美國。她經常反覆地述說她的幻想，對她來說，這個說法已成事實。她還告訴她們，因為她不知道哪天會離開柏林前往紐約，因此她沒有為自己租一間房間，只是與其他兩位「女床友」（Schlafmädchen）分租一個床位，按分配的時段輪流上床就寢。

她每星期都會到波爾西的工廠大門附近，張望著一張張堅定而疲累的臉龐，直到她偶然遇到一位她同居人的熟人，一名波爾西員工餐廳的低階主管。當時他注視她的雙眼，傾聽她的遭遇，然後摸著她的手說道：「諾伊斯小姐，妳的雙臂看起來纖細又白皙，不過應該很有力氣，妳可以到我們餐廳的烹飪部門工作。對於肯賣力幹活的工作人員，我們都會提供房間。」莉莉並不確定他是否真的知道她所遭遇的家庭變故，或他是否真的接納她在柏林的遭遇。當她聽到這個主管的這番說詞時，忽然臉紅了起來。她拉起圍在肩上的圍巾，現在的她終於懂得懷疑男人的花言巧語了。「如果妳願意來工作，我會支持妳的。」他繼續說道。

一八五八年三月，莉莉開始在波爾西工廠的員工餐廳工作。工廠所在的莫阿比特區——即所謂的「摩押地」（la terre Moab）[5]——位於史普雷河北岸，占地面積廣大，是柏林新的工業心臟。工廠林立的莫阿比特區廣大如一座市鎮，但同時又像牢房般擁擠。專門生產火車頭的波爾西工廠那十五根煙囪不斷冒出熱騰騰的煤煙，兩千名工人似乎成了戴上鐐銬的奴隸，在廠內辛苦地勞動，鍛造鍋爐與輪子，並以錘子打造鐵軌以及固定鐵軌的大鐵釘。這些工人工作的廠房，就跟辛克爾從前在英國曼徹斯特所目睹的工廠建築一樣醜陋，而且必須同時建造二十五座蒸汽火車頭。仍不適應這種工作環境的新進員工會塞住他們的耳朵，以阻隔噪音。煙囪飄下的煤灰厚厚地蓄積在工業區狹窄的街巷上，從這家大規模的鍛造工廠綿延到商店街的那些烏黑腳印，彷彿是人們在黑色積雪上留下的足跡。

莉莉有時會在上班時間停下來休息一會兒，讓自己走近那些燒得火紅的爐子，觀察燃燒的火焰並用肌膚感受它們的熱度。她心裡還想著，是否她那個已經與她離散的兒子從前就在這種鬼地方當童工。她通常會在廚房裡準備烹調的食材，比如剁豬肉、揉麵糰或削馬鈴薯。雖然她在廚房工作，總是有食物可吃，這一點讓她很感激，但她卻忙得幾乎沒有時間進食：麵包必須在天亮之前用烤爐烤好，肉類必須在上午十點煮好，啤酒得從下午兩點開始供應。工廠裡的工人輪流到員工餐廳用餐，他們用餐的速度很快，會趁著餐後抽抽他們的菸斗，讓

5 十七世紀為了躲避國內天主教勢力迫害而移民柏林的法國新教胡格諾派教徒（Huguenot），是莫阿比特區首批開墾者。他們當時根據《舊約》聖經記載，把逃出埃及的以色列人在前往上帝應許之地「迦南美地」途中暫棲於摩押人領土的故事，比喻自身流亡柏林的處境，將這塊在柏林落腳墾殖的土地稱為「摩押地」，現在的地名「莫阿比特」（Moabit）即由此而來。摩押人（Moab）是中東一個古老民族，曾居住在現今約旦的死海東岸山區。

自己暫時放鬆一下。由於工作繁多，莉莉在太陽下山之前，還無法完成大量的壺罐、鐵鍋和玻璃杯的清洗與擦乾工作。

在那年夏天灼熾的八月，當柏林火辣辣的暑熱似乎已令人喘不過氣時，波爾西機械製造公司完成了它的第一千座蒸汽火車頭。老闆奧古斯特．波爾西——僅僅在三十年前，他創辦的波爾西公司還只是他的一人公司，當時還為腓特烈大帝建造的忘憂宮噴泉水池製造蒸汽幫浦——在這場企業的慶祝活動中，特地開放他的別墅供社會大眾入內參觀遊玩。當天，一共三萬名柏林人悠閒地穿行在波爾西那座幾乎可媲美宮廷花園的別墅庭園裡，而且對園中那些自由走動的孔雀感到驚奇不已。言談粗野的工人們圍坐在橡木長桌旁，吃著塗上生絞肉泥的對半剖切圓麵包（Hackfleisch Brötchen），開懷地暢飲啤酒，那天園內所有飲食全由老闆免費提供。這些員工也對達成這項工業使命感到相當自豪，當天他們還隨著波卡舞曲（Polka）的節奏，圍繞著波爾西生產的第一千座、插滿鮮花、掛滿花串的蒸汽火車頭「普魯士號」（Borussia）[6]興奮地跳舞。

波爾西公司製造的蒸汽火車頭具有劃時代的象徵意義。這種新興而便捷的交通工具將促成邦國林立的日耳曼地區的聯繫與團結，並進一步推動德國統一。

莉莉在波爾西員工餐廳廚房裡的工作不外乎削皮、刷淨、沖洗，直到午夜時分，她才能下班到廚房的一間儲藏室裡休息。疲倦的她往往在馬鈴薯袋上倒頭大睡，那位為她引薦工作的低階主管會在夜裡到那裡與她私會。她在廚房工作時，這個男人的視線其實從未遠離她。他會監控她的工作進度，責罰她的延遲，而且雙眼還會注視著她的臀部扭動。在某種程度上，他已把占有她的肉體視為他為她介紹工作應得的報酬。她由於害怕再被男人毆打，便沉默地順服他，認同他的勢力。但她仍一再告誡自己，女人只能屈從於男人的意志，期待或許能因此而獲得較好的生活，但絕不能相信他們。

當莉莉發現自己再度懷孕的那個夜裡，一隻小貓頭鷹闖入了她的生活。那是一隻還不會飛的幼鳥，當牠從屋簷下的一個暗處滾下，就在即將落地摔死前的瞬間，她及時伸手救了牠。為了把牠放回原本的鳥巢，她仔細察看鳥禽最喜歡築巢的屋簷下的山形牆，但她既沒有看到碎裂的瓦片，也聽不到牠父母發出的鳴聲，於是她便到公園採集一些牧草和青苔，把它們鋪在洗臉盆裡，為這隻小貓頭鷹打造一個窩巢。這隻小貓頭鷹會吃蟲蛆，不過在接下來那幾個星期裡，莉莉改餵牠吃她在廚房裡捉到的老鼠。她喜歡撫摸牠那帶著斑點的淡黃羽毛和胸部那塊白色軟毛，還喜歡凝視牠那張心形的臉。當她夜晚入睡時，牠在一旁發出的呼嚕聲讓她在情感上得到了慰藉。

---

6 Borussia是Prussia（普魯士）的拉丁語名稱。

某個星期五晚上，莉莉下工回來時，卻傷心地發現心愛的那隻小貓頭鷹已經飛走了！一位剛搬進來、與她一起分租床位的女孩讓窗戶半開著——或許她是故意的——於是那隻貓頭鷹便跳上窗臺，從此離開了她的生活。莉莉在附近街道以及發臭、泥濘不堪的路邊泥土地上尋找牠的蹤影，卻連一根羽毛也沒找到。她的一位老鄰居在路上認出她並看到她那凸起的孕肚，便對她喊道：「妳又落魄了嗎，諾伊斯小姐？還是趕快去美國吧！」

莉莉因為感到羞愧而在泥濘中滑倒，弄髒了長裙。她用幫浦清洗裙邊後，便回到住處，但她仍覺得自己被嘲笑聲追逐而受困於那四面牆壁之間。隔天早晨，那位讓她懷孕的主管只是問她可否束起腰部，這樣她的孕肚就比較不明顯，也比較不會覺得尷尬。

她曾有幾次在午夜過後步行離開住處，當時鄰近地區還未裝上煤氣燈，她往前走時，還把雙手伸向前方，摸黑穿過幽暗、兩旁都是磚造建築的巷弄，模樣像極了夢遊者。直到她的眼睛逐漸適應戶外的黑暗，比較能看清楚周遭時，才把雙手放下。有一次她發現，自己已經走到「漢堡火車站」（Hamburger Bahnhof）[7]，便在它的雙塔下方停了一下，卻幾乎沒有看到夜間貨運蒸汽火車穿過車站的高拱門，並駛入調車轉盤，以回轉火車頭。後來，火車站有一名警察發現她並將她趕向暗處，於是她便沿著運河及河道彎曲的史普雷河岸邊陰暗處行走，經過博愛慈善醫院（Charité）及砲兵駐紮區外圍，然後穿越柳樹堤大橋過河。就在十二個月前，她的男人和兒子也曾走過這座橋，就此一去不回。這座橋梁上方的最高點掛著一隻鑄鐵打造的老鷹——即普魯士國徽——莉莉覺得這隻鷹似乎在嘲笑她。

莉莉繼續漫步往前，走到第一個亮光處，天空便開始飄著淒冷的小雨，由於她已在陌生街道上迷路，便在路旁一棟奇怪長形建築物的柱廊裡躲雨。她抬頭看著柱廊內側上方的幾面裝飾壁畫，那是她所見過最大型的繪畫：在旭日東升時分，愛神邱比特騎著一隻老鷹飛離天國，一群天使和豎琴手也列隊前往下方的大地，雙翼飛馬佩格索斯（Pegasus）則已降落在一處風情奇特的水潭旁。在她面前的那幅壁畫〈大地從清晨到夜晚的生命發展〉（Entwicklung des Lebens auf der Erde vom Morgen zum Abend）描繪著世間男男女女從黎明到黃昏、從年輕到死亡的活動，孩子們在象徵世外桃源的阿卡迪亞（Arcadia）森林裡嬉戲，裸身的戀人們相互擁抱，一群老兵及老婦在人生最後一趟航行裡，搭乘渡船越過一片波濤洶湧的海洋。

莉莉深深敬畏著柱廊內牆上這些濕壁畫以及那些關於人類一生、離開伊甸園的旅程與不再保有純潔無罪的狀態等繪畫主題。尤其是牆面較高處的一塊畫板讓她特別感到震撼：五位弓箭手用他們的箭瞄準一隻停在樹上的鳥，那個可憐的小生命有著一張奇怪、心形的臉，就

7 莫阿比特區的漢堡火車站是往昔柏林—漢堡鐵路線的終點車站，位於柏林博愛慈善醫院對面，後來改建為柏林當代藝術博物館（Museum für Gegenwart-Berlin），隸屬於國家藝廊（Nationalgalerie）。

在那時，莉莉喜出望外地發現，她找到了不久前與她離散的小貓頭鷹。她全身顫抖著，部分是天氣寒冷的緣故，部分是因為內心激動，彷彿可以伸手碰觸牠。

原來莉莉已來到由普魯士建築師辛克爾設計的「舊博物館」。她在這座位於博物館島南側、外觀宏偉的博物館入口處哭了起來。當它的青銅大門開啟時，她羞怯地走了進去。博物館中央是透光穹頂的挑高圓形大廳，周邊的環廊豎立著二十根科林斯式圓柱，她凝視著圓柱之間的每尊大型雕像，例如羅馬帝國的開國皇帝奧古斯都（Augustus）及奧古斯都的姪子日耳曼尼庫斯（Germanicus）[8]等英雄，並駐足在阿波羅和維納斯這些古希臘諸神面前。她還拖著長裙走上那座左右對稱的彎形樓梯，在參觀博物館上層的大展廳時，她停在義大利文藝復興畫家科雷吉歐（Antonio da Correggio）的油畫〈麗達與天鵝〉（Leda und der Schwan）前面。希臘神話中的麗達是厄多里亞國（Aetolia）公主，後來嫁給斯巴達國王，即使她已身為人妻，天神宙斯仍覬覦她的美貌，為了不驚擾這位王后，便化身為一隻白天鵝，假裝要躲避老鷹追捕而撲進麗達的懷裡尋求保護，趁機與她交歡，讓她受孕。畫面中，一隻天鵝躲在麗達張開的兩腿間，牠的長頸擠穿過麗達那對豐滿的乳房，嘴喙還親著麗達嫩白的頸項。莉莉看到這幅油畫後，覺得自己的雙眼似乎被迫睜開，彷彿因為滿足了一個長久以來被忽視的渴望而感到興奮不已。後來一名博物館的警衛發覺她那副邋遢的模樣與穿著很不得體，便要求她離開這棟建築物。

十九世紀中葉，普魯士民間盛行的流產方法就是讓孕婦吞下含磷的火柴棒頭。至於用量方面，吞一百個並不足夠，吞兩百個已算過多。正確的使用數量應視婦女體重與懷孕階段而定。

莉莉在她的房間裡，把那只原來充作貓頭鷹窩巢的洗臉盆清空洗淨，並將水罐裝滿水，然後把門閂上。她脫掉那身因懷孕而緊繃在身的衣服後，便把這些衣服隨意地披裹在身上，就像畫家科雷吉歐在油畫裡描繪斯巴達王后麗達的模樣。

莉莉數完一百五十根火柴後，為了保險起見，又在吞服前額外加了十根。她坐在打開的窗戶邊，開始一根接一根地咬食火柴棒頭，味道雖然很臭，很像腐壞的蒜頭和發酸物，但她仍繼續吞服。

然後，她感覺喉嚨在燃燒，開始噁心作嘔，這讓她大吃一驚，因為她原先只預期腹部會因胎兒流產而感到疼痛。然而，地上那坨發著亮光、帶紅色斑點的嘔吐物卻詭異地讓她感到安心。「那是我正在死去的舊生命，」她心想。接著她開始感到頭暈與耳鳴，想起身走到附近兵營的錫匠那裡大喊，要他們停止敲打，好讓她獲得寧靜，但她卻無法開門，甚至連門閂也搆不到。莉莉大聲呼救，不過似乎沒有人聽到。沒有人來救她，也沒有人會想起她。此時

---

8 日耳曼尼庫斯是奧古斯都的姪兒，也是尼祿的外祖父。他名字的由來是為了紀念他父親在日耳曼地區立下的戰功。

她反覆地告訴自己，女人就是要在受苦中存活下來。在受苦中存活下來。後來她在已沾濕的地板上滑倒，頭部猛然撞上了金屬床架。在她尚有知覺的最後時刻，她看到自己的幻影就如同極具自信且完美無瑕的麗達王后，永遠年輕，永遠美麗。她的內心並不感激男人，只是在等待一位幻化為天鵝的男神的真愛。

在公寓樓群後院和街頭巷尾中，人們對莉莉的死亡議論紛紛，但不消一星期，這些街坊鄰居便遺忘了莉莉真實的人生際遇！莉莉的故事後來廣為傳開，而且眾說紛紜，內容不一，猶如一陣沙沙作響的微風吹過莫阿比特區。其中一個說法是：莉莉的同居人後來回來找她，得知她已經過世後，內心非常懊悔，最後不堪罪惡感折磨而崩潰。另一個版本是：莉莉的兒子已成為一位富有的年輕人——突然脫離原本的年紀——從美國回來找她，出錢請醫生為他母親看病，並為她在西利西亞的家鄉購置一棟小屋，讓她在那裡安心生活。第三個與莉莉有關的傳說是：那隻似乎從未存在的貓頭鷹整夜停在窗臺上，守護著莉莉的遺體。總之，莉莉故事的每一個版本都已加入了柏林人的恐懼、期待與價值觀。它們——就像我們所有的人——都是空間、時間和口述流傳交織下的產物，都在提醒世人，生命必須被賦予意義。

事情後來的演變就如同每個人現在所料想的：與莉莉分租床位的另一位女子在星期天回來了！屋主與她一起破門而入時，他們發現床上那位受傷的年輕女人已冰冷如大理石一般。然而，她的身體卻綻放出一種超脫塵世的光芒，讓屋主——一個從未被心緒困擾、情感麻痺的男人——無法把目光從她身上移開。

當這位「女床友」把莉莉少量的遺物收拾好並將室內的污跡擦乾淨時，那隻棕色的小貓頭鷹又出現在窗臺上，動也不動地停在那兒。直到幾位男人走進屋內搬走莉莉的屍體時，那隻鳥才急速、無聲地飛起。這次牠真的離開了！牠就跟莉莉的傳說一樣，從此消失在黑暗之中。

# 第六章

# 華爾特．拉特瑙：在美學中迷惘

# 大道街，一八八一年

才華洋溢的德國猶太人華爾特．拉特瑙（Walther Rathenau, 1867-1922）一生具有多重身分。他既是工業鉅子、政治家（威瑪共和時期的德國外交部長）、作家、藝術贊助者，也是社交晚宴裡的哲學家。

某一夜，拉特瑙把法國印象派畫家暨雕塑家竇加（Edgar Degas）的青銅塑像〈十四歲的小舞者〉（La Petite Danseuse de Quatorze Ans）——大約真人三分之二大小——搬到書桌檯燈下仔細端詳，一隻手托住她高高抬起的頭部，另一隻手則伸出一根手指，沿著她的脊骨往下滑動。

他曾在書中讀到，美的事物可以鼓舞人們的內心，提高人們的感受力。然而，當他輕彈著那件安裝在這尊舞者塑像上的棉製芭蕾舞裙，並把玩紮在她髮辮上的絲質藍色蝴蝶結時，那尊人像卻未激起他內在的情感，即使他很期待自己能有這樣的反應。他並未因為觀賞這尊女舞者塑像而感受到慾望的漲升，以及對於青春的渴求，而且他也不認為這件作品帶有任何救贖的暗示。對他而言，這座青銅像只不過是個漂亮的玩偶，一如他父親先前的看法。但他卻覺得自己應該喜歡這件藝術品，應該需要它並買下它。他必須做對的事，必須彌補內在的欠缺，因此他決定購買這件雕塑品，打算請它的經紀商在明天上午把發票開出並送達。

「什麼是美？」他在轉動這座女舞者的青銅塑像時自問。席勒認為，「美」是知識的入門；歌德表示，「美」是神祕自然法則的彰顯；濟慈把「美」當作真理的同義詞；康德則主張，「美」是無目的性的目的，「美」是沒有終止的終極。關於審美，拉特瑙曾提筆寫道：「柏林從前那些美好以及值得驕傲的事物，如今已令人透不過氣來，它們已顯得過時、不得其所了！」他並未察覺，接下來他寫下的這句話竟流傳至今：「史普雷河畔的雅典已死，而史普雷河畔的芝加哥正在原來的位置上發展成形。」

柏林從來就不是一個純粹日耳曼的城市。貧瘠的土地與偏僻的所在，使它必須仰賴外來移民。中世紀末期發生的瘟疫造成柏林居民大量死亡，但同時也增加了倖存者的生存空間，難怪柏林有一句老諺語：「鼠疫創造了空間（Die Pest hat Raum gemacht.）」數以萬計的萊茵河流域居民、巴伐利亞邦北部法蘭克人（Franken）、丹麥人以及比利時北部、操荷蘭語的法蘭德斯人紛紛於十二、十三世紀移居布蘭登堡地區。此外，猶太族群的遷入也不容忽略，柏林現存最古老的猶太墓碑可追溯至西元一二四四年。柏林各處的沼澤地後來還因為來自低地、擅於防洪治水的荷蘭移民開墾而得以排出積水，逐漸乾涸，成為適合農作的田地。信仰新教的法國胡格諾派教徒為了躲避國內的宗教迫害，遷徙柏林尋求庇護，他們帶來的技術還促進了這座城市羊毛及蕾絲紡織產業的發展。一六八五年，布蘭登堡的「大選帝侯」腓特烈．威廉在一場戰爭中損失了數千名士兵，為了積極補足柏林當時減少的人口，這位君主便大量收容來自歐洲各地的宗教難民。十五年後，「大選帝侯」的兒子腓特烈一世建立普魯士王國時，居住在首都柏林的法國人已超過城市總人口數的三分之一，波蘭人、西利西亞人、瑞典人以及更多的蘇格蘭人也隨著大量的法國移民而遷居此地。腓特烈一世甚至曾打算在柏林建造一座清真寺，以吸引伊斯蘭教徒前來定居。換句話說，在第一批土耳其外籍勞工抵達西柏林之前的兩百五十年，柏林的執政者便已提出這個構想。

柏林居民對於政治威權的順從以及歷史創傷所造成的摩擦，已消磨了柏林所有外來族群之間的差異，摧毀了如同美麗馬賽克拼圖般的多元文化，繼而塑造出屬於柏林人的原型特質：呆板、服從、守本分以及冷酷無情。

因此，一八四八年日耳曼地區的自由主義者以統一德國並建立民主制度為號召而發動的德意志革命，儘管對其他的歐洲地區造成許多衝擊，卻無法在柏林引起任何效應。後來普魯士軍隊還包圍由日耳曼各地代表組成、沒有實權的法蘭克福國民議會（Frankfurter Nationalversammlung），並命令代表們解散離開，不得返回。普魯士當時雖採取武力，卻也處理得井然有序。國民議會在開會期間提出的男性普遍選舉權與投票權、議會民主以及基於自然法的個人權利等要求，全遭普魯士國王腓特烈・威廉四世（Friedrich Wilhelm IV）拒絕。普魯士人民被禁止批評國王，即使僅止於對政府表達「不愉快或不滿意」也不允許。絕對的權威依舊存在，霍亨索倫王朝仍緊握權力不放。普魯士的狀況就如同蘇聯共產黨領導人列寧後來對於普魯士的觀察與見解：膽怯的普魯士人——不論是本地人或外地移入者——無法讓革命持續下去，這種情況跟他們從未違抗豎立在柏林皇宮門口旁那塊告示牌上的警語（「不要踐踏草皮」）是一樣的。

擔任普魯士王國及德意志帝國首相將近三十年的俾斯麥（Otto von Bismarck）曾告訴這些日耳曼的自由主義分子，普魯士的實力「不是由它的自由主義所決定，而是透過它的力量……透過鐵和血」。俾斯麥是一位自我中心、沒有原則、專橫的機會主義者，而且還懂得利用柏林人旺盛的企圖心。這位普魯士首相全力支持工業與軍隊，積極動員「鐵」和「血」，先後對丹麥、奧地利及法國挑起策略性戰爭。柏林工業區莫阿比特的波爾西機械公司所製造的蒸汽火車頭把一批批普魯士部隊送往前線戰場，並在奧匈帝國的柯尼希格雷茨（Königgrätz）[1]與法國的色當（Sedan）獲得關鍵性的軍事勝利。在德意志帝國成立前夕，勢

---

1 柯尼希格雷茨就是現在捷克的赫拉德茨—克拉洛維（Hradec Králové）。普魯士由於在柯尼希格雷茨會戰這場關鍵性戰役中獲勝，而取得一八六六年普奧戰爭的勝利。

如破竹的普軍還使用在莫阿比特區製造的砲彈圍攻法國首都巴黎，造成四百名巴黎居民喪生。攻入巴黎的三萬名普軍奮發昂揚地沿著香榭麗舍大道行進，含怒地蔑視著眼前被他們征服、處於半飢餓狀態的法國宿敵。俾斯麥在打敗帝國所有外敵並統一邦國林立的德意志地區後，還不忘砰砰地重捶他的桌子並大吼：「我已經把他們全部打倒！全部！」

接連幾場戰爭的勝利已讓柏林成為歐洲工業巨人。德國國庫的充盈不僅來自戰敗國割地賠款的挹注，還拜一些大型企業——諸如機械業的波爾西、製藥業的拜耳（Bayer）、鋼鐵業的克魯伯（Krupp）與機電業的西門子等——在這個時期蓬勃發展之賜。寬廣、帶有誇耀國力意味的大道，已從柏林這個歐洲工業中心直接拓往華沙和巴黎，在這些幹道兩旁一些占滿整個街區的公寓建築群看起來富麗堂皇、排列有序，比從前的住屋建築更有整體感。電車路線旁的車道已鋪上柏油，這些柏油路從住家通往上班的工廠，並延伸到人們所要前往的各個目的地。柏林市民毫無保留地認為秩序可以摒除混亂，因此整座柏林市的規畫與設計似乎依照這個原則進行。一八七一年，剛打贏普法戰爭的普魯士國王威廉一世在法國凡爾賽宮的鏡廳宣布建立德意志帝國，並登基為皇帝（Kaiser）。他當時選擇這個象徵法國王權的地點接受加冕，主要是為了羞辱法國，以報復六十五年前拿破崙占領普魯士的恥辱。驕蠻好戰的柏林「依靠戰爭而生存，藉由戰爭而壯大」，並透過侵略性的工業國族主義變得繁榮富強。

夜色已深，拉特瑙在他那棟坐落於當時仍屬柏林市郊的葛倫納華德區（Grunewald）豪華別墅裡，寫完一篇演講稿後，便把筆擱下。他坐在窗邊書桌前，窗外的夜晚——他人生的最後一個夜晚——晦暗而寧靜，只聽到貓頭鷹的叫聲。他告訴自己，大部分的人不是在大自然裡找尋美，就是在美術作品裡，就像他擺在桌燈下那座竇加的小舞者青銅像和掛在他身後那幅奧地利象徵主義畫家克林姆（Gustav Klimt）創作的人物肖像畫。還有一部分的人在詩歌、波斯陶瓷器或甚至在精美的英國咖啡壺上尋尋覓覓。然而，對他而言，審美的對象往往不是實物，而是清晰的思考、自信與成就。他希望用一團發出寶石般光芒的火焰燃燒自己的生命，並擁抱生活的美感。他知道情感的重要，但無可奈何的是，他無法在這方面有所感受。

拉特瑙從小生長在柏林的打鐵圈兒裡。當他還是個小男孩時，經常在他父親——猶太裔機械工程師——設於大道街（Chausseestraße）的第一個機械作坊逗留，也會在附近的街區轉來轉去，那一帶就是莉莉·諾伊斯從前租屋賃居的地方。他喜歡在父親的作坊裡觀察熔化的金屬被倒進各種不同形狀的鑄模，看著那些發紅灼燙的漿液冷卻後變成堅硬的金屬塊，而且還喜歡向那些年老的工程師與金屬工匠發問。他看起來既好奇又聰明，有一雙大而深邃的眼睛，還有一張感覺敏銳、嘴角下彎的小嘴。

一八八一年，他的父親艾米爾·拉特瑙（Emil Rathenau）到巴黎參加第一屆「國際電氣技術博覽會」。在會場裡，他看到美國發明家愛迪生發明的白熾燈泡，當時他判斷，這種新式照明燈具有普及化潛力，於是便買下它的專利權。此時已是青少年的小拉特瑙在大道街的作坊裡把玩父親從巴黎帶回的白熾燈泡，輕輕將它的開關打開又關上、打開又關上，對燈泡明滅感到很驚奇。父親發現他這個舉動之後，便推開他，把他揍倒在地，並告誡他那不是玩具。

艾米爾·拉特瑙於一八八三年成立德國愛迪生應用電力公司（Deutsche Edison-Gesellschaft für angewandte Elektrizität），四年後更名為德國通用電氣公司（ＡＥＧ）。由於公司的生產與經營規模以閃電般的速度飛快地擴展，以至於舊有的廠房不敷使用，而在波爾西的工廠附近建造新廠及幾座大型發電機。艾米爾·拉特瑙在短短幾年之內生產了大量電燈泡，取得柏林市安裝公共照明的合約，並開始鋪設電線網，讓交流電得以輸送到每個城區、每棟房舍與處所。那時德國通用電氣公司推出的廣告還畫著一位光之女神奔向明亮燦耀的未來。

隨著德國通用電氣公司快速獲致成功，艾米爾·拉特瑙還擴大投資製鋁工廠以及長距離的電力傳送系統，並發展汽車、卡車及電車製造。此外，公司的飛行技術部門還改良美國萊特兄弟的飛機設計，開始為德意志帝國的戰爭部建造軍用飛機。到了一九一四年，德國通用電氣公司已擴展成一個資本額一百億馬克、員工總數六萬六千人的工商帝國。

艾米爾·拉特瑙一週工作七天。他在早餐時間便已開始談生意，吃午餐從未超過半小時，晚餐過後還不忘到工廠視察。他和競爭對手威爾納·馮·西門子（Werner von Siemens）在德國工業界建立的大量生產模式運作原則，比美國福特汽車公司的創辦人亨利·福特（Henry Ford）提早十年。此外，他還率先提出銀行界與工業界合作的新模式。這位大企業家所展現的能量與典範已為德國工業界帶來一番新氣象。

拉特瑙的父親大概是西方運用大規模資本集中的先驅企業家，也是德國當時最富有的工業鉅子之一。隨著年齡增長，青年拉特瑙後來逐漸將父親的工作狂看作是他的弱點，以及對個人自由的放棄。他相信父親已臣服於一個自身之外的目標，思考的對象總是外在事物，而不是自己的理念與措辭用字，而且還固執地認為這個世界既有的傳統結構是理所當然的存在。他的父親既無法主導自己的人生，也無法掌控他所創造的工商帝國。他只不過是一個任由它擺布的奴隸，這樣的存在實在毫無美感可言。

金錢是拉特瑙用來對抗自身弱點的法寶。德國外交官及日記作家哈利·凱斯勒（Harry Kessler）曾在拉特瑙過世後，為他出版個人傳記《華爾特·拉特瑙：他的一生與著作》（*Walther Rathenau: Sein Leben und Werk*），並在書中提到，拉特瑙認為，金錢「可以透過工業、頭腦以及嚴謹的經濟活動而獲得」，金錢「就如黃金甲冑一般護衛著個人心靈那層過於薄弱與柔嫩的保護層」。

在柏林洪堡大學就讀期間，他乘坐他司機駕駛的賓士早期三輪機動汽車上下學，沿途會經過皇宮大花園及一些柏林的歷史建築。年輕的拉特瑙每次注視這些建築物時，總是很訝異他父親為何如此誇讚它們：柏林皇宮以及它那座始終受到詛咒的禮拜堂、難看的「新崗哨」，還有博物館島的「舊博物館」。還有，他實在無法喜愛那些正在柏林蔓延的大型石造建築，很想逃離這些新浪漫主義風格的建物外觀、社交場合沉悶得幾乎令人窒息的氛圍以及軍隊行進時整齊劃一的步伐。他一有能力離家，便立刻遷往瑞士從事化學工作，還在德國通用電氣公司設於瑞士的實驗室裡，發現如何經由電解取得鹼和氯。後來他轉往德國北部的化學工業中心畢特菲德（Bitterfeld）發展，在這座小城市各設立一座電化學工廠及發電廠，並用自己的方式把這家化學公司經營得有聲有色。

一八九九年，他三十二歲那年，父親要他加入德國通用電氣公司董事會，把他叫回柏林。做為一位多金而優雅的單身漢，他深具說服力與自主性，言談舉止相當富有紳士魅力，而且還帶著一股酷勁兒。拉特瑙具有適應自己接觸與交談對象的能力，能迅速掌握他們的衡量標準而從未顯露自己的情感，並且還讓對方渴望再度與他碰面。「很奇怪，」他曾向弟弟透露：「我確信，當我和別人相處一段時間後，他們就會開始喜歡我，採用我的觀點，使用我的語言，而且所有人都覺得我很了解他們。」

德皇威廉二世曾召拉特瑙進宮，以便聆聽他對於科學及工業的看法，同時這位君王還發現，在他們才氣縱橫的對談裡，彼此都隱藏著一個共同特質：不安全感。拉特瑙在皇宮時，舉止有如恭順的朝臣。當他到王座廳覲見這位德皇時，先穿越兩旁成排站立、穿著粉紅服裝的隨從，然後行禮如儀地拜見坐在王座上的威廉二世。根據他私底下對威廉二世的觀察，他認為這位德皇具有「一種不自覺違逆自己的特質」。「他是一位魔法師，一位被命運做了記號……正走向毀滅的人。」拉特瑙這番話其實也在指他自己！

拉特瑙還對在場那位傲慢自大的德國首相鞠躬行禮，即俾斯麥的後繼者班哈特・馮・畢羅（Bernhard von Bülow）侯爵，然後便用他那雄渾的男中音嗓子說道：「陛下，承蒙您的接見，讓我深感榮幸，不過，我要先在此聲明並承認一點，」為了營造說話效果，他停頓了一下，藉此保持鎮定，讓在場人士可以欣賞他身上穿的大禮服，並準備在德皇面前扮演基督徒與非基督徒的雙重角色。「陛下，我是猶太人。」

拉特瑙當時是德國通用電氣公司新任董事長，也是第一批被柏林貴族社交圈接受的猶太人之一。一九一〇年，他的事業版圖一共涵蓋了德國國內六十五家以及國外二十一家企業，其中包括柏林的「新汽車公司」（Neue Automobile Gesellschaft，簡稱為NAG）、十家金屬加工工廠、三家飛機製造公司、六個非洲礦場，並承接智利所有電氣化鐵路的修建業務。這位大富豪還是藝文贊助者，曾資助一些詩人和藝術家，尤其是挪威表現主義畫家愛德華・

孟克（Edward Munch）[2]。柏林分離派運動的領袖、威瑪共和時期擔任柏林藝術學院院長的名畫家麥克斯・利柏曼（Max Liebermann）是他表兄。每年十一月，拉特瑙會在聖馬丁日（Martinstag）這個基督教節日的夜晚，帶領一群唱著聖歌的孩童走出柏林大教堂，沿著菩提樹下大道前進，這些孩子手上提著紙燈籠，人們可以看到燭光搖曳在他們幸福的臉龐。每年耶誕節，他會在菩提樹下大道旁的國家歌劇院（Staatsoper unter den Linden）包下一個包廂，邀請社會名流及慈善家一起欣賞莫札特歌劇《魔笛》。假如他是基督教徒，而不是猶太教徒，他的魅力、社交網絡與精明的外交手腕早就讓他在德意志帝國取得重要官職。

「每位德國猶太人在青年時期都會出現某個讓他痛苦一輩子的回憶；當他第一次徹底覺察到，自己竟是德國社會的二等公民，而且沒有能力和優勢可以讓自己擺脫這種處境。」拉特瑙曾表示。

對他而言，德國的語言、歷史及文化遠比他身上流的猶太血液還重要得多。德國人是他的同胞，德國是他的家鄉，「對於德國的忠誠當然居於所有信條之上」，這是他的信念。猶太人成為日耳曼的一部分已有一千五百年歷史，這個族群在查里曼大帝統治的時代一片興旺發達，但在後來的中世紀時期及十字軍東征期間卻受盡苦難。拉特瑙認為，猶太人就跟分布於日耳曼地區的薩克森人、巴伐利亞人及斯拉夫人一樣，都是本土族群，只是宗教信仰不同罷了！他還在發表的文章與書籍中大力贊同猶太人與德意志人的文化同化及族群融合，並勸告猶太同胞不宜公開表現出猶太族群的特徵。他建議他們，應該成為「這個國家生氣勃勃的一部分」，而不是「一個陌生孤立的族群，只會浮誇而虛矯地裝飾外表，熱烈地表達感情……就像生活在布蘭登堡沙地上的一個亞洲游牧部落」。

身為德國少數族群，拉特瑙曾在他的著作中論述道，國籍與民族的血統無關，族群的多樣化其實可以成為國家的實力。國家的定義並非像那些種族主義者所宣傳的那樣，是由同一民族的人民所組成，而是擁有共同價值的人民。而且他還表示，德國和猶太人才是最強大的組合。他的著作在當時曾熱銷幾十萬冊。

德國人口在二十世紀前十年增加了將近兩百萬人，突飛猛進的工業已宰制全歐洲。在一八七〇、七一年的普法戰爭以及德國統一之後，俾斯麥宣稱剛建立的德意志帝國是一個「令人滿意」的強權國家。然而，除了阿爾卑斯山以外，偉大的德意志帝國就如同從前的普魯士王國，並沒有自然屏障做為疆界。位處中歐的德國一共被九個鄰國圍繞，德國人民的志向以及經濟發展的抱負便因而受到抑制。

一九一四年，第一次世界大戰爆發，德國當時的參戰聲明雖以捍衛祖國為目標，但真

---

2 作者註：孟克在柏林生活的四年期間創作了名畫〈吶喊〉（The Scream）的最初版本。當時他以德文「Geschrei」（叫喊）為這幅畫作命名，並在柏林的幾場藝展中展出，但卻引發激烈爭議。

正目的卻是擴張領土與市場，並藉由併吞比利時大部分國土與法國東部地區來奪取工業生產所需的原物料。在併吞這些西歐地區沒多久，柏林方面便計畫攻擊英國並使之破產，因為大不列顛島的人英帝國向來被德意志帝國視為最危險的競爭對手。那時《南德月刊》（*Süddeutsche Monatshefte*）曾刊出一篇社論，鼓吹人民支持祖國參戰：「問題在於不是勝利就是滅絕！如果我們獲勝，那些懷疑我們能力的人就是狗。如果我們獲勝，我們就可以要求被征服的國家與人民遵守我們設定的規範，而且還可以讓事情演變有利於我們本身的發展，有利於那些盼望我們保護及援助的弱小鄰國人民福祉。」

對於當時與帝國高層關係緊密的工業鉅子而言——例如鋼鐵業的奧古斯特・蒂森（August Thyssen）、礦業暨冶金業的胡果・胥帝內斯（Hugo Stinnes）和艾米爾・基爾多夫（Emil Kirdorf）——德國的戰勝意謂著有利可圖，戰敗則表示工業原料喪失。在這些德國大企業家當中，只有拉特瑙覺察出這種戰爭思維真正的危險性。根據他的觀察，敵方的協約國陣營雖已擁有一切，但仍無法保證原物料的取得可以源源不絕，而且他知道美國將會在一戰中支持英國及法國而加入協約國陣營，因此他敦促協約國和同盟國這兩個敵對勢力坐下來談判，以達成和平，德國也能因此遠離戰爭的苦難。此外，他還提倡「歐洲工業關稅同盟」的成立，即歐盟的濫觴。「將歐洲的工業整合為一個整體……如此一來，政治利益也可以獲得整合。」他曾這麼建議。

然而，戰爭的災難已無可避免。榴彈砲已開始發威，一個世代的德國年輕人已在槍林彈雨中邁步挺進。

融合許多外國移民的柏林人此時戴上了國族主義者的面具，以隱藏他們的驚恐，但表面上仍支持戰爭。拉特瑙那時發覺，德國的原物料儲存量只夠維持六個月。有鑑於此，他便仿照英國當時首相勞合．喬治（Lloyd George）的作法，為德國戰爭部設置戰爭物資管理處，並成立數百家特殊的公司，為德國軍方提供軍需用品。廢金屬、公園欄杆，甚至有些教堂和市政廳的銅製屋頂都被鎔掉，成為製造軍火的材料。一些化學家，比如一九一八年諾貝爾化學獎得主弗立茲．哈伯（Fritz Haber），還受到高層督促，運用專業科學知識以提升德國軍武的戰鬥力。柏林市中心北邊的莫阿比特區及西郊的許班道區——從前只是幾座村莊，十五世紀騎士詩人孔拉德．馮．寇恩曾用詩歌讚頌那裡的愛與榮耀——又冒出更多的工廠和煙囪，成為蓬勃發展的軍火工業中心，雇用的員工已高達十二萬人。

當大量德軍在比利時北部的法蘭德斯泥濘地陣亡時，戰事的迷霧已開始模糊了拉特瑙清晰的判斷。他覺得自己必須做「正確的事」，因此贊同當局把比利時勞工驅逐出境，並改變他在一戰爆發初期的停戰主張。而後，他甚至還支持陸軍元帥興登堡（Paul von Hindenburg）在戰後的威瑪共和時期以德國總統身分實行「不聲張的獨裁」（silent dictatorship）。這位大企業家對於德意志帝國一片忠心赤誠，但他當時不僅未被納入軍方最高統帥部，甚至後來還被踢出由他協助成立的戰爭物資管理處。畢竟在國家權力上層，沒有猶太人存在的空間！

一九一八年，拉特瑙在德國戰敗前夕，曾寫信告訴朋友：「我現在就像一個在打包行李、準備出門遠行的旅人。我父親和弟弟（二人皆已去世）正在一個鐵路無法抵達的中立國等我，他們無法了解，為何我耽擱了行程。」

一戰結束後，依照巴黎和會所締定的凡爾賽和約，戰敗國只能任由戰勝國予取予求。法國代表在會議上宣稱「德國人口過剩，多出兩千萬」，因此要求德國返還法國在普法戰爭失敗後割讓給德國的亞爾薩斯─洛林地區。位於德國西南、與法國洛林區及盧森堡接壤的薩爾蘭（Saarland），也從德國領土中劃分出來，改由國際聯盟管轄，但實際上該地區已被法國控制，時間長達十五年之久。同為戰勝國陣營的波蘭則趁機向德國奪回上西利西亞地區（Oberschlesien）。總之，德國在一戰戰敗後，一共失去百分之十三的領土、百分之十的人口以及所有的海外殖民地。威廉二世在遜位後逃往荷蘭，從此流亡並客死異地，當他乘坐的火車駛離柏林時，這位末代德皇不禁悲從中來，掩面啜泣。德國軍隊人數從八十萬裁減至十萬，總參謀部廢除，所有的飛機與坦克都已變成廢鐵，驅逐艦均被一一鑿沉。凡爾賽和約中的「戰爭罪行」這項條款，等於讓德國單獨挑起第一次世界大戰的責任，德國每年被迫支付的戰爭賠款高達國家總稅收的百分之七。不堪負荷的德國大肆怨嘆這種不公正的對待，卻早已忘卻，在宣戰初期曾宣稱，如果戰勝了，德國就可以摧毀它的工業競爭對手並征服鄰國。

然而，即使因為戰敗而面臨如此可怕的損失，霍亨索倫王朝結束後的德國領導人卻目光短淺，缺乏與普魯士好戰過往徹底切割的遠見與勇氣。比如，威瑪共和時期第一任總統弗利德里希・艾伯特（Friedrich Ebert）曾在布蘭登堡門向歸來的、「未被擊敗的」德軍歡呼致意；陸軍元帥興登堡拒絕為一戰的軍事失敗負責，將戰事失利歸咎於國內的「破壞分子、社會主義者、共產主義者及猶太人」；叔倫堡將軍（Friedrich Bernhard Graf von der Schulenburg）更進一步宣稱，德國陸軍士兵遭到海軍與那些在戰爭中牟利或規避戰爭的猶太人背叛，所以將向他們討回公道。然而，事實卻擺在眼前：在一戰期間，一萬兩千多名猶太人曾為了效忠德皇與祖國而戰死在前線壕溝裡。還有，猶太裔企業家拉特瑙的戰爭物資管理處曾在戰爭期間全力動員產業界，支援德國參戰。戰敗悲慘的處境讓德國的社會大眾急於尋找替罪羔羊，拉特瑙和其他的猶太人因而被指控為怯戰者與戰爭的敲詐者。這種不理性、不公允的指謫與詆毀已加劇德國社會對於猶太族群的排擠。

一九一九年，德皇遜位後的德國社會陷入動盪不安，舊秩序已瓦解而新秩序尚未建立。此時「背負罵名、時不我予的拉特瑙是一位政治態度矛盾的失敗者。他既是坐在錦緞椅上的

3 依據凡爾賽和約，薩爾蘭交由國際聯盟託管十五年後，可由公民投票決定其歸屬。一九三五年，薩爾蘭舉辦公民投票，超過九成的居民選擇回歸德國。

共產主義者，也是懷著紆尊降貴優越感的愛國志士，這種內在衝突就好比一位作曲家帶著一把老豎琴投入前衛音樂的創作。」為拉特瑙作傳的凱斯勒曾在該傳記中如此描述。

不過，拉特瑙仍然是一位「大師」。德皇退位後，新的共和政府相當重視他的經濟理念，於是拉特瑙便開始在嚴格的社會主義與貪婪的資本主義之間扮演他的政治角色。一九二○年，當德國徘徊在血腥的無產階級革命邊緣時，他獲得當局青睞，受聘加入「大型企業公有化委員會」（Sozialisierungskommission）以及「國家經濟會議」（Reichswirtschaftsrat），並以私人顧問身分在與協約國的交涉會議中發揮他的影響力。不到一年，他便進入威瑪共和政府內閣擔任重建部長（Wiederaufbauminister）。

因戰敗而一敗塗地的德國根本無法履行凡爾賽和約的求償要求。德國當時如果支付全部賠款，勢必會造成國內政治與經濟的崩解，於是柏林方面便成立重建部（Reichsministerium für Wiederaufbau），專門處理協約國的賠償要求，並藉這個機構的周旋，或多或少地閃躲那些難以償還的巨額戰爭賠款。

拉特瑙總是能喚起人們最強烈的情感。現在身為重建部長的他更具有煽動力，因為他所領導的重建部，說好聽一點，是一個性質模糊曖昧的政府部門；講難聽一點，它的存在其實是個謊言。拉特瑙擔任重建部長所肩負的任務，就是在外交上與從前打敗德國的敵國建立一種建設性的正面關係，同時在國內推動通貨膨脹，藉由貨幣貶值來稀釋以德國馬克計價的外債。翌年，他被任命為外交部長，開始用他的社交魅力征服法國人，軟化他們原本尖銳的復仇心理；接下來，他又戴上另一張面具，與一戰的敵國蘇聯建立祕密軍事聯盟，讓一戰戰敗、被西方強權圍剿的祖國有機會重整軍備。

在違反凡爾賽和約的情況下，新盟友蘇聯提供境內一些地點，讓德國軍方得以遠離該和約視查員的監督，無所顧忌地建造並測試軍事武器。飛機製造商容克斯（Junkers）開始在莫斯科郊區組裝航空器；火砲製造廠克魯伯在頓河畔的羅斯托夫（Rostov-on-Don）附近建造了一座工廠；德國空軍飛行員在一個臨近維烏帕爾（Vivupal）的地方接受飛行訓練；德國陸軍在喀山（Kazan）創辦了一所裝甲兵學校，並在薩馬拉州（Samara Oblast）建造一座生產化學武器的工廠；德國海軍則在北方的莫曼斯克港（Murmansk）附近借用一座港口。軍事技術落後的蘇聯紅軍則獲得德國先進軍火科技的回報。總之，這兩個被國際社會排斥的國家──二戰期間，英國首相邱吉爾曾把這兩個「狼狽為奸」的國家稱為「不幸的伙伴」──後來攜手推翻了第一次世界大戰戰勝國共同建立的「遊戲規則」。

負責與戰勝國斡旋的拉特瑙仍被德國社會視為叛國賊，因為他為了償付凡爾賽和約議定的賠款而交出「未被擊敗的」祖國的資產，至於他與東邊的蘇聯取得的軍事合作成就卻因為屬於國家機密，社會大眾仍無從知曉。此時，作風不同於拉特瑙的希特勒已準備在慕尼黑將納粹黨對戰勝國的復仇思想具體化。在一場針對戰爭賠款的遊行抗議中，穿著長靴的納粹黨人成功吸引了第一批支持他們的群眾，而且人數眾多。此外，一群激進的國族主義者在召開記者會時，還不懷好意地喊出一句有押韻的德語口號：「打倒華爾特・拉特瑙！這隻該死的猶太豬！」

拉特瑙坐在他書房的書桌前，因為沒有開燈，室內一片漆黑。在他人生的最後那幾天，一種不祥的氛圍——不論真實的或想像的——正逐漸朝他迫近。他曾帶著病態的虛榮告訴當時的英國大使，他已確定自己會被暗殺。那幾天，他辭退了警方分配給他的貼身維安人員，而且拒絕佩帶手槍。他還寫信給一位朋友說：「不要擔心我的生命安全。如果一個正直可敬的生命即將結束，那就讓它發生，不要任憑己意地介入，因為那個生命已經找到它的結論。」

翌晨——即一九二二年六月二十四日——拉特瑙坐進他那輛敞篷黑頭車。由於他在前一夜花很多時間撰寫他的演講稿、與戰勝國交涉能否降低賠償中關於煤炭的輸出量[4]並把玩那座小芭蕾舞者的青銅像，早上出門時間已比平常延遲。拉特瑙上車後，他的司機便把車子駛離他那棟位於葛倫納華德的別墅，行經每日來回通勤的街道，全速開往外交部。在國王大道（Königsallee）一處右彎的地方，在路旁那些高聳的老橡樹及老栗樹下，一輛深灰色車子開到拉特瑙的黑頭車旁邊。坐在裡頭的右翼「自由軍團」（Freikorps）[5]前士兵艾爾溫・肯恩（Erwin Kern）拿一把機槍朝拉特瑙射擊，與他同坐的赫爾曼・費雪（Hermann Fischer）隨即把一顆手榴彈扔進這位外交部長的座車內。

「如果有人說，這件謀殺案純粹只是謀殺案，那並非事實。」奧地利作家約瑟夫・羅特（Joseph Roth）之後寫道。「此案是一件影響深遠、具有千倍效應的謀殺案。它不該被遺忘，事後也不該只是報復了事。」

當外交部長遭暗殺的事件在當天迅速傳開後——雖然只是政局不穩定的威瑪共和時期發生的三百五十件政治謀殺案之一——德國馬克立刻暴貶百分之十；兩週後，它的幣值已跌掉一半；當夏天結束時，德國當局已無法遏止馬克崩盤式的跌勢。惡性通貨膨脹已摧毀了德國的經濟、國家政治以及數百萬人的生活。這場大蕭條影響深遠，對十一年後納粹取得德國政權起了推波助瀾的作用。肯恩及費雪這兩位謀殺猶太裔外交部長的兇手，後來還被上臺的納粹宣告為英雄；為了慶祝猶太人拉特瑙被暗殺，他的遇刺之日甚至被納粹訂為國定假日。一九三三年，德國通用電氣公司高層與剛執政的希特勒祕密會晤後，決定捐給納粹黨六萬馬克。後來這家由猶太人創立的企業，還在二戰期間為迫害最多猶太人的奧許維茲集中營（KZ Auschwitz）提供機電設備，這個事實的確是一個令人心痛的諷刺。

---

4 凡爾賽和約中規定，德國須以煤礦資源及工業設備賠償未能以現金支付的部分。

5 由第一次世界大戰退伍志願軍人組成的右翼「自由軍團」，後來被希特勒吸收為納粹黨的半軍事組織「褐衫突擊隊」。

柏林的空氣與土壤是不可思議的鍊金術。凜寒的嚴冬、陰沉的天空以及憤怒與悔恨已讓它的居民經常把自己鎖在內在世界裡。在這樣一個地方，是什麼讓生命值得繼續活下去？愛？春天的陽光？多樣性？創意？審美？美可以讓我們找到存活的意義，美可以激發我們，並使我們充滿能量。美讚揚那些美好、令人喜悅的事物，它比我們自身更偉大、更有趣，但它永遠是我們的一部分。在思維上，拉特瑙了解美，然而，他在生活中卻無法看見它，也無法感受它。

拉特瑙終其一生不斷關注自身靈魂的內在運作，「他的靈魂對他而言，似乎就是那只象徵永生不朽的聖杯」。他發現自己跟柏林這座城市一樣，已陷入過去、卻又同時與過去格格不入。他不安地掙扎著，試圖抓住新的認同，卻還是無法撕下那張已戴上的面具。即使在看起來最坦率的時候，或與他人親密地交談之中，他都把真實的自己隱藏起來。

拉特瑙從未結婚。他喜歡身邊有金髮年輕女性陪伴，但若要與她們建立關係，他就會變得很挑剔。據說，他曾與一位「女僕」有染，還曾與一些下層階級的女人發生性關係，而且喜歡與淑女們攀談調情，這些傳言雖讓他名譽受損，卻沒有人知道它們是否屬實。即使是他最親密的女性伴侶，他那位交往超過十年、雙方僅止於柏拉圖式愛情關係的情婦，也在他遇刺後表示：「我不了解他的愛情生活。他只是渴望情感，卻從未有任何真正的情感。」

拉特瑙本身就是一個弔詭：一位浸淫於藝術與哲學的實業家；一位持續支持德國對外作

戰的和平主義者；一位實行「現實政治」（**Realpolitik**）的理想主義者；一位（不自覺地）幫助希特勒重整軍備的猶太人。他的內心充斥著深沉的孤寂感，就如同他生活的柏林市。缺乏情感的困境阻礙了他對美的認識，無論他如何努力地嘗試，如何經常將燈泡打開又關上、打開又關上，還是無法獲得審美的救贖。

第七章

# 艾爾莎・喜爾緒：幻想

# 王儲河岸大道，一八七三年

人們會出現什麼想像？如果他們開始探究，某件事物如何發生？如果他們開始走入暗處，並對於自己或許能生活在另一個時代、與另一位妻子度過另一種人生而感到好奇？如果他們敢讓自己成為另一個我？

對於柏林社交圈的男士們而言，交際花艾爾莎．喜爾緒（Else Hirsch）既是他們的女僕和奴隸，也是他們的修女、女神與母親；既是演員，也是戲劇本身；既扮演勝利者或反派人物，同時也編寫劇本。她的臥房就是她的劇院，她的寢床就是她的舞臺，每次的幽會都是一場演出。她讓每次的愛戀達到它的戲劇性高潮，並讓它自然地結束。那是她的愛情祕密，她知道如何控制激情的能量，把握某些片刻，並留給對方遐想的空間。如果男人在錢財上對她夠慷慨，如此多樣的女性角色絕對難不倒她。

她來柏林之前的生活，並沒有多少故事可說，但之後的情況就像人們所漫談的那樣。在皇帝的授勳慶典與外交使節的派對上，她會在談話時「不經意地」提到在瑞典度過的那個養尊處優的童年，或是在一場牌局中輸掉一份房產。她會以暗示的方式提到她的仰慕者，比如，一位受勳的軍官如何醋勁大發而與另一位競爭者展開血腥決鬥。她那雙紅褐色的雙眼閃爍著若有所思的幽光，隱約透露出曾被殘酷遺棄的遭遇。她還會談到思緒狂野的翱翔與女性的需求，譏諷的言談充滿魅惑力，等她睜大雙眼拉起原本低垂的眼尾時，便已征服了那些對她心生好奇的男士。

實際上，艾爾莎的父母從前只是地位卑下的傭人，兩人在一個富有人家幫傭而相識。他們結婚時，由於雇主——一位心地善良的年長貴婦——感念他們多年忠心地付出，便送給他們一棟小房子作為結婚賀禮。這棟房舍位於這位貴婦那一大片房地的邊緣，正好坐落在人來人往的十字路口邊，於是艾爾莎的父母便把它改裝成一家餐館，服務那些前往附近森林打獵的獵人們。

她的父親不只是一位樵夫，還擅於表演餘興節目。每到夜晚，他便會站在自家餐館的高腳桌旁，口沫橫飛地掰故事，讓客人們開心愉快。小艾爾莎喜歡聽父親說話，也喜歡聽那些來店光顧的獵人們說故事。她渴望能親自經歷大人們描述的那些令人好奇的一切：都會的夜晚、歌劇院旁以火炬照明的馬車、穿戴閃閃發亮珠寶首飾的優雅仕女與貴婦……

她從母親那兒學會如何打扮自己，這不僅讓她更討人喜歡，還能額外賺取一些銅板。後來她還發現，如果她穿上吊帶裙，或把頭髮綁紮成少女的髮型就更能取悅店裡那些客人。

「給我們一個微笑，再來一個像夜鶯的叫聲，艾爾莎！」獵人們懇求著，還隨意把她真正的名字伊麗莎白（Elisabeth）改為艾爾莎。當她父親夜晚在餐館裡拉起小提琴娛樂大家時，她便和那些男客們一起跳舞，從一名天真孩童逐漸轉為一位清純少女，最後變成美麗的女子。他們因為音樂和舞蹈而興奮起來，容光煥發，臉頰泛紅，在舞動中，他們伸展雙手，相互碰觸，來回穿越腳下那震動的、已遭蟲子蛀蝕的地板。當餐館準備打烊時，她的母親便帶著她向客人討賞，收到的賞錢往往可以塞滿她圍裙的口袋。

即使家庭的收入不算豐厚，但還能供艾爾莎繼續升學。她在學校裡專攻法文與會計，並在實習的那一年離家，到布蘭登堡地區的一座宮殿提供義務服務。在那些青澀的日子裡，她曾幻想自己是一名舞者，在聚光燈照射的舞臺上舞動肢體，吸引眾人目光。雖然，她的未來比較可能是在一棟位於柏林動物公園附近高級公寓擔任某位貴族禁衛軍官的女管家。她也曾想像自己未來的雇主戴著單片眼鏡的模樣，她將蒙受他那尊貴的榮耀，並為受邀前來的貴族賓客擺設杯盤、張羅精緻晚餐。她將看著他手持握把鑲著象牙的手杖，沿著選帝侯大道（Kufürstendamm）——柏林當時新開闢的一條壯觀氣派的大馬路——邁步行走。只有在她這位女管家面前，他才會把從前參戰負傷留下的輕微跛行後遺症無所顧忌地表現出來。

艾爾莎父親最糟糕的缺點就是好賭，家中積蓄不只因為他的賭癮而見底，還因為他缺乏判斷力，經常衝動地替一些「高貴的」友人作保而陷入困境。當這些朋友無法還債而必須由他這個擔保人償還債務時，一場家庭的災難已無法躲避。艾爾莎當時為了改善家庭財務狀況而賣力工作，但他們最後仍無法保住那棟房子。這個不良的家庭紀錄讓她後來無法在宮殿裡繼續提供義務服務，而且還眼睜睜地看著貧困毀了父親的健康以及母親對他的愛。迫於生活，他只好放下小提琴，拿起他的舊斧頭幹活。然而，這已於事無補，財務難題已使他們窮困潦倒，動彈不得。

樹有根，可以固著在土地上生存；人有腳，可以四處移動尋找出路。困苦的艾爾莎也認為，身而為人的一大強項就是可以自行移動。後來，那位從前雇用她父母的老富婆便安排她到柏林一位牧師家裡工作，而且膳宿全由牧師提供。就在十六歲生日那天，她告別了那家從前由他父母經營的餐館、附近那座幽暗的森林以及她的過去，啟程邁向燈火通明的柏林市。那位牧師的家就在柏林市中心的呂措浮街（Lützowstraße），正好位於首都熱鬧繁華的心臟地帶，但牧師的家庭卻在物質生活上顯得非常匱乏。依照這個牧師家庭的規定，艾爾莎每天必須參加晨禱、聆聽「具啟發性」的佈道、研讀聖經並吟唱讚美詩。這位牧師從不允許她隨意從窗戶觀看戶外相偕散步的夫婦，或在沒有已婚或年長女性的陪伴下，獨自在街上行走。總之，他壓制每一個讓她感到自由的機會。

只有當牧師派她、東妮和吉賽拉——這兩位女孩也跟她一樣、想在首都柏林尋找發展機會——外出從事慈善工作時，她們才有機會脫離牧師家裡那種備受禁錮的生活。這三個寄宿在牧師家庭的女孩每星期固定兩次搭乘馬車出門，即星期二與星期四夜晚，並帶著熱湯和宗教小冊子，前往牧師口中「墮落者的巢穴」。當她們沿著歐拉寧堡街（Oranienburgerstraße）以及動物公園四周那些潮濕、黑暗的地方分送熱湯和禱告單時，往往由於性情內向羞怯而顫抖著。艾爾莎的工作表現讓這位牧師感到滿意，每當他針對這項慈善工作而大談上帝的慈愛時，艾爾莎總是點頭表示贊同，然而這件工作最吸引她的，卻是她在那個「墮落者的巢穴」所目睹的那種毫不矯飾的真實生活：一群嬉鬧、舉止粗俗放縱的婦女大口地喝著她們提供的熱湯，或在樹木後方放鬆地蹲著，或旁若無人地自行調整身上的衣服，似乎以某種方式暗示，她們的身體只想遠離披肩與襯裙的束縛。

這位牧師在傳道講壇上充滿偽善的傲慢，他在確信的世界裡顯得如此穩健，如此有把握。上帝救贖世人！上帝定罪世人！他那些堅定的言詞並不帶有任何遲疑。然而，每當他離開教堂，到那些「迷失」的婦女聚集的地方向她們傳道時，他的演講就轉成另一種語調，不僅音量放大，而且尖銳刺耳。當同行的艾爾莎看著正在說話的牧師時，便已察覺到某種恐懼已在這樣的聚會中進入他的內心。

艾爾莎從過去認識的那些「高貴的」獵人身上，學會如何透過金錢——或金錢的幻影——取得權力。她知道金錢如何成為一種控制人的工具，而且金錢的匱乏將如何摧毀人們的美德與幸福。她在動物公園周圍跟那些「墮落」女人的接觸已讓她獲得另一種天啟。她已從這個所謂的「墮落者的巢穴」裡，找到一種從牧師的諸多限制中解放自己、並為自己的生活負責的方式。

十年過去了！已是柏林交際花的艾爾莎站在鏡前，試穿一件又一件衣服，並凝視著鏡中的自己：結實的肩膀、豐滿的胸部以及靈巧的雙手。她那紅褐色的眼睛源自她父親的遺傳，近視則像她九十歲的祖母。曾有人不只一次告訴艾爾莎，如果男人有機會一親芳澤，她那雪白的肌膚便是他們撫摸過最柔軟的東西。她的秀髮長而濃密，當她把雙手伸入長髮並將它向外撥開時，往兩側飄散的長髮看起來就像她的翅膀一般。

至於她其他的相貌特徵也許沒那麼符合一般的審美標準——笑容太誇張、牙齒太小、鼻梁過粗——不過，她卻懂得以豐富的肢體語言、直接的眼神以及不拘束且流暢的身體接觸來隱藏這些缺點。其實她只對自己的臀部感到不滿意，她一度希望能把它變小，或至少讓自己苗條一點，但嗜吃蛋糕卻一直讓她無法達到減重目標。在居家生活裡，一片蛋糕、一杯紅酒及數根香菸早已成為她最喜愛的享受，特別在數過臉上第一批出現的皺紋之後。

艾爾莎從令人窒息的牧師家庭到柏林皇宮白廳（Weißer Saal）的旅程就像在大宅邸內穿過一排相連互通、陸續為她開啟的房間：她還記得寄宿在牧師家庭的某個星期六下午發生的事。在起居室裡，她跪在膝墊上刺繡字母的組合圖案時，遺失了那只戴在手指上的護套，由於遍尋未果，便決定回寢室向她的室友東妮商借。牧師當時外出主持一場受洗典禮，所以整個屋子就如墓穴般安靜。她爬樓梯走到閣樓的房間時，心想東妮應該不在房內，於是沒有敲門便直接把房門打開。她開門後卻猛然站住，因為她發現東妮和牧師兩人一絲不掛在床上打得火熱，簡直不敢相信眼前這一幕。那個可憐的傳道者看到站在門口的艾爾莎後，趕緊遮掩自己的裸體，並下床走向她，搖著她的肩膀，命令她不可以把這件事張揚出去。她當時覺得既震驚又憤慨。然而，往後每當她想起牧師與東妮私通而被她撞個正著時那種充滿驚恐的眼神，除了大笑之外，覺得對他實在愛莫能助。

翌晨，艾爾莎和東妮兩人都被逐出了牧師之家。不過，這位牧師仍基於基督的愛——也許完全是基於本身的偽善，或至少是看在那位介紹艾爾莎工作的老富婆面子——主動為她們張羅了一個新住處。那位歡迎她們入住的女屋主從事按摩工作，是該教區的未婚教友，從她服裝的質感判斷，她的收入應該不差。她提供這兩位年輕小姐一間附有天鵝絨窗簾的臥房，而且她不但不會像牧師那般禁止她們坐在打開的窗戶邊朝外觀望，反而還鼓勵她們到附近那座樹葉茂密的廣場上走走。艾爾莎後來興奮地發現，一些軍官在廣場上閒逛，穿著水手服的孩童把小船放入圓形噴水池裡玩耍。她看到噴水池噴出的水柱，聽到腳踏車鈴發出的響聲。一些出租馬車顛簸地穿越鋪石路面的街道，沿著她們新住處前方那條充滿希望的道路前進，並行經那些因種有紅色天竺葵而顯得明亮耀眼的公寓陽臺下方。

這位女按摩師一方面喜歡娛樂活動，一方面想安頓剛住下的她們，於是便在公寓裡安排一頓很棒的晚宴，有派、清湯以及隨後上桌的那道雉肉主菜，還有紅酒和香檳佐餐。晚餐過後，這位女主人開始彈奏鋼琴，在受邀的賓客當中，有一位紳士突然摟住艾爾莎的腰部並帶著她在房內四處婆娑起舞。她當下並未感到驚訝，因為柏林這座城市總是可以喚起人們心中濃烈的情感，而她本身也不是沒見過這種場面。不過，當那位紳士的朋友、一位名叫伯恩鮑姆（Bernbaum）的年長猶太人與東妮跳舞，還勾住她的脖子親吻她時，東妮便拿起玻璃杯，把香檳倒在他襯衫領子上。那個老猶太人立刻暴跳如雷，毫不客氣地對東妮咆哮，以表達他的不滿。艾爾莎則把東妮叫到一旁，告誡她不要搞不清楚狀況，盡做些傻事。

「我覺得，他會送妳一雙鑲有鑽石的絲襪鬆緊帶，讓妳在你們婚禮當天套在大腿上。」艾爾莎低聲說著。

「我不想被他的舊鑽石套牢，然後就這樣過一輩子。」東妮嗤之以鼻地回答。「不管怎樣，他畢竟是個有婦之夫！」

「那個牧師也是有婦之夫啊？」艾爾莎回應。

艾爾莎非常清楚人生最重要的東西是什麼。她認為，人沒有理由不去掌握生存的優勢。「東妮，我們其實有機會自食其力，養活自己。」艾爾莎繼續說著。然而，東妮當時卻聽不下這番話而離開晚宴現場。隔天早晨，她便逕自搬離她們剛落腳的公寓。

那天晚上，艾爾莎仍繼續隨著鋼琴流瀉而出的音樂翩然舞動著肢體，讓她的男舞伴摟著她的腰身，親吻她，並將她拉進他的懷抱。此時她感覺自己掌控了一切，她知道自己已經擁有真正具有價值的資產。她希望啜飲香檳並耽溺於生命的歡樂，更何況猶太人伯恩鮑姆的確很富有。

愛情允諾我們每個人都能擁有一位完美的伴侶。愛情預示我們每個人都能與一位靈魂伴侶沐浴在恆久的幸福當中。也許這樣的愛情夢想真的會實現——浪漫主義者確實相信這一點——但艾爾莎已從自己的父母身上看到，當人們失去錢財而生活潦倒時，情愛便會迅速幻滅！

在那次晚宴派對後，艾爾莎的人生出現了一個決定性的轉折：她在短短三個月內，已從少女變成情婦，住宿已從單人床轉為旅館的豪華套房，衣著已不再是素簡的連身女裝，而是華麗的服飾再加上絲質襯裙，交往對象已從一個男人變成好幾個男人。這些上門尋歡的男性希望在生活中獲得新的刺激與新鮮感，以及受浪漫的情慾誘惑而出現的幻想，交際花艾爾莎正好可以滿足他們在這方面的需求。她可以讓這些有婦之夫想像自己正與一位不同的妻子進入另一種生活。她的若即若離已讓自己成為這些男人眼中深切渴望、卻無法得到的尤物。為了滿足他們期待被關注、被重視的需要，她會深情回應他們的凝視以及他們伸出的雙手，並從他們身上獲得金錢回報。

她開始和一位長著鷹勾鼻、臉上並未留下戰爭傷疤的普魯士禁衛軍官交往。她的另一位情夫是英國貴族，喜歡以令人興奮的放縱揮霍錢財。比方說，他們在柏林的英格蘭大飯店（Angleterre Hotel）共度良宵後的隔日清晨，這位英國情人會請飯店服務人員在他們的豪華套房裡擺滿玫瑰花。她喜愛在這些玫瑰散發的芳香以及情人深情的注視中醒來。另一位與她相好的老猶太人伯恩鮑姆仍讓她感到愉悅親切，對她沒有占有欲，而且還會把她介紹給他那些有文化、有教養、守口如瓶的朋友們。她這位交際花在這些男人當中所流傳的口碑宛如一瓶最上等的葡萄牙波爾多酒（porto）。

這些男人都已結婚，都很富有，也都需要在社交生活中展現他們的身分與地位。他們喜歡帶著艾爾莎出席公開場合，喜歡展示艾爾莎以證明他們的成就。當他們分別和她雙雙從馬車步入舞廳、畫廊或歌劇院包廂時，這位交際花身上的珍珠項鍊和狐狸披肩就是在告訴身邊的朋友們，他們供養得起她。

這種愛情的交易其實很普遍，對於艾爾莎來說，中產階級的婚姻其實都立基於金錢，而非真愛。她給予男人們內心渴望的東西，並在這種交易中找到自己的樂趣與滿足。她在臥房裡上演的那些充滿幻想的戲碼也讓自己感到震撼。她喜歡注視這些多金恩客的眼神，因為她可以從中發現他們內心的恐懼，即使表面上他們擁有財富而且還會虛張聲勢。

她從不數算日子，特別是剛和那位女按摩師同住的頭幾個星期。她從不像那些自東歐來的「野雞」，要站在街角拉客，也從不在婚宴的會場裡，在新郎和新娘開舞之後，跟著眾賓客一起進入舞池跳舞。她的生活目標並非在那些舉辦宴會的宅邸裡為男士們伴舞，而是在年華老去、收入減少之前打入貴族階級的生活圈，成為貴族包養的女人，除了戴上婚戒和履行某些形式上的義務之外，實質上她就是一位深情忠貞的妻子。總之，她要導演自己的人生戲劇。

艾爾莎後來經常到巴黎廣場（Pariser Platz）旁的柏林藝術學院參觀展覽。這所藝術學院鄰近布蘭登堡門，這種文教場所可以讓一個女子獨自在那逗留與探索，而且展覽會場時常出現有錢有閒的紳士，這些男人正是艾爾莎想攀附的對象。某個星期一下午，艾爾莎在辛克爾創作的那幅展開翅膀女人的小型畫作前駐足觀賞時，覺得附近有個男人正在注視她。她回頭一望，他正朝著她走過來。

那個男人向艾爾莎介紹自己是柏林藝術學院的退休教授弗利德里希．德拉克（Friedrich Drake）[1]，並以生動活潑的方式與她談論展覽內容。突然間，他向艾爾莎坦承，他早在前幾次她到藝術學院參觀畫展時，便已經注意到她！他毫不羞怯地注視她，只有在觀看眼前那幅辛克爾的畫作時，才會把目光從她身上移開。他點頭稱讚辛克爾的那幅畫作並對她說：「那是維多利亞，古羅馬的勝利女神。一位女英雄。對我來說，她相當特別。」

艾爾莎注意到，當他們在交談時，他乎對她愈來愈感興趣，這一點讓她感到心滿意足。他的某些舉止與態度雖讓她鬆弛戒心，卻也讓她無法專心，以至於錯過了他一半的講話內容。她猜他的年紀大概是她的兩倍以上，甚至已經六十多歲了。他留著邋遢的落腮鬍，眼角四周長著濃密的眉毛，稀疏的頭髮從禿亮的頭頂梳往腦勺後方，一波波的髮浪最後匯聚在他的衣領上。艾爾莎那天穿著一件簡單、繫著腰帶的白色連身裙裝，嘴唇塗著口紅，心情顯得頗愉快。

「您是否方便讓我在明天晚上六點到八點間至府上拜訪您？」艾爾莎聽到這位教授的請求後，便遞名片給他。隔天，他就像準時上學的學童般，依照約定時間出現在艾爾莎住家門口。

男人們喜歡相信自己可以掌控一切，他們的才智以及充滿情意的表情舉止可以讓女人心醉神迷，並讓她們耽溺在愛戀之中。為了獲得金錢報酬，艾爾莎會用順從、象徵性的抵抗以及柔和的室內燈光支撐這些男人的幻想。然而，眼前的德拉克卻沒有依照這些男人慣有的遊戲規則。他到艾爾莎位於王儲河岸大道（Kronprinzenufer）旁的住所拜訪她時，並沒有帶著鮮花和香檳，而是背著一個側背的學生書包。他進門後，便坐在那間景觀絕佳、可以俯瞰蜿蜒的史普雷河的前廳裡，享用艾爾莎準備的熱茶。當艾爾莎傾身往前倒茶而忘記調整自己的領巾時，他還專注地盯著她看。她一看到他那副神情，便開心地微笑著。後來她坐到他身邊

---

1 德拉克是「柏林雕塑學派」（Berliner Bildhauerschule）代表雕塑家，柏林勝利紀念柱上的勝利女神雕像是他最著名作品。

時，他竟直接要求她脫下衣服，這個要求讓她有點兒不習慣，因為她喜歡男人在和她上床之前至少應該斯文地與她調情，應該有浪漫的前戲。不過她還是應他要求直接把衣服脫了。接著他便指揮赤裸的她坐到一張凳子上，請她靜止不動地維持已為她調整好的姿勢，然後從書包裡取出一本皮革封套的素描簿，拿著炭筆開始畫了起來。

德拉克作畫時相當專注，並不想開口和艾爾莎交談。直到四十分鐘過後，充當模特兒的艾爾莎對那個固定不動的姿勢感到疲倦時，他才放下炭筆，結束當晚的素描。此時她再度走向他，他則起身收拾他的畫具。男人都是一樣的，她這麼想。她覺得，眼前這個男人對於男女的愛戀有所遲疑，可能是因為他已過花甲之年的緣故。她站在他面前並抬眼望著他，期待能看到男人通常會給她的回應，但事情的發展並未如她先前預期，這讓她頓感一股戰慄穿透了全身。「下星期二同一時間？」德拉克問艾爾莎，並遞給她十馬克。

她從未如此殷切盼望男人的造訪，她無法解釋自己是怎麼一回事。這幾年在柏林，她一向不願意處於被動、消極的狀態。然而，現在的她卻只想安靜下來，只想被注視、被描繪。

下一個星期二晚間，德拉克帶來一個由木頭和皮革製成、骨架構造特殊的活動臺架，經過一番組裝與調整後，便請艾爾莎進入這個臺架裡，但她卻再次誤解他的意圖。他後來向她解釋，這是他為了讓模特兒長期保持固定體姿而設計的裝置。他後來又稍微調整了她的姿勢和那只臺架，引導她的左腳往前移動，舉起她的右臂，並把桌上那一大塊她在當天早上烤好的環狀蛋糕遞給她，請她握在右手裡，因為當時似乎沒有其他東西比這種形狀的蛋糕更適合當成作畫道具了。他的緊張又再度讓她感到興奮，他眼睛眨都不眨地盯著她看，然後彎著腰伏在他的素描簿上開始描繪。他安靜地畫著，時間不知不覺已超過兩小時，直到房裡的光線漸漸消失，再也看不清眼前的模特兒時，才結束工作，幫她從那個臺架中脫開，離去前還在她的梳妝臺上留下二十馬克。

德拉克第三次到王儲河岸大道找艾爾莎當模特兒時，特地請她穿上長裙與束腰的寬鬆上衣。當他在為她調整腰帶而無意間輕觸到她的胸部時，還彬彬有禮地向她道歉。他把一塊白色棉布拉到她的膝蓋處，然後再將這塊布料朝她身後鋪展成扇形，彷彿被風吹動一般。街道上行軍的聲音從窗戶傳進室內，普魯士軍人正踩著步伐往某個前線戰場出發。此時，德拉克還提醒艾爾莎保持原來姿勢，不要往窗外看，畢竟戰爭不會發生在她房裡。

一種永恆已主導了他們之間這場邂逅，雖然他到她那兒總共不到六次。窗外的天氣和光線已隨著季節轉換而改變，遠處的史普雷河轉成墨水般的藍色，接著又變成黑色。各種故事仍在這座大城市裡繼續開展，但這位柏林藝術學院退休教授依舊在屋內專注地描畫，他用炭筆素描艾爾莎的大腿曲線和她下巴的傾斜度，還為了畫下她腳後跟的彈性以及腳趾頭的展開而在她腳邊足足坐了一小時，並把手指擺在她的足踝上，以掌握該部位的觸覺感受。

艾爾莎在德拉克的陪伴下變得很放鬆，有一晚，他們兩人還聊了起來。由於德拉克從未問及她的過去，因此她便主動提到自己出生於瑞典一個貴族家庭。他聽到之後只是冷淡地回應：「是那樣嗎？」她立刻知道他並不相信她的說詞。「當我還是個小男孩時，我的床是用麥稈和木頭刨屑填充的。」他向她透露自己的童年時，仍在素描簿上埋頭作畫，未曾停筆。沒錯，一張用木頭刨屑做成的床。

艾爾莎後來向眼前這個作畫的男人娓娓道出她真實的過去，這是她到柏林謀生以來，第一次跟別人坦露真實的自我。她毫不隱瞞自己曾感傷於父母失去的一切，曾痛恨餐館裡欺騙她父親以及利用她的那些「高貴」獵人，而且還痛恨自己為了賺錢謀生而創造出那些滿足男人情慾的幻想。

德拉克聽完後，便笑著問她：「不過，這樣的生活讓妳快樂嗎？維多利亞？」當他為她描畫時，總是稱呼她維多利亞，就是辛克爾那一小幅畫裡的古羅馬勝利女神，他們就是在那件作品前偶遇而結識的。「我已經徹頭徹尾成為我想成為的人了。」她這麼告訴他，後來停頓了一下，又修正了前面那句說詞。「我已經擁有女人所能擁有的一切了。」

德拉克只有一次向艾爾莎談到自己的私事，他說他是六個孩子的父親，第一任妻子已去世，第二任妻子是 位女伯爵，他的雕塑作品坐落於柏林、威登堡（Wittenberg）[2]，甚至美國的費城，而且曾在倫敦及巴黎的世界博覽會上展出。擺放在柏林建築學院外面的那尊辛克爾青銅塑像，也是他的作品。他說這番話並不是要讓她覺得他有多麼了不起，她猜想，他只是純粹想讓她知道一些他熱中的事物。她當然對他感到好奇，但很奇怪，她竟不想觀看他創作的那些雕塑作品。她充滿渴望地想像，這位老藝術家已屬於自己，幻想他已了解她的孤獨，而且只以她為模特兒，以她為作畫對象。

艾爾莎在德拉克完成素描工作、不再拜訪她之後，曾傷心哭泣。過了一年，當柏林當局為他創作的那尊鍍金勝利女神雕像舉行揭幕典禮時，她又哭了一次。外觀宏偉的柏林勝利紀念柱（Berliner Siegessäule）是普魯士為了慶祝擊敗丹麥而興建的。迨一八七三年勝利紀念柱落成時，已統一德國的普魯士也在前幾年的普奧及普法戰爭中獲勝，因此，這些接連的軍事勝利又賦予勝利紀念柱新的意義。德拉克那尊金光燦燦的勝利女神塑像擺在柱頂，兀自聳立於城市上空。這尊展開雙翅的維多利亞像一部分是天使，一部分是娼妓，還有一部分代表普魯士。她戴著飾有老鷹羽毛的頭盔，披風向後方飄動，猶如迎風站立。她的右手——模特兒艾爾莎曾以右手握著一塊環狀蛋糕——握著一個桂冠，左手舉著一面頂端鑲有普魯士鐵十字勳章的軍旗。人們曾傳說，德拉克在創作維多利亞像時，是以他女兒瑪格麗特（Margarethe）為模特兒，由於德拉克從未向外界透露艾爾莎才是真正的模特兒，因此民

---

2 威登堡位於柏林西南方約一百公里處，是十六世紀日耳曼地區最重要的政治、經濟、文化中心之一，馬丁・路德就是從此地展開影響歐洲極其深遠的宗教改革運動。

眾並不知道模特兒其實另有其人。不過，這兩個女人都一致反對當時的批評者抨擊這座雕像「太過龐大而且笨重」。

她最後一次看到德拉克是在國王廣場（Königsplatz）[3]上舉行的勝利紀念柱揭幕儀式。在飄動的旗幟及九月的天空下，他在風中與首相俾斯麥握手，並向德皇威廉一世鞠躬致敬。他那位女伯爵妻子站在他身邊，穿著絲質的正式禮服，模樣非常端莊高雅，頭戴的那頂小圓軟帽還用與德國三色國旗相同顏色的飾帶點綴著，藉此高舉愛國精神。艾爾莎則和另一位男人站在人群後方。德拉克當時並未看見她，除非他把手攏到前額，抬頭望向紀念柱上方的維多利亞。

艾爾莎從此未再與德拉克相遇，也未再踏進柏林藝術學院。她應該可以在那裡找到他，應該可以請求他再次造訪她的住所，在陽光緩慢推移過屋內的拼花地板時，安靜地和她坐在一起。她也許可以期待，他會再次把他那雙冰冷而優美的藝術家巧手放在她的手腕和膝蓋上。但這位活在幻想中的交際花卻從未對此付諸行動，部分原因是由於她懼怕那些自己從未擁有、從未透過想像而賦予存在的事物。

德語有一句俗諺說：「人可以犯錯，但不可沉溺在犯錯當中。」不過，這句話對交際花艾爾莎而言，並不確實。她搭乘以火炬照明的馬車，睡在以埃及亞麻織成的床單、被單及枕套上，獲邀在柏林皇宮的白廳以邁森瓷器（Meißen）和鍍金餐具用餐，而且還設法取得那間位於王儲河岸大道旁、可以眺望史普雷河美麗景觀的大公寓。她過著有錢有閒的貴婦生活，每到春天，她會在窗前觀看戶外的花粉飄下，觀看它們厚實地堆落在河岸邊，如積雪一般。她甚至有幾天會特地走路去動物公園的周邊地帶，看看從前她初到柏林時見過的那些貧窮、好強、機靈、喜愛嬉鬧的婦女們。陽光燦爛地照耀著她美麗的外表，直到夕陽西下，陽光逐漸消褪，她那輕快的步伐也變得沉重起來。她的臀圍持續增寬，早已超出她的審美標準。除了時光飛逝之外，她仍舊認為自己的眼眸仍維持同樣的光芒，自己依然喜歡取悅別人，依然渴望想像，並藉此進入幻象當中。

人生短暫易逝，八年後，雕塑家德拉克去世，葬禮還開放給民眾參加。那天傍晚，艾爾莎在乘坐馬車回家的路上，要求車夫在勝利紀念柱那兒停下。她拉下車窗，抬頭望向德拉克的勝利女神像時，薄暮中的落日正以燃燒般的金色光輝籠罩著她。在那尊塑像裡，她再也看不到自己，反而塑像本身似乎在表達某個意念，而超越了做為一座紀念性建築的寶貴意義，並改變了人們看待事物的方式。當然，這個意念是一股對於力量、傳統以及無法被擊敗的幻想，它來自於事物的本質，來自於天性，來自於神聖不可侵犯的原則。後來，艾爾莎也明白

---

3 勝利紀念柱原本豎立於國王廣場，即現今德國國會大廈對面的共和廣場（Platz der Republik），後來於一九三九年移往六月十七日大道的「大星圓環」（Großer Stern）現址。

了所有與幻想力量有關的一切。

艾爾莎經常想把自己的人生故事寫下來，卻礙於時間不足。之後另一位與德拉克女兒同名的瑪格麗特闖入她的生活，也就是女作家瑪格麗特・波瑪（Margarete Böhme）。她們透過一位共同友人的介紹相約在民族大飯店（Hotel National）大廳噴泉邊那個艾爾莎最喜歡的餐桌座位上碰面喝茶。波瑪留著一頭鬈曲、往上梳攏的頭髮，外表打扮很平實，已與她的出版商丈夫離婚，獨自撫養一個孩子。她告訴艾爾莎打算撰寫她的故事，更確切地說，一個以她人生為藍圖的故事。不過，艾爾莎當時因為不曾讀過波瑪的作品，一開始並沒有表示自己可以配合她的寫作計畫。不過，波瑪卻對這項合作頗有信心，她相信艾爾莎終究會考慮她的提議。

「這本小說將以日記體裁出版，」波瑪說。「它雖以真人實事為基礎，但所有相關的人名與細節都會在內容中變更，所以，絕對可以保護主要報導人——即小說主角——的隱私。」

雖然艾爾莎仍微笑地搖頭拒絕，但內心已被波瑪寫作的熱情與抱負打動。當她起身準備離開用餐大廳時，鄰桌有兩位紳士突然把幾個硬幣丟進噴泉裡，似乎正要許願，卻立刻被一位單獨坐著的年輕女子伸長手臂，把它們從水池裡撈走。這兩位男士看到錢幣被拿走後，便笑了起來，決定將身上的德國馬克、奧地利格羅申（Groschen）[4]及英國便士等各種錢幣全部丟進水裡，開始自娛娛人一番。當時約有十幾位妓女從她們用餐的座位上衝向噴水池，爭先恐後把手伸入水裡撈錢。後來餐桌旁有一位體格比較魁梧的男士開始大聲咆哮，全身肌肉就像果凍般顫動著，他的同伴於是拿錢要侍者送來更多零錢。當這些剛拿到的硬幣紛紛落在噴水池另一頭而無法伸手觸及時，這些小姐們乾脆脫下鞋子，光著腳丫跳進水裡搶奪那些硬幣，大家你推我擠，甚至還相互拉扯頭髮。其中一位女子因為滑倒而跌進水中，便順勢把攻擊她的對手拉倒，這兩個女人也因而全身濕透。

波瑪和艾爾莎一方面興致盎然地注視著眼前的景象，一方面卻覺得很反感，總之就是在一旁遺憾地表示認同。後來連其他在場用餐的男客也加入這場幼稚的遊戲時，大量硬幣頓時被拋入噴水池裡，就像突然下了一場傾盆大雨一般。

這場鬧劇結束後，艾爾莎並未離開這家大飯店，而是坐回原來的位子，而且還打開了話匣子。

[4] 格羅申是奧地利錢幣名稱，幣值為一先令（Schilling）的百分之一。

# 第八章

# 瑪格麗特・波瑪：《一位迷失女孩的日記》

# 羅納貝格街，一九〇五年

柏林交際花艾爾沙的故事該從哪裡開始？從她純潔無瑕的孩提時期。作家瑪格麗特・波瑪這麼構思著。

波瑪獨自坐在自家庭院柳樹下的桌子旁，思緒已飄離柏林，回到童年時代的老家，看見年幼的自己在果園裡玩耍，在小鎮的廣場上盡情歡笑，還有那幾位管教嚴厲、令人討厭的姑媽老是不以為然地盯著她看。此時，她的心思就像一片在夏日微風中飄動的樹葉，混雜著記憶、想像與觀察。在柳樹下那張木桌上，她拔下筆蓋並寫著：「那些舊城區的街道非常窄隘，非常乾淨，鋪石路面的石塊間縫沒有雜草生長，家家戶戶的雞隻必須圈養，不可以在街道上跑來跑去。那裡的民房看起來潔淨而光亮，就像剛在理髮師那兒刮過鬍、修過臉的男人。」她的筆停頓了一下，然後開始描述自己成長於那樣的生活環境，並補充道：「在這個偏僻的小地方並沒有多少事情發生，生活極度單調無聊。如果有一輛馬車駛過街道，屋內每個人都會好奇地衝到窗邊，往外看個究竟。」

波瑪放下了筆，目光從庭院的草藥圃掃向杜鵑花叢。當柏林的天氣變得溫和宜人時，她喜歡拿著紙筆到戶外寫作，徐徐吹拂的微風總會弄皺桌上那些尚未裝訂的稿紙。

她正在撰寫的這本新書既不是自傳或傳記，也不像一般的小說作品，而是一本日記形式的小說，因此波瑪需要為這位撰寫日記的女主人翁取個名字。她這幾年已蒐集了上百個姓名，主要是從墓碑上抄下來的。她從身邊的長凳上拿起那本專門記錄姓名的筆記本，並念出一大串姓氏：Amsel（烏鶇）、Trockenbrodt（乾麵包）、Haas（兔子或懦夫）、Gottschalk（上帝的搗蛋鬼）、Butterfass（製造奶油的木桶攪乳器）、Teufel（魔鬼）以及她喜愛的Kronjäger（擅長捕鶴的獵人）。至於名字方面，她喜歡與基督教有關的達歌蓓特（Dagobert）、荷德薇希（Hedwig）與古特貝塔（Guntberta）等。波瑪在反覆思考後，決定用媞米安（Thymian）為這本新小說的女主角命名。德語的媞米安就是指百里香，一種被認為可以避邪、祛除穢氣的藥草，把它擺在枕頭下，還可以讓入睡的人避免做噩夢。此外，古代人還相信，它能帶給人們勇氣。在這本小說裡，女主人翁媞米安就是柏林交際花艾爾莎·喜爾緒，同時又是波瑪自己。

「我叫媞米安，」波瑪匆匆記下這個名字，隨後臉上浮現一抹笑意，「多麼瘋狂的一個名字，它還是我媽媽取的。這個名字經常讓我很生氣。其他的孩子說它聽起來像藥物，男生們甚至說了一些更惡質的話，我在這裡不想再提起……」

波瑪這天上午在庭院裡，開始投入日記形式的書寫，也逐漸對她的媞米安產生情感。她在稿紙上寫道：「昨天我姑媽送我這本日記，作為堅信禮（Konfirmation）遲來的禮物。她說：『要把這麼個好東西送給一位年輕女孩。』但當下我心裡卻嘀咕著，怎麼是這麼便宜的東西？既然它已經擺在那兒，我就應該試著使用它，說不定我還會發現自己的文學天分呢！」波瑪正打算用這些在筆記本上寫下的內容，作為這本日記體小說的開端，在人物的塑造方面，她打算透過想像力自由地發揮，並賦予他們某種記憶及某種包含同理心、恐懼與戲劇性的情感。然而，在尚未創造出小說的人物與角色之前，她實在無法積極地創作，內容的書寫也無法發自自己的內心與想像力。

「想像」是一尾滑溜的魚。波瑪沒有能力定義這個字詞，也無法確定它所指涉的意義。她所有的文字創作就是讓一則真人軼事或新聞報導進入她的內在世界，用她的方式感受這些真實發生的故事，然後從心到腦、從腦到手再到紙頁，快速將這些素材加工成一段文字。她打算每天寫兩千字，一週六個工作日可完成一萬兩千字，依照這樣的寫作進度，只要三個月，這本日記體裁的小說便能完稿。當然，沒有交際花艾爾莎的口述資料，她還是無法動筆。艾爾莎是創作這部小說的關鍵，沒有這位真正存在的女主角，這本小說就欠缺原始素材及那種有血有肉的真實感。

波瑪認為，以真人實事為基礎改寫而成的虛構小說，可展現其意義深遠的一面，因此比紀實文學更真切。不過，波瑪考慮到她的讀者大多生活富裕，而且為了營造故事的戲劇效果，她在塑造女主人翁媞米安的雙親角色時，並未採用艾爾莎父母僕役階級的背景，而是把他們描寫為富裕但有缺陷的人物。她覺得，媞米安的父親應該是一名藥劑師，在某個德國小鎮經營藥房；她的母親則因為父親不忠，最後心碎而死。

「在我的記憶裡，我的母親一向敏感而脆弱。」波瑪在這本日記小說開頭的段落裡這麼寫道。她把自己的記憶注入媞米安這位十三歲女孩身上，並試著賦予這個第一人稱敘述者真實的聲音與生命：「我從未聽過母親開懷地笑著。她露出笑容時，看起來反而比她憂鬱時更令人悲傷。每當我發現她站在窗邊時，就很怕看著她。我不知道為什麼自己會有這種反應。當我瞥見她那張可親、卻蒼白哀傷的臉龐時，總讓我陷入痛苦之中。」

波瑪將媞米安的父親描寫成一位勾引家中女僕的好色之徒。當她們懷孕時，他就付給「她們所需的費用，外加一千馬克遮羞費」，然後打發她們離開。媞米安的母親因為丈夫喜歡拈花惹草而抑鬱憂悶，漸漸足不出戶，把自己關在房內，最後還失去了生存意志。她在過世前，曾在床榻上輕撫著媞米安的臉頰並問她：「我親愛的小媞米安，我可憐的女孩，妳以後會變成什麼樣子?」媞米安強忍著眼淚與哭泣，住家的安靜就像教堂那般地幽寂。

「某天夜裡，有人過來搖醒我。當我睜開眼睛時，照顧母親的護士已站在我的床邊。『穿好衣服，小媞米安，現在就跟我出門。』護士說道，『妳親愛的媽媽要上天堂了，她想和妳道別。』」

從樹葉間隙傾瀉而下的陽光灑在波瑪身上，此時的她內心充滿了憤怒。她痛惜女性對男人的依附，斥責她們的軟弱以及那些屈從於男人的觀念。她趴在那張木桌上振筆疾書，把一頭未紮起的鬈髮從她那張蘋果般圓潤的臉蛋上撥開，並將她的情感灌注在手中那枝筆裡。

波瑪之前發表的六本小說都是一些迎合大眾口味、只求快速賺錢的低俗作品，被認為內容空洞、缺乏美感。在頭二十年的寫作生涯中，她所創作的小說全屬娛樂消遣性質，同時她為了或多或少賺取微薄稿費，還為報章雜誌撰寫了數百篇文章。此刻，在遭受婚姻挫敗後，她已下定決心要讓自己的創作脫離那些只會賺人眼淚的庸俗作品，而且不再向《園亭》（*Die Gartenlaube*）[1]這種假正經的家庭雜誌投稿。對她而言，以日記形式從事文學創作是再恰當不過了，因為這種體裁要求作者誠實坦率，可以觸發讀者立即而直接的反應，並容許社會的批評。當她在庭院裡書寫這本日記體小說時，她年幼的女兒正在她腳邊的草地上玩著洋娃娃。

當護士帶著媞米安面對母親的死亡時，這個女孩也就此告別了天真無邪的童年。此時，波瑪也拉著她讀者的手，並對他們說：「請跟我來，我們一起展開一段旅程。」

星期天，柏林的天氣很暖和，雲層高掛，悶熱的空氣刺激著人們的感官。波瑪住在柏林西南的弗利德瑙區（Friedenau），她喜愛這個高雅而富裕的城區所蘊蓄的親切感，喜歡待在老樹下，待在百合花花圃旁或被日頭曬得燙熱的紅瓦屋頂下。住家庭院後方是一些蓋有角樓的豪華公寓樓房，入口大廳氣派雄偉，每層樓高四公尺，裡面住著幸福的家庭、通勤上下班的丈夫，當然，也含藏著許多祕密。這個住宅區整個下午沒有一絲微風輕拂，貼有廣告海報的書報亭上頭，風向標一動也不動，跟那些蜂擁在冰淇淋攤四周的男孩們形成強烈對比。

波瑪徒步走入附近軒納柏格區（Schöneberg）的史圖本勞赫街市立公墓（Städtischer Friedhof Stubenrauchstraße）——幾十年後，德國好萊塢影星瑪琳・黛德麗（Marlene Dietrich）將在此下葬。在這座墓園裡，她聽著自己走在鋪石路面的腳步聲，忙著蒐集墓碑上的姓名，駐足觀看正在舉行的葬禮，並一一做記錄。她後來又重回桌上繼續撰寫那本日記體裁小說，並描述媞米安——一個機敏卻脆弱的女孩——在母親下葬時，夾在一群送葬的親友之間，穿著一身黑服，站在菩提樹下。她還以媞米安第一人稱的口吻寫道：「下午四點，我們把媽媽帶到教堂旁邊的墓園。牧師在墓穴旁主持安葬儀式時，還一度轉身告訴我，以後應該乖巧聽話，而且永遠不要忘記，母親臨死前對我的關懷就是她衷心的祈求。我當時並沒有把他的話聽得很清楚，因為我眼前突然出現一片黑暗，之後的事情我就不知道了。當我們回家之後，我才

---

1《園亭》這份家庭畫報於一八五三年創刊於當時的日耳曼經濟文化樞紐萊比錫市，是最早取得廣大發行量的德文雜誌，也是現代畫報先驅。

清醒過來，他們告訴我，我在教堂的墓園裡昏倒了。」

波瑪透過角色建構小說故事的情節。既然角色會出現動態活動，波瑪便安排媞米安在夕暮中重回教堂的墓園裡。「菩提樹正開著花，一旁還有芬芳的水仙。我閉上眼睛，期待已在天國的媽媽穿著一身白服飄向我並親吻我。」

大人對媞米安說，只有到天國才能再見到母親，但一個孩子如何能了解這些？她明明看到母親被埋入冰冷的地底。自從母親過世後，媞米安夜晚經常在家中受到已逝母親以及遭她父親染指的女僕們的幻影所糾纏。

「外頭突然雷聲隆隆，聽起來就像一頭野獸在遠處怒吼，隨後又出現一道巨大閃電。我在床上猛然坐起，看到整個房間似乎已陷入一片藍色火焰中。我可憐的亡母穿著她的白睡袍出現在角落裡，眼睛睜得大大的。我立刻尖叫了一聲，那片藍光便瞬間消失，但當我繼續叫喊時，白色形影的母親卻仍在原處注視著我。」

每個故事的發展都需要安排一段惡魔出現的情節，在波瑪這本日記形式的小說裡，邁納特（Meinert）便扮演了這個邪惡的角色——一位在媞米安父親的藥房工作、並寄宿在她家中的藥劑師。「『究竟怎麼了，媞米安？為什麼妳要大叫？』邁納特在房門外對我喊著，不過，當我仍不停地尖叫時，他便開門衝了進來，一把抱住坐在床上的我，此時我也牢牢地摟住他。起先我已被嚇得說不出話來，只是指著母親魂魄出現的角落。等驚魂稍定後，我才結結巴巴地試著告訴他我看到了什麼。」

邁納特為了安撫她，讓她平靜下來，還作勢驅趕她母親的鬼魂。他的手臂仍緊抱著媞米安，這樣的擁抱讓這位心性敏感脆弱的女孩覺得很有安全感，因為在這個漆黑的夜裡，有個溫暖、活生生的生命就在她身邊陪伴。不過，就在她臉頰上的淚水尚未收乾前，邁納特便已在床邊對她做出愛的告白：「他的雙手抱著我的頭，身體慢慢地貼近，然後壓在我身上，在黑暗中，我還可以看見他那雙閃爍發亮的藍眼。我不知道這是怎麼一回事，心怦怦地跳著，被他嚇壞了。然而，一種好奇的快感卻同時征服了我，這種最怪異、最不可思議的感覺是我從前未曾感受過的。我讓他吻我，讓他緊緊抱住我，而且越來越緊，當時我似乎已失去了知覺。我曾想擺脫他的擁抱，曾試著推開他，卻沒有力氣……」

波瑪當時怎會認識交際花艾爾莎・喜爾緒？而且還讓她願意透露自己的隱私？原來是波瑪的離婚提供了這樣的機會。波瑪的丈夫在離開她的前一天，曾跟她提到某位鰥居的舊識包養了一名交際花。也許他提到這件事只是為了嚇嚇她？或藉著男人都需要情婦的實際例子來傷害她？在丈夫離開後，波瑪為了和他互別苗頭，便寫信給這位鰥夫，懇請他介紹他的情婦艾爾莎給她認識。這個男人在收信後，得意地答應了她。接下來便出現出人意料的發展，畢竟在藝術的創作裡總是如此：她們兩人相約在民族大飯店見面的那一晚，如果那兩位用餐的男士沒有朝噴泉池丟硬幣，讓在場的一群小姐衝進水池撈錢，而上演一場令人開懷的鬧劇，艾爾莎可能在喝完茶、客套地閒聊後，便起身與她告別，她們的碰面很可能僅止於相互認識，無法進一步拉近彼此距離，波瑪也就無法取得關於這位柏林交際花的寫作材料了！

這兩個女人在初識的第一晚一直坐在餐桌前交談，直到民族大飯店那個餐廳部門準備打烊時，她們才雙雙起身離開。隔天，她們改約在選帝侯大道的「西方咖啡廳」（Café des Westens）[2]碰面。交談中，艾爾莎有時會轉身望向窗外，看著那些在街道上穿梭、由馬匹拉動的單節市區電車以及挺立在奧古斯特・維多利亞廣場（Auguste-Viktoria-Platz）[3]四周的法國梧桐。波瑪注意到艾爾莎那些指甲修剪得很漂亮的手指，它們彎成弧狀地拿著茶杯，看起來宛如握住了一隻雛鳥；她那平滑柔軟的前臂不禁令人聯想起天鵝的細頸；她的嘴唇如此飽滿，如此紅潤，以至於未親吻過它的男人都感到若有所失。就在此時，波瑪輕輕地碰觸自己的小嘴，心裡還暗自數算了一下，自己上一次的親吻距離現在已經多久了！她還低頭看著自己的雙手——其中一隻還握著筆——真希望皮膚下那些靜脈可以不要這麼明顯地突起。

之後，她們又在艾爾莎位於動物公園附近的公寓裡碰面。除了訪談之外，波瑪還用她那枝寫字的筆為艾爾莎畫了一幅肖像素描。作畫時，她並沒有低頭盯著紙頁的繪圖，只是嘗試用一些筆畫簡單地勾勒出這位比小說中的媞米安更年長的女性形象：強壯有力的肩膀、率直的目光以及用黑色線筆畫出輪廓的紅褐色雙眼，它們似乎在燃燒、召喚、散發著生命力。波瑪在撰寫這本以艾爾莎生命故事為架構的小說期間，這幅畫像一直擺在她桌上。老實說，波瑪並不羨慕艾爾莎生活的華貴，而是她的自信、自由以及征服男人的能力。她還發現，艾爾莎的身材對於女主人翁媞米安而言，太過豐滿，因此波瑪在塑造這位故事的女主角時，便讓她的身子變得單薄一點，讓她像一株絲柏樹那般修長，並賦予她一頭烏黑的長髮以及慷慨善良的性情。她還在小說中安排她產下一個嬰孩，就在她被邁納特強暴的九個月後。

在小說情節的發展中，媞米安後來因為懷孕被送到城市裡，並在那兒把孩子生下來。之後，她父親便把嬰兒賣給當地一個富有人家。當波瑪看著家中保母把她女兒帶到附近的人民公園散步時，她嘗試想像，如果她們一去不回，她會有什麼感受？她試著體會媞米安失去孩子的痛苦，然後寫下：「我大哭、尖叫並懇求，但沒人要聽我說話。他們總是背著我做安排，我彷佛感覺，自己突然變得很窮困。我知道此刻我必須在自己的人生裡為一件事奮鬥：我必須富有，這樣我就有能力再度擁有我的孩子，因為，只要有錢，就可以做任何事。」

故事情節必須像衝擊海岸的浪濤一般。一開始海面的波浪很小，然後逐漸擴大並升高，當波浪即將撞擊陸地而破碎前，浪峰也發展到最高點。波瑪發覺，自己正為了寫下的文句以

---

2 柏林的「西方咖啡廳」在十九世紀末、二十世紀初曾聚集許多藝術家、文學家和記者，還被當時的柏林市民戲稱為「狂妄咖啡廳」（Café Größenwahn）。

3 奧古斯特・維多利亞廣場在一九四七年改名為布萊柴德廣場（Breitscheidplatz）。

及內心的寂寞而哭泣，於是她便把這些稿頁從筆記本撕下，順手將它們丟入庭院的灌木叢裡。在吃過一塊豬肉、喝過一碗肉丸湯後，她整晚都沒再動筆，只陪著女兒玩耍。

等到隔天清晨天色微亮時，她才到花園裡尋找前一天被她丟棄的文稿。她在灌木叢裡遍尋不著後，便直接穿著家居服和拖鞋驚惶失措地在街上繼續尋尋覓覓。她因為遲遲未找到那份稿子而受驚嚇，後來她才知道，它已被那位負責照料庭院苗圃的園丁清走了。無論如何，她現在必須搶救那些稿頁，最後她終於在一處堆肥的破蛋殼和咖啡渣下面找到它們。救回這份文稿後，她把這些紙張在廚房的桌上攤開，而且還因為它們呈現的真實性而大受震撼。她當時發想，如果讀者把她當作這本日記體小說的編輯而不是作者，或許他們會更相信它的真實性，這部文學作品就可以帶給人們最大的衝擊。為了增加這本小說的可信度，或許還可以在書裡附上一、兩頁書寫手稿。總之，愈多讀者接受這部小說的真實性，它的銷售就會愈好。

「媞米安小姐，妳很迷人！也很優雅！假如妳夠精明能幹……就可以讓自己活得像個公主。」說這些話的是一位女按摩師老鴇，波瑪用交際花艾爾莎來塑造她的形象。「不過，妳卻經常擺出一副高貴、正經的模樣。」她繼續說著：「如果妳還是一隻純潔的小綿羊，還沒跟男人上過床，這麼做其實也很好，我並不會嘮叨妳什麼。妳只需要在愛情遊戲中展現自己的完美、高尚以及良好品行，然後妳可能會嫁給一位郵局職員，生下半打小孩，每天在家裡當賢妻良母，不是煮飯就是縫縫補補。當妳的人生結束時，牧師會在妳的追思禮拜上宣講妳生前那些高尚的美德與行誼，妳的墓碑上還會刻著：『這裡躺著一位誠實、平凡的女廚與乳母』。」

這位女按摩師老鴇身材高䠷，是位已退休的女演員（最小咖的演員，媞米安心想），性情活潑，精力充沛，「精采的人生經歷足夠讓文學家完成三本小說」。當她開始關切媞米安在情場的表現時，便主動找她並勸告她：「妳這個女孩，那段不堪往事早就已經過去了！妳長得很漂亮，聰明又有教養，而且在性方面也有經驗……不，不，算我說錯話了！妳也不要再提起這件事！現在一切都很好。不過，妳真的太放不開了，我的女孩！紳士並不介意受到女人的誘惑後、又被冷淡地對待。他們也許願意忍受心儀女人兩次的疏遠和冷漠，不過，如果第三次又碰壁時，他們就不會再回頭。沒有人留得住青春，當妳人老珠黃而無法再獲得男人的情愛時，妳就會後悔，自己從前真是笨得可以！」

未成年的媞米安未婚生子，這樣一段不名譽的過去，早已讓她被身處的舊社會徹底摒棄。因此，那位女按摩師便邀她加入「另一個世界，在那裡別人不會再探問她的過往，而且還可以自由地用自己的方式享受生活」。她承諾媞米安──一如人們從前對尚未成為交際花的艾爾莎的應允──「在我們這裡，妳永遠不用應付那些別人會不斷詢問妳的問題──『她是誰？』『打哪個地方來的？』──我們坦蕩蕩地按照自己的遊戲規則過生活，根本不用理會別人異樣的眼光！」

作者波瑪還以第三人稱日記編輯者的語氣向讀者解釋，媞米安由於「心理與道德的掙扎」而把這段期間寫下的十幾頁日記撕去。波瑪在敘寫中，把虛構女主角媞米安的憤怒與真實女主角艾爾莎猥褻的生活細節相融合，並加入通俗劇慣有的煽情成分，然後寫道：「在往後那幾年，媞米安雖陸續在日記裡寫下她那已被摧毀的人生裡一些最可恥、最糟糕的事件，然而她卻發現，要保存這段過渡時期——從一個世界蹣跚地走向另一個截然不同的世界——所留下的書寫紀錄實在太痛苦。」作者波瑪安排女主人翁撕下好幾頁日記的巧思是為了激發讀者的想像力，讓他們更相信這本虛構日記的真實性。

波瑪需要為她的小說情節尋找發生的場景，如果能有柏林真實的街道烘托，就更能增加故事的可信度。隔了一週，她在週六下午沿著市中心的選帝侯街（Kurfürstenstraße）閒晃，為了不讓自己隨意受到誘惑，她一路緊握著女兒的小手。在這條熱鬧的商業大街上，她注意到路邊菩提樹上的嫩葉，聞到烈陽炙烤柏油路面的氣味，感受到周圍一陣陣如火焰般的熱氣。每當她的幻想開始形成擬真的面貌時，她的雙眼就會因為內心的欣喜而閃閃發亮。在正午豔陽的烘烤下，選帝侯街的阻街女郎們試著擺脫衣服的束縛，像喘息的狗一般，倒臥在路旁樹蔭下。波瑪還看到她們按壓一個細長的綠色公用幫浦汲水，相互潑水，彼此瘋狂地嬉鬧著，直到被一位路過的警察趕回那塊久未修剪的雜草地上。對作家波瑪來說，那些娼妓雖然看起來很隨便，卻能自豪地活著，她們因為沉迷於奇想而選擇出賣自己的身體。由於她們當中沒有人想跟波瑪交談，所以波瑪根本無從知道她們真實的生命故事，也無法從她們身上取得創作小說的素材。

週一她又去了市中心一趟。這回她獨自前往，假裝要拿她的訂婚戒指到一家當鋪典當。她穿著深紅色上衣和黑色裙子來到房室街（Zimmerstraße），走進一棟公寓樓房，接著爬上一座鋪著骯髒油布的黑色階梯，按下門鈴。這間公寓的門上釘著三張標有職業的名片：女按摩師、修指甲師和法語教師。為她開門的女人把她領進這間公寓裡所謂「最好的房間」，但那卻是一間掛著骯髒窗簾、鋪著磨損地毯、只能從單一房門進出的簡陋小室。在一面西班牙屏風後方擺著一張床，床上放的那塊灰色毛皮積著厚厚的灰塵。這個房間的租金含水電要一百八十馬克。

「每個月？」波瑪問，她已被對方開出的租金嚇到。

「妳認為，我是指一年的租金嗎？」女房東的回答引起波瑪注意，她還咧嘴笑了起來，彷彿她們之間存在一種獨特的默契。只想蒐集生活經驗、並沒有租屋需求的波瑪後來覺得不自在，當她轉身準備離開時，這位女房東還對她說：「好啦，小姐，妳就想想我承擔的風險。像妳這樣時髦的淑女應該不會為了幾馬克就大驚小怪吧！」

「我現在非常可憐，根本無法思考，」媞米安在日記裡透露：「暖爐在房裡冒煙，被褥散發漂白水的氣味，整夜只聽到人們來來去去的聲音。我發燒，身體很虛弱，已經被體內高溫搞得筋疲力盡。我衣冠不整地躺在躺椅上，看起來很嚇人，簡直就像一具完美的骷髏。這段期間，我曾有一兩次主動到顧客那裡拜訪，看他們願不願意『捧場』，卻沒有什麼成果。」

跟交際花艾爾莎一樣，媞米安的外語知識後來也讓她受用無窮。她會把自己的名片擺在住家大門的姓名牌上，此外，她還在《柏林日報》（*Berliner Tagesblatt*）刊登外語家教廣告：

媞米安小姐

教授英文與法文，
也提供俄文及義大利文課程。

由於姓名與主文之間空了兩行，看到這則廣告的男士們便注意到，這位媞米安小姐應該不只提供外語教學的服務。柏林一些富有的外國男人於是紛紛與她聯絡，成為她的顧客。「昨夜我接待了一位俄國人，他不會說德語，一個字也不會。後來，他給了我三百馬克。」媞米安在日記裡寫道。

然而，當她在從事性交易時總認為：「自己的生命其實已經死亡，現在我所服務的那群男人也是死人。他們全都是屍體，早已失去生命的氣息，靈魂也已飄離身軀。在這個死屍的世界裡，空氣中充斥著腐敗的臭味。但由於人們已對這種惡臭習以為常，便漸漸不再感到反胃。」

儘管曾暗自羨慕煙花女子的生活方式，波瑪仍在小說中敦促讀者提出以下的問題：像媞米安這樣的女子如何能在社會的偽善中生存？她在遭到男人凌辱後，如何能保有一顆愛人的心？即使柏林正處於沸騰的性狂潮時期，波瑪仍想透過文學創作肯定人類良善的救贖力量。她還記得交際花艾爾莎曾向她敘述一名柏林妓女的軼事：曾有年老的恩客提供這位妓女一小塊墓地作為交歡的報酬。由於她深受這件詭異的真人實事吸引，便將它編入媞米安的人生故事裡。

在選帝侯大道一家附有舞池的咖啡廳裡，一名身無分文的老人試著挑逗賣淫的媞米安。「我一眼便看穿他。一位老貴族，一位落魄的浪蕩男人，就是這樣，不多也不少。」媞米安在她的日記裡寫著。「別打擾我，你這個老笨蛋，」媞米安告訴他：「你會搞壞我的行情。」

但那老人仍糾纏著媞米安。他告訴她，自己曾在西利西亞擁有一件不動產，曾在北德的威斯特法倫地區（Westfalen）購置一棟鄉間房宅，而且還有一座別墅在奧地利東南部的史泰爾馬克地區（Steiermark）。他宣稱自己曾在俄國的聖彼得堡、巴黎的紅磨坊以及德勒斯登的猶太廣場（Jüdenhof）一帶享受過歐洲的極品美女。不過，他所有的財富以及輝煌的過往早已煙消雲散，全化為腦海裡的回憶，除了一塊柏林的墓地以外，他什麼都沒有。

「我跟你上床後，你可以給我什麼？」媞米安問。

「我可以給妳什麼？那塊墳地嗎？」老人反問。

「為何不？」她回應。「我們其實都很想知道，哪裡有蟲蛆可以把我們吃掉。」她點了一根菸，還自己付錢叫了一杯香檳。「我不會讓你吃虧的！如果你願意在移轉契據上簽名，把那塊墓地出讓給我，我就給你五次的服務。」

那位老貴族咧嘴笑著，他覺得媞米安這個提議太瘋狂，不過，仍繼續和她交涉。起先只是開玩笑，後來真心誠意地與她商量，最後雙方達成了協議：老貴族同意用軒納柏格區一塊裝有新鐵製圍欄的墓地與媞米安交換十次性交易，而且還願意支付墓地轉讓的手續費。

「認識我的人都在笑我，他們都說我肯定瘋了！」媞米安後來表示。「但這件交易真的讓我很開心。那個空墓穴四周的欄杆做得很精巧，旁邊還種著一株漂亮的柳樹。我要在墓地裡擺一塊石頭，設置一個座位，並在周邊栽種常春藤和花卉。明年夏天我打算到那兒待幾個小時。」

赭紅的落葉為鋪石路面覆上一層毯子，麵包店和報紙經銷行紛紛熄燈打烊。一群孩子在人行道上撿拾路旁栗樹掉落的栗子，鈴鐺般清脆的聲音響徹弗利德瑙區的街道，直到他們母親叫喚他們回家吃晚餐，大夥兒才匆匆散去。住家窗戶裡的人影看著、等著，後來拉下了窗簾並轉過頭去。當天空最後一道亮光消失時，樹木上方的樹冠已變成洞穴的頂部，社區的街道也轉成峽谷，即使在偏僻的空曠處也無法看清地平線了！

波瑪在家裡會盡量為自己爭取寫作時間。她白天的生活通常在喧鬧中度過：女兒的哭鬧、保母的抱怨、老鼠在食物貯藏室裡奔竄、自己則為了前夫未按時支付每月的贍養費而惱火等等。不過，她必須把自己從這些噪音與紛擾中拉回，心平氣和地思索與構想自己正在撰寫的小說，或乾脆拿著紙筆溜到庭院裡寫作。她對於年幼的女兒又愛又恨，因為獨立撫養這個孩子已讓她的生活陷入困境。女性總是期待與心儀的男人結婚，但在生兒育女之後，卻得辛苦地扮演職業婦女或單親媽媽的角色。當她受到打擾而無法專心寫稿時，便會在桌邊發洩她的挫折與怒氣。她打算兩年內完成六本書，但這些稿費的收入卻仍無法支付生活開銷。她的前夫通常會幫她支付房租，雖然他從未準時把款項匯入。他其實不壞，但卻不尊重她的感受。他要求她放棄「玩票性質」的寫作，希望她只在家裡操持家務。總之，這場婚姻撐到最後，不是她改變自己，就是他離開這個家。毫無疑問地，他後來選擇離開。

波瑪曾以媞米安的語氣承認：「當我把自己全部的心思傾吐在這些紙張上後，便得到真正的解脫，就像跟一位可信任的好友交談一樣。」波瑪的寫作喜歡讓故事內容順著本身的脈絡自然而然地發展，但有時候——如果她的感受夠強烈——她也會隨興地書寫。接下來，她決定在故事中賜給媞米安一個比自己前夫還年長的老男人，並再次根據自己的生活經驗，在紙頁上誇大這個男伴的社會地位以及對於人事物的偏見。

波瑪為媞米安虛構一位富有的伯爵，一位藍眼、蓄灰鬍的鰥夫。他帶她前往地中海岸的尼斯、蒙地卡羅以及法國首都巴黎，並送給她許多貴重的禮物：一顆鑽石、一個鑲有藍寶石的帶扣、一套拉達茲（Raddatz）茶具組，一件華麗、適合在正式場合——比方說，到歌劇院欣賞歌劇——穿著的白色斗篷，再加上一張一千馬克的紙鈔。然而，媞米安——這一點很像波瑪，卻與艾爾莎不同——仍經常感到孤獨與寂寞。夜裡，她清醒地躺在床上，感受「愛的渴望在她的內心高漲，就像一個顫動的、開展翅膀的神聖生命。」

「伯爵大我三十三歲，不過他在待人處事方面並不豁達大度。儘管他很聰明，也很了解這個世界，但我卻經常覺得他的談吐索然無味，甚至令人厭倦。他是死忠的保守派，而且對自己的貴族出身非常自豪。雖然圓滑的他不會把這種心態表露出來，但我早已在各方面注意到他這一點，他實在無法對我隱瞞什麼。」媞米安在日記中透露。

「有一次，我們在瑪夏克庭園飯店（Matschakerhof）吃晚餐時，剛好談到當今仍握有政權的歐洲皇室，其實沒有理由對本身龐雜的旁支關係感到自豪。我當時這麼表達我的意見：『我認為，一個經過選舉而存在的共和政體比起一個藉由固定繼承方式而存續的皇朝要健全得多。在君主政體中，王位的繼承人是愚笨或聰明、邪惡或良善、精明幹練或軟弱無能，全都無關緊要，因為，依照王位的繼承規定，他必然會成為國王或皇帝……而整個國家的命運卻交託在他手中。』」

「伯爵聽了我的看法後，便帶著嘲諷的眼神微笑著，然後對我說：『妳倒很清醒，媞米安，不過我的意見跟妳完全相反。』接著他便提起當天上午我在茨維貝克服飾店（Zwiebeck's）購買套裝一事，完全不理會我對於政局的看法。這種態度讓我很生氣，我當時差點情緒失控，恨不得把手中那只酒杯扔到他臉上。假設他在那一刻向我求婚，即使我未來的生計全仰賴這樁婚姻，我也會拒絕他，並請求他的諒解。我自己很清楚，跟一位如此令人厭煩的男人日復一日、年復一年地一起過日子，真的會讓我發狂。」

然後在小說的第十三章，媞米安的救星出現了！他是一位個頭高大、性情陰鬱的醫生，當時很想了解媞米安以及她對誰感到心灰意冷。「這是老掉牙的故事，不是嗎？」他這麼告訴媞米安。「在這段不快樂的戀情裡，妳一步接著一步走向痛苦的深淵，直到陷入困境時才赫然發現，自己已經無法抽身。」

當波瑪和艾爾莎兩人最後一次一起散步時，艾爾莎明確地告訴波瑪，她並不喜歡她那本參考她人生故事所創作的小說裡那些浪漫的言外之意。當波瑪問她，愛是否可以消除人類所有的罪惡、荒唐與惡行時，愛爾莎還大聲地嗤之以鼻。當她們走到已被紅、棕、橘等各色落葉層層覆蓋的國王廣場時，艾爾莎還提到一位很特別的人——一位從事某類創作的藝術家——但她當時並未進一步談論他。她後來一直盯著勝利紀念柱，並斜著頭、以一種驚訝而脆弱的語調問波瑪：「妳會不會跟某些人士一樣，認為柱頂那尊勝利女神像太過龐大、笨重？」

波瑪這本關於男女情愛的日記體裁小說後來以《一位迷失女孩的日記》（*Tagebuch einer Verlorenen*）為書名，於一九〇五年正式出版。這本虛構的小說對讀者而言，宛如一本真實的回憶錄，尤其是那些純真無邪的描述相當受到讀者歡迎，這本著作也因而成為那個時代的暢銷書。

「柏林人不會因為過於迷戀某些令人眷愛的人事物而承受痛苦，」波瑪寫道，她的文字揭露了這座首都隱祕而脆弱不堪的部分，以及末代德皇威廉二世在位期間瀰漫於德國社會的雙重標準。「至少有一扇門是為男人打開的，」她怒斥，「男人的一生不會因為走錯一步而就此毀滅，但我們女人的處境就沒有這麼幸運了！這是一個屬於男人的世界，我們女人只是男人達到目的的工具，對於這種工具性存在，我們只能忍氣吞聲。」

波瑪於二十世紀初期發表《一位迷失女孩的日記》這本小說，甫一上市便引發讀者們熱烈迴響，一共熱銷一百多萬冊，後來還改編成一齣戲劇與兩部電影，此外還有好幾本模仿這種日記體小說的懺情錄陸續在德語區出版。波瑪曾在這本暢銷小說的序文中表示：「一些未加修飾的輕描淡寫看起來似乎無關緊要，而且刻意佯裝成無關緊要，不過，這樣的敘述對一個極待解決的社會問題的貢獻卻是不容置疑的。」波瑪於一九三九年過世，她生前始終堅持這部日記體裁小說不是她的創作，而是根據柏林交際花媞米安．郭特芭爾（**Thymian**

Gotteball）的日記編寫而成。

這本書發揮的巨大影響力已改變了柏林及德國社會，這個事實遠比人們對它真實或虛構的爭辯還重要許多。幾世紀以來，德意志地區的保守勢力一直藉著傳統性別意識形態掌控女性，比方說，女孩們必須屈從於社會對純潔處女的狂熱崇拜；女人在愛慾方面必須被動而且必須生育孩子；不幸淪為娼妓的女人，雖是原生家庭的犧牲者，卻也是其他家庭的破壞者。

然而，在接下來的幾十年裡，畫家如恩斯特・基爾希納（Ernst Ludwig Kirchner）與喬治・葛洛茨（George Grosz）、作家如貝爾托・布萊希特（Bertolt Brecht）與伊姆嘉德・寇伊恩（Irmgard Keun）、女演員如黛德麗與布麗姬特・赫爾姆（Brigitte Helm）卻把賣淫當作一種重新定義女性性慾與性行為的藝術手法。當然，仍有少數悲慘的柏林婦女被迫從事性交易（以後仍未改變），但另一方面，也有愈來愈多性工作者從傳統的污名化社會觀念中獲得解放，繼而意識到本身的價值，並以這種自信的態度從事性服務。在文學作品裡、在戲劇舞臺與電影銀幕上，柏林的風塵女郎早已蛻變為性自由的典範，成為這座桀驁不馴的叛逆城市化身。時代的巨輪剛轉入二十世紀，西方婦女便經由這些煙花女子以及相關藝文作品的創作而突然意識到，女性其實不必然是天使或浪蕩女、女兒或妻子，女性更是具備自由意志、性自主的個體，因此，她們當然可以表達內在奔放不羈的慾望。

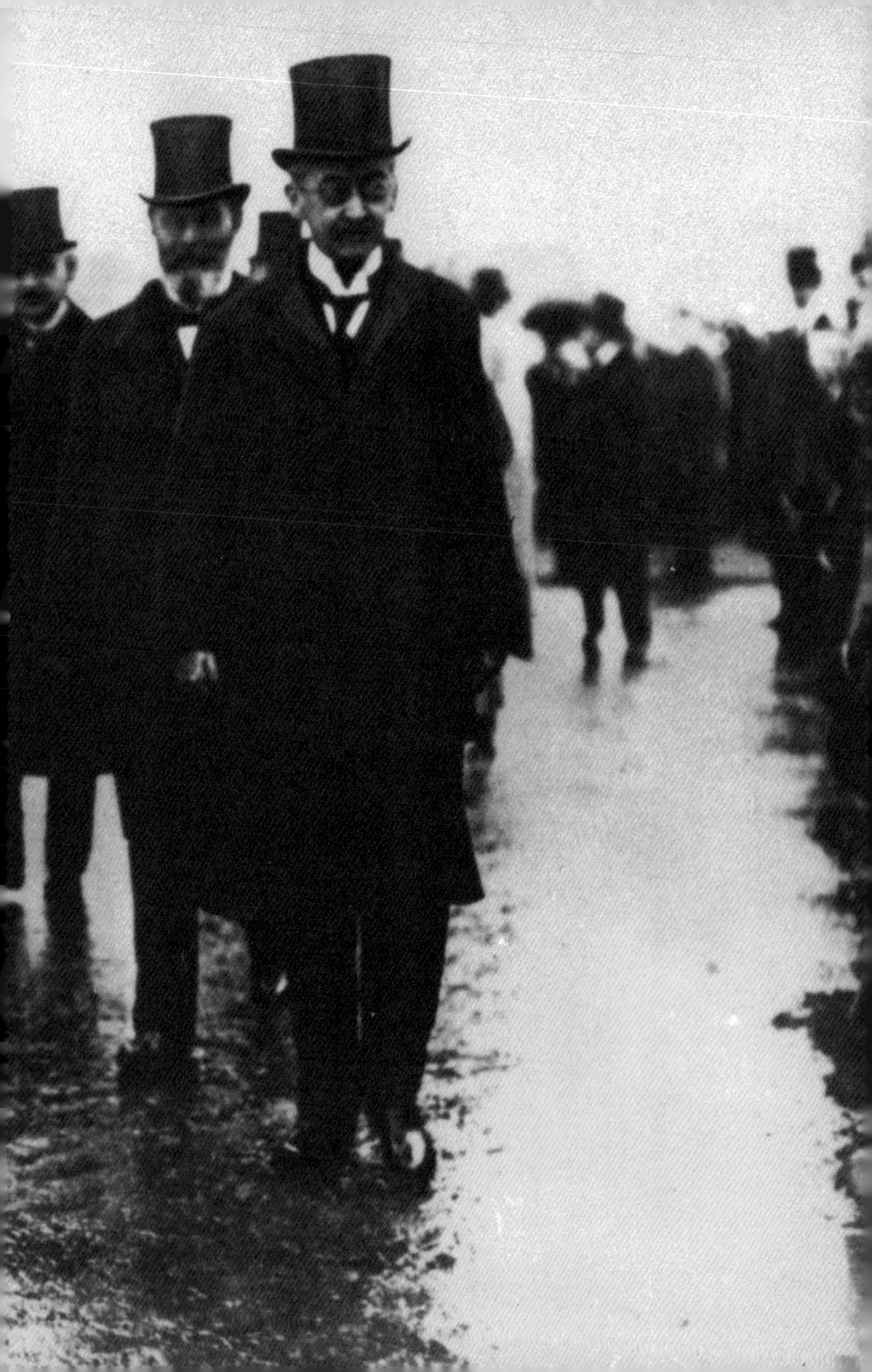

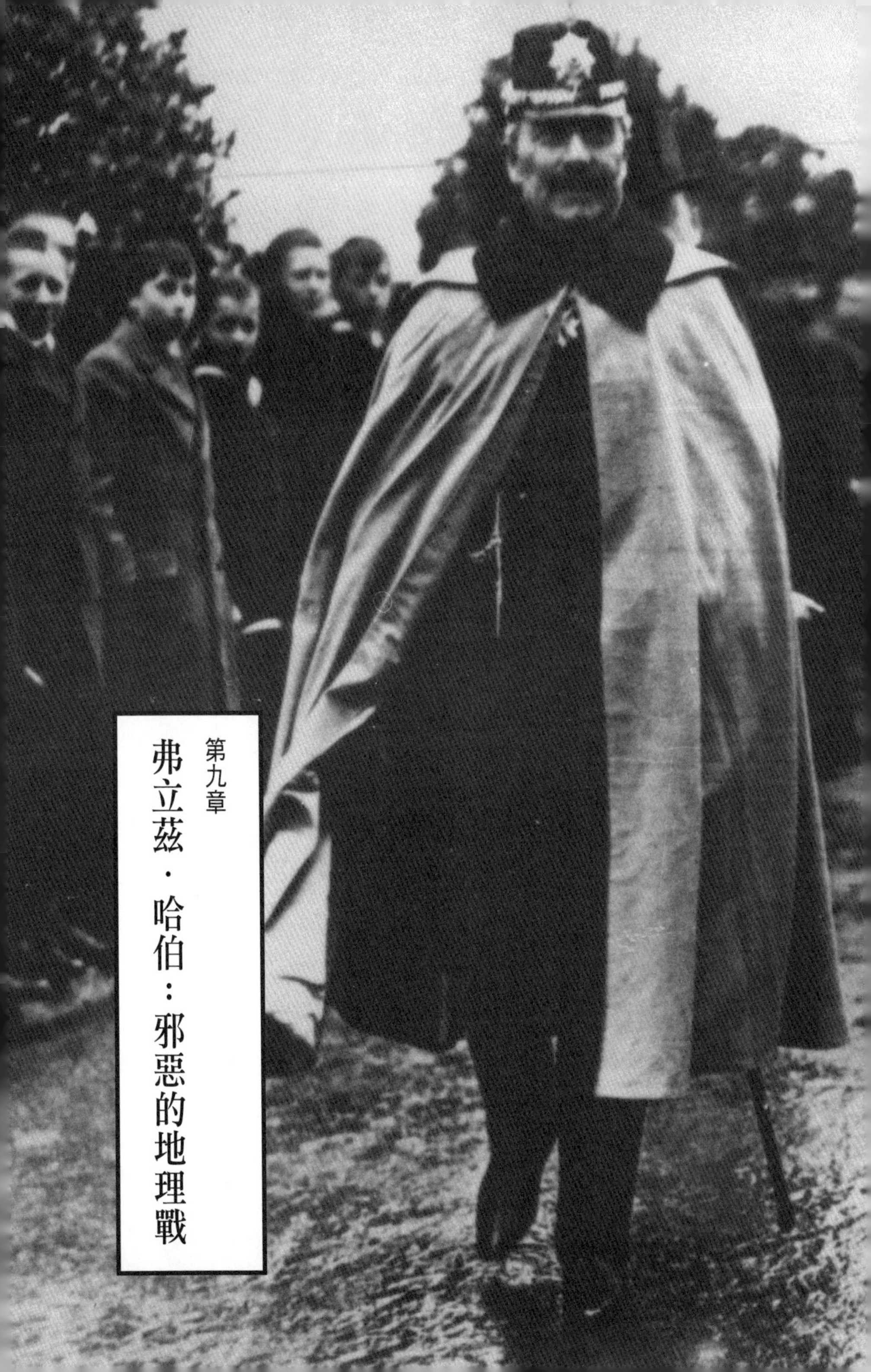

第九章

# 弗立茲·哈伯：邪惡的地理戰

# 達冷區，一九一五年

在柏林，過往的邪惡也可以被標上郵遞區號。納粹德國空軍總司令戈林將軍（Hermann Wilhelm Göring）執掌的空軍部——位於市中心威廉街，郵遞區號一〇一一七——策畫了西班牙北部的格爾尼卡（Guernica）[1]大轟炸，並把每公斤炸藥造成死亡人數的資料分析結果作為納粹準備進攻波蘭、在歐洲發動閃電戰的依據。在建築師辛克爾夢想興建一座新式博物館以及女工莉莉．諾伊斯遭同居男人遺棄的一〇一七八郵遞區裡，數千名柏林人曾於納粹時期在此聚集，聆聽宣傳部長約瑟夫．戈培爾（Joseph Goebbels）的演說以及那句高聲喊出的口號：「吊死他們！吊死猶太人！」參與右派社團組織的大學生們戴著綠色和紫色的帽子，在菩提樹下大道旁的國家歌劇院廣場上點火燃燒數千本堆疊的禁書（波瑪的《一位迷失女孩的日記》也在其中），並看著那些未完全燒毀的書頁殘片，像被墨水弄污的飛蛾般在夜空中隨風飄轉。

離開柏林市核心地區，我們仍可發現一些邪惡的遺跡：曾擺放在亞歷山大廣場東邊的那些絞刑臺位於郵遞區一〇二四九；一群被納粹關押的奴工曾在御林廣場南方腓特烈市城區——郵遞區號一〇四一五——的地下監獄為德國空軍建造V1火箭導彈系統。一群「愛國的」納粹科學家曾在動物公園街（Tiergartenstraße）四號那棟獨門獨戶的樓房裡——郵遞區號一〇七八五——擬定「T4安樂死計畫」[2]，導致七萬名有心理疾病與身心障礙的「低等人種」慘遭毒殺。在柏林西南郊幽靜的萬湖（Wannsee）西岸邊——郵遞區號一四一〇九——納粹高層曾在一棟湖岸別墅裡草擬出「猶太人的終極解決方案」（Endlösung），開始展開屠殺猶太人的行動。

在「葛倫納華德」這個城西的電車站——郵遞區號一四一九三——第十七月臺，一共有五萬名左右的柏林猶太人被押進專門運載牲畜的貨運列車裡，然後被運往納粹設於東歐的集中營處死。在柏林的鐵路局裡，還有數百位從事文書工作的納粹共犯忙著為這些被迫害的猶太人計算他們那張單程火車票的車資：成年人每公里索取四芬尼[3]，十歲以下孩童半價，嬰

---

1 格爾尼卡位於西班牙北部的巴斯克自治區。在一九三七年四月西班牙內戰中，支持佛朗哥獨裁政權的納粹德國派出空軍，對西班牙共和國轄區內的格爾尼卡城進行人類史上首次地毯式轟炸。畢卡索的名畫〈格爾尼卡〉便是這起慘烈歷史事件的見證。

2 T4就是Tiergartenstraße 4（動物公園街四號）的縮寫。

3 芬尼的幣值為馬克的百分之一。

兒則「享有」免費搭乘這些死亡列車的「優待」。

二戰末期，柏林每個郵政區都彈如雨下，炸彈落地爆炸後，大量而猛烈的紅色、黃色火焰倏地直衝雲霄。不久之後，東來的蘇聯軍隊比西方盟軍搶先攻入柏林，並強暴數萬名婦女。

然而，早在一戰期間，德國當時最頂尖的化學家、也是一九一八年諾貝爾化學獎得主弗立茲．哈伯（Fritz Haber, 1868-1934）便已在西南市郊的達冷區（Dahlem）——在女作家波瑪居住的環境舒適、中產階級聚集的弗利德瑙區另一頭，郵遞區號一四一九五——從事化學武器的研究。「化學戰爭之父」哈伯是猶太裔德國人，他在達冷區研製的毒氣化學武器極具殺傷力，在一戰期間造成近百萬人傷亡，他的猶太裔化學家妻子克拉拉在一戰初期因為不贊同他的研究工作，在家中舉槍自盡。

一九一五年四月，比利時北部的西線戰場晚風輕拂，德國毒氣部隊在發出信號後，五千七百個鋼製圓筒釋放了裡面所有加壓的氯氣。幾分鐘後，空氣中瀰漫著強烈的胡椒味，久久殘留不散，一道高十五公尺、長六公里的黃綠色煙霧無聲無息地從德軍陣地掠過潮濕的法蘭德斯平原，飄向協約國的軍事防線。加拿大的士兵們眼睜睜看著這陣如高牆般的黃綠色霾霧朝著他們的陣地逼近，幸好後來風向改變轉往東邊飄去。它吞沒了鄰近的戰壕與防空洞，負責戍守的法國與阿爾及利亞軍人突然感到呼吸困難，他們嘗試逃出這些軍事掩體，卻只能在痛苦中步履蹣跚地掙扎著。吸入的黃綠色毒氣導致肺部血崩，他們覺得胸腔在燃燒，雙唇間吐著綠沫，並用力撕扯身上的軍服，用手揉著眼睛，最後總共有數千名士兵在這陣毒氣裡窒息死亡。

戴上防毒面具的德國士兵朝著已被毒死的敵軍戰壕推進，沒有遇到任何抵抗。當哈伯在前線看著德軍一路挺進時，他的心就像打鼓般鼕鼕響著，內心感到非常自豪。這位深受德皇威廉二世器重的猶太裔化學家在人類戰爭史上首次大規模使用化學武器，突破了協約國的西邊封鎖線，他所開發的這項祕密武器讓德國軍團順利地攻下敵軍地盤，此刻以巴黎為目標的軍事進攻似乎已掃除所有的阻礙。

哈伯的化學武器在西線戰場測試成功後，這位猶太裔化學家儼然成為——以他自己的話來說——「德意志帝國裡最有權力的人之一」。他覺得自己的成就「已超越一位偉大的軍事指揮官，已超越任何一位工業鉅子」。他甚至自視為「德國工業的奠基者」，因為他的發明對國家的經濟與軍事擴張已不可或缺，而且還藉由「更進步的殺人方式」向祖國證明他那赤誠的愛國心。

然而，早在二十幾年前他剛到柏林上大學時，便已蒙受一道光束的啟發：一八八七年，十九歲的他不知該如何打發假日的下午時光，也不知對於未來的人生該有什麼打算。大學生活才過兩年便已令他厭煩，他當時就像他的國家——德意志帝國——一樣，渴望找到一個值得奮鬥的目標，期待人生能有所成就而獲得存在的意義。他實在無法忍受漫無目的、懶散度日的生活，但他究竟該做什麼呢？接下來命運把他拉進博物館島的「舊博物館」，把他拉到一幅巨型畫作前面，就在那當兒，漂浮在上方的雲層正巧裂開，一束陽光穿過上頭的穹形天窗直瀉而下。

在眼前這一大幅鑲上金色畫框的油畫裡，剛打贏普法戰爭的德皇帝威廉一世穿著耀眼的慶典大禮服，像神明般尊貴地帶領一群具有歷史性及諷刺寓意的人物，聲勢浩大地穿越布蘭登堡門。一位騎著黑色戰馬的條頓騎士揮舞著一面標有發威鷹鷲的普魯士軍旗，歡欣鼓舞的士兵及美麗的少女們意氣風發地跟隨這支壯觀的隊伍邁步前進。長著翅膀的天使們手持皇冠，吹著小喇叭，盤旋在他們上方，一位古代樵夫在前方為這支浩浩蕩蕩的隊列指出未來宿命的道路。德意志帝國時期的歷史畫家斐迪南．凱勒（Ferdinand Keller）透過這幅史詩般的繪畫宣告德意志文明正在興起。當青年哈伯似乎在這幅油畫中預見自己將加入這個愛國行列時，陽光突然從上方的大天窗灑入展廳，令他不由得全身發顫。

哈伯生命中的第一張照片雖然成像不夠清晰，卻已捕捉到他三歲時的模樣與寂寞的神情。他一手抓住一張木椅，另一手緊握著一把玩具步槍，引頸向前，睜大他那雙充滿困惑的眼睛，渴望能獲得那位站在立式照相機後面、頭蓋一塊黑布的大人贊同。哈伯出生才三週，他的母親便已過世。他那悲傷的父親——一位布雷斯勞（Breslau）[4]的布料印染商——由於無法忘記這個兒子的出生讓他失去心愛的妻子，所以從不關心、憐愛仍幼小的他。直到十年後，他的父親再婚，情況才有所轉變。步入中年的父親終於再度顯露自己的情緒，並從他的新任妻子及她的女兒們身上修復自己從前那些受挫的情感。

當哈伯成長到可以照顧自己的年紀時，便離家自立。他曾打算成為一名職業軍人，因為他渴望受到矚目、渴望透過軍階的晉升取得社會地位。他曾通過軍官考試，但由於他的哈西迪派猶太教（Hasidic）[5]背景而未獲錄取。因此，他後來決定放棄自己的猶太教信仰而皈依基督教，情況就跟一八九〇年至一九一〇年間約有一萬名改宗的德國猶太人一樣。

哈伯戴眼鏡，有一頭濃密的鬈髮，喜歡與人討論與辯論問題，會把對方拉進爭論當中，並藉此發展出他的想法。他是個心思敏捷的人，只消用幾個句子，便能釐清事情的來龍去脈。即使他已取得化學博士學位，但未來的不確定性似乎令他感到困惑，以至於無法專注地投入某件事或安居於某個地方，他一再更換自己的工作與住所，從兵營轉到工廠再轉到學院，從柏林搬到蘇黎世再搬到耶拿。

直到一八九四年，他在西南德巴登地區首府卡爾斯魯爾（Karlsruhe）的科技大學擔任實

4 奧得河畔的布雷斯勞是下西利西亞（Nieder-Schlesien）首府，即波蘭現今的弗羅茨瓦夫市（Wroclaw）。

5 哈西迪猶太教是猶太教正統派的一個分支。

驗室助理時，才確定自己將以科學研究為人生目標，而且他當時幾乎已斷定，科學的優越性已經超越人類在其他方面的努力與發展。他認為，人類的科學發展從未倒退：新知識是以既有知識為基礎，新發現是建立在既有發現之上。科學的進步，一如國家的發展，總是持續地進行，他也從這個進展的過程中獲得確定感與意義感。

在卡爾斯魯爾科技大學工作期間，哈伯狂熱地從事研究，全心鑽研化學技術。他探討碳氫化合物的燃燒過程、引擎內部的能量損失現象，發明玻璃電極，還將一些新的化學研究成果運用於實際工業製造過程中。他曾到美國考察新世界的技術創新，十分著迷於科學的力量如何塑造人類社會。他為了提升科學技術所累積的研究成果讓他順利升任這所大學的正教授，而且他還堅信他的研究工作將可造福德國與全人類。

人類剛步入二十世紀，便已面臨糧食即將不足的隱憂。數千年來，人類一直靠著耕種面積的擴大，亦即藉由新土地的開發——透過墾殖把未利用的荒地轉為可利用的農地——來養活不斷增加的人口。然而，當全世界的土地開發已達到極限時，便無法再透過田地擴張提高農作物的生產量。

當時歐洲和美國的農夫往往依賴從國外進口昂貴、含氮量豐富的海鳥糞，以增加土壤肥沃度。哈伯和所有的化學家一樣，知道大氣中含有取之不盡的氮氣，然而空氣中的氮屬於非活性氣體，相當穩定，除非能打破氮分子內的原子連結鍵，才能與其他元素產生化學作用。

他曾依據化學理論說明，如何將空氣中的氮轉化成滋養植物的含氮肥料。總之，這是個化學問題，這項挑戰也進一步激發了他的想像力。

在實驗室裡，哈伯和化學家卡爾・博世（Carl Bosch）合作開發哈伯—博世法（Haber-Bosch-Verfahren），將氫氣和氮氣在高溫高壓的條件下進行催化，形成化學肥料所需要的原料——氨（NH3；俗稱阿摩尼亞）。一開始，他並未在實驗中使用高壓，只將氮與氫在攝氏一千度的條件下進行混合，這項使用高溫的方法雖也可以合成氨，但形成量極少，因此他便放棄了這項實驗工作。直到哈伯受一位競爭對手指責推論不正確，在不服氣之餘，他決定重啟這項實驗。這次他改採高溫高壓的方法，在經過二十個月的努力後，終於成功地製造出為數可觀的合成氨，繼而促成大量化學氮肥的生產，即所謂的「來自空氣的糧食」（Brot aus Luft）。據估計，全世界後來約有一半的農作物使用合成氮肥，糧食產量因而大幅增加，哈伯也因為對農業發展的偉大貢獻，於一九一八年獲頒諾貝爾化學獎。然而，令人遺憾的是，他日後也把自己辛苦研發的合成氨用於一些負面的用途。

一九一〇年，德國的末代皇帝威廉二世——在那幅由歷史畫家凱勒繪製的大型油畫中，那位鬥志昂揚、精神煥發的威廉一世孫子——呼籲一些富有的德國實業家及資本家提供資金，成立一所頂尖科學研究機構，希望能藉此將科學技術運用於工業及軍事領域。當時他已擁有全世界最強大的陸軍，而且已成軍的遠洋艦隊總噸位僅次於英國皇家海軍。他宣稱德意志帝國擁有法國所占領的摩洛哥主權，並積極推動柏林與巴格達之間的跨洲鐵路興建（為了接近波斯灣及新發現的伊拉克油田）。然而，這位實行帝國主義與軍國主義的德皇還希望進一步利用德國創新的科學技術製造更精良的武器。

身邊不乏阿諛奉承之徒的威廉二世曾在柏林皇宮宣告：「某些人士主張德國應該停止現行的世界政策（Weltpolitik），這就好比一位父親告訴他的兒子，要是你不會長大，我就不用因為你的長褲變短而給你買新褲子了。」英國維多利亞女王是他的外祖母，曾形容他是一個「魯莽急躁、自命不凡、剛愎固執的年輕人，而且缺乏情感」。這位末代德皇的虛榮心及傲慢自大，讓霍亨索倫王朝在德意志地區長達五世紀的統治就此終結。此外，他對於臣民絕對服從他權威的要求，等於是在摧毀幾經波折才完成統一大業的德意志帝國。

達冷區的菩提樹上長滿了即將綻放的綠色花苞。一些身材矮胖的婦人在她們堅固的農舍階梯上清掃剛落下的花朵。在隨風搖曳、樹形修長的樺木樹林另一邊，在柏林西郊那片一望無際的田野裡，矗立著一座外觀宏偉、以泥灰塗刷牆面的石造建築群，它就是號稱「德國牛津」的自然科學研究機構：威廉皇帝物理化學暨電化學研究所（Kaiser-Wilhelm-Institut für physikalische Chemie und Elektrochemie）[6]。

哈伯成功地將空氣中的氮氣製造成化學氮肥，並由於這項不得了的成就而成為德國頂尖的物理化學[7]家（physikalischer Chemist）。當德皇威廉二世邀請他到首都柏林，並親自徵詢他是否願意出任「威廉皇帝物理化學暨電化學研究所」創所所長時，他根本無法——也不會——拒絕，因為他這條大魚已無法再優游於卡爾斯魯爾科技大學這個小池子。當他來到該頂尖研究機構位於柏林達冷區的預定地時，他的目光掃過這一大片建築用地，並開始動腦筋構思和規畫這座即將動工起造的建築群。

過了一段時日，哈伯前來視察研究所的工地，從一株小樹上摘下一朵明豔的花苞，在指間轉動它，然後未加思索地將它剝開、摧毀，取出中間那根含有子房的雌蕊。「歷史就是一種決斷」，當他注視那些正在工地施工的木匠及泥水匠時，曾這麼告訴自己。我們創造屬於我們自己的歷史，選擇並促成某些事實，而且成為我們想要成為的人。

一九二五年諾貝爾物理獎得主詹姆斯．法蘭克（James Franck）曾在年輕時服務於哈伯的「毒氣部隊」。對於這位上司，他曾回憶道：「哈伯唯一可悲的地方是他對權力的飢渴，他了解自己的聰明才智而且渴望獲得權力。他很清楚自己能力所在，如果不把它們發揮出來，他的手指就會發癢。」

哈伯開始在柏林達冷區建立自己的實驗帝國，並招攬德國當時最優秀的科學家及研究人

---

6 即現在的「蒲朗克研究院弗立茲．哈伯研究所」（Fritz-Haber-Institut der Max-Planck-Gesellschaft）。

7 物理化學就是和熱力學、動力學以及量子力學等物理學領域有關的化學。

員群聚在他身邊。他親自督導這個研究所實驗室及辦公室的設計與建造，並採用一些著名化學家及物理學家的姓名為附近街道命名。此外，他還說服年輕的物理學家愛因斯坦搬離瑞士，前來柏林加入他的研究團隊，並告訴這位科學界的後輩：「你要為物理學開創一番新局面，正如我在化學領域所取得的成果。」所長哈伯的傲慢與野心也同時反應出德意志帝國領導人的心態。

哈伯帶著他的光頭、薄唇以及嘴上刁的那根隱燃的雪茄菸等形象鮮明的標記，忙碌地穿梭在嚴肅、黯淡的行政部門及傲慢的普魯士科學院之間。他所背負的責任感驅使他去做、去改變、去創造。他為自己領導的科學研究所的獨立性而奮鬥，但同時他也相信，為國家服務是每位公民的義務，因此群體的目標應該置於個人利益之上。

愛因斯坦看待事情的方式與哈伯不同。他是一位真正獨立的思考者，不為任何人、任何權威而服務。為了證實自己的觀點，這位物理學家不惜先後拋棄猶太教信仰及德國國籍。他從蘇黎世抵達柏林時，正在構思一個關於宇宙的新理論，而且還會抱怨：「很不幸地，研究所裡到處都可以看到哈伯的照片，每次想到這件事時，總讓我覺得很不舒服。」

愛因斯坦認為哈伯算是表現傑出的公職人員，但卻因為愛國心而讓自己變得盲目，為了不知足的虛榮心而犧牲了個人的自主性。這兩位頂尖科學家後來能有不錯的交情，在某種程度上是由於他們不順遂的婚姻。哈伯曾幫愛因斯坦草擬離婚協議書，愛因斯坦在哈伯妻子自殺後還擔任哈伯兒子的數學老師。愛因斯坦當時已計畫在柏林定居，還向許班道區的區公所租用一小塊市民農園（Schrebergarten）——他口中所謂的「許班道的城堡」——並在那方小天地裡，一邊種植蔬菜，一邊思考他的相對論。

然而，當德國人又再度相信他們已遭受包圍的威脅時，人民彼此在想法上的歧異也紛紛出現。哈伯在插著普魯士軍旗的研究所大廳裡聚集一批效忠國家的科學家，並灌輸他們應該完全信賴祖國的榮譽、創造力與國力，同時還引用古羅馬抒情詩人赫瑞斯（**Quintus Horatius Flaccus**）的拉丁文詩句鼓舞他們：個人能為國家犧牲是多麼甜蜜與光榮啊！（**Dulce et decorum est pro patria mori!**）但愛因斯坦那時卻已觀察到：「整體來說，我們文明及科學技術的進步已獲得高度讚譽，然而，這些看似了不得的成就卻具有潛在危險，就像一位病態的罪犯手持一把利斧。」

一九一四年八月，威廉二世宣布德國參加第一次世界大戰的消息，令民心大為振奮。德意志帝國的陸軍接受精神亢奮的柏林民眾的歡呼，並邁步走向了戰爭的命運。一群大學生聚集在柏林皇宮外面，高聲齊唱德國國歌：「德意志，德意志高於一切……」當時這位末代德皇還向人民承諾，德國部隊在「樹木的葉子掉落之前，就可以凱旋歸國了！」

「每張臉看上去都很開心。沒錯，我們已經參戰！」奧地利女演員提拉·杜麗歐絲（Tilla Durieux）興高采烈地說著。「大型咖啡廳及餐廳裡的樂隊經常演奏〈願你戴上勝利者的桂冠〉（Heil dir im Siegerkranz）與〈守望萊茵河〉（Die Wacht am Rhein）這兩首歌曲……市民排隊等著獻出他們的車子，以供公務使用……堆積如山的食物——香腸、塗著奶油的三明治與巧克力——被送到在火車站集合、準備出征的士兵那兒。人民、食物與熱情，一切都如此充沛而富足。」

德國政府當時希望打一場速戰速決的戰爭，因此，軍方計畫在一次大包圍行動中，讓法國軍隊落入圈套，然後一舉殲滅他們。起初這個戰略似乎完美無瑕，正式開戰才三十五天，德皇便已公開誇耀戰爭的勝利：「我方已占領巴黎東北方約一百三十公里處的漢斯（Reims），法國中央政府已經從巴黎遷往波爾多（Bordeaux），我們騎兵隊的先遣部隊目前已逼近巴黎，只剩五十公里的距離。」

不過，東線戰場卻在此刻出現出乎德方意料的變化：俄國沙皇以迅雷不及掩耳的速度集結他的部隊，入侵德國的東普魯士地區。為了東線防守，德國的後備部隊必須從法國抽離，德軍武力減弱，使英法聯軍得以在法國馬恩河戰役中成功阻擋德軍進一步西進。因此，巴黎並未如德國的計畫，在六週內陷落，比利時也未被德國併吞。協約國陣營在法國邊界建立了一條六百五十公里長的戰壕防禦線——即馬其諾防線（Maginot-Linie）——從北部臨靠英吉利海峽的海岸地區一路朝東南方延伸到瑞士與義大利邊界。德軍原本盤算的迅速機動作戰方式後來被迫轉為痛苦難捱的消耗戰，當時一共有兩百萬名士兵在西線戰場這條防禦線的兩邊，隔著帶刺的鐵絲網及泥濘地彼此遙望。德皇威廉二世的速戰速決計畫已告失敗，而且德國當局也未提出任何戰略的替代方案。

由於英國皇家海軍封鎖了德國所有的港口，導致德國的食物及軍需品短缺。麵包與肉類的購買必須採取配給制，店鋪外面經常大排長龍。在那個非常時期，柏林市有些城區為了維持一定的麵粉庫存量，還禁止居民烘焙蛋糕。此外，柏林庫存的彈藥在開戰數個月後也逐漸耗盡，因為德國船隻已無法出港航行，為軍方輸入生產子彈、砲彈及TNT炸藥所需的硝酸鹽原料。

為了全力動員國內工業資源以支持前線的戰爭，猶太裔工業鉅子拉特瑙率先在戰爭部召集軍方將領及工商界要人共商對策。化學家哈伯也加入他們的行列，他希望貢獻自己的科學知識，以解決德國在一戰期間資源嚴重不足的問題。他後來為了生產硝酸，讓德國不再依賴這種原料進口，還修正原先製造氨的化學合成法。這位把空氣中的氮氣合成化學肥料而養活數百萬百姓的化學家，此刻正將氮氣轉變成一種威猛的殺人武器，供德國軍方投入前線作戰。

哈伯曾說過：「在和平時期，科學家是屬於全世界的，但在戰爭時期，卻屬於他的國家。」他的科學發明使德國得以繼續與敵營奮戰，而未早在一九一四年底棄械投降。在首都柏林，哈伯和拉特瑙這兩位猶太裔菁英攜手打造出一個由軍人、科學家及商人組成的聯盟，它也是全世界第一個融合軍事與工業的複合組織。哈伯所有的努力就是為了迅速打贏這場戰爭，而不是延長戰爭。他跟所有德國人一樣，相信自己的國家正展開一場道德聖戰，德軍正在上帝的帶領下，為生存及榮譽奮鬥。中庸與節制從來就不是德國人的優點，它們只存在於虛華的詞藻裡，所以德國會有自大狂妄的國族主義者公開叫囂：「每開出一槍，就要打掉一個俄國人！每刺出一刀，就要殺死一個法國人！」勝利已成為德國唯一可以接受的結果，而勝利也意謂著必須在西線戰場上打破雙方僵持不下的戰局。

一八九九年的海牙協定（Hague Convention）雖明文禁止使用毒性武器，而且已獲一戰所有交戰國的簽署，但每個簽署國日後仍祕密發展這類武器，並未遵守該項國際軍事協定。當柏林人因糧食短缺而挨餓時，哈伯卻可以在柏林南方的庫默斯朵夫（Kummersdorf）[8]與帝國的高階軍官們聚餐，享用美味的兔肉排佐櫻桃醬午餐，並搭配萊茵諾地區（Rheingau）出產的甘醇利斯靈（Riesling）白酒。在當天上午的「T榴彈」（T-Granate）試射中，哈伯親自驗收了這項新型化武的效能。「T榴彈」以它的研發者化學家漢斯・塔本（Hans Tappen）的姓氏開頭字母命名，含有爆炸力強、屬於劇毒的有機化合物溴代二甲苯（xylyl bromide）。

午餐過後，哈伯一邊抽著雪茄、啜飲德國阿斯巴赫牌（Asbach）白蘭地，一邊與開發「T榴彈」的塔本爭辯，爭執的焦點在於，哈伯認為液態的溴代二甲苯無法有效而大規模運用於前線作戰。他希望找到一種較便宜的毒性化學製品以及更簡易散布毒物的方法。那天稍晚，當他駕駛歐寶汽車（Opel）在開回柏林市途中熄火拋錨時，汽車排出的煙霧讓他靈機一動，決定研發氣態的化學武器，以吞沒戰場上的敵軍。

戰爭部長艾利希・馮・法肯漢（Erich von Falkenhayn）對於哈伯提出的、以自然風傳送毒氣的攻擊方法表示贊同。哈伯的化學作戰方案是將液態化學毒劑裝進加壓鋼瓶裡，並埋入德軍的前線地帶。當鋼瓶的瓶蓋開啟時，瓶內的有毒液體便會因壓力減輕而氣化為霧狀氣體，因此，只要有微風吹往敵營方向，這些致命毒氣便可飄向敵軍的戰壕，之後德軍就可以輕而易舉奪取這些已無活人戍守的軍事陣地。如果這種毒氣戰能以突襲方式運用於面積廣闊的前線戰場，就可為德軍清除前方的軍事阻礙，讓部隊得以戲劇性地往前推進。

哈伯在達冷區主持的研究所，起初是為了推動所有的科學研究而設立的，但在德國參戰後，卻被下令只能為軍方效勞。這個研究所因具有軍事的重要性而變得戒備森嚴，門口已有衛兵戍守，園區圍牆還圍上帶刺的鐵絲網，以保障它的安全。

德國軍方最高軍事指揮部打算在戰場上使用致命的化學物質殺敵，哈伯於是建議使用氯

8 庫默斯朵夫是柏林南方二十五公里處的一個聚落，一九四五年以前，德國陸軍的武器研發中心設於此地。德國火箭專家、也是二十世紀航太科技先驅之一韋納・馮・布勞恩（Wermher von Braun）曾在這裡的大砲試射場發射他所研發的第一枚火箭。

氣。這種毒性氣體不僅價格便宜，而且德國國內的化學工廠有大量生產。例如，化工業界的重量級大廠巴斯夫公司（BASF）自一八八〇年代起，就已長期供給印染工業大量的液態氯，至於加壓的鋼瓶容器也供應無虞，而且最重要的是，敵軍在吸入氯氣幾秒鐘內，就會窒息死亡。

哈伯當時號召了一批頂尖科學家聚集在他的研究所裡，其中包括後來也榮獲諾貝爾獎的詹姆斯・法蘭克、古斯塔夫・赫茲（Gustav Hertz）與奧托・哈恩（Otto Hahn）。一九一五年二月，哈伯的科學團隊已成功發明全世界第一個大規模毀滅性武器，哈伯的化學家妻子克拉拉也與他們一起目睹這個化學武器的測試。

三十幾隻狗被束以皮帶，並被拴在雪地的幾根樁柱上。當一陣黃綠色的氯氣霾霧飄向這群狗時，牠們便開始驚恐地號叫，並試著掙脫皮帶的束縛。當這陣黃綠色的霧氣全面籠罩牠們時，一陣令人同情的哀嚎響徹雲霄。如此殘酷的一幕讓克拉拉於心不忍，她當時緊緊抓住丈夫的手，指甲甚至穿透她的手套而刺入他手部的皮膚裡。在短短一分鐘內，毒氣與叫聲皆消失無蹤，狗群的死屍橫躺在這片雪原上，餘溫還融化了身邊皚皚的白雪。在這場新式化學武器的測試中，哈伯一方面對於狗群如此迅速死亡感到驚訝，另一方面卻又對這種恐怖的勝利充滿快感，不過他當時並未把這些情緒表現出來。

三天後，哈伯與他的「毒氣部隊」便已抵達德軍在西線戰場的前沿地帶，即比利時法蘭德斯地區的伊普爾（Ypres）附近。為了不被敵軍發現他們即將採取的攻擊行動，他們每天都等到夜晚降臨後，才指揮士兵沿著六〇高地的山脊，陸續把幾千個裝有氯氣的鋼瓶埋入地下，直到隔月才完成這項部署工事。不過，這個不尋常的夜間行動仍被防禦線另一邊的英軍及法軍發現，他們為了反制，便在六〇高地下方挖出一條隧道並引爆炸藥，試圖破壞這項部署行動，其中一只鋼瓶因火藥爆炸而裂開，洩出的氯氣導致二十名德國士兵當場死亡。此時，英軍與法軍只知道德軍行動詭異，對於德軍準備發動的毒氣戰仍一無所知，因此並未察覺即將面臨的致命一擊。一九一五年四月二十二日，當風向轉往西南方時，德軍展開毒氣戰的機會終於來臨。當數千個加壓鋼瓶釋放的氯氣形成六公里寬的致命煙霧並飄往加拿大軍隊成守的戰壕時，協約國陣營終於明白，人類的戰爭已進入新的紀元。

在接下來兩個星期裡，德軍又在西線戰場發動四次毒氣攻擊，總共殺死一萬多名協約國士兵。但德軍的作戰指揮官並未料到哈伯團隊研發的這種新型化學武器竟如此成功，所以即使德方已破壞協約國的軍事防線並迫使英、法軍隊後退數公里，德軍並沒有足夠的後備部隊與軍事裝備占領敵軍防線出現的缺口，然後順勢攻往巴黎。後來協約國盟軍及時配備防毒面具並增加援軍，修補了原先被突破的防線，此時德軍已失去進擊良機，之前那場先發制人的毒氣戰雖很成功，但德軍最後卻只在這無人地帶推進不到一英里，並未利用這個大好機會在西線戰場上取得突破進展。

儘管這場毒氣戰未讓德軍取得實質軍事成果，化學家哈伯仍相當受到帝國高層倚重。他當時自認是普魯士的軍官，是掌握生死的大師，且以專橫、冷酷的態度追求勝利。他的「毒氣部隊」科學家們已被尊為國家英雄，他所主持的科學研究已被譽為「德國發明能力的勝利」。他的藝術就是製造死亡，而且還因此受到德皇召見與褒揚。

他在柏林家裡大肆舉辦慶功派對，並在當晚首次穿上帝國當局專為功勳人士出席慶典場合所設計的新禮服，胸前還佩戴一只閃閃發亮的勳章。受邀的軍事將領、科學家及實業家們——包括拉特瑙在內的德國通用電氣公司決策高層——還一起舉杯祝賀他們這個新聯盟，並以浮誇言辭談論那些足以粉碎敵軍戰鬥力的科學發明。當派對結束、賓客離去後，哈伯便上床就寢，他的妻子克拉拉——曾譴責他的武器研發工作是「野蠻的象徵以及令人憎惡的科學」——則在鏡前梳理頭髮，然後逕自走到自家花園裡，用哈伯那把軍用左輪手槍自殺。槍響沒多久，他們十三歲的兒子赫爾曼便在花園高聳參天的樹下發現她的遺體。

翌晨，喪妻的哈伯由於不願推遲上級命令，仍依照先前排定的行程，動身離開柏林，遠赴東線戰場指揮一場攻擊俄國軍隊的毒氣戰。他對職務的責任感遠遠強過對於自身損失與過錯的感知。無論如何，他都認為家庭會限制個人發展並削弱個人能量。他曾表示，父親的角色就是在扼殺孩子的才能，而且還把自己從未了解的女人——他的妻子——比喻為「可愛的蝴蝶」。「我喜愛牠們的色彩與絢麗耀眼的外形，但僅只於此。」他曾這麼說道。

「此刻我又在前線了，」他後來寫信給一位朋友，語氣仍顯得志得意滿、自視甚高，似乎尚未良心發現。「由於必須處理所有與戰爭的複雜性有關的工作，我沒有時間左顧右盼，也沒有空暇省察自己的感覺或沉浸其中。我內心只怕無法再有所發揮或無法承擔加在我身上的重責大任。」

在比利時的伊普爾發動人類史上首次毒氣戰之後，哈伯還在接下來那三年瘋狂而殘忍的戰爭裡，繼續使用他的化學武器，比如在法國北部的洛斯（Loos）、波蘭東南部的拉夫卡（Rawka）以及拉脫維亞首都里加（Riga）。為了設計、測試並運用新開發的恐怖武器，哈伯忙碌地奔走於戰壕、野戰司令部、戰爭部與實驗室之間。在德軍展開第一次毒氣攻擊幾個月後，協約國聯軍也開始使用他們剛研發出的化學武器，以對德軍進行報復。有鑑於敵營已在這方面急起直追，哈伯和他身邊的化學家們便轉而發展新的毒氣與散布毒氣的方法，他那座位於達冷區的研究所後來已變成一座雇用一千五百人的軍事基地。

在這座科學研究所裡，他和他領導的研究團隊後來構思出一種較複雜、分兩階段進行的化武攻擊方式：先向敵方發射含有刺激性砷化物、被稱為「防毒面罩破壞者」（Maskenbrecher）的砲彈，這種砲彈的毒劑能滲入防毒面罩過濾器，迫使敵兵脫掉防毒面具；接下來，再使用含有芥子氣（即C4H8Cl2S，二氯二乙硫醚）的化學武器展開攻擊。芥子氣並不像氯氣會隨風飄散，它是一種能持久附著於衣服及土壤的糜爛性毒劑，遭受芥子氣攻擊的士兵以及那些在攻擊許久過後才碰觸它殘留物的人，都會眼盲或窒息而死。因此，哈伯把這種比氯氣更具殺傷力與致命性的化學武器視為「驚人成就」。

當一戰的戰事達到最激烈狀態時，德國已發射十萬枚左右的化學砲彈，它們全都裝填了哈伯發明的毒氣，並由哈伯調配的火藥所驅動。一九一八年九月，在一戰正式結束的兩個月前，英國已發展出芥子氣變體，並以芥子氣砲彈攻擊駐守於比利時陣地的德軍巴伐利亞後備步兵團第十六團。在許多死傷者當中，有一位沒沒無聞的奧地利籍下士班長被這種化學砲彈毒傷，眼睛暫時失明，他就是後來的納粹頭子希特勒。

哈伯發明的化武在一戰期間殺人無數，但他卻未感受到任何良心的譴責。在某些方面，他和法國及英國那些投入戰爭的化學家幾乎沒有區別，諸如弗烈德利克．鐸南（Frederick Donnan）和威廉．波普（William Pope）等。他們把道德擺在一旁，全力執行高層下達的那些科學研發的命令，而且始終確信，任何可以被發明的東西終將發明出來。

哈伯科學團隊所發明的那些「神奇的武器」（Wunderwaffen）不僅沒有為德國帶來戰爭勝利，反而還造成國內糧食短缺、人民痛苦加劇並加速德國經濟崩壞。根據統計，德軍在一戰期間將近兩百萬名士兵捐軀於戰場，德國國內有七十五萬人死於營養不良，因為工廠已不再把空氣中的氮氣合成化學氮肥，而是合成硝酸鹽，以供應軍事工廠製造砲彈與炸藥。德國農民由於缺乏肥料，農業生產量下降，全國人民也只能跟著挨餓。

德意志帝國最後在一戰戰敗時，不僅未如戰爭初期的計畫，取得布里埃（Briey）與隆格維（Longwy）這兩個法國東北部鄰近德國邊境、且蘊藏豐富鐵礦的市鎮，反而還必須把普法戰爭勝利後所取得的亞爾薩斯與洛林這兩個地區割還法國；同樣地，德國在戰爭後期也未如願併吞比利時，反而還交出了原先占領的比利時城鎮，即靠近德國邊界的奧伊彭（Eupen）與馬爾梅蒂（Malmédy）。一九一八年，洛林地區回歸法國後，其首府梅茲市（Metz）的大教堂裡，石匠們已決定不要將那張在普法戰爭後依照德皇肖像雕刻的臉部，從那尊中世紀騎士塑像上移除，而是在它周圍刻上這個句子：德國在國際上的榮耀已經結束了。

德國投降後，這位德皇的御用科學家便蓄起鬍子，藏身於瑞士。他在一戰期間對德軍戰力的貢獻比其他人士要多出許多，但隨著德國戰敗，他的信念也徹底瓦解。德國並沒有因為參戰而邁向更大的榮耀，受到日神祝福、最後卻向協約國陣營求和的德皇也沒有穿上閃閃發亮的軍服，迎接德軍凱旋歸來。哈伯的科學發明後來不僅沒有改善人類生活，反而還造成大量傷亡以及嚴重的經濟損失。不過，他在一戰過後並未淪為高級戰犯而被逮捕，反而戲劇性地獲得一九一八年諾貝爾化學獎。由於一九一八年歐洲仍處於戰爭狀態，瑞典皇家科學院遲至一九一九年才宣布哈伯獲獎。該科學院院長在頒獎典禮致辭中，詳述並讚美哈伯的合成氨對人類農業生產的重大貢獻，至於這種合成原料後來也促進火藥工業發展以及哈伯本人涉入備受爭議的化學戰爭的事實，則略而不提。

哈伯後來頂著諾貝爾獎的光環重返柏林，繼續主持達冷區的威廉皇帝物理化學暨電化學研究所，而且他還下定決心，要透過新的方式，讓因戰敗而陷入困境、因支付巨額賠款而經濟崩潰的祖國重新站立起來。一九二二年，猶太裔外交部長拉特瑙遇刺後，德國馬克開始大幅貶值，為了分擔國家沉重的外債，哈伯於是在實驗室裡嘗試從海水萃取黃金。二十年前，曾有一位瑞典科學家在海水裡發現微量黃金元素，根據他估計，一噸海水大約含有六毫克黃金。哈伯便以這項研究成果為基礎，帶領他的研究團隊展開萃取黃金的計畫，然而，經過四年的努力——不斷地實驗以及多次出海航行汲取海水——卻仍一無所獲，因為那位瑞典科學家對海水黃金含量的估算過於樂觀，誤導了哈伯團隊的判斷。這項科學計畫的失敗讓他陷入更深的絕望中，一如當時那個搖搖欲墜的德國。

「我曾沉思生命的意義，」他在五十六歲時寫道。「對於我這個年紀以及像我這種特質的人來說，人生唯一的價值就是行動、做事、成為有用的人。但我不知道，還有哪個單位、哪個機構、組織願意體諒我受損的自信心以及減退的能力。」

哈伯仍專注於履行自己的行政責任，並未由於黃金萃取計畫的挫敗而顯露一絲懊悔。他聘用研究人員積極從事基礎物理學、量子力學，甚至生理學的先驅研究，並以「不合時宜」為由，持續消除人們對於從前他曾參與化學戰爭的批評。後來，他還根據一戰期間研發化學武器所獲取的知識製造農業生產所需的殺蟲劑。

一九二〇年代末期，納粹黨的希特勒開始在德國嶄露頭角。這個極右翼政黨為了洗刷德國人在一戰戰敗的恥辱，極力鼓吹日耳曼民族的優越性，並在一九三三年取得政權後，開始禁止猶太人擔任法官與公務員，而且不得與基督徒享有同等待遇。化學家哈伯是猶太人，而且他所主持的研究所有四分之一科學家具猶太血統，其中還包括在一戰期間與哈伯交情深厚的愛因斯坦。這位赫赫有名的科學家早已看清納粹的真面目，納粹甫上臺，他便決定離開柏林，輾轉經由西歐的比利時和英國，遠赴新大陸的美國落腳定居。

在一戰末期受到英國毒氣彈攻擊而飽受驚嚇的那位沒沒無聞奧地利籍下士班長希特勒，後來在政界平步青雲。十五年後——即一九三三年——便已躍升為德國政壇領袖。曾與哈伯合作開發哈伯—博世法的卡爾．博世在一戰過後仍繼續在他的化學工廠生產哈伯研發的合成肥料、爆炸物與毒物。這位與哈伯長年合作的化學家曾呼籲這位新的國家領導人，應該停止種種對猶太科學家不公的對待，因為德國確實需要像哈伯這般頂尖的人才。「沒有那些猶太人，我們德國不過是在沒有物理學和化學的研究下，繼續運作一百年。」當時希特勒這麼回應。他當時並不想放過猶太人哈伯，雖然這位天才科學家所開啟的化學戰爭曾激勵他從政，並登上權力寶座。

納粹執政後，哈伯為自己艱難的處境感到心碎，意志消沉的他已失去對德國的認同感，而且已在德國淪為二等公民。他似乎一輩子只為某個單一的想法而努力，後來卻被迫放棄——誠如愛因斯坦的描述。由於他那無可質疑的愛國心、發明才能，甚至諾貝爾獎已無法再充作他的保護傘，他只好向威廉皇帝研究所提出辭呈，然後離開柏林，前往西班牙參加一場科學會議，從此未再回到他奉獻一生的德國。

諷刺的是，他後來經由一些英國毒氣專家——一戰時期協約國陣營競爭對手——的安排，在劍橋大學取得一席榮譽職位，這個轉變似乎又讓他的人生重燃一絲希望。他當時雖然接受這個職務，但身為一位服從的普魯士人，他覺得有必要和納粹德國把一些事情處理清楚——包括自己的納稅問題——而且要求當局發給他一份離境許可，讓他能「有尊嚴地離開德國」。身在國外的他遲遲無法取得那份官方離境許可狀，因此，他便要求他任職多年的威廉皇帝研究所把他的書面聲明張貼在所內布告欄上：「本人謹以這份聲明告別威廉皇帝研究所……二十二年來，研究所在我的領導下，於承平時期服務全人類，於戰爭時期為祖國效命。在我所能評估的範圍內，這些研究成果對德國的科學與國防發展都具有益處與實用價值。」

即使生命已接近尾聲，這位威廉二世御用的猶太裔化學家在思考科學既能滋養又能摧殘人類生命的雙重性時，仍未確實領悟在道德與愛國義務間可能存在激烈的衝突。一九三四年，他在瑞士短暫停留期間，因心臟病突發而猝逝，然而，他留給世人的科學遺產卻後患無窮：曾有一百萬人因為他的化學武器而受傷失明（若未考慮死亡人數）；在摩洛哥、利比亞、衣索匹亞、越南、伊朗、伊拉克及其他地區，軍方都曾使用哈伯發明的毒氣彈對付當地無辜的百姓；他的「毒氣部隊」物理學家詹姆斯・法蘭克在納粹上臺後流亡美國，並協助該國製造原子彈；西方的科學家們以不道德的態度將尖端科學知識投入軍事發展，並以哈伯的研究成果為基礎，繼續研發更具殺傷力的武器。

納粹獨裁者希特勒後來還相當看重哈伯的研究成果。他不但沒有如他先前所聲稱的，不惜讓德國科學界捨棄物理學及化學研究，甚至還進一步推動德國科學界以哈伯那種唐吉訶德式的精神，全力改良這位化學家曾發明的「神奇武器」。首先，這位納粹魔頭以大量資金支持德國化學家研發並生產合成汽油，接著還批准使用哈伯發明的劇毒氰化物「齊克隆B」（Zyklon B）——它原是哈伯的科學團隊為了製造農業用殺蟲劑而開發的化學藥劑。然而，令人鼻酸的是，納粹後來在集中營毒氣室使用這位猶太裔化學家發明的「齊克隆B」大規模毒殺猶太人，死亡人數多達四百萬，其中還包括數萬名猶太裔柏林人以及哈伯所有的姪兒與姪女。

# 第十章 凱特・柯爾維茲：母與子

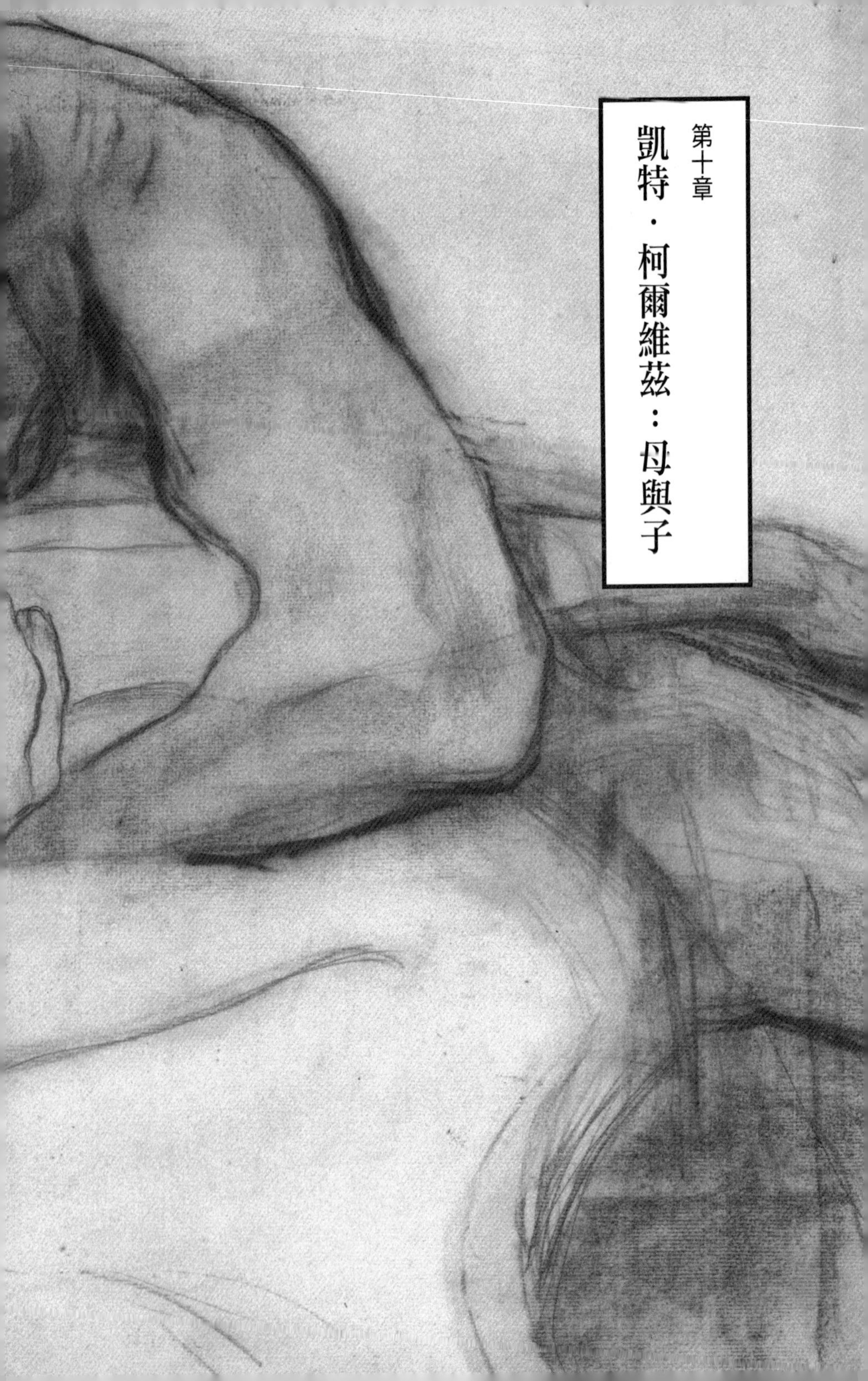

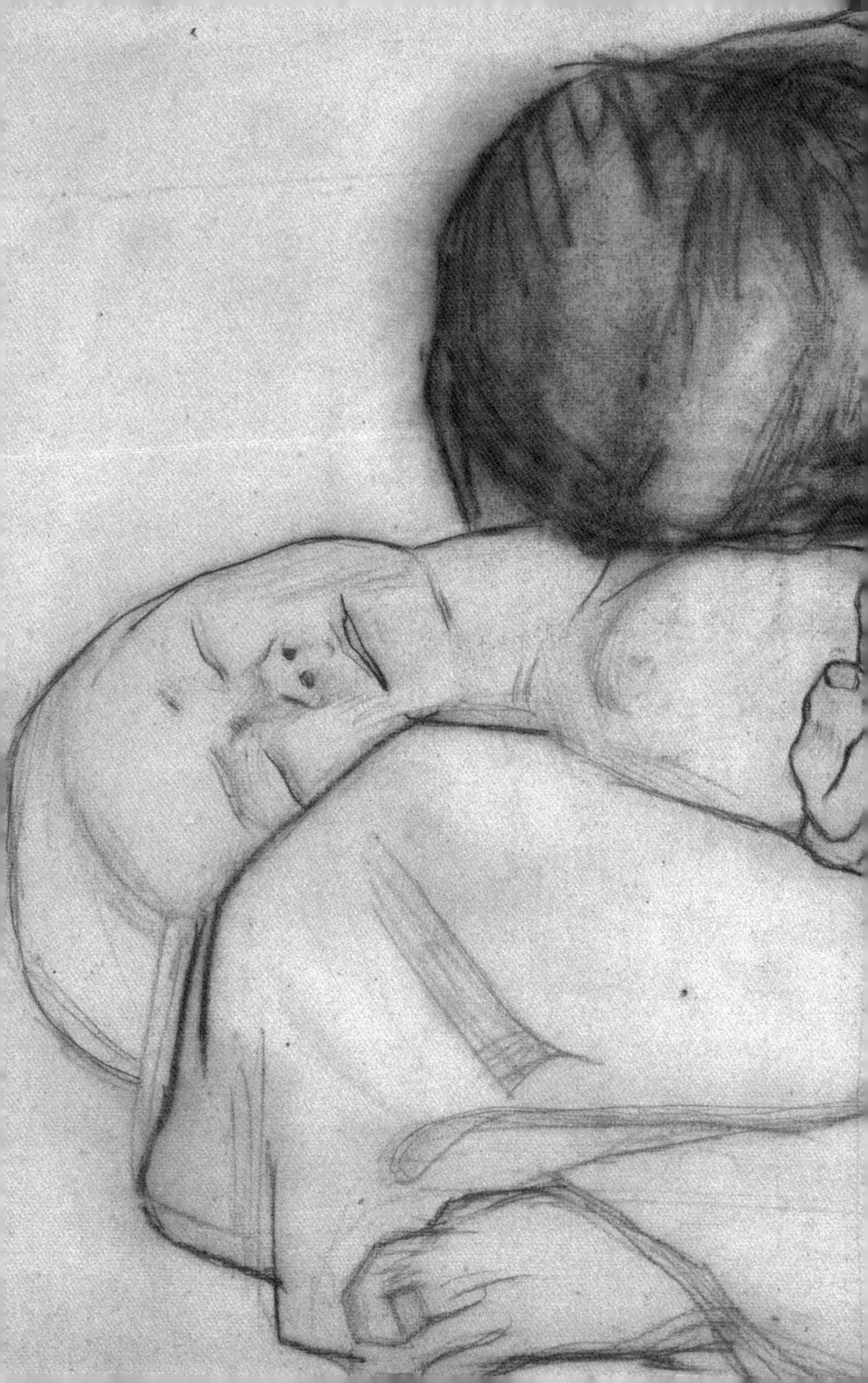

# 威爾特廣場，一九〇三年

男孩的頭往後仰垂著，身旁的母親緊緊抱住他那薄弱的身子，把臉埋入那個已不再呼吸的胸膛。相較於母親一頭稀疏枯敗的頭髮，這個孩子的髮絲猶如陽光下的羽毛，柔軟而溫暖。這位悲傷的母親用那雙強而有力的大手緊抓著孩子細瘦的肩膀，牢牢地把他抱在懷中。她渴望再次為他吹入生命的氣息，或把他吸回自己的子宮，重新孕育這個生命。「活下來！」「不要走！」這位女人撫屍慟哭，卻無法挽回兒子的性命。死者總是把我們拋下，讓我們帶著對他們的回憶與追想，獨自面對內心永遠失落的愛以及生命陰鬱黯淡的空虛。

凱特・柯爾維茲（Käthe Kollwitz, 1867-1945）是二十世紀德國最重要的女藝術家之一，也是柏林藝術學院第一位女教授，擅長版畫及雕塑。彼得・柯爾維茲（Peter Kollwitz）是她的次子，一九一四年第一次世界大戰剛爆發時，十八歲、臉龐仍稚嫩的他便和當時許多年齡相仿的德國青年加入志願軍，一起被派往西線戰場。德軍的工程師們忙著運送大砲；幾個以馬匹拖載軍需品的縱隊紛紛被調往前線；搭乘參謀總部專用軍車的軍官們帶著肅穆神情挺拔地站在行進車輛內，為了在這場「偉大的戰鬥」（die große Schlacht）中成功擊潰協約國的軍事陣線，還用嚴厲激烈的聲音對士兵下達命令。德意志帝國第四軍團的行軍隊伍正以引人矚目的方式，響亮地喀嗒著鞋跟，在西線戰地裡一路往南挺進。他們準備在攻下法國位於英吉利海峽沿岸的加萊港（Calais）之後，驅軍直下法國首都巴黎。後來一顆榴霰彈在第四軍團上方爆炸，兩座臨時搭起的軍營因而起火，部隊一週的配糧也化成了灰燼。然而這些自願從軍的德國熱血青年並未因此氣餒，反而一波又一波、震天價響地引吭高唱，準備迎接即將到來的勝利。

凱特的兒子彼得被編入德軍二〇七步兵團，他們到達比利時北部的荷蘭語區時——法蘭德斯地區——才從柏林往西開拔十天。然而，就在不到兩個月前，他還在挪威悠閒地消磨他的假期，不只跟德國友伴，還跟一群目前已成敵對的協約國年輕人一起在挪威湛藍的峽灣和高山的冰河之間健行。在北歐的荒野裡，這群來自不同國家的歐洲青年，已經聽聞奧匈帝國皇儲斐迪南大公在塞拉耶佛遇刺的這則重大國際事件。當他們在西挪威大城卑爾根（Bergen）握手道別時，還互相祝福對方並表示：「我們應該回家，可能會有戰爭發生。」現在，自願入伍的彼得和一些志同道合的朋友已在戰場上忙著挖壕溝，準備趴在這些溝壑內迎戰比利時的戰列步兵團。

昨天，彼得剛收到他母親凱特寄來的第一封信：「親愛的兒子，我們沒有接到你從比利時寄出的任何信件，所以我們假設你現在已經在法國境內了。或許你們已經與敵軍開戰。我的寶貝！雖然你現在的處境很危險，我可以想像此刻的你必須忍受許多戰爭的艱難，但我現在的心情已不像從前因為擔憂你的安危而沮喪消沉。或許這是因為我已經把一些精神壓力轉移到畫紙上。總之，我對你很有信心，我鍾愛的孩子！愛你的媽媽上。」彼得讀完這封家書後，便順手把它摺入胸前口袋裡。

隔天週四，步兵團在中午時分宣布停下工事，讓大家開始吃午餐，菜色有香腸和豆子，還有麥芽咖啡——味道類似咖啡的咖啡替代飲料，畢竟在戰爭時期海外的咖啡豆取得不易——彼得對於這種克難的伙食沒什麼意見，他甚至搞笑地發誓，自己可以吞下線狀的無煙火藥。「這些餐點還是勝過亞歷山大廣場旁的阿興爾餐廳（Aschinger）[1]，」同僚俞爾根（Jürgen）打趣地說。他是彼得在部隊裡剛結識的好友，平常喜歡開玩笑，雖然他穿的那雙長筒軍靴不合腳，腳丫子已磨出了好幾個水泡，雖然比利時重騎兵的突襲已切斷了他們步兵團的糧食補給。

就在這個午餐休息時段，炊事房突然竄出大火，彼得因為地面突然凸起而往後倒下，當他踉踉蹌蹌地尋找掩護時，上方還落下一陣陣泥雨。接著又有一顆炸彈爆炸，強大的爆炸力不僅炸開了營區地面，還夷平了那座隱藏在樹叢後方、擺放屍體與收容垂死者的臨時太平間。彼得此時掉進了炸開的大坑穴裡，他雖然因此得以躲避敵方機槍猛烈地掃射，卻陷在一堆棺木碎片、血肉模糊的屍塊和糞便當中。一群食屍的大鼠在驚恐之餘正爬過死者與瀕死者殘缺不全的肉體，疾速逃竄著。他還看到一隻手從泥土中伸出抓住地面，直到那個埋在下方的人窒息之後，才鬆開拳頭。在一堆破碎的黑色十字架另一邊，好友俞爾根已身受重傷，痛苦地在地上扭動身軀，掙扎地往前爬行，手裡還緊握一只鐵飯盒，兩隻眼睛因為失去視力而翻著白眼，下身只剩一條腿。

有鑑於敵軍的轟炸行動，二〇七步兵團便命令士兵們迅速穿越依瑟河（Yser），而且要趕在比利時軍方導入洪水、淹沒德軍修築的防禦線之前，越過河岸邊那片泥濘地。

就在那個週四傍晚，彼得和幾位隊友來到艾森（Esen）這個比利時村落，他們為了在戰鬥中尋找掩護而躲進一間廢棄農舍。彼得雖然精神很緊張，上氣不接下氣，不過他並不膽怯。此時，天邊夕陽散發的橘紅色霞光穿透了砲彈發射產生的煙霧。在槍林彈雨下，彼得和兩名戰友勉強爬過一扇玻璃已碎裂的窗戶，隨即爬進地面的一塊低凹處。此時，他們只能用身邊那堆當地人為了移植而剛割下的草皮做為遮擋，不過，總算暫時獲得喘息。後來，他們

1 創立於柏林的阿興爾餐廳是當時歐洲規模最大的連鎖餐廳，以物美價廉、薄利多銷為號召，內部裝潢典雅氣派，在鼎盛時期，每星期提供的餐包數量高達一百一十萬個。

又開始移動，彼得才一抬頭，嘴巴便被一顆子彈射穿而當場喪命。

接下來那幾天，光是在法蘭德斯的迪克斯穆德（Diksmuide）這個地方，就有超過兩萬五千名未受扎實軍事訓練的德國青年志願軍死於比利時軍隊槍彈與砲火下，由於死傷慘重，德國人後來還把這次的軍事失利稱為「對無知者的大屠殺」。然而，大量年輕德軍的犧牲並無法阻止比利時軍方開啟紐波特（Nieuwpoort）的水閘門，隨後一瀉而出的洪水果然淹沒了一英里寬的低地平原，成功地溺斃了在那裡布陣駐紮的德軍。

彼得喪命的隔天，母親從柏林寫給他的第二封信正好寄達：「親愛的兒子，你是否收到了這張卡片？我有一種奇怪的感覺，好像我們寫給你的信永遠無法寄到你的手中！我和爸爸都很好，我一直在畫畫，爸爸有許多工作要做。你現在大概在哪裡？我似乎感到困惑和迷惘。再見，親愛的兒子！爸媽在此表達對你的關心與牽掛。」這封信後來原封不動地退回柏林，上面只蓋著「退予寄件者——收件者已在軍事行動中陣亡」這些字樣的印章。

一九一四年十月底那個週二上午，四十七歲的凱特在家中接到兒子已捐軀戰場的噩耗後，便起身離開畫室，走進了彼得房裡。她把雙手放在床前的鐵質床頭片上，金屬的寒涼沁入了她的手心。她看著房間裡愛兒留下的畫架、書櫃、擺靠在遠處牆角邊那兩支滑雪板，以及掛在牆壁鐵釘上的那把吉他。這個叛逆、很有自我主張的孩子曾向母親一一列舉他在世生活的理由：撞球、登山、表現主義、夜晚的星空和五月的托斯卡尼（Tuscany）。他喜歡到阿興爾餐廳喝杯啤酒，無所事事地閒混著，或在他們居住的普連茲勞山丘區（Prenzlauer Berg）夏日市集裡，觀看丹麥人拍攝的電影，或和朋友們一起到森林裡遊走、歌唱。為了讓自己從嚴格的、普魯士傳統的價值觀與道德觀解放出來，他還加入了當時蓬勃發展的德國學生運動——「漂鳥運動」（die Wandervogel-Bewegung）[2]。他經常曠課，希望未來能像母親一樣，成為從事創作的藝術家。在一戰爆發的前一年，他開始在柏林的裝飾藝術美術館（Kunstgewerbemuseum）修習繪畫課程，不過後來卻自行中斷這項學習。他仍繼續逃學，喜歡在柏林西城維默斯朵夫區的葛倫納森林（Grunewald）漫遊健行，或跟一群友伴到柏林東南邊郊區的科彭尼克森林——那座蘇格蘭人阿巴尼在十七世紀三十年戰爭期間曾到此避寒過冬的森林——慶祝夏至和冬至。在他動身前往挪威之前，在他人生最後一個夏天，他的母親曾嚴厲、甚至極為苛刻地批評他任性的行徑。

泥巴：未經塑造、沒有形狀。它就像母親畫室裡那些用濕布包裹的黏土，正等待被賦予造型，就此獲得內在的釋放。它正等待一個故事的展開。

2「漂鳥運動」是十九世紀末、二十世紀初德國青年的新文化運動。當時這些年輕人有感於現代生活過於浮華與糜爛，而發起這個生活改革運動，旨在學習候鳥精神，透過在大自然中的漫遊冒險獲得生活的真理與歷練。

彼得現在已長眠於地底。他全身捆著防水布，被放進一個粗製的長形木箱內，下葬於德軍開挖的戰壕後方那片泥地裡。這個男孩曾兩次被切斷與母親相繫的臍帶，第一次在出生時，第二次在死亡時。凱特緊緊握著彼得房間那塊鐵質床頭片，直到她的指關節發白為止。她當時似乎聽到一個聲音，接著便開始大聲地對自己以及已過世的彼得說話，然後突然哭泣起來，抽噎地把自己那張絕望的臉埋進雙手裡。她無法停止啜泣，因為，一切已無以為繼。「這些孩子，這些孩子，」她嗚咽地說著，但實際上她想的卻是她的孩子。那個孩子。

死亡。凱特與死亡的對話早在四十年前左右便已展開，她當時只有六歲，是父母第三個存活下來的孩子。她出生於東普魯士首府柯尼斯堡市一個觀念進步的家庭。她父親是一位思想自由的法律專業人士，拒絕為當局服務，喜歡閱讀馬克思的著作，社會民主黨（SPD）才剛成立，便立刻申請加入。她的祖父是一名新教牧師、也是與當權者唱反調的異議人士，曾資助一批為爭取民主自由而在一八四八年德意志革命壯烈犧牲的革命分子。凱特的家庭在這個現實而庸俗的港都裡，雖然懷抱烏托邦的理想，所幸並未因此招致災禍和悲劇。

一八七三年的某一天，六歲的凱特和她的手足們一起圍坐在廚房餐桌旁，她的媽媽正在爐邊為他們舀湯。此時，家裡的老奶媽突然開門哭喊：「他在吐！他又吐了！」母親聽聞後，卻仍挺直身軀，堅強地站在火爐旁，不發一語地繼續為孩子們盛熱湯。當凱特一歲的弟弟班雅明（Benjamin）死於腦膜炎時，已沒有任何事物可以安慰她那傷心的母親。後來相繼出世的兩名嬰孩也都夭折，身為母親的她只能不斷地壓抑內心的喪子之痛。然而，羞怯而善感的小凱特在注視母親時，始終可以感受到她的苦楚與悲傷。沒多久，她的內在便升起一股強烈憤怒，彷彿是要藉自己的怒氣把母親的不幸與憂傷畫在紙張上。

凱特喜歡和她的姊妹一起探索這座位於波羅的海西岸、熙來攘往的港口。她們會漫步穿越國王公園（Königsgarten），繼續走到大教堂，然後再閒晃到港邊。她們會站在港口的木造浮橋上好幾個小時，任由繫在頸項上的圍巾迎風飄搖，出神地觀看碼頭工人把貨物從噴著蒸氣的汽船上卸下，接著搬入另一艘平底大貨船內：培根和木材的運送目的地是柏林，鱈魚乾和羊毛必須運抵萊比錫和德勒斯登。當這些苦力把沉重的木條箱搬上岸後，便起錨解纜，繼續航向其他的港口。他們全來自俄國、立陶宛和拉脫維亞，身上穿著皮革或帶毛綿羊皮製成的外衣，那副賣力勞動的模樣已在凱特內心激起一股難以名狀的渴望。

「在我的眼裡，柯尼斯堡的碼頭搬運工帶有一種美感。」年少的凱特宛如以初戀情懷描繪這些港口的勞動者。通常女生喜歡的緞帶、蝴蝶結、精緻物品和流行時尚對她並不具吸引力，而是工人純粹的勞動、身上堅實的肌肉以及熙來攘往的市井生活。在港口的碼頭上，她還曾親睹一位溺斃的小女孩被海水沖到岸上，一群人神情哀戚地把她冰冷的遺體抬走，幾位漁婦正為此哭號，旁邊還跟著一位悲傷卻沉默不語的父親。

星期天做完主日禮拜後，凱特會和她的兄弟姊妹們一起躺在牧師宿舍那間明亮前廳的地毯上，讓自己沉浸在百合花和拋光的家具所發散出的醉人香氣；如果他們想知道大人在交談什麼，就會安靜下來，仔細聆聽他們之間的對話；此外，喜歡視覺藝術的凱特還會到書架上翻閱這位年長新教牧師收藏的銅版畫冊。這位駐堂的老牧師始終認為，信徒必須為上帝賜予的天賦負起責任，如果個人擁有特殊才能，就必須承擔相對的義務。因此，他曾告訴凱特的父母，應該讓孩子充分發揮自己的能力——如果兒子擅於說故事，就應該培養他成為一名作家；如果女兒會唱歌，就應該鼓勵她加入合唱團。每個人都有義務發展自己的才能，而且這些能力如果能開花結果，就應該與群體分享，而不是用於爭取個人私利。總之，人們不該為自己保留與生俱來的長才，必須把它們奉獻給社會，如此一來，這些具有創造力的個人就有機會改造這個世界。

有時候，這位身材高瘦、穿著黑服的老牧師會讓年幼的凱特坐在他的膝上，為她講述《新約聖經》四福音書的故事，念誦十八世紀德國啟蒙運動重要作家勾特侯德．萊辛（Gotthold Ephraim Lessing）的作品和英國倫敦詩人湯瑪斯．胡得（Thomas Hood）的詩作，例如〈襯衫之歌〉（Song of the Shirt）這首詩。最令她印象深刻的是，有一次這位年邁的牧師在朗讀胡得那些關於城市窮人的詩篇時，他那嚴肅而堅毅的聲音卻突然停止，隨後凱特便看到他的淚水滴落在他那顫抖的雙手上。

凱特十一歲時，她的父母已經肯定她在繪畫方面的天分。她在十四歲開始接受藝術方面的訓練，首先跟柯尼斯堡的一位銅版畫家學習版畫技巧。兩年後，十六歲的她礙於當時柯尼斯堡藝術學院（Kunstakademie zu Königsberg）拒收女學生而無法入學，因此便私下跟該藝術學院教授、自然主義畫家艾米爾・奈德（Emil Neide）上課，學習繪畫。當她年滿十七歲後，她父親便先後把她送到慕尼黑藝術學院和柏林藝術學院（只有男生才具備入學資格）附設的女子學校就讀，殷切希望自己的女兒能接受更好的藝術教育，並藉由這些正規訓練讓她不再耽溺於內在那些浪漫的想法。然而，此時的她卻仍斷斷續續地著迷於那些靠粗重勞力謀生的碼頭搬運工和石匠，她已陷入一種莫名的渴望狀態，但卻不清楚自己在索求什麼。

她經常在一間沒有擺飾的大型畫室裡作畫，開始學習從生活中取材並透過專注的練習，而非靈感來提升自己的藝術技巧。她剪去長髮，穿上樸素的畫室工作服，不再花心思打扮自己。她就像當時其他的文藝女青年一樣，積極投入創作，而且不捲入男女關係，畢竟性行為意謂著婚姻與束縛。

她在柏林的第一個夏天，氣候炎熱，站在宿舍寢室的窗前向外望去，附近就是猶太裔實業家暨政治家華爾特・拉特瑙出生和莉莉・諾伊斯死亡的柏林城區。她凝視著那些棲身在拱門下的工人和他們的家庭，工人的妻子們正哄著哭鬧的孩子入睡，兩三個、甚至更多孩子擠在一張床上睡覺。許多家庭連一個房間也租不起，或在樓房的陽臺上餐風露宿，或在公園裡打地鋪。她曾在柏林市中心的安哈特火車站（Anhalter Bahnhof）看到成千上萬遠從鄉村地區擁入這個工業城市的外地人，他們從前大多從事農作或其他勞力的工作，正準備在工業蓬勃發展的柏林尋找工作機會。這些外來的移工會到生產輪胎或其他產品的工廠幹活，或在天色微亮時，到西門子、波爾西或德國通用電氣公司這些大型企業的廠房外排隊，等候入廠當臨時工。一些來自外地的女性為了在人口不斷增加的柏林討生活，會刻意打扮自己，戴著飾有蝴蝶結款式的軟帽為同屬外來客的男人提供性服務；育有幼兒的母親為了貼補家用，往往會把孩子留在家中，到別戶人家當奶媽，哺餵別人家的小孩。從一八五〇年到一八九〇年這四十年期間，市中心動物公園北邊、工廠林立的莫阿比特區人口數量足足增加了二十倍，柏林市的面積則往外擴張了一倍。柏林的冬季氣溫低、日照短，凱特曾於一個陰冷的早晨，在積雪的柏林街道上看到幾位工人的妻子聚在麵包店櫥窗前，看著裡面擺放的麵包，數著手中僅有的幾枚硬幣，身邊光著雙腳的孩子們因為又餓又冷，一邊嚎哭，一邊緊抓著她們的長裙。

對凱特而言，顏色代表擁有資產的布爾喬亞階級，而且人們使用顏色描繪美麗事物的表現方式就像書寫散文那般平鋪直敘；凱特認為，繪畫應該像詩的創作，同時含有主觀性與暗示性，而且她關心的對象是無產階級，所以她一生都從事單色畫的創作。

一八八六年，十九歲的凱特正式就讀於柏林女藝術家協會創辦的女子藝術學院（Damenakademie des Vereins der Berliner Künstlerinnen）。在入學的第一個冬天，她便發現了德國藝術家麥克斯·克靈爾（Max Klinger）的蝕刻金屬版畫作品。克靈爾是當時非常出色的蝕刻版畫家，為了賦予畫面史詩般的風格，他採取黑白單色的表現手法從事版畫創作。例如，在《人生》（*Ein Leben*）這個版畫系列裡，克靈爾用十五張單色銅版畫描述一位柏林年輕女子逐步走向毀滅的悲慘故事——女主人翁在失去童貞後，慘遭愛人遺棄而以賣淫維生，最後被活活丟入露天的城市下水道而溺水死亡——並藉此反映和嘲諷上層階級社會菁英的道德偽善。他在畫作中呈現出強烈的表現主義精神，並對於這樣的社會實相深表不以為然。

克靈爾對於繪畫充滿熱情的示範解放了凱特，讓她自此脫離原先寫實主義的藝術主張。她的創作技法變得更有表現力，畫面的線條更加流暢、灑脫。現在她已能自信地護衛自己的藝術見解，並堅定地把自己的創作奉獻給那群無法為自己發聲、無法表達自我感受的下層百姓。

受到克靈爾的版畫以及蓋哈特·豪普特曼（Gerhart Hauptmann）的劇作《紡織工》（*Die Weber*）——描述西利西亞地區紡織工群起反抗資本家剝削的故事——啟迪，凱特創作了第一批系列版畫作品《紡織工的起義》（*Ein Weberaufstand*），其中〈貧窮〉（Armut）是這個系列、一共六件版畫作品的第一件：在一間天花板低矮的陋屋裡，一位絕望的母親坐在床邊傾身看著躺在床上、瘦骨嶙峋、即將離世的幼子，父親則和另一個孩子無助地坐在暗處一架空織布機旁邊。這個系列的第二張作品則呈現死神輕觸這位母親手臂、並將她帶走的畫面。接下來的四張版畫則描繪一群紡織工因為這對貧困母子相繼死亡，憤而起義的故事。

《紡織工的起義》這個系列的版畫作品一共花了凱特四年時間。當它們在一八九八年年度的「柏林藝術大展」中展出時，獲得了熱烈迴響。〈貧窮〉這張被凱特稱為「悲傷的孩子」的版畫以五百馬克成交，當時德國最具影響力的畫家阿道夫・門采爾（Adolph Menzel）對凱特的版畫作品讚賞有加，還提議要把該年度這項展覽的金質獎章頒給她，但由於《紡織工的起義》系列作品內容觸怒了普魯士當局，德皇威廉二世便否決了這項提名。總之，用畫作批評時政的藝術家都應該被冷落，這是德意志帝國的藝文政策之一。

凱特此時三十一歲，已是兩個男孩的母親，她的丈夫卡爾・柯爾維茲醫師是當時與帝國健康保險機構合作的醫生（Kassenarzt），平素關心窮人而且想法相當開通。他們居住在工人階級聚居的普連茲勞山丘區，位於富裕的城中區外圍。這個城區的公寓住宅採光不佳、陰晦昏暗，而且天井臭氣沖天，居民根本無法擁有充足的光線和清新的空氣。在這個貧窮的工人住宅區裡，有四分之三的孩子沒見過日出，半數未聽過鳥鳴，三分之一的孩童發育不良，身高與體重均低於正常值。在一九二〇年代落腳於柏林的英國小說家伊舍伍德曾把這些雜亂、容易傳染肺結核的建築群戲稱為「窮人的營房」。擁擠、傳染病疫情頻傳的普連茲勞山丘區居民當時曾這麼調侃自己的生活環境：這種居住條件要致人於死，簡直就跟拿斧頭砍死人一樣容易。

凱特一家住的公寓比鄰居要寬敞許多，四間整潔的房間，外面還附有一個可以俯瞰威爾特廣場（Wörther-Platz）[3]的小陽臺，這個三角形大廣場也是當時這個工人城區唯一寬敞、開闊的戶外空間。這位充滿社會關懷的女藝術家會站在自家陽臺上眺望柏林市景，反問自己：「我能付出什麼？」她在婚後似乎樣樣不缺，育有兩個兒子，協助丈夫開設診所，並在住家為自己設置了一間配備齊全的畫室：一張橡木桌及創作蝕刻銅版畫所需的銅片材料和工具等。她那細緻、修長的臉龐雖然變得比較嚴肅，雙手因為使用燒鹼（氫氧化鈉）洗刷診所的地板而泛紅，但她的眼珠在暗沉、下垂的眼皮下仍透出少女般明亮、開朗的眼神，這也是卡爾如此深愛她的原因。她知道丈夫很愛她，一向支持並鼓勵她從事藝術創作，從未要求她配合他的各項需要。在這樣的婚姻與家庭關係下，母親的角色和職責不僅沒有消耗這位女性藝術家的生命力，反而讓她得到更豐富的感覺經驗而受到更多創作的激勵。她覺得自己在孩子出世後變得更有創造力。

3 一九四七年，東柏林的蘇聯占領軍為了紀念曾在威爾特廣場旁生活數十年的左傾藝術家凱特・柯爾維茲與她的夫婿卡爾・柯爾維茲醫師，把這座廣場更名為柯爾維茲廣場（Kollwitzplatz），名稱仍沿用至今。

從陽臺上往南瞭望，凱特可以在一片住房屋頂後方，看到柏林大教堂高聳的穹頂和柏林皇宮的建築群，往西瞧去，便是一些排放黑煙的工廠煙囪，可想而知，下方那些狀似怪物的引擎正冒著火星、製造烏煙，殷勤地為資本主義服務。清晨時分，她在陽臺上作畫時，會把素描本靠在胸前，或緊貼著那顆跳動的心。她每天在卡爾的候診室替病人辦理掛號後，就利用空檔時間為這些貧病交加的患者素描：裁縫師因為裁剪衣料而斷指、鋪瓦工因為從高處墜落而跛腳、孕期過度勞動的製革女工因為連續三次流產而身心受創，還有一對弓形腳的雙胞胎因患有肺結核而哮喘著。

她曾寫下自己對診所病患的觀察和感觸：「那些前來診所求醫的女人，讓我深受無產階級那種無從抗拒命運之力的震撼。……她們尚未解決的問題，例如賣淫和失業，讓我感到憂傷而痛苦。這些經驗讓我覺得，自己必須繼續研究這個備受剝削的工人階級。」

卡爾的病患後來也跟家裡的兩個兒子一樣，成了凱特描畫的對象。她努力用畫面捕捉「那些她在心靈層面所觀察到以及感受到的東西」。她經常捲起袖子，在畫室的大檯桌上著了魔似地工作著，任由前額的頭髮披落也不管，全心全意要把內在的意象表現在畫面上。「我始終用我體內的熱血從事創作，我的態度從未冷淡下來。」她曾這麼透露自己的心境。

然而，當時在位的威廉二世卻希望能控制藝術家，不願他們自由地表達心聲，就此掙脫傳統的束縛。這位末代德皇認為，藝術存在的目的在於反映帝國的偉業，藝術創作者只有頌揚日耳曼英雄才具有價值，這種觀點就和他的先祖——十五世紀的布蘭登堡選帝侯「鐵牙」——看待中世紀遊唱詩人的詩歌創作同出一轍。威廉二世在位期間，到處在首都柏林興建造型雄偉、宣揚德意志國族精神的紀念碑與紀念塑像，而且側面大多飾以胸部豐滿的天使以及穿著甲冑、神情歡欣的半神半人神話人物。此外，他還在市中心的動物公園內開闢一條勝利大道（Siegesallee），把霍亨索倫王朝三十二位統治者表情冷峻威嚴的雕像擺設於道路兩旁。這位德皇當時得意地認為，這是他送給柏林市的一大禮物，「甚至那些較低階層的市民在辛勞地工作後，如果在公園裡看到這些君王的塑像，也可以受這些偉人精神力量的鼓舞與提升。」

威廉二世的藝術觀就是透過藝術來讚許或威嚇人民，並以這種恩威並用的方式遂其掌控與操弄人民的目的。他在一九〇一年曾公開表示：「藝術只要踰越法律以及我所設下的限制，就不算是藝術……如果藝術只是要讓我們看到人民生活的悲慘——誠如時下我們經常看到的作品——甚至透過某種方式呈現比悲慘本身更醜陋的東西，那麼，這樣的創作已經干犯了我們德國人……而且已經墜落到社會的底層。」

德皇威廉二世在一九一八年因德國戰敗而遜位後，這條沿途擺放眾多普魯士君王塑像的勝利大道便被戲稱為「玩偶大道」（Puppenallee）。威瑪共和時期的猶太裔外交部長拉特瑙曾表示，這種公共建設不啻彰顯出德皇封建思想的愚昧；當時的柏林藝術學院院長、也是知名的印象派畫家利柏曼則建議市民，走在動物公園這條大道上要記得戴上深色鏡片的眼鏡，才能降低這些沒有藝術品味雕像的負面衝擊；最早開發旅遊指南書籍的德國出版商卡爾・貝德克（Karl Baedeker II）曾拒絕讓這條大道以及其他由威廉二世主導興建的紀念碑，在他出版的柏林旅遊指南中成為一星級的旅遊景點；美國女舞蹈家、現代舞創始人伊莎朵拉・鄧肯（Isadora Duncan）在那段時期經常造訪柏林，還曾呼籲柏林市民廢除這條大道。

威廉二世所謂藝術的罪人就是指柏林分離派（Berliner Sezession）的畫家和雕塑家。他們脫離傳統的藝術流派，全力發揚現代主義，而且還把柏林的藝術創作介紹給法國印象派畫家莫內、馬奈和塞尚，以及挪威的表現主義畫家孟克。凱特曾參加柏林分離派首次舉辦的畫展，這場畫展在柏林一炮而紅，開展的成功從此讓重工業和它的受害者成為被認可的藝術主題。由於德皇當時曾出言威脅要處罰到場參觀這場顛覆性藝展的軍官，權宜之下，想進場參觀的軍官只好隱匿自己的軍人身分，以改穿便服的方式溜進位於柏林西方劇院（Theater des Westens）的花園展場一睹究竟。

凱特仍積極從事創作，她在住家畫室裡用鋼針在上蠟的銅片上描畫，下方街道的嘈雜聲——那些衣著襤褸小販響亮的叫賣聲以及在樓房半地窖營業酒吧裡的酒客們帶著醉意的笑聲——似乎隨著她對工作的專注逐漸消散。她喜歡鋼針碰觸銅片的感覺，因為只要用最輕微的力道，便能在堅固、硬實的金屬媒材上流暢而隨意地刻畫出自己想呈現的畫面。她把自己對畫面的構想用鋼針的尖端勾勒、刻畫在上蠟的金屬板上，在刷除雕刻時挖出的捲曲狀蠟質細絲後，便用強酸腐蝕，製成印刷版畫的凹板。不過，她往往因為專心於製版而忘記放在廚房爐子上燉煮的那鍋扁豆湯，等到廚房飄出一股焦味時，才趕忙跑過去熄火善後。

凱特後來感到一股情感的迫切性而創作了〈被強姦〉（Vergawaltigt）這幅版畫，描繪一位被強暴的女孩被棄屍在矮樹叢下的景況。在畫室窗邊的工作檯上，她開始把自己對社會主義的關懷從《紡織工的起義》轉向第二個系列的版畫創作：《農民戰爭》（*Bauernkrieg*），一場發生於十六世紀馬丁·路德發動宗教改革期間的農民起義。其中，〈爆發〉（Ausbruch）這幅版畫裡那位被激怒而催促農奴群起反抗的女性，在年紀與外形上均與凱特本人相仿。在這個系列的版畫中，〈戰場〉（Schlachtfeld）這幅版畫尤其值得一提，畫面內容是一位母親彎著腰在屍橫遍野的戰場上尋找愛兒遺體的景象，這似乎在預言十幾年後彼得在西線戰場的陣亡，令後來的觀賞者大為震撼。這些版畫雖以歷史事件為題材，裡面的人物卻讓當時的柏林人覺得很熟悉，因為，凱特在擬繪草圖時都以自家診所那些哭泣、等待治療的男男女女做為模特兒。她用完成的金屬凹板印刷出許多版畫作品，但她同時也丟棄許多自己不滿意的印刷凹板，而她的丈夫卡爾卻從未抱怨凱特在版畫創作上的花費。

凱特曾迷惑於自己創作活動的週期性、情緒的高低起伏以及因為持續好幾個月未有作品而產生的絕望。當她凝視那些空白的畫紙時，會懊惱地用雙手抓住頭部，並膽戰心驚地認定自己竟如此缺乏藝術天份。她認為藝術的影響力就是她的生命潛力，因此，曾掙扎地嘗試找出可行的創作方式，比如用表格規畫創作的時間，或用想像力連結性與生殖力的主題等。然而，除了對失落持續的恐懼之外，她實在無法發現一些藝術靈感與日常生活的關聯性。

在一九〇二年那個嚴寒的冬天，凱特的兩個兒子全都病倒：大兒子漢斯（Hans）感染白喉，小兒子彼得的肺部狀況不佳。她和卡爾曾好幾個晚上為了照顧他們而未入眠，內心焦急不已。在沒有暖氣設備的臥房裡，沁入心中的寒氣讓她回想起母親的喪子之痛，這個記憶後來一直讓她活在自己可能失去孩子的痛苦陰影中。她發現，膽怯已逐漸侵襲她的心靈，對於失落的恐懼不僅讓她緊緊抓住眼前擁有的一切，也正侵蝕著她的勇氣。

數月過後，當春日微弱的陽光終於照射在孩子們的病床上時，他們也逐漸恢復健康，於是她決定把這段期間所感受的那股惶恐不安情緒，藉由創作表達出來。她在一面大鏡子前，把剛康復的彼得抱在懷裡，要求他把頭往後仰，放鬆全身的肌肉，安靜不動地裝死。然後她把鏡中自己抱著六歲彼得的模樣畫在紙上，直到這個姿勢讓他們很不舒服時，她才收筆並嘆了口氣。小彼得則用鳥囀般清脆的聲音安慰凱特說：「媽媽，不要擔心，妳這張畫也會畫得很棒！」

凱特筆下的墨水其實摻和著生命的熱血。那些素描的草圖、凹刻的金屬板和充斥著悲傷的蝕刻版畫作品一堆堆擺在畫室各個角落，靜靜地散發著金色的光輝。母親不捨地抱著亡兒的繪畫主題，在凱特往後的創作生涯中，一直縈繞在她心頭，她曾坦承：「關於這個主題的版畫全都萃取自我的生命。」

死亡藉由限制生命而激勵了生命！對死亡的感觸讓凱特變得更有活力，促使她全然地活出自我，絕不浪費自己的天賦。她愛她的丈夫卡爾，但隨著時間消逝，她已失去對他的熱情，甚至還對於他那些平常的生活需求感到憤怒。她曾高喊著要為自己爭取空間，不是把自己關在畫室裡，就是衝到外面街道上。當她的兩個兒子逐漸長大，更能自理生活時，她便獨自前往巴黎和佛羅倫斯旅行，並結識了匈牙利猶太人胡果．赫勒（Hugo Heller）。赫勒是一位充滿活力、博學多聞的藝術評論家，而且還是一位活躍的社會民主黨黨員，與凱特的政治觀點雷同。他後來在維也納開設藝廊，並開始與凱特通信。當他的妻子在一九〇九年過世後，凱特便成了他的情婦。

凱特在過世之前，燒毀了赫勒寫給她的所有信件，不過我們仍可在凱特留下的六張炭筆畫裡，窺知他們當時的愛戀與激情。在〈祕密〉（Sekreta）這幅炭筆畫裡，女人對著上方的男人敞開自己，那些訴諸感官的快速筆觸，充分呈現了這對戀人令人窒息的親密關係。在〈愛的場景I〉（Liebesszene 1）這幅畫中，男人緊抱著後仰的女人，並把頭埋在她的胸部。這位女主人翁也是凱特，她依舊任由內在的情感摧毀自己，依舊陷於告別摯愛的恐懼中。

在〈死亡與女人〉（Tod und Frau）這幅版畫中，女人後仰的體姿與〈愛的場景I〉的女主角雷同，只是男主角由情夫換成了死神。死神從後方把女人的雙手抓在她的背後，並用那雙骨瘦如柴的腳分別勾住女人向前弓曲的雙腳，試圖把她拉往暗處。她一方面想屈服於死神致命的擁抱，另一方面卻因為年幼、全身赤裸的孩子緊抓著她的乳房，而必須力抗死神的糾纏，掙扎地求生。

對於情感的依戀，這位女畫家曾寫道：「一個人在移情別戀後，還是要面對非常悲哀的事。生活依舊是過日子的生活，這就是世俗。或許正因為生活總是瀰漫著哀傷，讓生活本身變得更有美感。為什麼有些人看到人類生活最根本的樣態時，會留下淚水？因為，出生為人是最令人驚恐的事實。」

一九一四年，德皇向協約國宣戰時，四十七歲的凱特曾坐在床上不停地哭泣，八週後，才入伍沒幾天的小兒子便在比利時戰場上陣亡，她人生最大的恐懼果然成真。就跟當時許多德國父母一樣，凱特和卡爾也認為，德國為了保衛國土，應該參加第一次世界大戰。不過，當他們的孩子遭到敵軍砲轟、槍擊並投以毒氣彈而倒地身亡後，他們才明白：「我們從一開始就上當了！如果沒有這麼可怕的背叛，或許彼得現在還活著。彼得和幾百萬名男孩全都被出賣了！」

失去兒子讓她備感空虛，她試著用創作填補這個內在空洞。她不斷透過作畫來麻痺自己、轉移自己的注意力，以減輕內心的喪子之痛。她計畫雕塑一尊彼得的紀念塑像，一座她曾創作過最大型的雕塑作品，但這項雕塑計畫卻拖到十八年後──即一九三二年──才正式完成。她對這件雕塑品的構想起初是以陣亡的彼得為主題，後來轉為一件呈現一群父母悼念亡兒們的浮雕，最後才定案於一對各自屈膝跪下的花崗岩石雕像：被國家背叛而失去兒子的父母──即卡爾與凱特──以下跪的姿勢，各自沉痛地用雙手抱住自己的身體。這組石雕作品完成後，便擺在彼得下葬的墓園裡──埋葬兩萬五千六百四十四名德軍的比利時弗拉德斯洛戰爭公墓（Vladslo War Cementery）。卡爾和凱特當時還遠赴比利時，連袂出席這兩尊石雕像的揭幕典禮。

凱特深信，藝術可以、而且應該改變這個世界。她希望自己的作品可以為人民服務，可以帶動他們的情緒並鼓舞他們採取行動。當大批德國青年在戰場上慘遭敵軍屠戮後，威廉二世為了補充軍源，決定號召未成年青少年入伍參戰。此時凱特便在報章雜誌上發表一篇評論，公開挑戰這位帝國末代皇帝的威信並懇求他：「我們已經受夠了死亡！請不要再讓人民上戰場送死！」

也就在這段時期，凱特在創作上告別了歷史的主題，而且不再從過去的視角處理當前的一切。她殷切地盼望可以透過努力影響自己身處的時代，「一個人民如此茫然、如此需要幫助」的時代。在《戰爭》（*Krieg*）這個令人難忘的木版畫系列中，畫面散發的力量就跟畢卡索的名畫〈格爾尼卡〉一樣，令觀賞者深受震撼：首先是一位赤裸的母親獻出剛生下的嬰兒做為祭品，然後是死神的鼓聲讓一群狂熱的青年自願投入戰鬥，第三幅則是一群彼此緊緊依偎的母親形成一個抵抗的圓陣，宣示不願再失去孩子的決心。凱特在她的版畫創作中，感受到一種無可推諉的重任，她無法不為這些母親發聲，因為表達她們內心那永無止境的痛苦就是她的責任。

在小兒子過世後，凱特曾提筆寫下內心想對他說的話：「親愛的彼得，我試著讓自己成為你可以信賴的母親。這是什麼意思呢？我要用自己的方式愛我們的國家，就如同你曾用自己的方式愛它一樣。而且我還要讓這份愛發揮作用，所以，我求你留在我身旁幫助我，並讓我感受到你的存在。我知道，你就在那裡，猶如站在朦朧的霧中，所以我只能模糊地看著你。我祈求可以感覺到你的親近，這樣我就可以讓你的精神活在我的作品裡。」

一九一八年德國戰敗，五十二歲的凱特站在住家陽臺上，眼前的柏林市正因為挫敗與絕望而落入自我麻醉的恍惚中。一位因打仗而受傷的殘廢者在下方的威爾特廣場上乞討，走路的模樣像極了沙灘上的螃蟹，掛在那支金屬材質義肢上的幾枚戰爭勳章，還因為行走時彼此碰撞而持續發出叮噹的響聲。一些剛從戰場歸來的小伙子身上那身軍服的骯髒程度，就像剛從戰壕爬出一般，他們正抓住一位飢餓的、嘴唇塗上口紅的妓女，一起對著她唱歌和辱罵，似乎只要稍微被激怒，就要置她於死地。遠處還有一隻柏林動物園的大象正在拉煤炭車，因為許多馬匹已被不堪飢餓的市民屠宰充飢。第一次世界大戰的戰敗讓這座德意志帝國的首都徹底褪去那層炫麗外表，顯露出扭曲而醜陋的真實面。

共產蘇聯領導人列寧當時已在戰敗的德國首都街道上，播撒世界革命的種子。他從莫斯科把數百萬馬克的資金匯往柏林，並派遣三百位訓練有素的共產黨員偽裝成蘇聯駐柏林大使館的工作人員，在柏林積極煽動群眾響應無產階級革命。一九一九年一月的斯巴達克斯起義（Spartakusaufstand）[4]獲得這些蘇共活躍分子的大力支持，當時大批工人遂得以順利占領柏林的政府機關，這場布爾什維克政變眼看就要在德國告捷。德國共產黨領導人李卜克內西在一隊武裝卡車隊的助陣下，正式在柏林街道上展開遊行，準備接掌德國政權。然而，一群由第一次世界大戰退伍志願軍人組成的右翼「自由軍團」卻在此時發動武力攻擊，鎮壓這場起義。這些軍人用刺刀砍殺一群罷工的工人，還用機關槍掃射在國會大廈（Reichstag）外面聚

---

4 一九一九年的斯巴達克斯起義是由一九一七年成立的斯巴達克斯聯盟發動的無產階級革命，以推翻資本主義、帝國主義和軍國主義為目標。該聯盟的命名源自古羅馬帝國時代的奴隸起義領袖斯巴達克斯（Spartacus），它由李卜克內西和羅莎・盧森堡（Rosa Luxemburg）共同領導，並於一九一八年底改組為德國共產黨。

集的示威抗議者。這場激烈戰鬥產生的煙霧掩蓋了樹立在國會大廈前方那根高聳的勝利紀念柱[5]，而且還飄向巴黎廣場，由於在那裡旁觀的市民覺得眼睛刺痛，便紛紛擁入廣場旁的柏林藝術學院。「自由軍團」的武裝行動結束後，數百具殘缺不全的屍體全被丟進柏林的排水溝內。這場無產階級運動的激進理想主義者羅莎．盧森堡和另一位領導者李卜克內西被逮捕後，均遭嚴刑拷打並槍決。羅莎．盧森堡的遺體被丟進那條貫穿柏林市區、當時河面已結冰的蘭德韋爾運河（Landwehrkanal）中；李卜克內西被謀殺後，屍體被拋入動物公園的一座湖裡。

凱特並不是共產黨員，她認為自己比較支持人類社會的進化（Evolution）而非革命（Revolution），不過她當時接受了李卜克內西家人的請求，為他的遺體素描，以留下歷史見證。她當時一共為李卜克內西那具因痛苦而扭曲的遺體畫了六張炭筆畫，畫完之後，還用帶來的紅花遮蓋這位烈士頭顱上的幾處傷口。後來凱特根據那六張草圖創作了〈李卜克內西紀念像〉（Gedenkblatt für Karl Liebknecht）這件木版畫作品：一群無產階級的哀悼者圍聚在壯烈犧牲、模樣神似受難耶穌基督的李卜克內西遺體旁邊。這件藝術作品雖然很成功，但凱特在這個時期卻因為一直質疑自己的創作能力是否能確實表達自我，感到很苦惱。

「這次是不是該做木刻版畫？」她苦悶地自問。「如果這還行不通，就已經證明問題出在我身上。我簡直無法再從事藝術創作。」這番話不只顯露她的內在意象，還表達了她那種追求完美的精神。她還寫道：「我的內心存在一股虛無感，沒有感情，沒有想法，沒有參與，也不願藉由行動來提出挑戰。除了消沉，還是消沉，最後，陷入了最糟糕的情況。」

耶魯大學歷史學教授彼得・蓋伊（Peter Gay）曾在他的著作中簡明扼要地談到一戰後的德國：德皇退位後的威瑪共和時期起始於戰敗，存在於混亂，最後終結於災難。德國在戰敗後，由於必須支付巨額戰爭賠款而引發國內嚴重的通貨膨脹，德國馬克的劇烈貶值吞食了凱特與數百萬德國人一生的積蓄。接下來，一九二九年華爾街股市崩盤，導致美國及全球出現長期的經濟大蕭條，德國納粹黨便利用人民對於高失業率的極度不滿而迅速壯大起來。威瑪共和時期的德國政府因為過於怯弱，對本身承繼的帝國體制少有改革，而且還給予右翼的自由軍團某些實權，讓這個舊帝國的軍方勢力得以繼續在威瑪共和時期維繫既有的權勢。高舉德意志國族精神的半軍事組織「自由軍團」在成功鎮壓柏林的斯巴達克斯起義後，氣燄高張，當一九三三年納粹黨贏得國會選舉並正式執政時，他們便順理成章地成了納粹的效忠者。

上臺的希特勒也跟從前的威廉二世一樣，對於凱特的作品很反感，這也意謂著藝術必須再次為國家服務。在納粹執政初期，凱特在她的畫室裡創作最後一個系列、總共八件的版畫

---

5 原本聳立於國會大廈前方的勝利紀念柱，後來在一九三九年被執政的納粹黨搬移到六月十七日大道現址。

作品〈死亡〉（*Tod*）。在這些視覺風格強烈的石版畫中，位於上方的死神穿著一件迎風飄動的斗篷撲向一群孩子，接著擄獲一位女孩和她的母親，最後也攫住了凱特本身。死神用他那隻已從身體斷開的手，將他們強行拉出人間。

一九三七年，納粹在慕尼黑舉辦「墮落的藝術」（Entartete Kunst）這場展覽，透過展出六百件被納粹沒收的藝術品告知德國人民，哪些藝術表現方式是第三帝國可以接受或無法接受的，並藉此批判凱特以及那些當代藝術家，諸如：喬治．葛洛茨、奧托．迪克斯（Otto Dix）、馬克．夏卡爾（Marc Chagall）、瓦西里．康定斯基（Wassily Kandinsky）、恩斯特．基爾希納和皮特．蒙德里安（Piet Mondrian）等人。就在這一年，一場慶祝凱特七十歲誕辰的回顧展遭納粹當局取消，德國國內的公立美術館已不再展出與收藏凱特的版畫作品。還有她那件〈母親之塔〉（Turm der Mütter）——一群母親奮力阻止孩子成為戰爭犧牲品——的小型雕塑，也在住家所在的普連茲勞山丘區一場不重要的聯合藝展中被取下，禁止展出。

納粹祕密警察——蓋世太保（Gestapo）——曾兩次上門找她，到她的畫室裡翻翻找找，還掀掉一塊覆蓋在幾個未完成黏土塑像上的濕布。他們那時出言威脅，如果她不收回那些反法西斯的言論，就要逮捕她，而且還警告她，不要以為納粹會顧忌她的聲望和年紀而不敢把她送入集中營。她和卡爾已經為最糟糕的情況預做準備，隨身都攜帶著毒藥瓶，必要時可以結束自己的生命。不過，蓋世太保後來並沒有再來找他們夫婦的麻煩，因為這個祕密警察組織慣用恐懼和恫嚇的手段箝制人心，不論是針對凱特一家人，還是生活在德國各地的人民。

「當我的作品從藝術學院的展覽中被撤出時，周圍便出現了怪異的沉默。」凱特寫著。「幾乎沒有人和我談論它。我想，應該會有人來找我，或至少寫信給我，但都沒有。我們的周遭是如此寂靜。」

藝術家需要觀眾。凱特在她的藝術生涯中，以服務人民做為創作的出發點，她要為窮人發言，製作窮人買得起的印刷版畫。然而，在納粹期間，她卻無法再與他們接觸。她已被隔離於群體之外，禁止參與活動，無法再提醒或警告眾人，也無法記錄即將發生的時代悲劇。

一九四四年，當西方盟軍大規模轟炸柏林時，凱特已七十七歲，不過，她卻無緣見證第二次世界大戰結束。隔年四月，就在德國投降的半個月前，凱特逝世於德勒斯登。她的丈夫卡爾在被納粹禁止看診後，已於一九四〇年過世。他們那位也叫彼得的孫子——即大兒子漢斯的孩子——後來陣亡於蘇聯的東線戰場，所以也未能活過第二次世界大戰。凱特以柏林為家，她在這座首都城市從事藝術創作超過半世紀之久，然而，它現在卻慘遭盟軍全面轟炸而陷入一片火海之中。這種懲罰性空襲一方面摧毀了柏林，另一方面也殘酷地驚醒德國人，讓他們得以認清過去的種種迷妄。

凱特有許多作品在盟軍的轟炸中燒毀，幸好還有一百幅左右的自畫像——有炭筆畫、蝕刻版畫和木版畫——保留下來，完整地呈現了凱特的各個生命階段。此外，我們還可以從凱特許多留存的作品中觀察到，她的藝術技巧已爐火純青，可以充分地表達自己的意念與想法。當她凝視遠方並畫下她認為不該如此的景況時，嫻熟的程度宛如在描繪自己身上的臉頰和下巴。

凱特不斷地指控生活的實相，但另一方面卻又接受它的存在。她會在藝術創作中捕捉德國的母親和孩子所承受的苦難，柏林人也在她的作品中第一次看到自己真實、未經修飾的本來面貌。「我所有的作品都隱約透露著生活本身。我始終堅持，創作不該脫離生活。」凱特表示。

一九九五年，凱特過世五十年後，分裂的東、西德已經統一，十九世紀的普魯士御用建築師辛克爾在菩提樹下大道旁建造的新崗哨已轉為「德國戰爭暨暴政犧牲者紀念館」。在這個紀念館大廳的中央擺放著凱特在二戰爆發前夕完成的銅雕作品〈聖母慟子〉（Pietà；或中譯為〈聖殤〉、〈哀悼基督〉）[6]——哀傷的聖母抱著亡子耶穌的塑像。在這件雕塑品的地面下方，還埋葬了兩具姓名不詳、分屬不同陣營（德國和某個與它敵對的國家）的年輕士兵遺骸，泥土分別取自九個歐洲戰場以及五座納粹集中營：波蘭南部的奧許維茲（Auschwitz）、慕尼黑北邊的達豪（Dachau）、威瑪市郊的布亨華德（Buchenwald）、奧地利多瑙河岸的茅特豪森（Mauthausen）和法國鄰近德國邊界的納茲維勒（Natzweiler）。這座紀念館已經成為柏林目前最熱門的觀光景點之一，聖母懷抱亡兒的銅質雙手因為受到無數遊客的撫觸，早已磨得晶亮，散發著耀眼的光芒！

6〈聖母慟子〉是歐洲藝術史上相當重要的創作主題，描繪聖母瑪莉亞抱著剛從十字架卸下的耶穌基督遺體，藉此表現耶穌基督的犧牲以及聖母的悲慟。

第十一章

# 克里斯多福·伊舍伍德：在想像之城

## 諾倫朵夫街，一九二七年

英國女歌手、女演員尚・蘿絲（Jean Ross）在一家裝潢老舊的夜總會登臺演出，舞臺上的她像隻鳥兒似地點著頭，當她的音樂搭檔——一位英俊的鋼琴師——輕聲對她說話並提議什麼時，她彷彿受到驚嚇般焦躁不安地往後退，將臉埋進雙掌裡，幾乎遮住那張如櫻桃般紅潤的小嘴。接著她大笑起來，然後走到臺下鋼琴邊碰觸這位鋼琴師的手，開始吱吱喳喳地唱歌。站在吧檯旁的夜總會女老闆後來用她的雪茄發出信號，蘿絲便穿過一陣濃煙霧，走上窄小的舞臺並站在聚光燈下。

知名的英國記者暨小說家克里斯多福・伊舍伍德（Christopher Isherwood, 1904-1986）此時正坐在臺下——一雙孩子氣的藍眼睛和一綹落在前額的赤褐色頭髮——全神貫注地看著舞臺上這隻忙碌的鳥兒，並在一本黑色小筆記本上振筆疾書地記下這名與他同樣來自英國的表演者所有細節：她的頭型小、髮色深、鼻梁的弧線很美，那身黑色絲綢禮服因為白領子和白袖口的顏色對比，顯得很有設計感。她的指甲塗成翠綠色，流行的齊耳短髮造型讓她可以大膽地裸露她那柔嫩的細頸，並凸顯頸部修長的線條。當她飛奔向前、親吻那位鋼琴手時，那雙棕色大眼還專注地與他的眼神交會，即使她需要戴上眼鏡才能看個仔細，但她卻寧願捨棄，以免破壞她頭部漂亮的、像鳥頭般的輪廓。

舞臺旁，一位在環球電影公司（Universum Film AG；簡稱UFA）片場擔任配角、眉毛剃光的演員，卻對蘿絲的演唱不理不睬，反而把目光盯住臺下一位性感撩人的女侍者。他的鄰桌有個面色蒼白的女人，正伸手撫摸同桌一位搽著厚粉的年長婦女臉頰，只有當她丈夫向酒保示意點酒時，她才轉身看著坐在一旁的他。此外，臺下的席間還有兩個情人，各把一隻手擺在對方大腿上，頭部相互貼緊，並在一張加框的、題上「獻給一位、且唯一的一位溫德米爾夫人（Lady Windermere）[1]」的大頭照前面一起哭得稀里嘩啦。

蘿絲唱得很差，歌聲幾乎不帶情感，不過她似乎不在意。她咧嘴傻笑，擺出一副無所謂的樣子，惹得臺下的伊舍伍德放聲大笑。他覺得這位女同胞在表演時有一種特殊的喜感，因此也必須把她這項特質記在紙頁上。

伊舍伍德兩天前就已和蘿絲見面認識了。他和大學死黨、名詩人史蒂芬・史賓德

1 溫德米爾夫人是愛爾蘭劇作家奧斯卡・王爾德的喜劇作品《溫德米爾夫人的扇子：一部關於一位好女人的戲劇》（*Lady Windermere's Fan: A Play About a Good Woman*）裡的女主人翁。

（Stephen Spender）都住在柏林，當他們去拜訪朋友時，碰巧遇上蘿絲到這位友人家中借用電話。蘿絲告訴他們，她十九歲，是倫敦皇家戲劇藝術學院（Royal Academy of Dramatic Art；簡稱RADA）的輟學生。這位夜總會的表演女郎在私下面對陌生人時其實顯得很羞澀。為了讓氣氛熱絡起來，她會在交談中仔細描述她情人的特質，然後再用她那沾滿菸垢的手指從手提包裡取出一條女性避孕用的子宮帽，讓這兩位男性同胞見識一番。

「我覺得，那個女人實在令人厭惡透頂。」史賓德之後說道。

「我想，她真的還是個小女孩，」伊舍伍德用宏亮的聲音揶揄地回答，「下次我看到她時，會主動表示我的關愛。」

在柏林，一個迷思（myth）總會衍生出另一個迷思。一八四三年，法國小說家巴爾札克就曾指出，柏林是一個無聊的首都。「你只要想像一下，日內瓦如何迷失在本身的文化沙漠裡，就會對柏林有概念。」他這麼寫道，同時還不忘咒罵柏林市民只會順從權威、死命地工作、而且性情冷漠。德國批判寫實主義小說家提奧多・逢塔納（Theodor Fontane）後來也發言附和巴爾札克的看法，他認為柏林已失去文化的細緻與高雅。「柏林的一切只是模仿、中規中矩的尋常以及一些上得了檯面的平庸。而且所有的柏林人只要一離開柏林，就會覺得自己的城市確實如此。」逢塔納曾於一八九〇年代寫道。馬克思主義革命家羅莎・盧森堡曾有一次在書信裡提到：「大致說來，柏林給我最差的印象是冷漠、沒有品味、麻木遲鈍……

我相當痛恨柏林和德國人，我真想殺了他們。」

二十世紀初期，柏林一些酒館的木造舞臺上出現一種新型的柏林男子。他們頭戴前端有帽沿的警帽或軍帽，雙腳穿著粗質羊毛長襪，深知人情世故，喜歡耍小聰明，具有桀驁不馴的才智，而且喜歡質疑權威。與他們搭配演出的女人也是柏林當時新類型的女性。她們個性鮮明，沒有道德觀念，喜歡展現本身的活潑而不是漂亮的打扮。她們比艾爾莎更魯鈍，比媞米安更浪蕩，簡直就像發情的母狗，無所顧忌地表現自己的性慾。描繪這類男女的漫畫圖像在柏林帶動了一股想像風潮，席捲了諷刺歌舞劇（Kabarett）和綜藝雜耍等表演，而且很快地，柏林人也開始依照這種叛逆的時髦形象改造自己。在柏林落腳的外國人紛紛擁抱這個迷思，認定這就是真實的柏林，並且還讓自己的想像賦予這座都會新的樣貌。

德國年輕人早已在第一次世界大戰的西線戰場上失去了對未來的信心。戰敗之後，他們努力透過狂熱的性能量把握當下，隨著爵士樂隊以及那些模仿機槍噪音、砰砰作響的音樂舞動肢體，貪婪地在溫暖的肉體上尋求慾望的滿足，並敞開雙臂熱情地迎接外國的藝文青年，例如：愛爾蘭畫家法蘭西斯·培根（Francis Bacon）、蘇俄小說家弗拉迪米·納布可夫（Vladimir Nabokov）、美國作曲家暨作家保羅·鮑爾斯（Paul Bowles）、女文學家德尤娜·巴恩絲（Djuna Barnes）、作曲家暨鋼琴家亞倫·柯普蘭（Aaron Copland）、英德混血的女影星莉莉安·哈薇（Lilian Harvey）與瑞典銀幕巨星葛麗泰·嘉寶（Greta Garbo），還有小說家伊舍伍德和詩人史賓德及威斯坦·奧登（Wystan H. Auden）這三位彼此交情深厚、均出身劍橋大學的英國青年文學家。當時希望能在柏林有所發展的年輕女性已不想成為交際花，像美麗的蝴蝶般被供養著；柏林的男人也不堪寂寞，並不希望早晨獨自在冰冷、空蕩的床上醒來。總之，柏林人不論男女，都想無悔地過著屬於他們的一生，僅有的一生。

在一九三〇年以前，每年約有兩百多萬名訪客擁入這座恣肆放蕩的德國首都。其中許多人會在民宅臥房或牛郎酒吧裡與人廝混，會在化裝舞會及狂歡鬧飲中實現他們的幻想。腓特烈大街附近那條購物長廊裡，一些飢餓貧困的年輕男子為了填飽肚腹，願意以十馬克附加一杯啤酒的代價出賣自己的身體。每天傍晚在高檔的卡迪威百貨公司（KaDeWe）後面，一群青春活潑的柏林少女會把學校書包擱在一旁，津津有味地吃下一頓香腸晚餐，然後以輕快的步伐離開，為招待她們吃晚餐的男士提供性服務。德國作家科特·莫雷克（Curt Moreck）曾於一九三一年出版《墮落柏林的情色指南》（*Führer durch das lasterhafte Berlin*），他在書頁裡還附上許多柏林市街圖，並在這些地圖上詳細標示，有哪些幽街暗巷、私人俱樂部與時興的咖啡廳可以讓人們有機會從事性冒險。

「柏林已變成全世界的巴比倫[2]，所有的價值觀已經改變。」曾有多部小說以柏林一九二〇年代——即柏林的「黃金時代」——為故事背景的奧地利猶太裔作家史提凡·茨威格（Stefan Zweig）曾留下這樣的描述：「酒吧、遊樂園和夜總會如雨後春筍般冒出。搽了粉、塗上胭脂的年輕人沿著選帝侯大道遛達著……在燈光朦朧的酒吧裡，人們還可以看到一些政府官員及金融界人士不知羞恥地向喝醉的水手們獻殷勤……即使在蘇埃托尼烏斯（Suetonius）[3]時代的古羅馬城也不曾出現柏林舞會那些放蕩縱慾的場景。」這座首都魅惑力十足，就連一些知名的德國文學家，像布萊希特、托馬斯·曼（Thomas Mann）及艾利希·凱斯特納（Erich Kästner）也無法抗拒它的吸引。

柏林人的道德價值後來隨著德國馬克的幣值一起崩落。柏林是「一座沒有處女的城市，」史賓德寫道，「甚至連小貓和小狗都有性經驗。」

早在英國，伊舍伍德便已了解迷思的力量。他的父親是一名陸軍中校，陣亡於第一次世界大戰，因此伊舍伍德經常聽周圍的人談論，哪些英國人已在弗立茲·哈伯首次發動毒氣攻擊的伊普爾會戰時，陣亡於那場悲慘的混亂中。第一次世界大戰剛爆發時，十歲的伊舍伍德已被送入英格蘭中部瑞普頓（Repton）小鎮的一所寄宿學校就讀。伊舍伍德從前經常和他慈愛的父親一起玩摔角並跟他學習沖洗相片的技術，當他為國捐軀後，便已在伊舍伍德心目中成為一位遙遠、英勇的偶像。寄宿學校的老師們曾經採取尊重他的管教方式要求他遵守規

2 在《舊約聖經》裡，位於富庶兩河流域的巴比倫後來成為奢華與淫蕩的象徵，因而被稱作「冒犯上帝的城市」。

3 蘇埃托尼烏斯是羅馬帝國前期的歷史學者，有名著《羅馬十二帝王傳》傳世。

矩。他們會告訴他：「你要跟你的父親學習，以他為榜樣。」然而，他卻拒絕了師長們那種權威式的管教，「而在人類的叢林裡，成為那些因逃脫而得以存活的動物之一。」他後來離開了這種沒有情感、只要求合群而壓抑個體獨特性的學校生活，從此告別了傳統體制教育的平常與平凡。

他在劍橋大學就讀時期，曾與小說家愛德華・厄普沃（Edward Upward）密切交往。厄普沃是個深髮俊男，從前與伊舍伍德在瑞普頓的寄宿學校念書，早早便展露出小說創作的抱負與才華。某個夜晚，他們相偕在這座古老的大學城漫步，走在銀街（Silver Street）上時，偶然發現一面高大而空白的牆壁上有一扇裝著生銹鉸鏈的門。厄普沃後來大膽地把這扇上鎖的門假想為一道通往「另一個城鎮」的入口，而且他們兩人還一起穿過這道密門，進入一個虛構的村落：「死湖村」（Mortmere）。很快地，這對同伴便著迷於「死湖村」的故事創作，他們在接下來的兩年裡，以劍橋的朋友和熟人塑造故事中那些虛構人物，而且還推許彼此的文學創作，分享並連結各自的超現實以及與性有關的故事。在「死湖村」故事集裡，由兩位名叫克里斯多福・史塔恩（Christopher Starn）及愛德華・興德（Edward Hynd）的色情文學作家——即厄普沃與伊舍伍德這兩位作者的另一個自我（alter egos）——擔任敘事者，娓娓訴說發生在該村落的一些癡狂故事，例如折磨唱詩班男童的教區牧師、有戀屍癖的妓女以及製造天使的實驗。為了不讓幻想的泉源枯竭，這兩位劍橋大學生還從知名的勃朗特姊妹（Brontë）[4]及凱瑟琳・曼斯菲德（Katherine Mansfield）的英語小說裡汲取創作養分，從美國的愛倫・坡（Allan Poe）及德國格林兄弟的作品中偷取一些文學意象，並把劍橋居民之間一些平常的互動狀態——例如店主們相互握手、酒客們在酒館裡低聲交談——寫進這些故事裡。由於他們著魔般地從事小說創作而荒廢課業，最後未能通過學士學位考試，被劍橋退學。然而，伊舍伍德已在《死湖村故事集》（*The Mortmere Stories*）裡顯露他的創作天分，證明自己可以藉由蒐羅生活及文學的材料，建構出一些內容駭人聽聞的小說。

伊舍伍德並不想永遠活在他腦中的想像裡，他想要實際去碰觸，也希望被碰觸。他是個耽溺於感官慾望的青年，但周遭的英國人卻羞於身體接觸。他後來在倫敦遇到與他同期就讀於劍橋大學的名詩人奧登，並與他相戀。奧登對性的態度雖然單純，卻毫無節制，這往往讓他透不過氣來。這對同性戀人——奧登十九歲，伊舍伍德二十一歲——也在文學創作上相互合作。奧登決心成為他那個世代的詩人，伊舍伍德則被他認定為小說家，即使他的第一本著作《所有的共謀者》（*All the Conspirators*）——一本半自傳體小說——銷售不佳，只賣不到三百本。

4 勃朗特姊妹即英國十九世紀的三位姊妹作家，分別是：夏綠蒂・勃朗特，代表作《簡・愛》（*Jane Eyre*）；艾蜜莉・勃朗特，代表作《咆哮山莊》（*Wuthering Heights*）；安妮・勃朗特，代表作《荒野莊園的房客》（*The Tenant of Wildfell Hall*）。

「我所愛的就是舌頭上那短暫留存的味道……每一年都可能是我在世間的最後一年。」柏林的舞臺暨電影經紀人麥克思・萊哈特（Max Reinhardt）曾說道。他後來挖掘並栽培了女明星瑪琳・黛德麗，而且還經營德意志戲劇院（Deutsches Theater）。

一九二八年，就是這種轉瞬即逝的舌尖味覺吸引英國青年詩人奧登前往柏林，當然，他的愛人伊舍伍德也一路相隨。他們一起在城西的諾倫朵夫街（Nollendorfstraße）——一條老舊、死氣沉沉的街道，兩旁林立著一些大型公寓建築，裡面有許多中產階級家庭住戶因馬克大幅貶值而陷入貧困——租了一個房間。年輕的伊舍伍德後來也把一同在這間公寓租屋的室友以及那位女房東，寫進他當時正在構思的小說《再見，柏林》裡：酒保巴比（Bobby），一位舉止端莊、喜好日本恩客的妓女，還有身材走樣、厚顏無恥的女房東梅塔・圖勞（Meta Thurau）。留著一頭棕色鬈髮的圖勞小姐經常在煩惱自己的胸圍，由於英語發音不標準，總是以「伊希烏先生」（Herr Issyvoo）稱呼伊舍伍德。由於伊舍伍德有英國人優雅的舉止，因此，這位女房東認為他的水準應該高於她那些普通房客。伊舍伍德在《再見，柏林》的〈柏林日記〉篇章裡，隱去這位女房東的真實姓名，改稱她為施若德小姐（Fräulein Schroeder）。

伊舍伍德在十三、四歲時就已勤寫日記。現在他開始夢想撰寫一本有關柏林的史詩小說，除了觀察這座首都、蒐集創作素材之外，他還善用自己最熟悉的日記體裁。他固定每天上午到溫特菲德廣場（Winterfeldtplatz）旁的一家咖啡廳裡寫作，只要點一杯咖啡，就可以讓他在那逗留好幾個小時，搖著筆桿寫故事，有時他還會記下偶然從鄰座客人那裡聽到的一些零碎對話。他在下午教授英文，晚間則和奧登到夜總會冒險，或跟另一位劍橋的死黨史賓德到電影院看大導演弗立茲・朗（Fritz Lang）的著名影片《M》、欣賞《藍天使》（*Der Blaue Engel*）裡的黛德麗以及以同名原著改編的電影《一位迷失女孩的日記》裡的美國女演員露易絲・布魯克斯（Louise Brooks）。在悶熱的夏日裡，他會搭乘電車前往西南郊區的萬湖，並躺在湖濱浴場的沙灘上，觀看一群人在那裡打排球，或費力地閱讀阿弗烈德・德布林（Alfred Döblin）剛出版的那本德文長篇小說《柏林亞歷山大廣場》（*Berlin Alexanderplatz*）。

在諾倫朵夫街的那間出租公寓裡，還住著另一位英國房客威廉・羅伯森—史考特（William Robson-Scott）。這位英國人認為伊舍伍德是「一位屬於精確型的人。如果你跟著他走就會發現，他在任何地方看起來就像一隻非常聰明的鳥兒在觀察他的周遭，並記下每件他可以看到與理解的事物。」伊舍伍德在著手撰寫他的第一本柏林小說時，曾告知預備出版這部作品的出版社，他將以《在冬季》（*In the Winter*）做為它的書名——後來一度更改為《迷失者》（*The Lost*）——而且打算以未插入任何旁白的日記形式寫成，並在內容上呈現這座首都城市裡的一些真實人物以及真實發生過的新聞事件。

也從事文學創作的好友史賓德曾表示，伊舍伍德「已被他正在創作的小說中人物所環繞，那些鮮明透亮的人物圍聚在他四周，就像一朵光芒四射的雲彩將污穢骯髒遮掩起來，就像圖勞小姐的出租公寓裡那些因為小故障而令人困擾的照明燈具。他的模樣就像一位拙劣畫家所描畫的作家肖像，畫面中那位作家坐在他的椅子上沉思冥想。」就在這個時期，他還讓自己筆下最傑出的小說女主人翁來到諾倫朵夫街，而且不論她在逆境中、戀愛中或懷孕時，都願意讓她待在他的房間裡。

伊舍伍德認識的那位在夜總會登臺演出的蘿絲小姐，成長於英國殖民地埃及，在少女時代便喜歡在家中為她的父母表演話劇。她會在一個臨時搭起的舞臺上，用一些織有金線、產自埃及及南部努比亞（Nubia）的布料以及英國維多利亞時代的深色家具做擺飾。她曾扮演一位殘忍的、劫掠非洲沿海的巴巴利（Barbary）[5]海盜以及一位帶頭罷黜自己那位墮落、妻妾成群的回教酋長老公的女人，不過她從未在舞臺上扮演受害者，也從未讓自己受限於那些備受壓抑的女性角色，而是表現出一種大膽的獨立性。當她和手足們在回英國就學的航行中再度在舞臺上呈現這種特質時，她的父母當下便皺起眉頭表示不贊同。

蘿絲是個聰明的學生，她在年滿十六歲之前便已完成中學課程。但該校的女校長卻命令她必須再留校一年，重修一些學科，蘿絲為了反抗校長的命令，便向一位同學謊稱自己已經懷孕。校方知道消息後，便將她隔離在一個單獨的房間，以免其他的女學生受到不良影響。

後來，她因為謊言被拆穿而被學校開除。

而後，當她在報考皇家戲劇藝術學院時，自幼開始的那些非正式戲劇演出讓她占盡優勢而順利錄取。她在倫敦曾短暫地參與一些低成本、粗製濫造的英美喜劇，但內心覺得很不愉快，她聽說女演員可以輕鬆地在威瑪共和時期的柏林找到工作，於是便決定飄洋過海到這個首都城市發展。然而，更重要的是，她基於「人人平等」的信仰——白領與藍領以及兩性之間——而成為共產主義的支持者。那時柏林的街道是左派與右派意識形態者的血腥戰場，她就像許多她那個世代的政治活躍分子一樣，渴望挺身站在戰鬥前線。

伊舍伍德後來把蘿絲小姐寫進他的小說裡，她就是《再見，柏林》（*Goodbye to Berlin*）的女主角莎莉·鮑爾絲（Sally Bowles）的原型。

「那是昨天晚上和我一起睡覺的男人，」鮑爾絲小姐掛斷電話後，得意洋洋地宣布。「他做愛時真是不可思議，而且還是個做生意的天才，非常有錢……」

跟孔拉德·馮·寇恩及瑪格麗特·波瑪一樣，伊舍伍德也從生活中尋找文學創作的素材。為了故事情節的戲劇效果，他會把聽來的軼事逸聞及自己本身的生命經驗加以消化，並把它們編排在作品裡，一如他《死湖村故事集》以及早期那幾本小說的處理方式。他會根據

5 巴巴利即北非沿海諸國的古稱，包括摩洛哥、阿爾及利亞、突尼西亞與利比亞。

自認為恰當的作法，拿捏撰寫內容該有多少事實與虛構成分，該如何敘述鋪陳，哪些真人實事的材料應該被掩蓋、變更、替代或如實地反映與記錄。「你可以單刀直入，可以杜撰，也可以把情節單純化，」他如此解釋他的創作過程，「當你在塑造人物角色時，不妨加強他們某些光明面並加深某些陰暗面。」

蘿絲是與她的一位女性友人一起抵達柏林的，伊舍伍德在《再見，柏林》裡也這麼描述女主人翁莎莉。這兩位在夜總會演出的女演員、女歌手，不論是真實或虛構，歌喉都不好，音色低沉沙啞，都說著一口蹩腳德語，都假裝懷孕而被退學。伊舍伍德相信，女主角莎莉背後的真實人物蘿絲小姐並非一位淫蕩的女人，她只是「聽過大人們談論一些風騷的娼妓，所以……也想試著模仿那些事情」。

「我實在累得要命。昨天一整晚都沒有闔眼，因為我交上了一位超棒的新情人！」莎莉在《再見，柏林》裡這麼說。「親愛的克里斯多福！我這樣說話嚇著你了嗎？」她斜著眼瞥了一下伊舍伍德[6]。「一點兒也沒有，」伊舍伍德回答，「……妳那樣子說話只是神經質罷了。妳在本性上對不熟的人比較害羞。我想，妳用這麼激烈的說話策略是試著逼對方表態到底贊不贊同妳。我知道，因為我自己也曾這麼做，有時候……」

不過，小說中的莎莉在政治方面卻與真實生活中的蘿絲迥異。她對於政治的看法很膚淺，所以她不會像蘿絲那樣在西班牙內戰期間成為一名新聞記者，或擔任——只是傳說，未經證實——總部設於莫斯科的「共產國際」（Comintern）特工，投入這個意圖在全世界創建蘇維埃共和國的共產主義者國際組織。

伊舍伍德為女主人翁莎莉冠上鮑爾斯這個姓氏的靈感，與他一位友人有關，即日後寫下《遮蔽的天空》（*The Sheltering Sky*）這本小說的美國作家保羅・鮑爾斯。他經常和鮑爾斯、蘿絲及史賓德在選帝侯大道的西方咖啡廳戶外露臺上共進午餐，他們這些英語作家曾把這間柏林文青喜歡聚集的咖啡館稱為「一個海外戰場的角落」。英國詩人魯伯特・布魯克（Rupert Brooke）十五年前就在這家咖啡館草擬了他的詩篇〈格蘭切斯特那棟老舊的牧師宅邸〉（Grantchester）。

伊舍伍德塑造的小說人物跟他本人一樣，都喜歡瞎掰。莎莉總愛講一些荒誕不經的故事，謊稱母親是法國人，並自吹自擂地表示曾在倫敦藝術表演劇場（The London Palladium）及大競技場劇院（Coliseum Theatre）登臺演出。她的言行舉止讓自己看起來就像個不檢點的女人。還有，伊舍伍德第一本關於柏林的小說《柏林最後列車》（*Mr. Norris Changes Trains*）的主人翁亞瑟・諾利斯（Arthur Norris）也喜歡胡謅鬼扯，而且比莎莉更離譜。

6 伊舍伍德的文學作品帶有濃厚自傳色彩，他甚至不避諱直接以自己本名做為書中敘述者的姓名。

諾利斯這個角色是伊舍伍德以英國回憶錄作家暨評論家傑拉德・漢彌爾頓（Gerald Hamilton）為原型寫成的。同性戀作家漢彌爾頓出生於十九世紀末的上海，成長於英王愛德華七世時代。這個投機分子一向假裝自己有貴族血統，終其一生為了逃避債主並詐騙陌生人，而漂泊於歐洲各地。他曾宣稱，自己和一些德國王子以及深受俄國沙皇尼古拉二世倚重的神祕主義者拉斯普丁（Rasputin）交情甚篤，曾懇求教宗不要讓義大利捲入第一次世界大戰，並熱情支持愛爾蘭的國族主義運動。他後來在倫敦南邊的布里克斯頓監獄（Brixton prison）坐牢，服刑原因不是叛國就是本身對阿拉伯男孩的性癖好。他曾先後寫下三本自傳，但內容卻相互矛盾。他在柏林曾有一段時間擔任英國《泰晤士報》（The Times）的業務代表，直到他眷戀柏林的真正原因被揭露為止：參加那些充滿活力的性虐待狂與受虐狂的情色俱樂部（sadism & masochism clubs）。

在《再見，柏林》裡，做為第一人稱敘述者的伊舍伍德也曾為了追求性刺激，而把愛戀對象從華爾特・沃爾夫（Walter Wolff）轉到工人奧托・諾瓦克（Otto Nowak）身上。他在諾瓦克那間擁擠、沒有熱水供應的克難公寓裡寄住了一個月：「伊舍伍德穿過一座大型石頭拱門，走進一個老柏林縮影的地區，四處牆面上不是塗著象徵共產主義的鐵錘與鐮刀圖案以及納粹的卐字標誌，就是張貼著一些破破爛爛、與拍賣或鼓動某些犯罪行為有關的海報。那是一條極骯髒的鋪石街道，到處都是張開手腳在地上或坐或臥、淚眼汪汪的孩子。」

在〈諾瓦克一家〉這一章裡，諾瓦克熱情地歡迎伊舍伍德搬到他的公寓。當他為他的新戀人開門時，他說的那番誇張的話就好像他們已經好幾個月沒碰面似的。

「『咦……是克里斯多福！』諾瓦克跟平常一樣，立刻演了起來。極度的喜悅有如升起的旭日慢慢照亮他整張臉，面頰因微笑而露出酒窩。他飛奔向前，一隻手臂繞過我的脖子，並緊握著我的手：『克里斯多福，你這老鬼，這些日子都躲到哪裡去了？』」

伊舍伍德在建構一種更有感染力的幻想時，會遮掩現實，而改以暗示的方式揶揄他的讀者。在這本小說裡，他曾用娜塔莉亞・藍道爾（Natalia Landauer）這個角色美化了他好友史賓德的十八歲女友基莎・索勒威屈克（Gisa Soleweitschick）。對這位學識豐富、性情純潔的立陶宛猶太銀行家女兒而言，沒有什麼事能比一邊長距離地散步、一邊討論藝術更令她歡喜，她就這樣成了小說中的娜塔莉亞。伊舍伍德覺得，她性格的某些面向與他那些家境富裕的英語家教學生很類似。

娜塔莉亞・藍道爾當時「是個十八歲的女學生」，伊舍伍德寫道，「她有一頭蓬鬆的深色頭髮——或許太過蓬鬆了，使得她那張臉，雖有一雙閃閃發亮的眼睛，看起來卻太長太窄。她讓我想起幼小的狐狸。」在她家的大客廳裡，她「立刻打開話匣子，以滿腔熱情急切地操著那口破英語，向我介紹家裡收藏的唱片、相片和書籍。『你喜歡莫札特嗎？喜歡？喔，我也是！很喜歡！……這些相片是在太子宮（Kronprinzenpalais）拍的。你還沒去過？

找一天我帶你去好嗎？你喜歡海涅的詩嗎？請說真話，好嗎？』」

伊舍伍德把娜塔莉亞．藍道爾構思為一片烘托莎莉．鮑爾絲這朵紅花的綠葉，而且還透過情節安排讓這兩位對比強烈的女子碰面——處女對比蕩婦，純真無邪對比淫亂縱慾——即使這兩個女性角色背後的真實人物基莎與蘿絲實際上從未謀面。

「我一直打算做個實驗：介紹納塔莉亞跟莎莉認識。我大概事前就知道她們的相遇會有什麼結果。」小說的敘述者伊舍伍德幽默地說著，試圖模糊紀實與虛構之間的界線。在〈藍道爾一家〉這章裡，他們三人相約在選帝侯大道一家時髦的咖啡館碰面。莎莉比約定的時間晚到，她毫不避諱地告訴他們兩位，「最近在跟一位下流的猶太老製片人上床」，希望他會給她一份演出合約。好萊塢知名導演鮑伯．佛斯（Bob Fosse）在一九七〇年代重新融合伊舍伍德柏林故事的所有元素，以及相關的百老匯歌舞劇改編，完成《酒店》（*Cabaret*）[7]這部歌舞片。影片裡，這三個人在咖啡館碰面時還討論梅毒這種性病，這樣的呈現顯然比小說原著更為大膽。講究知識準確性的娜塔莉亞當時曾提出，這種性病可經由接吻及共用毛巾與杯子傳播。莎莉則表示，她並不確定這些說法是否正確，不過她確信，如果男人的陰莖像螺絲般「旋入」（screwing）女人的陰道裡，一方就會把這種性病傳染給另一方。

由於娜塔莉亞的英語只有初級程度，尚在初學階段，她既不認識screwing這個英文單字，也聽不懂莎莉後來提到的那一大串更為生動、與性有關的同義詞彙。坐在一旁的伊舍伍德——也是小說的第一人稱敘述者——也不想為娜塔莉亞翻譯莎莉這些不雅言談。不過，後來莎莉突然得意地想起一個德語詞彙，並響亮地讓它從口中迸出：「做愛！」（Bumsen!）這位放浪形骸的英國小姐德語雖不標準，這個語詞的發音倒很完美。

伊舍伍德這本自傳體小說所呈現的柏林已成為一種文學的構築。他將生活中的凡人轉變成作品中不凡的人物，這些文學角色已賦予柏林這座德國首都一種嶄新、迷思般的精神特質。

此外，小說中娜塔莉亞的堂兄班哈特·藍道爾（Bernhard Landauer）是伊舍伍德根據威爾弗利·以色列（Wilfrid Berthold Israel）這位猶太商人的形象塑造的。以色列是一位優雅的藝術品收藏家及慈善家，與愛因斯坦及拉特瑙這些柏林的猶太菁英交誼甚厚。在故事裡，他所化身的班哈特因心臟病突發死於納粹的監禁中，然而，真實世界裡的以色列卻被許多人視為「來自柏林的救星」：在納粹執政期間，他在英國擔任德國猶太人特使，所籌畫的「兒童載運行動」（Kindertransport），曾順利地從納粹控制的歐洲地區救出一萬名猶太兒童。

一九三一年，一位名叫約翰·布隆席德（John Blomshield）的美國富豪路經柏林，他的慷慨還讓剛結識的伊舍伍德、蘿絲與史賓德有機會耽溺於這座首都高檔奢華的享樂生活，

---

7 鮑伯·佛斯以《酒店》這部電影贏得一九七三年奧斯卡最佳導演獎。

雖然前後只有短短一週。在伊舍伍德這本小說中，布隆席德變成了整天酗酒的闊爺克萊夫（Clive）：「他身上帶有那種悲傷的、美國式的朦朧氣質，這向來就很迷人，在一個如此富有的人身上更是加倍迷人。」某天，克萊夫和莎莉搭乘飛機到德勒斯登遊玩，並於當天返回。在這趟一日遊之後，富豪克萊夫便提議他們三人一起進行一場環球旅行。然而，在《酒店》這部電影中，相關的情節內容卻有不少更動：小說裡的克萊夫已變成德國男爵麥西米連·馮·霍伊納（Maximilian von Heune）。伊舍伍德雖因這位多金的貴族男士而正式出櫃，坦承自己的同志身分，但他卻對這位雙性戀的花花公子竟能自在地面對與他和莎莉的「三角關係」（ménage à tro s）而醋意大發。他和莎莉為了爭寵，搶著跟麥西米連上床，這場愛情的競爭也扭曲了他和莎莉的友誼。

伊舍伍德與奧登這兩位英國男同志作家曾宣稱，柏林對他們而言就是那些年輕的同性伴侶。詩人奧登深受柏林當時的性自由、隨處可得的同性伴侶以及廉價的性服務吸引，所以，比伊舍伍德更早到這個德國首都落腳。他曾在腓特烈大街附近那條購物長廊裡，尋找穿著水手裝的青少年男妓、屬於勞動階級的屠夫兒子以及留西裝頭的青年。他曾在「荷蘭俱樂部」（Hollandais Club）裡體驗某些「粗暴的行為」，並在「黃金國夜總會」（Eldorado Lounge）裡，和那些有變性裝扮癖好的人嬉鬧玩在一起。後來，他還跟伊舍伍德——穿著套頭毛衣、喇叭褲、總是一副神采奕奕的模樣——到十字山區措仙納街（Zossener Straße）的一家髒亂廉價酒館裡鬼混。他們推開入口處那道沉甸甸的皮革門簾後，便直接走到裡面那個「溫暖舒適的角落」（Cosy Corner）裡窩著。這家消費低廉的酒館可以滿足各種顧客的需求，從戴著珍珠項鍊、臉部上妝的「阿姨」到穿著褲管很短的緊身皮褲的藍眼小伙子。那裡的洗手間雖未規畫可以躺臥的小臥房，卻可以讓酒客們發揮先前未曾想像的性幻想。柏林夜店生活的真實性滋養了這兩位同性戀作家的文學創作，反之亦然，他們的作品也豐富了柏林的夜店生活。在那個敗德的世界裡，伊舍伍德可以觸摸別人，也可以被別人觸摸，雙方在一陣愛撫之後，便墮入了自我放棄中。同性戀跟賣淫一樣，在當時的德國都是不合法的行為，然而，熱切的生理需求與冰冷的生存現實卻讓柏林人無法在乎法律規定。奧登後來乾脆把這座對同志相當友善的城市稱為「雞姦者的白日夢」（the bugger's daydream）。

如果柏林只意謂著年輕的男同性伴侶，這種說法對一九三〇年代的柏林來說，實在過於簡化。這座首都當時不僅是同性戀者縱情歡樂的遊樂場，更是各種意識形態的實驗室。儘管各政治派別的激進分子在這個都會裡為了未來發展如火如荼地爭鬥，但那些交歡的同性戀人們卻無視於這些激烈的政治衝突。在這樣的時代背景裡，男同性戀作家伊舍伍德——一位滿懷浪漫愛情觀的英國紳士——期待自己能在柏林找到一位理想的年輕男伴，一位足以讓他在現實生活中珍視的伴侶。

在搬進諾倫朵大街的出租公寓之前，伊舍伍德就住在柏林性學研究所（Institut für Sexualwissenschaft）隔壁。該機構由同性戀猶太裔醫生馬格努斯·赫希菲德（Magnus Hirschfeld）[8]創辦，是全世界最早成立的性學研究所。赫希菲德醫師當時在市中心的動物公園附近買下一棟豪華宅邸，並將這棟建築物改建為性學診所及研究中心。裡面的圖書館收藏了兩萬本書，以及超過四萬封與同性戀者的表白及自傳資料有關的信件。研究所鑲著嵌板的牆上，掛著一些知名同性戀者的肖像，其中包括功業彪炳的普魯士國王腓特烈大帝。除了提供婚前諮商服務之外，赫希菲德的性學研究所也針對各種性議題舉辦公開演講。

赫希菲德從事性學研究的目標並不是要「治療」人們，而是要協助他們自在地面對自己的性慾與性行為。當時他的性學著作——特別是他大力鼓吹的同性戀除罪化主張——受到畫家凱特·柯爾維茲與喬治·葛洛茨、作家史提凡·茨威格以及數千名具社會影響力的柏林賢達人士支持。伊舍伍德住在性學研究所旁邊那五個月期間，結識了赫希菲德以及他那位溫文儒雅的男祕書情人。中午時間，他會到研究所的食堂吃午餐，他發現那些男性用膳者經常穿著女裝，這讓伊舍伍德開始卸下心防，因為他知道，在這個研究所裡，同性戀不會被視為可恥的性變態。後來，他便大方地坦承自己的同性戀傾向，不再只是把它隱藏起來，只在暗地裡與男伴縱情於性的歡快中。

在伊舍伍德的小說裡，異性戀情的發展顯少有順利的。女主人翁莎莉——正如蘿絲——後來懷孕了！孩子的生父是虛構的克勞斯・林克（**Klaus Linke**）；蘿絲孩子的父親則是真實存在的、極富男性魅力的彼得・凡・艾克（**Peter van Eyck**）。他是柏林「溫德米爾夫人」夜總會的鋼琴手，在納粹取得政權後便與蘿絲匆匆離開德國，移居美國西岸的好萊塢，而後還參與一些著名影片的演出，例如驚悚片《恐懼的代價》（*The Wages of Fear*）以及冷戰經典片《冷戰諜魂》（*The Spy Who Came in from the Cold*）等。女主角莎莉後來決定墮胎，就跟她的原型人物蘿絲一樣，但由於伊舍伍德這本小說的出版商擔心敏感的英國讀者會起反感，便將這個情節從原稿中刪除。

對於大部分的外國人而言，《再見，柏林》的女主人翁莎莉已變成典型的柏林人：活躍、性感、窮困、輕率魯莽。不僅莎莉爽快的個性至今仍留存人們心中，伊舍伍德的小說——以及它們的戲劇與電影改編版本——也將因為那些角色鮮活地呈現了柏林的黃金年代而得以不朽。

8 赫希菲德是德國猶太裔內科醫生與性學專家。由於他曾提出同性戀並非病態、而是男性和女性以外的第三性這個革命性概念，被後世譽為「性學的愛因斯坦」。

「歷史正處於火熱的醞釀過程，」伊舍伍德後來在他那本半虛構的自傳《克里斯多福和他的伙伴們》（*Christopher and His Kind*）裡寫道，「這種歷史的醞釀將會檢驗所有政治理論的真偽，就如同實際的烹飪可以測試食譜的優劣。此外，柏林的歷史醞釀還因為股票市場失控、人民的高失業率、營養不良、對凡爾賽和約的憎惡以及其他影響因素而顯得異常騷動。」

「我是一臺不閉快門的相機，完全被動，只記錄而不思考。記錄那個男人在對面的窗邊刮鬍子以及那個穿和服的女人在洗頭。有一天，所有這一切將會被顯影、定影、小心翼翼地沖印出來。」然而，伊舍伍德卻從未像他在這段文字所宣稱的那樣，僅僅是一位記錄者，他的小說《再見，柏林》其實開始於他對客觀世界的幻想。當他還是個小男孩時，曾有人送給他一臺柯達公司製造的布朗尼（Brownie）盒子照相機，在童年那些綿綿夏日裡，他會和他那位一戰英雄父親一起從事攝影。在拍照時，他會選擇照相機鏡頭應該對準的方位；在創作小說時，他會挑選與擷取內容，並安排情節以便創造故事。他在六、七歲時，便已提筆書寫他的第一本書《我朋友的故事》（*The History of My Friends*）。初試啼聲的他竟已懂得使用小說創作的技巧，將自己的兒時玩伴塑造成書中角色，並把自己的生活經驗寫進裡面一系列的場景與事件當中。當他長大後，還透過《死湖村故事集》、自傳體小說及小說式自傳的創作，進一步提升自己的寫作技巧。在性方面，他有一部分顯得不可捉摸，經常無法如實地呈現在文字段落裡，不過那卻是他藝術力量的來源。他讓筆下所塑造的那位機智、精通文學的人物成為他真實的男同性戀生命一個虛構的綜合體，而且還把本身對客觀世界的幻想以及身為作者的超然立場具體化。

「對我而言，這是唯一的保護，唯一的希望。」他在《克里斯多福和他的伙伴們》裡寫道，這已明顯透露出他心底的私密。「讓我為一種確定的平靜、一種確定的平衡而奮鬥。讓我獲得勇氣。絕對、絕對不要向自己最親近的朋友承認自己的弱點。畢竟唯一的快樂或真正健全的心智只存在於一種不貼近任何人、個體兀自獨立的存在狀態核心裡。這種徹頭徹尾的冷漠核心就是無上的榮光，所以，每個人都可以走自己的路。既是完全的謙卑，也是徹底的孤獨。」

然而，這個「真理」也是一種態度，也是另一個令人捉摸不定的幻想。

在一九三三年一個暮春夜晚，伊舍伍德看著兩萬五千本「非德意志」書籍——包括莫雷克的《墮落柏林的情色指南》以及性學研究所全部的圖書資料——在菩提樹下大道旁一座廣場上被燒毀。他聽到納粹宣傳部長戈培爾在致詞時，要求現場那些歡欣鼓舞的學生及納粹黨徒「焚毀過去的邪惡靈魂……未來的德國人不該只是擁有書籍的人，更要成為有品格的人。為了這個目的，我們必須教育你們。」

此時希特勒已奪取政權，支持納粹的德國人決定擁抱這位領導人好戰的承諾，放棄他們在威瑪共和時期那些不確定的探索，繼而走向自我毀滅。在一間猶太人開設的百貨公司入口處，伊舍伍德認出一位從前經常流連於措仙納街那家廉價酒館「溫暖舒適的角落」的年輕人，沒想到此刻的他竟已穿上納粹「褐衫突擊隊」（Sturmabteilung；簡稱ＳＡ）制服。而後他發現自己想起了魯迪，一位狂熱的共產主義者，在那個非常時期，他心想或許魯迪已被拷打至死。柏林那些俊美的男孩們在劫難逃！

伊舍伍德在《再見，柏林》的結尾處寫著：「我在一家商店的鏡子裡瞥見自己的臉，驚駭地發現自己正在微笑。在這麼美好的天氣裡，你會不由得笑了起來。電車在克萊斯特街（Kleiststraße）上來回穿梭，就跟往常一樣。這些電車、人行道上的行人，和諾倫朵夫廣場地鐵站那個如茶壺保溫套的圓頂，都有一種奇特的熟悉感，彷彿是記憶中某些稀鬆平常且令人愉快的過去——彷彿是一張很棒的照片。」

「不，」他下結論，似乎要證明他自己那些片面的真理是正確的。「即使到現在，我仍無法完全相信這一切真的發生過……」

約於《再見，柏林》出版的前後，伊舍伍德燒掉了他在柏林時期寫下的日記，這種作風跟他在這部小說裡塑造的人物如出一轍。因此，沒有人能完全知曉他在柏林生活那些日日夜夜的真相。對此他曾表示，他已「摧毀了自己真正的過去」，因為他寧可讓「他所創造的這個已簡化、更具刺激性的虛構過去」呈現在世人眼前。雖然，他的解釋仍不具說服力，但這些日記的手稿實際上只對文學史的學術研究有意義，畢竟從這些日記所凝聚出的文學作品仍比其所顯露的文學家本身更重要。

「我是照相機」（I am a Camera）[9]，伊舍伍德在這本小說裡寫著，然後，他按下快門，拍出了一個迷思，柏林的迷思。

[9] 這句話也改編自《再見，柏林》的百老匯歌舞劇名稱：《我是照相機》（*I am a Camera*）。

Theater
: 29
schen
per
MARTIN
ITA
MAXIMOWNA

# 第十二章
# 貝爾托·布萊希特：運勢及史詩戲劇

# 造船工人大道劇院，一九二八年

柏林，一九二八年九月一日

親愛的哥哥：

很抱歉，我來到柏林後，一直拖到現在才寫信給你。今年夏天，我從福克旺藝術學校（Folkwangschule）畢業，與家人告別後便搬到柏林，還要適應這裡的環境，簡直忙瘋了！你曾開玩笑說，我只要一到柏林，大名鼎鼎的柏林演藝經紀人麥克思．萊哈特就會跟我約在車站見面，事實上並沒有。不過，我已經在一家劇院找到工作，而且還親了萊哈特一手栽培的明星瑪琳．黛德麗。

讓我從頭跟你介紹柏林。這個首都的面積是我們家鄉杜伊斯堡市（Duisburg）的二十幾倍，擁有二十五家上演正規戲劇的劇院、一個超大型的劇團、啤酒屋的規模跟火車站差不多，豪華的葡萄酒館往往是五層樓高的大型建築。此外，柏林還有七條地鐵線、上百間電影院，卡爾斯達特百貨公司（Karstadt）那根十五公尺高的燈柱，是夜行飛機降落天普霍夫機場（Flughafen Tempelhof）的最佳參考地標。在柏林，不管你往任何方向前進，只要一直往前走，不是碰到未來派藝術展覽、國際探戈舞賽，就是遇上柏林街頭為期六天的自行車賽事。順道走進任何一家電影院，你會看到觀眾席上坐著數百名女店員，正目不轉睛地盯著銀幕，在黑暗中哭花了她們的眼妝。當身旁那些臉上長青春痘的護花使者把手緩緩往她們的大腿移動時，她們的內心還洋溢著浪漫的情懷。柏林愛樂交響樂團的指揮佛特萬格勒（Wilhelm Furtwängler）正帶領該樂團邁向他上任後的第五個樂季。另一位重量級指揮家克倫培勒（Otto Klemperer）則在克羅歌劇院（Kroll-Oper）演出。作曲家暨指揮家理查·史特勞斯（Richard Strauss）、大提琴家卡薩爾斯（Pablo Casals）與指揮家托斯卡尼尼（Arturo Toscanini）也已把他們的音樂會排入下次的柏林音樂節。或許就在此時，大導演弗立茲·朗和重量級拳王麥克思·胥梅林（Max Schmeling）正在羅馬咖啡廳（Romanisches Café）裡討論裸體歌舞劇的演出細節。

我已經走過許多柏林的街道，我現在覺得自己已經熟悉這座城市。我剛抵達柏林時，便立即展開求職行動，一開始我先到「室內劇院」（Kammerspiele）、「論壇劇場」（Tribüne）以及「柏林戲劇院」（Berliner Theater）尋找工作機會。在福克旺藝術學校念書時，我的劇作《仲夏夜之夢》曾被票選為「最具創意」的學生作品，或許你會認為我應該很容易在柏林的劇院找到工作。不過，當我去拜訪那些我已遞出求職履歷的柏林劇院經理時，我卻發現，他們都找不到我郵寄的履歷資料，幸好我那時聽從你的建議額外準備副本，所以，還可以當面把資料補交給他們。這些主管都答應會再和我聯繫，然而當我折回「喜劇院」（Lustspielhaus）取回我遺忘在那兒的帽子時，我親眼看到那位剛與我面談的經理已經把我的申請文件丟進垃圾桶裡。這一幕讓我感到很氣餒，原來我只是一個永遠無法符合他們戲劇夢想的無名小卒！在戲劇界求職的挫折，差點兒讓我順道走進五星級的阿德隆飯店（Hotel Adlon），拿出父親的介紹信，當場向它的人事主管求職。

我在生日那天買了一張音樂劇的票犒賞自己（座位是最上層的觀眾席，視野受限），演出的節目是這一季新推出、頗受好評的音樂劇《醞釀當中》（*Es liegt in der Luft*），由馬塞魯斯．緒佛（Marcellus Schiffer）創作腳本與歌詞，米夏．史波連斯基（Mischa Spoliansky）作曲。我當時是衝著演出陣容裡有黛德麗，才決定買票捧場的。她在這齣音樂劇裡，與法國女歌手瑪歌．萊恩（Margo Lion）演出二重唱，歌詞內容是關於購買女性內衣，以及在一家商店的櫃檯玩「躲貓貓」而被發現的故事。太高興了！散場後，我還跟著其他的單身男性觀眾等在後臺門口，並設法引起黛德麗的注意。我趁她在我的節目單上簽名時告訴她，我多麼喜歡她在《振作起來》（*Chin Up*）和《查理》（*Charly*）這兩部影片裡的演出，隨後她便在我的臉頰上親了一下。啊！親愛的哥哥，就把這件事說給你那些無聊的圖書館同事聽吧！

這件事真的讓我「振作起來」，隔天，我嘗試到史普雷河畔、柳樹堤大橋旁的「造船工人大道劇院」（Theater am Schiffbauerdamm）應徵工作。幸運之神果真眷顧了我！這家劇院在排練一齣新劇碼，正缺人手，我當場被雇用為後臺助理！美夢成真！

獲得這份工作簡直讓我欣喜若狂……但當我看到這齣新戲首次彩排時，卻大失所望。當時的預演實在亂七八糟，毫無秩序可言，我發現自己很期待舞臺上能搬演一些四平八穩、事先能有所預期的萊辛或席勒的戲劇作品。我無精打采地張著嘴巴，在一旁注視著那些相互爭吵的演員以及那位不斷口出惡言的導演。我當時因為過於驚訝而幾乎無法移動身體——除了他們派我到外面跑腿買酒，以補足他們的白蘭地存量之外。戲劇的熱情在哪裡？悲劇淨化情感的效果在哪裡？我自問著。你知道嗎？我們杜伊斯堡的戲劇演出從不會這樣！但願我以後能跳槽到選帝侯大道喜劇院（Komödie am Kurfürstendamm），在那裡與黛德麗共事（她那雙腿……你看過艾棠牌（Etam）的女用長絲襪廣告嗎？）。

我目前從事的這齣新戲叫做《三便士歌劇》（*Dreigroschenoper*；在這個時候其實沒有什麼是可以確定的，一切都可能出現變動），由布萊希特撰寫與執導。兩年前，我們曾在杜塞道夫一起觀賞布萊希特的戲劇《人等於人》（*Man equals Man*）的演出，後來我們沒看完便離開（你應該還記得，其中那個可笑的「幕間演出片段」——變成一隻幼象的主角被指控為弒母兇手）。不過，這次《三便士歌劇》的內容卻很精采，劇情主要環繞著維多利亞時代倫敦下層社會的犯罪、不道德與背叛。這齣音樂劇的創作雖改編自英國知名的《乞丐歌劇》（*The Beggar's Opera*），但卻因為布萊希特採用一些錯綜複雜的情節和荒謬的假設，而與原劇內容相去甚遠，而且他還試著讓觀眾——抱歉，依照他的見解應該是「觀察者」——脫離劇中那些「虛幻的」敘述，讓他們可以冷靜地面對那些角色所表現的情緒。

《三便士歌劇》的製作過程頗為曲折，正如它在舞臺上所呈現的劇情發展。今年年初，由於「造船工人大道劇院」的二十九歲演員恩斯特・奧夫里希特（Ernst Josef Aufricht）夢想成為節目製作人，於是便向他父親借了十萬馬克，租下這家劇院。他當時仍不清楚該推出哪個劇目，也沒有找到可以合作的劇作家——比如活躍於德語戲劇界的恩斯特・托勒（Ernst Toller）與里翁・福希特萬爾（Lion Feuchtwanger）。碰巧奧夫里希特後來在許利希特咖啡館（Café Schlichter）遇見了布萊希特。在交談中，布萊希特抓住這個表現的機會，建議奧夫里希特製作他改編自英國劇作家約翰・蓋伊（John Gay）《乞丐歌劇》的音樂劇，即《三便士歌劇》。根據早期參與《三便士歌劇》演出的猶太裔演員庫特・蓋隆（Kurt Gerron）[1]描述，《三便士歌劇》的共同編寫者伊麗莎白・浩蒲特蔓（Elisabeth Hauptmann）是布萊希特的作家女友，當時她為了重獲她「大師」的關愛，已辛苦地改寫《乞丐歌劇》的劇本好幾個月。當布萊希特在那家咖啡館說服奧夫里希特可以考慮製作他尚未完稿的音樂劇《三便士歌劇》後，便火速奔回胥畢亨街（Spichernstraße）的住處，將浩蒲特蔓寫在草稿上的六個場景以打字定稿，並交給奧夫里希特。這位初試啼聲的製作人看過這部分的劇本後，十分喜歡，而且還同意由作曲家庫特・懷爾（Kurt Weill）為該音樂劇的歌曲與配樂譜曲。

八月初，當《三便士歌劇》開始排練時，簡直災難連連：女演員海倫娜・薇格爾（Helene Weigel）[2]因盲腸炎而病倒；另一位女演員卡蘿拉・奈爾（Carola Neher）——曾是布萊希特的眾女友之一——因為丈夫肺結核過世，而比原先預定時間遲了兩星期才抵達劇院參與排演，而且在穿著寡婦喪服工作一週後，便拂袖而去，留下的角色空缺由首演前四天才招募進來的女演員蘿瑪・芭恩（Roma Bahn）臨時替補上場；飾演男主角「飛刀手麥克」（Mackie Messer）——倫敦最有地位、最惡名昭彰的罪犯——的男演員哈洛德・鮑爾森（Harald Paulsen）突然在正式首演前倒嗓，聲音出了問題；另一位男演員艾利希・龐托（Erich Ponto；飾演乞丐首領皮裘姆）曾拿著他已打包好的行李出現在奧夫里希特的辦公室，當場吵著要回德勒斯登的家；飾演乞丐費爾希的拿弗塔利・雷爾曼（Naphtali Lehrmann）在首演前突然要求增加三倍的演出報酬，而且必須以現金支付。

---

1 作者註：蓋隆在《三便士歌劇》裡飾演陷害男主角的警察總長「老虎」布朗，後來成了布萊希特的戲劇伙伴。

2 奧地利籍女演員薇格爾是布萊希特的第二任妻子，一九四九年德意志民主共和國在東德成立後，她成為「造船工人大道劇院」的藝術總監，直到去世為止。

布萊希特那種精神分裂式的執導似乎把這齣音樂劇搞砸了！他偽裝成無產階級，看起來既飢餓又蒼老（雖然他當時才三十歲），整個人處於混亂狀態，老是不停地操心。每天早晨，他會讓演員們重新閱讀劇本上的臺詞，把編劇（也就是他自己）稱為傻瓜，並以第三人稱談論自己。

「任何人都具有獨創性；改寫他人的作品就是一種挑戰。」他這麼聲稱，口裡發出德語「r」的捲舌音時，就像個巴伐利亞農夫（事實上，他並非出身農家，他的父親是家鄉奧格斯堡〔Augsburg〕[3]一家造紙廠的董事兼總經理）。

他在菩提樹下大道的布里斯托飯店（Hotel Bristol）裡，一邊吃午餐，一邊以潦草字跡撰寫這齣音樂劇的一個新場景。他坦承，自己是從醫生作家德布林剛出版的那本膾炙人口的小說《柏林亞歷山大廣場》學會（其實就是偷取）了那種「史詩的精髓」。他一次又一次地和那些演員們外出交際，表面上是要跟他們討論他戲劇的「疏離效果」（Verfremdungseffekt）[4]，實際上（我懷疑）卻是跟男人們喝酒，跟女人們睡覺（或者反過來，是女人們主動要跟他上床，畢竟在柏林什麼事都可能發生）。

關於戲劇的創造性建構，布萊希特最注重團隊合作，並盡可能降低個人的重要性（這種作風相當符合他的性格，因為他通常對人毫不在乎，除非他們對他有很大的用處）。這也是為什麼《三便士歌劇》的名稱是由他的劇作家友人福希特萬爾提出，而且維也納詩人暨諷刺作家卡爾·克勞斯（Karl Kraus）還受邀為這齣音樂劇的〈鬥嘴二重唱〉（Zankduett）撰寫第二段歌詞。當大家圍坐成一圈，七嘴八舌地議論時，參與劇本編寫的浩蒲特蔓與女演員薇格爾以及奈爾（在她理智地離開這支演出團隊之前）雖相互怒視，卻也會參與討論。布萊希特當時穿著皮夾克和骯髒的白襯衫，手拿著雪茄菸，與作曲家懷爾一起坐在這群紛紛提出有用或無用想法的表演團隊當中。這齣所謂的音樂劇就是以這種方式從許多不乏危機的片段構想中拼湊起來的。

「劇院是一個提供人們辯論的殿堂，而不是讓人們幻想的地方，」布萊希特曾在某個深夜突然大喊。他認為，臺下的觀眾應該是「不動感情的評判者」，應該以冷靜、不涉入演出內容的超然態度觀賞一齣戲劇，他不希望他們因為與某個角色產生情感共鳴，或被哄入一種「遲鈍、如同催眠般的狀態」而失去了自我，反而期待他們可以對戲劇保持批判的距離。他使用各種戲劇手法以瓦解戲劇向來帶給觀眾的幻想：他安排演員們在舞臺上談論自己飾演角色的發展，或大聲說出劇本上標示的一些舞臺演出說明，或讓燈光突然改變而打斷正在進行

---

3 奧格斯堡是德國巴伐利亞南部的城市，也是布萊希特的出生地。

4 「疏離效果」是布萊希特為了確保觀眾不被劇情發展所牽引，進而能夠理解戲劇演出所傳達的真正意涵，而設計出的一種戲劇表演方式。

的敘述，或以大字標題形容演員所呈現的動作。我們其實不須訝異這樣的戲劇表現，因為對於布萊希特而言，角色的內在生命並不重要。

親愛的哥哥，如同你所知道的，我喜歡劇力萬鈞、感動人心的故事；我喜歡戲劇裡發生一些令人愉快的事情；我喜歡能控制混亂的戲劇，而不是任由混亂在舞臺上蔓延。試問，如果有人以一團又紅又熱的烙鐵打你，而且還摧毀了生命與這個世界，那有什麼益處呢？

往後我可能不會在我的履歷表上提到這個劇場資歷，雖然我仍會看重這段時期的工作經驗，況且後來還發生一件事彌補了我對於這種工作環境的遺憾：正如我跟你提過的，布萊希特喜歡把所有的人聚在一起，讓他們自由地討論所有的事情。就在《三便士歌劇》首演的兩天前——就在午夜過後，我正收拾場地時——布萊希特把我拉進演出團隊的圈子裡。就在那時，飾演男主角「飛刀手麥克」的鮑爾森穿著一套訂做的黑色西服、帶著黑色高筒禮帽出現在排演現場，並出言威脅，如果他第一次出場布萊希特不給他一個「偉大的」安排，他就不參加這齣音樂劇的演出。在場所有的演出人員一聽，立刻兩手一攤，樂團團員們也紛紛放下他們的樂器，大家都顯得很失望，在不知如何是好的情況下，只能相偕前往離劇院最近的酒吧飲酒作樂。總之，所有人都處於失控狀態！

在那件事發生之前，我的言詞表達一直都在模仿布萊希特式的挖苦與嘲諷。不過，當大家都處於困惑之中而布萊希特希望聽聽我的看法時，我便大膽地推測鮑爾森或許只是打算以一首中世紀主題的詩歌做為開場——該敘事曲的內容可能關於一場驚天動地的行動——也就是從前那些經常造訪倫敦（與柏林）的吟遊詩人所演唱的歌曲。雖然鮑爾森未曾明說，但就我所知，他已從十五世紀吟遊詩人弗蘭斯瓦·維雍（François Villon）的詩歌集裡擷取了四首詩歌的歌詞。布萊希特聽完我的想法後，便開懷大笑起來（當他喜歡某個點子時，就會那樣），並在隔天早晨告訴鮑爾森，要讓他在第一次出場時，演唱〈飛刀手麥克的敘事歌謠〉（Die Moritát von Mackie Messer）。這個安排果真讓男主角鮑爾森很滿意，甚至我也不得不承認，那首歌曲還真不賴呢！

最後的彩排通宵達旦，終於在今天清晨六點結束了。每個人都回家睡一小時補眠，只有布萊希特沒有休息，仍焚膏繼晷地從腳本中斟酌刪除其中長達四十五分鐘的演出。今天其餘的時間便虛擲在舞臺燈光的調度安排以及操作一隻已故障的機械馬。晚上首演時，維多利亞女王的使者會騎著牠通報飛刀手麥克，他的死刑已獲赦免，而且還獲贈一座城堡及一筆養老金。當然，我會認為，這種對故事圓滿結局的模仿並不高明。在測試時，那匹機械馬突然在舞臺上跳離軌道，並把騎在牠背上的演員甩入馬廄裡，演出的機械道具頻出狀況，實在令人擔憂。

幕升前一小時，清潔婦帶著她們的掃帚來了。製作人奧夫里希特便命令此時已筋疲力竭、思緒狂亂的布萊希特離開舞臺。

「我絕不再踏進這個劇院！」他生氣地大聲回嘴。

「我也是。」懷爾輕聲附和。

成功似乎屬於那些幸運者或懂得迎合潮流的人。藝術家如果不接受這個事實，就會瘋狂。藝術事業的成敗端賴機會，機會可以讓一位有藝術天分的人受到矚目與肯定，也可以讓他被遺忘在暗處裡。觀眾在欣賞《三便士歌劇》的上半場時，個個面無表情，只有懷爾在後臺的咆哮聲打破了演出的安靜。這位作曲家當時發現他的演員妻子蘿特．蓮雅（Lotte Lenya）——飾演妓女珍妮——的姓名未列於節目單上而氣急敗壞，因此想叫她抵制這場演出。「這個地方真是亂七八糟，根本是個豬圈！」他怒斥奧夫里希特，「我不許我太太重回舞臺！」

但蘿特顧全大局，在中場休息過後仍上臺演出。由於她的表演很精采，很快地臺下觀眾便開始鼓掌、然後高聲叫喊，以表達他們對她的讚賞。當現場觀眾很喜愛這齣音樂劇對這個世界的嚴厲批判時，我的內心卻浮現一種不懷好意的滿足感。我認為，布萊希特的戲劇嘗試已徹底失敗，因為他的觀眾仍無法成為「不動感情的評判者」。當這齣音樂劇首演結束後，觀眾們在散場時口中還吹著〈飛刀手麥克的敘事歌謠〉的旋律，顯得興致高昂。我知道，即使布萊希特已盡了最大努力，觀眾還是情不自禁地與戲劇情節及角色產生情感共鳴，他們還是無法對這場舞臺表演保持批判的距離。他所謂「史詩般的」疏離效果最後仍以失敗告終！

我今天晚上在回家路上，在一些報刊中翻閱了第一批關於《三便士歌劇》首演的評論。知名劇評家阿弗烈德．克爾（Alfred Kerr）在《柏林日報》（*Berliner Tageblatt*）上把這部音樂劇說成垃圾；《十字報》（Kreuzzeitung）則批評它體現了「文學的戀屍癖」。這麼看來，《三便士歌劇》大概在下週末之前就會下檔停演了。

親愛的哥哥，我現在必須停筆，而且必須在第二場開演之前試著讓自己入眠，假設柏林人還肯為了這齣音樂劇而不嫌麻煩地到我們的劇院捧場。星期一，我會到「選帝侯大道喜劇院」，看看能否在那裡找到任何職缺。我會再寫信給你，但請你現在最好不要向任何人提到我在柏林遇到了什麼樣的人（當然，除了黛德麗以外）。

摯愛你的弟弟

恩斯特上

# 第十三章

# 瑪琳・黛德麗：風姿百變

# 巴伯斯貝格製片廠，一九二九年

「燈光打上五分鐘！」

幾個人體從陰暗處突然出現，幾把梯子也滑進了強光中。一支由最優秀的男孩們組成的芭蕾舞團，嘴裡含著曬衣夾，道具掛在臀部上擺盪著，然後衝入一塊網格裡。穀倉的門片因為轉動而摩擦出聲音，陰影迅速掠過攝影棚的布景。攝影師已找到合適的燈光，他的燈光師正在檢查這些燈光的反射狀況。吊桿操作員正把收音的麥克風調整到攝影畫面以外的空間。一群人在他們後面快速地搬動一些小道具而發出雜音。一位女場記正重新設定她的碼表。

在這個舞蹈場景的中央位置，一位負責服裝造型的工作人員用安全別針把女主角身上那件飾有金屬亮片的黑色小禮服修飾得更合身，並為了特寫鏡頭的拍攝再次修描她的嘴唇。助理導演穿梭在一群工作人員之間，不時抬頭看著時鐘，等待那重要的時刻。「我們現在要開始拍攝，諸位！」他叫著，「請安靜。第一次拍攝。」

片場那面厚重的大門在關上時隆隆作響，攝影棚也隨之發出鈴聲並閃起紅燈。技術人員因為棚內燈光轉暗而逐漸隱沒在黑暗中，此時導演就站在攝影機旁邊，神情專注地盯著前方，彷彿只要透過想像，就能讓眼前的場景活靈活現起來。

「轉換聲音。標示它。」

現場已安靜下來。膠卷不停地向前轉動。當強烈的燈光亮起，瑪琳・黛德麗（Marlene Dietrich, 1901-1992）便抬起雙眼，對著面前那個閃閃發亮的鏡頭。

當助理攝影師把暫時遮住她臉部的那塊寫字板移開後，她便順隨自己的性情開始演出：她把手上的香菸放在鋼琴邊，假裝從舌頭上取出一小塊菸草碎片。她回過頭瞥了一眼，賣弄自己過人的美豔，然後朝著那位不在鏡頭裡的鋼琴手點個頭，便唱了起來。

「你是我咖啡裡的奶精，我湯裡的鹽……」

她的歌唱頗富魅力。她在鏡頭前隨著歌曲流轉而呈現出一位女侍者的嬌羞模樣，直到伴奏的音樂不再流暢時，她的專業演技便立刻讓自己出現憤怒表情。「這是音樂嗎？」她出言辱罵那位伴奏的鋼琴手，「你不是在彈奏一塊洗衣板，知道嗎？重彈一遍。」

前一夜，黛德麗在某家劇院表演時，從美國好萊塢遠道而來的奧地利裔導演約瑟夫・馮・史坦貝格（Josef von Sternberg）正巧坐在臺下而注意到她出色的演出。上午時分，她便被叫到波茨坦的巴伯斯貝格製片廠（Studio Babelsberg）試鏡。她知道，這位會說德語的好萊塢導演正為《藍天使》這部影片挑選女主角，但她在試鏡時，卻憑著自己的想法，在鏡頭前把女主角演成一位熱情似火、如丑角般的女人，而未依照他的指示演出。當時柏林電影圈人士都認為，擔綱飾演這部電影的女主角——即酒館女歌手——應該另有其人，只有女導演蘭妮．萊芬斯坦（Leni Riefenstahl）確信，黛德麗最後會雀屏中選。

馮．史坦貝格在他的辦公室裡，曾指示黛德麗像匹珍貴的小馬般前後來回地走著，對於這樣的要求，她則皺著眉頭表示不感興趣。她告訴史坦貝格，自己並不上相，而且鼻子過於挺出，從銀幕畫面看來，它的輪廓就跟翹起的鴨屁股沒什麼兩樣。她宣稱自己之前演出的三部電影都因為導演不夠專業而失敗（事實上，她那時已演過十七部電影），而後還聳聳肩膀，讓肩上那件銀狐披肩滑落在手中並繼續說道，她已經看過所有馮．史坦貝格導演的影片，所以她知道他並無法透過鏡頭掌握女性。

此時黛德麗又回到攝影機前，她抽著菸並吞雲吐霧一番，然後在這個生命轉捩點的時刻繼續她的演出：

「萬能的救世主耶穌基督！我非得對著那個老廢物唱歌嗎？」

她慢慢地走到鋼琴師後方，在他頭上敲了一下，然後砰地一聲，猛然蓋上琴蓋。

「你還有大腦嗎？你的音樂天分都到哪兒去了！」

她把腳抬起，並踩在鍵盤上，接著撩起身上那件剪裁合身的連身女裝，交叉著那雙外露的長腿，再拉一拉腿上的長絲襪，然後以德語教訓他。

「如果你再搞砸，我就踢你！」然後興致勃勃地開始唱著：「究竟誰會哭泣？當另一個男人就在不遠處，為何要哭泣？」她的歌聲聽起來沙啞而飽滿。接著她把背部往後貼靠在鋼琴上，沉湎在自己的歌曲裡，還陶然忘我地將右手擺在臀上，整個人似乎已陷入迷幻般的喜悅中，最後，她那原本半張半閉的雙眼突然睜大，讓她顯得既叛逆又傲慢。這場試鏡雖只持續三分鐘，然而，她那大膽、戲謔、充滿明星潛質的演出卻在日後成為電影史的焦點。

當助理攝影師以手遮擋鏡頭向黛德麗示意錄影結束時，這位女演員便走向那位在試鏡時被她高聲斥責的鋼琴伴奏，垂眼低聲地跟他說「對不起」，一方面是向他賠罪，同時也在嘲笑自己的厚臉皮。

「做些什麼吧！」黛德麗這位不平凡的柏林女性已成為二十世紀最偉大的偶像之一，然而，她的神話卻僅僅源於這句長輩的叮嚀。「做些什麼吧！」她的母親曾這麼督促她。她希望自己的愛女能在一生當中達成某些事，成為某個人物。

黛德麗自幼便是個感覺敏銳、喜歡愉悅感官經驗的孩子，總是遐想自己已實現了一切。她在出生受洗時，被命名為瑪麗·瑪德蓮娜（Marie Magdalene），到了三歲，還是小女孩的她便把自己的名字改為單名的瑪琳（Marlene）。她的父親是一位柏林警官，在她六歲時過世，母親後來改嫁給一位禁衛軍軍官，一九一六年，黛德麗十五歲時，這位繼父在俄羅斯的東線戰場因身受重傷而喪命，這讓黛德麗再度成長於一個父親缺席的家庭。在一戰期間的夏夜裡，她會步出列伯街（Leberstraße）的住家，走上附近那座跨越通往安哈特地區（Anhalt）鐵路線的人行鐵橋。她先讓自己在橋上站穩，維持身體的平衡，當運送德軍的蒸汽火車從下方鐵軌經過時，她的裙子就可以隨著火車頭噴出的蒸氣而鼓脹、飄揚起來。此時她想像著火車車廂內那些士兵的武器、皮帶、溫暖汗水與呼吸氣息所散發的味道，而且這些父親和男孩們全都抬頭注視著她。

為了填補生活的空虛與寂寞，她在家裡會扮演一些角色，以安慰並挑戰她的母親。她稱自己為保羅，這是她在母親縱容下養成的習慣。她會扮演某個角色，並學習成為被需要的某個人或達成某件事。黛德麗喜歡從事表演活動、帶動氣氛，接受來自他人崇拜的目光。她還學習魯特琴、鋼琴及小提琴，努力精進自己的運指法與演奏技巧，這些紮實的音樂訓練後來讓她在舞臺與銀幕上更能表達自我。

黛德麗在十八歲離家，前往柏林西南方兩百八十公里外的威瑪就讀音樂院，主修小提琴。她的勤奮與努力曾讓同學們自嘆不如，還有，她穿著薄紗衣服去上私人音樂課程的大膽舉動也同樣讓他們驚駭不已。當這位音樂老師成為她的初戀情人時，她已徹底被自己初萌的性能量以及被對方喚起的情慾震懾住。他的身體、他的氣味以及他激烈的擁抱就是所有一切的存在。後來，她初戀情人的朋友——一位比她年長三十歲、從事小提琴製造與修理的師傅——成為第二位征服她的男人。一些年輕男性——包括當時剛在威瑪成立的「包浩斯學院」

的畫家及設計師們——紛紛在黛德麗寄宿的史坦太太住家外面等候她。當他們愛慕的目光落在她身上時，她覺得呼吸急促、心情興奮，她就這樣成為他們的情人、他們的妓女、他們的天使。

然而，在一九二一年，即德國馬克劇烈貶值的前一年，她的母親已因為馬克逐漸貶值而無法再以政府發放的生活津貼負擔她的學費，當馬克驟貶後，那筆錢甚至連買一條麵包也不夠。由於生活無以為繼，黛德麗只好輟學回到柏林。她後來在UFA電影公司（環球電影公司）的伴奏樂隊裡擔任小提琴手，而且會細心地留意頭頂上方播放的那些默片的速度及語調。她一次次拉著小提琴，為她的銀幕偶像、德國默片女星亨妮・波頓（Henny Porten）的動作伴奏，並學習戲劇表演與電影製作的一些隱藏語法。然而，在燈光朦朧的樂隊池裡演奏小提琴的她，卻因為那雙性感美腿而讓樂團所有的男性樂手心煩意亂、騷動不安，最後她因為讓這些男性團員無法集中注意力，丟掉這份工作。

後來她只好擱下小提琴，脫掉頭上的狹邊鐘形女帽而走上舞臺。當時名演員基多・提爾榭（Guido Thielscher）在柏林的西方劇院指導一群女舞者演出必須把腿高抬的諷刺歌舞劇，參與演出的她感覺自己已透過這些歌舞秀挑起臺下觀眾的性亢奮。她曾接受當時號稱全世界最傑出經紀人麥克思・萊哈特的面試，卻因為表演太過火而錯失演出機會，不過她並未就此放棄，仍試圖成為萊哈特的私人學生，並以此名義爭取進入他的經紀公司。當她慶祝二十一歲生日時，已經在萊哈特主持的「德意志戲劇院」及「大戲劇院」（Großes Schauspielhaus）演出五齣戲劇、扮演七個角色。

就在那個時期，黛德麗開始跨足電影表演。她曾參與一部從托爾斯泰俄國民間故事改編的電影以及一些喜劇片的演出，比如《小拿破崙》（Der klein Napoleon）、《振作起來》和《查理》。有些角色的演出機會還是她靠著耍弄心思而贏得的——比方說，她會斟酌劇情刻意穿著長睡袍、帶著一隻小狗出現在試鏡選角現場——不過，大部分的銀幕角色扮演確實是因為她是合適的演出人選。

「許多人會把夢想隱藏起來，也有許多人會把夢想表露出來。」一位曾和黛德麗在萊哈特身邊共事的演員表示，「黛德麗總是擁抱她的夢想，那種懷有夢想的奕奕神采宛如她身上的光環。」

戰爭及戰敗的通貨膨脹造就了德國的電影工業。一八九五年，位於柏林腓特烈大街中央飯店（Centralhotel）的玻璃圓頂小劇院「冬季花園」（Wintergarten）放映全世界第一部電影，比法國盧米埃兄弟（Lumière brothers）在巴黎售票播放他們製作的電影還早兩個月。在電影問世後的前二十年裡，柏林人——就像全世界的觀眾——喜歡聚集在電影院這個新穎的夢想殿堂裡，觀賞一些義大利喜劇片、瑞典劇情片，尤其是美國好萊塢的電影。由於德國在一九一四年加入第一次世界大戰後，德皇便下令全面禁播敵國製作的影片，再加上一戰過後，德國經濟因戰敗的巨額賠款而崩盤，毫無財力進口外國影片，因此，德國觀眾曾長達十年對國際影壇的發展一無所悉，連當紅的美國默片明星莉蓮·吉許（Lillian Gish）以及魯道夫·范倫鐵諾（Rudolph Valentino）都不認識。在經濟困頓的環境下，德國的電影製片人首先只能在巴伯斯貝格的宣傳片廠大量拍攝可以賣座的愛國影片，然後才逐漸塑造出屬於德國的電影文化。

對於富人及年輕人來說，一九二〇年代中期的柏林是全世界脈動最快速的城市。汽車前燈把潮濕的柏油路面照得亮晃晃一片，電影院臨街的牆面閃爍著輝煌耀眼的霓虹燈，驅走了黑夜，也把柏林人拉進裡面的觀眾席，欣賞大導演華爾特·魯特曼（Walter Ruttmann）於一九二七年完成的著名紀錄片《柏林：大城市的交響曲》（*Berlin: Die Sinfonie der Großstadt*）。魯特曼在該片中以生氣盎然、充滿節奏的畫面歌頌柏林這座偉大的首都。夜間的燈光照明促進了工廠裝配線的生產，打字員在打字機上不停地敲打，觸鍵聲此起彼落，劈啪作響，報紙的標題不是在呼求「危機！」就是寫著「錢！錢！錢！」穩固的傳統道德、倫理以及禮節的價值已喪失殆盡。在銀幕、舞臺與報章雜誌上，柏林人已開始討論應該如何讓人們重新自主地掌控他們的生活，或乾脆屈服於這個工業大城的物質主義、種種享樂以及那些運轉不停的機器。

電影藝術的孤立反而刺激了德國電影業的產量，那時德國一年製作的影片多達六百部，其中包括表現主義恐怖默片《卡里加里博士的小屋》（*Das Cabinet des Dr. Caligari*）以及默片大導演穆爾瑙（Friedrich Wilhelm Murnau）的《不死殭屍》（*Nosferatu*）。弗立茲．朗的《尼貝龍根傳說》（*Nibelungen Saga*）是一部呈現古代日耳曼神話的史詩電影，接下來他還推出首次出現機器人劇情的科幻影片《大都會》（*Metropolis*），這部具有里程碑意義的科幻默片由於製作成本過於高昂，後來製片公司還因而破產。整體看來，威瑪共和時期的德國電影已被視為兼具刺激性詩意以及革命感的藝術形式，它打破了既有的影片類別劃分，而且已被當時的國際電影界認定為美國好萊塢唯一真正的對手。

黛德麗在威瑪共和時期席捲德國影壇的那十年，是德國電影混亂、卻充滿創造力的十年。她會戴上當時紳士經常使用的單片眼鏡、披著女用披肩，或身穿狼皮草、頭戴無邊帽來打扮自己，那些為她著迷的陌生人則面帶笑容地尾隨她穿越大街小巷。她會一再觀看自己從前演出的那些二流電影，如《曼儂．雷斯考》（*Manon Lescaut*）與《假男爵》（*The Bogus Baron*）等默片，研究自己在當中的演出表現，並推敲如何以較少的肢體動作傳達更多意涵。她會在自助式照相亭裡，不斷擺出不同的姿勢，以尋找自己最佳的面貌。後來她還發現能使她的臉部在銀幕上做最佳呈現的光線，以及能加深她頭髮與眼睛顏色的電影膠卷。

黛德麗也會以男孩的造型出現在銀幕上，此外她還飾演舉止輕佻或行為像雙性人的年輕女子，浪蕩而無所畏懼。女同性戀歌手克蕾兒．瓦朵芙（Claire Waldoff）曾透過《從嘴到嘴》（*Von Mund zu Mund*）這齣德語諷刺歌舞劇，教導黛德麗如何詮釋歌曲演唱以及許多應該注意的表演細節。黛德麗不僅精進自己的表演技巧，而且還把性的詮釋人性化，不加以區分男、女性別。不論在臺上或臺下，她都向觀眾透露著性冒險的承諾；不論在攝影機前或在舞臺上，她的表演都能使觀眾感到迷醉。她似乎已將自己奉獻給每個單獨的個體，不論他們的性別，不論他們的偏好。

一九二九年，當好萊塢導演馮·史坦貝格第一次聽黛德麗以德語和英語說話時，他已經知道自己找到了一個可以長期合作的理想人選。他不只在當時即將開拍的《藍天使》裡重用這位B咖女演員擔任女主角，而且還打算大力栽培她。這部影片為期十星期的拍攝工作於該年十一月正式展開。開拍的第一天，美國導演巴斯特·基頓（Buster Keaton）便順道拜訪巴伯斯貝格的拍攝現場——即第五號片場——後來黛德麗的經紀人萊哈特、社會批判畫家葛洛茲以及正在柏林為《波坦金戰艦》（*Battleship Potemkin*）及《十月：震撼世界的十天》（*October: Ten Days that Shook the World*）進行影片宣傳的蘇聯先驅導演、「蒙太奇之父」瑟蓋·艾森斯坦（Sergei Eisenstein）都在當天紛紛到場致意。當女導演萊芬斯坦——後來為納粹拍攝宣傳影片而在戰後身敗名裂——在那天下午到片場造訪劇組人員時，正好目睹了該片最具代表性的經典場景：穿著絲襪、戴著紳士高筒禮帽的黛德麗正坐在大木桶上，用雙手弓起蹺在左膝上的右腳，並在鏡頭前演唱該片主題曲〈再次墜入情網〉。「你這隻母豬，拉起妳的褲子，」當她也向訪客賣弄風騷時，馮・史坦貝格便對她咆哮，「大家都可以看到妳的陰毛了！」

《藍天使》是根據亨利希・曼（Heinrich Mann）——諾貝爾文學獎得主托馬斯・曼的兄長——的長篇小說《廢物教授》（*Professor Unrat*）改編而成的，內容是關於一位拘謹古板的老教授愛上行為不檢歌舞女郎的故事。作者亨利希・曼藉由這部小說的創作嚴厲譴責威瑪共和時期德國社會的墮落與偽善，但是，馮・史坦貝格、黛德麗以及UFA電影公司——德國規模最大的電影公司——作風保守的老闆阿弗烈德・胡根貝格（Alfred Hugenberg）卻把焦點從政治社會議題轉移到這位美豔的賣藝女子身上。馮・史坦貝格還把這位女主角中規中矩的姓名羅莎・芙洛莉希（Rosa Fröhlich）改成帶有淫蕩意味的蘿拉・蘿拉（Lola Lola），她登臺演出的酒館名稱也改成「藍天使」——在德語的俚語裡意指「令人迷醉的天使」。此外，電影中的女主角形象也不同於小說中的女主人翁：黛德麗扮演的角色年齡較輕，是一位粗魯、遲鈍、無法抗拒情慾誘惑的蕩婦。

巴伯斯貝格是全世界最早成立的大型電影製片廠，坐落於化學家弗利茲・哈伯在達冷區主持的科學研究所西南方幾公里處。製片廠的技術人員匆忙地穿梭在舞臺與外景場區之間的小路上，或推著小推車從油漆店奔向製片的辦公室。夏天時，男女演員會在幾個小時的錄影空檔中，到灑滿陽光的草地上，或坐在樺樹下那些有遮篷的座椅裡打發時間；冬天時，大家便聚集在有暖氣的員工餐廳裡，喝著熱騰騰的「柏林豆子湯」（Berliner Bohnensuppe），並數算他們的加班時數。然而，在各個攝影棚巨大的隔音門裡面，至少在電影殺青之前，裡面的場景可以完全依照劇情需要而變成春天、午夜，或戰爭爆發前夕一個平靜的八月夜晚。女星們永遠年輕，男主角們個個都是英雄，而且他們生命轉捩點的出現已在電影宏偉的敘事結構中有明確安排。

黛德麗從過去演出的戲劇及諷刺歌舞劇留下的表演服中，為自己在第五號片場的錄影搭配出一種令人震驚的服裝造型：一襲薄紗睡衣罩上一件已穿舊的日本和服、綢緞的衣領以及織有金銀線的絲質袖口；除此之外，她還從一位熟識的柏林男妓那兒拿到一頂高筒紳士帽以及一件女用連身內衣褲。「我為形象而打扮，」其實她是指幻想，「不是為我自己，不是為公眾，不是為時尚，也不是為男人。」

在這個有聲電影的起步階段，導演馮·史坦貝格也希望他的電影能隨著聲音元素的添入而更有真實感與臨場感，能為銀幕前的觀眾帶來不同於以往的震撼效果。他期待能拍出具有魅力與親切感的畫面，同時還必須捕捉並呈現一些未加工、與畫面同步出現的聲音，更具體地說，他希望觀眾在欣賞電影時，也能聽到一些實際的聲響，包括犬吠聲、金絲雀的啼鳴、堅硬鞋跟踩踏在鋪石路面的腳步聲，尤其是黛德麗的歌聲。

馮·史坦貝格在拍攝期間已為這位女主角以及這部電影所著迷。他會注意她已在影片中演出幾場歌舞秀，並以不間斷、一鏡到底的長鏡頭錄製這些表演。他必須確認她那些熱情洋溢的歌曲能打入觀眾心坎裡，觸動他們，讓他們沉浸其中並深受感動。當攝影鏡頭從那位狂妄傲慢的埃米爾．亞寧斯（Emil Jannings）——在影片中飾演老教授的男主角——身上移開時，這位當紅的大牌男星也只能在一旁觀看並等待。在拍攝片尾那段掐住蘿拉脖子的打鬥場面時，他甚至因為過於入戲而失控，在黛德麗的頸部留下瘀傷。

只有一群人未受《藍天使》這部影片的吸引。巴伯斯貝格製片廠的高層——包括UFA電影公司董事長、日後在希特勒執政時期擔任財政部長的胡根貝格——並不喜歡它。當時德國即將進入納粹統治的新時代，然而，在這部影片裡，一位不正派的蕩婦最後卻征服並屈辱了一位原本盡責守分的知識菁英，看在右派人士眼裡，這樣的劇情安排絕非無關緊要。胡根貝格基於自己的政治野心，在這部影片殺青後，便解除黛德麗與UFA電影公司以及與巴伯斯貝格製片廠簽訂的其他後續演出合約，完全無視於這位迅速竄紅的女星在這部影片裡那些精湛、令人如癡如醉的表演。

《藍天使》已成為黛德麗個人的經典電影，這部永恆不朽的作品成功地捕捉了「索多瑪城（Sodom）[1]毀滅前夕」——套句德國小說家德布林的話——的激情、絕望及道德淪喪。在選帝侯大道舉行的首映晚會上，黛德麗在光輝燦爛的燈光下走著紅毯，在場的柏林民眾由於沉浸在精神亢奮的喜悅中而開始跺腳叫喊。穿著白色長禮服、肩披皮草的黛德麗在電影首映結束後，一共在臺上向觀眾謝幕六次，而後她捧著一大束玫瑰出場，並坐進一部等候她的汽車裡。她當時已準備離開柏林，前往美國西岸的好萊塢發展。

如果沒有演出《藍天使》，黛德麗應該會留在德國。她應該會與製作人羅伯特・克萊恩（Robert Klein）合作，把注意力集中在舞臺表演上。她應該會繼續從事歌舞劇的演出，並獲得納粹邀請而有機會拜見希特勒。這位新崛起的德國領導人很欣賞黛德麗的電影演出。在《藍天使》推出幾年後，納粹御用的女導演萊芬斯坦還發現，希特勒曾私底下在他位於阿爾卑斯山區的貝希特斯加登（Berchtesgaden）別墅裡播放黛德麗演出的電影。不過，黛德麗後來還是選擇離開納粹德國，名導演馮・史坦貝格、弗立茲・朗、比利・懷德（Billy Wilder）、名演員彼得・羅爾（Peter Lorre）、劇作家布萊希特與他的作曲家搭檔懷爾也都紛紛啟程，前往自由的新大陸。曾在造船工人大道劇院演出《三便士歌劇》裡的警察總長、並因為演唱〈飛刀手麥克的敘事歌謠〉而走紅德國戲劇界的庫特・蓋隆則選擇留在歐陸的荷蘭，最後仍逃不過納粹的魔掌，跟許多人一樣在集中營裡慘遭殺害。

黛德麗在加州好萊塢的登場開始於派拉蒙電影公司在比佛利・威爾夏飯店（Beverly Wilshire Hotel）舉辦的一場一線明星派對。當這位光芒四射、具有致命吸引力的銀幕神祕女

---

1 索多瑪是舊約聖經裡的罪惡之城，最後遭上帝毀滅。

神現身於飯店的舞廳時，對在場的賓客而言，彷彿從天而降一般。導演馮．史坦貝格為了全心指導並栽培他在柏林發掘的這位女星，還不惜拋棄自己的妻子。他開始限制黛德麗的飲食，讓她私下跟一位音樂老師學習歌唱技巧，並監督她徹底改變化妝方式。經過這一番改造後，黛德麗確實變得更瘦而且更漂亮。她的眼睛在銀幕畫面上顯得更大，顴骨也升高了，鼻梁的輪廓甚至還出現筆直的線條，不再「如鴨屁股般」挺翹著。馮．史坦貝格把好萊塢的黛德麗誇耀為他的創造物，此時她的演技已更精湛，跟其他的好萊塢演員一樣，可以收放自如。黛德麗後來以更親切的態度回憶她與這位名導的合作：「我在工作時，他總是強迫我思考並用大腦學習一些我應該學習的事物，而不只是聽從指示。」他們在柏林拍完《藍天使》後，又在好萊塢合作了六部電影，包括《金髮維納斯》（*Blonde Venus*）、《惡魔是女人》（The Devil Is a Woman）等。這些影片讓黛德麗成為閃閃發亮的明星，同時還為二十世紀創造了一位魅力無限的偶像。

納粹德國的宣傳部長戈培爾透過一些有力右傾人士的運作，例如UFA電影公司的老闆胡根貝格，進一步掌控了傳播媒體。以艾利希．雷馬克（Erich Maria Remarque）同名小說改編的反戰電影《西線無戰事》（*All Quiet on the Western Front*）在德國上映時，這位邪惡的納粹洗腦專家為了阻止影片播放，還派人在電影院裡丟臭氣彈並放出白老鼠，讓牠們在放映現場四處亂竄，造成觀眾恐慌。然後他指責這部電影缺乏愛國精神，甚至已對「德意志的榮耀」構成威脅，下令禁演。他剛上任便已讓德國電影工業臣服於新興的納粹獨裁政權，而且還公開宣稱身為國家的宣傳部長有權力「監督公眾意見的形成」。導演卡爾·里特（Karl Ritter）——與數千名電影專業人士一樣——立刻順應情勢，決定把電影的拍攝與製作「從淺薄娛樂以及商業利益的追求提升到藝術與國家政治層面」，那些不想——或者無法——逃離德國的電影導演、製片人、演員與技術人員後來不是成為配合納粹指示的加害者、糊塗無知的合作者，就是淪為納粹的受害者。

黛德麗當時並不想配合戈培爾的宣傳政策。她不只未把自己參與演出的電影「提升到國家政治的層面」，而且還自掏腰包幫助幾十個人逃離德國，為他們購買前往美國的船票。然而，另一方面，她也捐錢給納粹成立的「國際電影協會」（Internationale Filmkammer）[2]福利基金會，以保護留在柏林的母親，同時緩解納粹對她的黑函攻擊策略。宣傳部長戈培爾當時決定，不是引誘這位已在好萊塢大紅大紫的女明星回歸祖國，就是將她徹底污名化。當德國的國營媒體批判《藍天使》這部電影是「平庸且腐敗的低級藝文作品」時，戈培爾還派出一位特使到美國與她碰面協商。這位特使很可能是魯道夫·赫斯（Rudolf Hess），希特勒的副手，或是姚阿幸·馮·里本特洛普（Joachim von Ribbentrop），後來的納粹外交部長。雖

---

2「國際電影協會」是納粹德國與法西斯義大利於一九三五年創立的組織，目標是在電影市場上對抗美國影片。

然至今人們對於這位特使的真實身分仍有爭論，但不論他是誰，總之，這位特使一見到黛德麗便擺出納粹黨員的標準動作，鞋跟喀嗟一聲，以立正的姿勢對她宣布：「領袖要妳回家。」對於這件事，黛德麗後來曾這麼回應：「他派遣手下『這麼重要』的官員來找我的唯一理由……是因為他看過我在《藍天使》裡的表演，所以很想進入那件穿在我身上的蕾絲邊連身內衣褲裡面。」

一九三九年夏天，第二次世界大戰爆發前夕，黛德麗成為美國公民。她在南法蔚藍海岸的風景勝地度假時，還跟當時才二十出頭的約翰．甘迺迪以及他那位擔任美國駐英國大使的父親跳舞。她萬萬沒有料到，二十幾年後，這位與她共舞的青年會當上美國總統，並在冷戰時期支持她心愛的、已成孤島的柏林全力抵抗共產主義的赤化。當她搭船橫越大西洋，準備到南加州拍攝她在好萊塢的第十二部電影時，曾在一場電臺訪談中表示：「我們德國人想要一位領導人，而且我們已經如願了，不是嗎？我們德國人都是這樣。我們想要一位領導人，然後發生了什麼事？那位可怕的希特勒終於出頭，而每個人竟然都說：『太棒了，一位真正的領袖出現了，總算有人告訴我們要做什麼了！』」

希特勒命令德軍入侵鄰國波蘭，並公開屠殺猶太人，掠奪他們的財產。黛德麗非但未跟著起舞，反而還投入西方陣營，協助美國發售戰爭債券並從事美軍勞軍活動，以提升部隊士氣。有一次，她還參加美國演員、電影導演奧森．威爾斯（Orson Welles）在舞臺上把人鋸成兩半的魔術表演。

「奧森，這個魔術表演到底是怎樣？」當她蜷縮在魔術箱裡時，還不安地問威爾斯。

「等就對了，瑪琳！這會殺了妳，把妳切成兩半！」威爾斯幽默地回答她。

當美國宣布參戰，開始對抗希特勒的戰爭機器時，她與喜劇演員丹尼・湯瑪斯（Danny Thomas）合作，攜手演出喧鬧的歌舞秀，並且還隨著美軍進攻而把這場娛樂性十足的表演帶到北非，然後帶到義大利。她在表演時穿著剪裁合身的軍官制服或穿上緊身的肉色長禮服——乍看之下，有裸體效果——演唱她的流行金曲〈看那些在後面房間的男孩想要什麼〉（See What the Boys in the Back Room Will Have）或演奏那把夾在兩腿之間的鋸琴，總之，只要她一登臺，就可以風靡全場。她每次在北非的阿爾及爾、義大利的那不勒斯、安齊奧（Anzio）以及薩丁尼亞島登臺演出時，都可以讓聚集在臺下的兩萬名士兵深受震撼。為了提振前線士氣，她在探望部隊時，曾站在深及腳踝的泥濘中，或在下雨時穿著斗篷出現，甚至還獻身給幾位幸運兒。

「當你在自己的土地上防衛自己的國家時，你的英勇是單純的。」她說。但是孤獨的士兵們「在外國的土地上作戰……他們的眼睛被打掉，腦子和身體被撕裂，身上的皮肉被灼燒，他們在異地承受痛苦與四肢的殘缺，在持續奮戰後倒下，猶如在保衛自己的土地。這樣的表現無疑讓他們成為最英勇的軍人。」

為美軍從事勞軍活動已成為她的第三個最愛，排序在音樂與性愛之後。不過，當她為美國喝采時，她也同時在為德國人哭泣。她害怕在柏林孤單生活的母親或許會被她所鼓舞的盟軍飛行員炸死。有一次，她在美國空軍廣播網播音時得知，該電臺的節目廣播會傳送到前線，於是她便突然轉換語言，改說德語：「小伙子們！不要白白犧牲自己的性命！戰爭真是狗屎，希特勒是個白癡！」然後，還以德語唱著〈莉莉·瑪蓮〉（Lili Marleen）[3]這首已被戈培爾禁唱的歌曲。

她搭乘道格拉斯DC-3雙引擎螺旋槳飛機與吉普車穿梭於比利時及荷蘭之間。當比利時與盧森堡交界處發生阿登戰役（Ardennenoffensive）時，她睡在野外的戰地，還以自己的鋼盔盛裝白雪，用融化的雪水洗臉與洗滌內衣褲，以致陰部長了陰蝨，而且還感染肺炎。美國陸軍上將喬治·巴頓將軍送給她一把握柄鑲有珠母貝的左輪手槍，萬一她被捕，便可派上用場。在巴黎，她已和文學家朋友海明威一起為她的葬禮擬好一份賓客名單。當她越過邊境進入德國後，還在阿亨（Aachen）一座曾上映《藍天使》的電影院廢墟上表演。當死傷慘重的盟軍在阿登戰役準備發動反攻的前夕，她把她的冬用軟帽送給戰地攝影記者羅伯特·卡帕（Robert Capa）。當她隨著盟軍來到巴伐利亞邦靠近希特勒別墅所在的貝希特斯加登時，她曾忖度著，如果當初接受戈培爾的邀請，把自己奉獻給希特勒政權並成為第三帝國的電影皇后，「是否就有能力阻止二戰發生並拯救兩百萬條生命」。

一九四五年九月，黛德麗穿著美軍制服飛抵柏林。威廉大帝紀念教堂已炸成廢墟，在它後方的陶恩欽街（Tauentzienstraße）——從前一些活潑的柏林女學生會在此逗留，尋找性交易的機會——盡是斷垣殘壁。幾個月前，被納粹擊落的一架美軍轟炸機墜入了柏林最高檔的卡迪威百貨公司，從前她都在那裡購買絲質花邊內衣以及已冰鎮好、可隨時開瓶飲用的克魯格牌（Krug）香檳。當殘破且搖搖欲墜的建築物被炸藥爆破夷平時，不只出現打雷般的隆隆聲，在灰塵揚起的空氣裡還瀰漫著一股火藥的臭味。

黛德麗的母親還活著。這對母女後來一起去尋找她們那棟已在盟軍空襲時炸毀的住家。她們發現那棟住樓殘留的屋牆上因炸彈爆炸而千瘡百孔，原本擺著紅色天竺葵花盆的陽臺則懸在半空中，就在她們的頭頂上搖晃著。黛德麗的母親開始在那片瓦礫堆裡找東西，沒過多久，她已找到那面依照她女兒黛德麗臉龐做成的青銅面具，而且還完好無損，她將它緊抱在胸前並啜泣起來。一個月後，黛德麗的母親死於心臟病發作。

二戰結束後，黛德麗重回好萊塢拍片，但內心仍惦念柏林。她繼續參與電影演出，比

3〈莉莉・瑪蓮〉這首德語歌曲於二戰期間在兩方陣營裡廣為流傳。一九四三年德軍在史達林格勒戰役慘敗後，宣傳部長戈培爾認為這首歌會消蝕德軍鬥志而下令禁唱。一九四四年，盟軍登陸諾曼第並開始向德國挺進時，美國軍方為了進行抗德宣傳，還請黛德麗錄製爵士版的〈莉莉・瑪蓮〉，並在美軍電臺反覆播放，在此之前，東線戰場的蘇聯也推出了俄語版的〈莉莉・瑪蓮〉。在納粹宣布投降之前，德國已「四面楚歌」，被各方的〈莉莉・瑪蓮〉包圍。

如《惡人牧場》（*Rancio Notorious*）及《歷劫佳人》（*Touch of Evil*）等影片，直到她重新展開舞臺表演而再次達到演藝事業巔峰。她在拉斯維加斯的撒哈拉賭場酒店開始她的個人秀，在一九五〇年代活躍於美國秀場，並成為當時全世界價碼最高的夜總會表演者。她在美國、接著在全世界進行巡迴演出，登臺演唱她的名曲〈莉莉．瑪蓮〉、〈再次墜入情網〉以及——在美國作曲家、唱片製作人伯特．巴卡拉克（Burt Bacharach）成為她個人音樂指導之後——一些反戰的民謠風歌曲，例如〈花兒都到哪兒去了？〉（Where Have all the Flowers Gone?）。她在舞臺上演出時，身上穿著緊身的網紗連身裝，裡面幾乎沒再穿什麼，不論在視覺或聽覺上，她的表演都讓臺下的觀眾們熱血沸騰。英國劇作家、流行音樂作曲家諾爾．考沃爾（Noël Coward）曾把她引介到倫敦的演藝圈；法國演員莫里斯．謝瓦里耶（Maurice Chevalier）與導演尚．考克多（Jean Cocteau）曾在巴黎為她安排表演。在某一年度的「英國皇家大匯演」（Royal Command Performance）中，當紅的英國搖滾樂團披頭四還在她的節目中助陣演出。她在波蘭「華沙起義紀念碑」前獻花並下跪的舉動，比西德總理威利．布蘭特（Willy Brandt）在同一地點的「華沙之跪」（Warschauer Kniefall）[4]還早了六年。她拜訪曾遭納粹德軍圍城並導致五十多萬居民喪生的列寧格勒（即聖彼得堡）時，曾向迎接她的大批民眾及諾貝爾文學獎被提名人康斯坦丁．帕烏斯托夫斯基（Konstantin Paustovsky）深深地鞠躬致意。「她知道花兒都到哪兒去了——它們被埋在比利時帕雪戴爾戰場的泥濘中，在廣島被原子彈炸成灰燼，在越南被燃燒彈燒到焦黑——而且她還把她的知曉與領會表現在歌聲中。」英國戲劇評論家肯尼思・泰南（**Kenneth Tynan**）曾在《戲碼》（*Playbill*）這本美國百老匯的戲劇雜誌裡寫道。

黛德麗也曾回德國巡迴演出，然而在每場表演之前，她必須先面對那些蜂擁而至的憎惡信件以及民眾激憤的示威抗議。愛國的德國人非常厭惡這位自甘冒著生命危險譴責自己同胞的女人，他們一看到她便怒吼著：「黛德麗滾回去！」有鑑於這類火爆的衝突，她在埃森（**Essen**）與維也納的演出後來都被取消，五場在柏林的登臺則縮減為三場。黛德麗的表演也遭到某些西柏林市民抵制，她預定在皇宮街（**Schloßstraße**）登臺的「泰坦妮亞宮殿電影院」（**Titania Palast**）還於開演前在場外分發許多免費票券以填滿觀眾席空位。然而，她的演出卻出乎意料地成功，為了回應現場觀眾的熱情，她在每場表演結束後，還唱了十八首安可曲。慕尼黑觀眾的反應也很熱烈，她在那裡還出場謝幕六十二次。不過後來在杜塞道夫演出時，卻有一位二十歲的女子突然上前抓住她的衣袖，大叫「賣國賊！」並在她臉上吐口水。她完

---

4 布蘭特是西德戰後首位左派總理，他在一九七〇年底訪問波蘭時，於「華沙起義紀念碑」前獻上花圈後，突然下跪，為納粹德國侵略波蘭期間的所有蒙難者默哀。這一舉動隨即引起全球矚目，並被視為戰後德國與東歐各國改善關係的重要里程碑，也讓布蘭特總理於隔年獲頒諾貝爾和平獎。

成那次的德國巡迴演出並非基於〈我在柏林還有一口行李箱〉（Ich hab'noch einen Koffer in Berlin）這首歌曲的心情，而是發自〈不要問為什麼我要離開〉（Frag nicht warum ich gehe）的感慨。此後，她未曾再回德國。

她最後一部重要的電影《紐倫堡大審》，也只在德國播映一晚而已。一九六一年十二月，該片於落成不久的柏林國際會議中心（Berliner Kongresshalle）——一棟造型類似貝殼、被柏林人戲稱為「懷孕的牡蠣」的現代建築——舉行首映會。在這部審判納粹戰犯的影片裡，黛德麗飾演一位將軍的遺孀，一位守本分、自豪於本身自律與絕對服從的普魯士女性。涉案的她告訴飾演首席法官的美國男星史賓塞・屈賽（Spencer Tracy），她在這場法庭審理中的使命就是「要說服你，我們並不全是窮凶極惡之人」。當審理的法官大聲唸出關於她的有罪判決時，她仍無法理解自己有何罪過。

柏林的觀眾對黛德麗在該片所扮演的角色非常反感，因為他們竟讓一位曾在現實中背叛、屈辱他們的女人在銀幕上演繹並詮釋他們自己。當影片結束，畫面開始出現一長串感謝支持的人物姓名時，這些觀眾已悄悄離開播映現場，溜進了戶外的暗夜裡。總之，德國人那時尚未準備好去面對那些歲月，去正視那些不堪的過去。他們仍然相信托馬斯・曼那個直接而乾脆的說法：「這場戰爭是德國納粹高層所犯下的一個打擊德國人民的罪行。」總之，當時的德國人民就是想忘記這段過往。

黛德麗在將近七十歲時，開始出現一連串的骨折：她的肩膀在德國威斯巴登、兩根肋骨在澳洲、一根大拇指及許多腳趾在洛杉磯紛紛斷裂。她後來在華盛頓特區表演時還跌入樂隊池而造成股骨骨折，那次手術還在她的大腿留下一道長而深的傷疤。一九七五年，高齡七十三歲的她在臺上表演時，因為滑倒而再次發生股骨骨折，那場演出也成為她演藝生涯的絕響。此後她退隱於巴黎，離群索居地住在她那間位於蒙田大道（Avenue Montaigne）的公寓裡。

兩年後，德國電影界人士請她再次在銀幕上露臉，參與一部有史以來製作最昂貴的德語電影。這部電影講述一位年輕的普魯士軍官在第一次世界大戰戰敗後返回柏林的故事。這位男主角為了贏回他在戰場上所失去的榮耀，於是加入了伊頓飯店（Eden Hotel）那群英俊小白臉的行列，但最後卻在納粹與共產主義者的街頭打鬥中被無辜地殺害。該片的軍官由當時定居於西柏林的英國搖滾樂手大衛・鮑伊（David Bowie）飾演。

這部德語影片的製作人花了六個月的時間，才說服黛德麗飾演片中那位包養小白臉的貴婦。每次他打電話到她的巴黎公寓時，總是由一位女子接聽電話，並氣喘噓噓地說：「我是女僕。夫人正在凡爾賽宮吃午餐。」這位女僕，當然是黛德麗偽裝的。

當他們真正聯絡上時，黛德麗卻說自己正忙於撰寫回憶錄，無法離開巴黎到柏林拍片。但事實上，她的推託是害怕面對自己的年老色衰，害怕愧對自己曾創造的傳奇，不過，在人生的最後，還能在銀幕上唱一首自己在半世紀前唱紅的歌曲，這樣的機會確實很吸引人。既然她不想回柏林，製作人便提議把柏林帶到她面前：將重達兩噸的裝備以及搭出伊頓飯店場景的整套布景與道具全搬到巴黎，並請拍攝該片的德國技術人員前來支援。這樣的條件終於讓她同意參與該片演出。

七十七歲的黛德麗穿了一套舊的丹寧布牛仔褲裝，來到位於巴黎市郊的攝影棚。當她走上階梯時，眼前的一切突然讓她想起將近五十年前她參與拍攝的影片《上海快車》（*Shanghai Express*）。她走進攝影棚並在門邊等候。當工作人員一一被介紹給她時，她的嘴唇顫抖著，而且不願拿下她戴的那副深色眼鏡。後來化妝師走到她身邊，想辦法把她哄到更衣室裡上妝。

距離她上一部電影又過了十六年！馮．史坦貝格挑選她擔綱《藍天使》的女主角，已是五十年前的事了！她在抵達攝影棚兩小時後再度現身，戴著一頂寬邊帽，並以面紗遮住臉面。她似乎已在打扮時找回自信，身上那套服裝讓她更入戲地扮演那位年長的貴婦。她在攝影棚裡自行走向那些布景與道具，找位子坐下之後，還刻意把她穿的那條開叉至大腿處的長裙張開。當工作人員試著不去注視她那依然美麗、宛如經過雕刻的雙腿時，她的臉龐突然閃現一抹微笑。

黛德麗在拍攝歌曲演唱之前，還必須錄製一段她與那位小白臉的幾句對話。但是，飾演小白臉的鮑伊並不在拍攝現場，他甚至不在法國。那些與他角色相關的影片段落已在柏林片場拍攝完成，這兩位大明星只需透過剪接室的作業，便可在影片中營造一起演出的效果。由於這部電影的導演大衛・海明斯（David Hemmings）也是一位知名演員——曾於安東尼奧尼（Michelangelo Antonioni）執導的《春光乍現》（*Blow-Up*）裡飾演攝影師一角——演出經驗豐富的他便在攝影棚裡扮演鮑伊的小白臉角色，讓黛德麗在演對手戲時比較有臨場感，並適時提示她演出的動作與臺詞。

「他們會為你的客串演出額外付你酬勞嗎？」她厲聲斥責海明斯。與鮑伊演對手戲是她同意接下這個角色的理由之一，對於這樣的安排她頗為不滿！「我們從喜劇演員麥克・申納特（Mack Sennett）身上學會了這個把戲。」海明斯這麼打圓場。

然而，她心裡那股怒氣反而增強了她在鏡頭前的自信。當時為她伴奏的鋼琴手雷蒙・伯納德（Raymond Bernard）趁著這個爭執的空檔，彈奏《藍天使》的主題曲〈再次墜入情網〉。黛德麗後來站在鋼琴邊傾聽，而且比她第一次在巴伯斯貝格製片廠試鏡時還要專注得多，由於她仍怒氣未消，便堅持伯納德必須再重彈一遍，那已是他的第三次演奏。我當時就在攝影棚現場，隨後她便對我說：「如果我不要求他重彈一次，你知道別人會怎麼想？他們一定會認為走調的人是我。」

再次檢查燈光。再次檢查膠卷及聚焦器。由於黛德麗只同意在鏡頭前演唱一次，為了慎重起見，這個場景的錄製必須同時動用兩架攝影機，我那時是導演的助手，必須負責操作第二架攝影機。我們已各就各位，並讓自己平靜下來，屏息等待這位大明星生平最後一次開嗓。「請大家安靜。倒轉。聲音開始切入。標示它。第五〇三號場景，第一次拍攝。開始！」

當我查看攝影機觀景器出現的畫面時，簡直不敢相信自己的眼睛！覆蓋在黛德麗臉上的那層薄面紗以及鏡頭的柔焦濾鏡已改變了她的容貌，哪有什麼老婦人！當第一道打出的主燈光吸引她的注意時，我又看見了《金髮維納斯》及《歷劫佳人》裡的那位巨星。眼前這位老婦又再度變成傳奇中的黛德麗。

攝影機發出嗚嗚響聲，膠卷不停地滑過軟片盒及片門。黛德麗終於開口演唱這首與影片同名的主題曲〈俊俏的小白臉，可憐的小白臉〉（Schöner Gigolo, Armer Gigolo）：

那一天終將到來
青春將會消逝
關於我，他們會怎麼說？

這首曲子前後不超過三分鐘，然而錄影鏡頭卻為世人留存了一代女星最後的親密幻影。

當攝影機與那臺納格拉牌（Nagra）專業錄音機停止運轉後，現場一片悄然，而後迸出一陣掌聲。黛德麗再次展現笑容並主動提議要為我們再唱一遍。

當黛德麗唱完後，攝影師開始為她拍攝劇照，直到他發抖為止。然後黛德麗把在場的工作人員叫到她身邊並問他們，誰是柏林人？選帝侯大道、薩維尼廣場（Savignyplatz）及菩提樹下大道的近況如何？這些地方既是她的、也是我們的柏林城市指標。她接著談到，自己害怕回家，也害怕失去母語。她說：「許多人認為，我在二戰期間背叛德國，那其實是他們的想像。他們不了解，我從未、從未對抗自己的國家，我對抗的是納粹，似乎連媒體也不了解這一點。你們無法體會我的感受。明天你們就可以回家，而我卻不能。我失去了我的國家，我失去了我的語言。沒有經歷過這些事的人無法了解我的感慨。」最後，她打起精神離開攝影棚，她最後演出的攝影棚。工作人員紛紛走到門口列隊鼓掌，熱烈地為他們心目中的銀幕女神送別。

然而，這部耗費鉅資的電影卻是失敗之作，因為它的製作人與導演只想利用黛德麗的演出來證明這部影片的價值，卻沒有講究影片本身的內涵與風格。但對於我們這些劇組的工作人員而言——不論是德國人或像我這種在柏林生活、工作的外國人——這卻是我們職業生涯中最令人難忘的經驗。這位影壇巨星已拓展了屬於她自己的傳奇！她的美以及充滿蓬勃朝氣的表現，深深觸動了在場的每一位。這位表演藝術家在人生最後一次出場時，仍不願低頭，不願降服於時間的巨流。

「做些什麼吧！」

「黛德麗是否已在持續的蛻變中停止成為她自己？」曾與黛德麗合作拍片的名導弗立茲．朗曾這麼質疑。他認為黛德麗是一位無法在眾人面前停止表演的悲劇人物。「她把自己的一生建立在一道偉大的幻影上，並以自己的影像讓全世界觀眾陶醉在這道幻影裡。」他寫道。至於其他與黛德麗熟識的人士，反而給予她非常正面的評價，海明威便曾表示，她是一位「勇敢、美麗、忠誠、親切且心胸寬大的女性，知道如何以自己的規則管理自己，在品行及禮節上的自我要求甚至比《舊約聖經》裡的十誡還要嚴格。」

黛德麗是德國電影明星在美國好萊塢發展最成功的一位，也是二十世紀最偉大的女演員之一。她為了讓自己達到完美，促成自己的蛻變，還把曾扮演銀幕角色的一些面向一一融入自身。這位迷人的柏林女子已藉由她所創造的迷思超越了自己那副脆弱、終將消亡的軀殼。她不僅為西方婦女樹立了一個更勇敢、更完整的生命典範，而且還以自己的一生啟發所有的德國人：活著並非一定要屈從於集體，個人總是可以擁有其他的選擇。

# 第十四章
# 蘭妮·萊芬斯坦：致命缺陷

# 選帝侯大道，一九三五年

燈光一閃，歡悅的號角聲響起，無數德國青年的臉孔在黑白電影畫面裡，以充滿崇拜與希望的神情凝視著前方。他們的眼神因憧憬而發亮，他們的精神因希望而煥發。一大批德軍向閱兵臺致敬，並快步向前。他們的救世主接著走上講臺，承諾他們一個更美好的世界，卻也要求他們服從。「我們站在這裡，而且已經準備把德國帶進一個新紀元。」此時影片出現一隻目光銳利的老鷹把納粹卐字黨徽抓在爪子裡的畫面，鼓聲愈來愈強。這些德軍以行動效忠他們的新領袖，他們願意追隨他，將他的意志與自己的意志緊緊地結合。攝影機在行進的行伍間移動並進行拍攝。「一個民族，一個國家，一個領袖！」德軍的武器在陽光下閃閃發亮，讓銀幕前的觀眾們大開眼界。

在昏暗的ＵＦＡ宮電影院（UFA Palast）[1]大型放映廳裡，納粹御用的女導演蘭妮・萊芬斯坦（Leni Riefenstahl, 1902-2003）看到在場兩千多名觀眾噙著淚水觀賞她為納粹執導的第三部宣傳紀錄片《自由之日：我們的國防軍》（*Tag der Freiheit-Unsere Wehrmacht*）。她可以感覺到坐在身旁的元首希特勒那股神氣十足的驕傲，而且還發現，這股驕傲已從他們的包廂蔓延到一排排的觀眾席，擴散到整座電影院，並橫掃柏林與德國全境，成功地消弭了德國在一戰戰敗後被迫簽下凡爾賽和約的恥辱。同樣地，這股驕傲也在她的心中滋長，亢奮的心情讓脊椎尾端舊傷處緊繃的肌肉得以鬆弛，一陣舒服的暖熱還出現在從前曾拉傷的腹股溝肌肉上。她已為這個新的英雄時代創造了新的電影藝術。

這場首映會在一九三五年底舉行後，接下來那三個星期，位於選帝侯大道的UFA宮電影院一共吸引了超過十萬名民眾前往觀賞這部紀錄片，而且在短短一年內，每位德國人都已看過這部影片。此刻的她不僅不覺得自己是一戰戰敗的受害者，反而還感到得意洋洋、權力在握。之後，當她的藝術贊助人希特勒在電影院的舞臺上獻給她一大束紫丁香時，她對這位新領袖的鞠躬致謝純粹是基於禮節，並非屈從於他的權勢。希特勒稱讚她的電影「對於納粹運動的力與美而言，是一項無與倫比的光榮讚頌。」此時，萊芬斯坦已了解，這位國家領導人的意志將把她與德國一併帶向勝利的目標。

德國傳奇女演員、女導演萊芬斯坦通往榮耀與恥辱的旅程是從哪裡開始的？是在沉迷於

1 UFA宮電影院隸屬於UFA電影公司，於一九一九年開始營業，曾是德國規模最大的電影院以及德國電影首映的主要場地。它在二戰末期毀於盟軍空襲，一九五七年重建完成後，更名為動物園宮電影院（Zoo Palast）。

童話故事的孩提時代？是在她還是個活潑、任性的柏林青少女，卻已吸引一位猶太銀行家贊助她首次的舞蹈表演時？是她在第一部電影《通往力與美之路：一部關於現代身體文化的電影》（*Wege zu Kraft und Schönheit: Ein Film über moderne Körperkultur*）裡扮演那位苗條、上空的女僕時？或是在她已是一位奮發進取、充滿抱負的電影明星而捧讀《我的奮鬥》（*Mein Kampf*）這本希特勒自傳時？

希特勒這本自傳厚達七百多頁，內容充斥著自我中心以及種族主義（尤其是反猶太主義）的思想，萊芬斯坦在閱讀時感到興奮不已。一九三二年，她在一次搭乘單程長途火車時，將它從頭到尾讀過一遍，後來在演出一部高山電影期間，還趁著拍片的空檔，在那些山谷溪流及森林的外景地點又把它讀了一遍。她覺得希特勒這本自傳很精采，特別是他對解決德國當時迫在眉睫的社會問題——高達六百萬失業人口——的建議，讓她留下深刻印象。她在閱讀時已意識到，希特勒可以「拯救」這個國家，一九三二年，她參與的一場納粹黨大型集會也印證了她的直覺：在柏林體育宮（Berliner Sportpalast）裡，希特勒的演說與表現「如閃電般」打動了她。這位納粹領導人散發著一種「催眠效果」，對於萊芬斯坦來說：「就像整個地球表面在我面前突然從中裂成兩半，裂開處還噴出一道強力的大水柱，直衝雲霄並撼動地面。我當時覺得全身已癱軟無力了。」

然而，她當時還不至於癱軟到無法提筆給希特勒寫信。她想和這位注定成為不平凡的人物碰面，而且希望自己能分享這位大人物的影響力。她寫給希特勒的那封信後來獲得回應：這位納粹黨領袖邀請她到北德北海邊的威廉港（Wilhelmshaven）附近，與他共度某個下午時光。當天，女演員與政治家兩人沿著沙灘，散步閒聊電影。她三十歲，有一雙深色的大眼睛、一頭瀑布般的秀髮以及一張雙唇豐盈、充滿活力的嘴巴，長相漂亮而且喜歡打情罵俏；他四十三歲，將在八個月後取得德國政權，在私底下顯得「自然、正直、誠懇且友善」，這些樸實的表現著實打動了她的內心。對希特勒而言，萊芬斯坦散發著女性的嫵媚，他已看過所有她演出的電影，以及她第一部執導的影片《藍光》（*Das Blaue Licht*）。他特別欣賞她在《聖山》（*Der Heilige Berg*）中於海邊舞蹈的那一段，而且還告訴她，她的劇中角色曾引發他的好奇心。萊芬斯坦在她參與演出的電影裡，總是傾向於扮演阿爾卑斯山的女英雄，以及群眾無法企及的夢想家。希特勒了解迷思與電影的力量，他也知道，以聰明而持續的方式進行宣傳可以讓人們看見天堂宛如地獄一般，反之亦然。他很清楚，民眾需要一個可以追隨的偶像，而他和萊芬斯坦兩人已著迷於民眾在他們身上所投射的形象。當那個下午的會面接近尾聲時，他對她說：「如果我們上臺執政，妳必須拍攝我的電影。」

萊芬斯坦終其一生都在追求名望。她在新寇恩區及軒納柏格區念中、小學時，熱愛運動，擅長游泳、滑雪及體操，學業成績並不突出。她的父親在柏林經營一家水電裝配公司，事業忙碌，對於子女的管教很嚴厲，從不准萊芬斯坦上電影院或參加派對。由於萊芬斯坦自幼在家庭生活中未能獲得自主空間，逐漸養成頑固與欺瞞的個性。她積極地嘗試掙脫家庭桎梏，更何況她那出眾的外表本來就很容易受到五光十色的成人世界誘惑。

她在一戰的最後一年從中學畢業後，便偷偷報考格林—萊特舞蹈學校（Tanzschule Grimm-Reiter）而且順利地錄取，當時，學校前面的選帝侯大道仍不時傳出隆隆作響的砲聲。她在這所學校學習古典芭蕾以及著重表達內心情感的表現性舞蹈（Ausdruckstanz），由於勤奮的練習，她在舞蹈教室裡往往跳到雙足流血。她曾在一場舞蹈表演中代替生病的傳奇女舞蹈家阿妮塔・貝柏（Anita Berber）——以狂野、驚世駭俗的裸體舞蹈活躍於一九二〇年代的柏林，新客觀寫實主義畫家迪克斯曾為她做畫而留下不少相關的傳世名作——登臺獻藝，還曾參與由同名暢銷小說改編的電影《一位迷失女孩的日記》的演出。

萊芬斯坦對於早起從不感到困擾，她並不是那種生活懶散的人，會賴到九點才起床，而是充分把握每個時機，發揮自己的每個特質以便達到更好的發展。從舞蹈學校畢業後，她曾說服一位愛慕她的猶太銀行家資助她第一次職業性演出。這場舞蹈表演在慕尼黑音樂廳（Tonhalle）舉行——距離希特勒策動那場納粹黨「啤酒館政變」（Bürgerbräu-Putsch）的「市民啤酒館」（Bürgerbräukeller）僅一公里之遙，時間只相差兩星期——她穿著一件相當暴露的上衣上場演出《愛神的三支舞蹈》（*Die drei Tänze des Eros*）這組系列作品，接下來還在德勒斯登、法蘭克福以及其他幾個城市登臺獻藝。她的新聞剪報簿上貼著一些被勸誘到場觀賞她表演的評論家所撰寫的舞評，但內容中諸如「大有問題」及「多愁善感」等字眼卻已被她刪除。此外，裡面還貼有一則《柏林日報》的評論：「傑出的表現還帶著極致的優雅及獨特的美感。這樣的舞者相當難得，一千年才出現一次。」這些文字似乎是在稱讚她的表演，然而，末尾結論的部分——萊芬斯坦的舞蹈表演「只達到膚淺的熟練度與完美性，它仍缺乏內在性靈的優雅、天賦的卓異以及著魔般的熱情」——卻已被她剪除，不見蹤影。同樣地，她在那本新聞剪報簿上也刻意略去當時柏林最具慧眼的舞蹈評論家約翰·席科夫斯基（John Schikowski）對她的評論，他曾表示：「總而言之，強烈的藝術性可以在它自己的界域裡完全恰當地展現出來。不過，那個界域卻在這位女舞者身上受到嚴重限制，而且還缺乏最重要、最具精神高度的特質：靈性。」

靈性的匱乏反而讓她在舞蹈界更積極地尋求表現，雖然她後來在布拉格登臺時，因為摔倒、膝蓋受傷，最後不得不終止她的舞蹈生涯。隔年年初，她在伊舍伍德住處附近的「諾倫朵夫廣場」地鐵站裡，看到《命運之山》（*Berg des Schicksals*）這部高山電影的廣告海報。她當下彷彿被催眠般地凝視著那張海報，因此決定不搭乘那班地鐵列車並取消與她醫生的約診，逕自走到地鐵站對面的「新戲院」（Neues Schauspielhaus）——納粹宣傳部長戈培爾於不久之後在此動員右傾民眾，抗議電影《西線無戰事》的上映；大衛·鮑伊在一九八〇年曾在這個場地與美國歌手伊基·波普（Iggy Pop）合辦一場音樂會——觀賞那部對於她往後人生具有關鍵影響的電影，並為自己強烈的企圖心找到新的發揮領域。以上是人們提到萊芬斯坦時，經常提起的故事。

高山電影對於威瑪共和時期的德國而言，就如同好萊塢的西部拓荒片之於美國。高聳而聖潔的山峰是英雄的宿命之地，高山的神話與民間傳說曾是大文豪歌德、建築師辛克爾以及畫家佛烈德里希的創作主題。他們都頌揚登山者如何克服地勢雄偉卻險峻的山巒，進而攀抵高峰——最後目的地。

德國地質工程師及高海拔滑雪好手阿諾得．范克（Arnold Fanck）是第一位以手動式攝影機在阿爾卑斯山上拍攝電影的導演，也是開創德語高山電影的先驅。他離開平地的攝影棚，帶著攝影機勇闖山巒，以夜間滑雪用的燈具為拍攝的自然場景補光，用鏡頭捕捉那些洶湧奔騰的雲朵、呼號的暴風雪以及那些熊熊燃燒的大火。范克第一部執導的高山紀錄片《雪靴的奇蹟》（*Das Wunder des Schneeschuhs*）是在母親的廚房桌上剪輯完成的，但卻因為不賣座而賠錢。范克當時親自行銷自製的高山電影，自行租用電影院——例如柏林的「新戲院」——播映這些影片，由於影片不夠熱門，再加上阿爾卑斯山區變幻無常的天候，讓他無法依照既定計畫完成拍攝，徒然增加電影製作成本，這些財務難題已讓他瀕臨破產邊緣。

被《命運之山》這部電影震懾住之前，萊芬斯坦只在明信片上看過高山奇偉的景觀。在觀賞過這部影片後，她衝動地決定要到義大利北部阿爾卑斯山區的多羅米提山脈（die

Dolomiten）向導演范克毛遂自薦，參與影片的演出。當她要求她的銀行家情人帶她前往該地時，卻隱藏了這項意圖，而且早在四個月前，她已與他分手。然而，當她抵達該山區時，她才知道自己白跑一趟，因為范克當時其實人在柏林。於是她又匆匆返回首都面見這位導演，並在自我介紹時把那本貼有關於自己舞評的簡報簿交給他過目。她還向他表示，希望能在他的高山電影中飾演女主角。此後不到一週——根據萊芬斯坦的說法——范克便交給她一份他剛完成的電影腳本，封面還寫著「聖山——給蘭妮·萊芬斯坦，於三日三夜內寫成」，而且還告訴她，他打算讓她成為「德國最出名的女人」。然而，在萊芬斯坦的自傳裡，卻隻字未提她那位銀行家情人同意出資贊助這項拍片計畫。

《聖山》這部高山影片的拍攝與製作耗時近兩年，而且還受到一連串緋聞及意外事故干擾。這齣肥皂劇在山區拍攝期間，萊芬斯坦竟陸續和該片的導演、攝影師以及男主角上床，而且整個劇組狀況頻出：萊芬斯坦後來因為不堪高山的低溫而長凍瘡，足部還發生骨折，攝影師的脊椎受傷，那位在影片中扮演滑雪教練的男演員則跌斷了大腿骨。不過，令他們感到欣慰的是，這部電影在柏林動物園旁的UFA宮電影院首映後，票房大獲成功，一連播放五週，而且在每場放映之前，擔綱演出女主角的萊芬斯坦都會上臺向觀眾致意。

《聖山》開啟了萊芬斯坦在高山電影裡固定扮演的角色類型。她在接下來的七部高山影片中，將自己形塑為熱情、立場超然的女英雄，在神話般浪漫的山區景致烘托下，為那些與高山搏鬥的情人而神魂顛倒，結冰的眼睫毛在鏡頭前眨動時格外顯得楚楚動人。後來她還宣稱，穆爾瑙曾要她在他執導的默片《浮士德》裡飾演女主角，而且馮・史坦貝格原本幾乎已敲定要讓她在《藍天使》裡演出蘿拉・蘿拉——這些聲明從未獲得其他資料來源的證實——然而，她卻一再地選擇回到高山的懷抱。原因很簡單：她知道她在銀幕的競爭對手——瑪琳・黛德麗、葛麗泰・嘉寶、露易絲・布魯克斯、莉莉安・哈薇——之中，沒人敢不使用繩索攀登阿爾卑斯山。高山就是她的世界。她已在群峰之間塑造出自我。她當時是個無所畏懼的登山者，而且還懂得透過身體所展現的勇氣掩飾本身在道德上的怯懦。

這些高山電影已在德國民眾內心激起一種朦朦朧朧的感傷。一九三〇年，萊芬斯坦提筆撰寫電影《藍光》的劇本，情節內容則抄襲自一本瑞士小說。《藍光》是她第一部執導的影片，而且由她自編自導自演。影片開拍後，她以柔焦鏡頭賦予這個多羅米堤山區傳奇一種童話故事般的溫馨，劇情敘述一位漂亮的山中少女——由她本人飾演——守護阿爾卑斯山一處神祕光芒的祕密。在一個將自我神祕化的隱喻中，她受到那些愚蠢庸俗、居住於平地的村民誤解，她那座神聖的水晶洞也被他們侵占掠奪，最後她因為心碎而墜谷身亡。

萊芬斯坦再次對德國電影界那些頂尖專業人士施展個人魅力，並誘使他們投入《藍光》這部電影的製作。《藍天使》的攝影師漢斯・許耐貝格（Hans Schneeberger）曾參與范克執導的高山電影而與萊芬斯坦有曖昧關係，此時他已接受舊情人請託，成為《藍光》的攝影指導。匈牙利猶太裔作家暨電影評論家貝拉・巴拉茲（Béla Balázs）——她後來曾向納粹檢舉他——為萊芬斯坦修改腳本，並與她一同導演這部影片。當一些電影公司認為《藍光》這部電影的構想不切實際而拒絕製作之後，萊芬斯坦便把拍片所需籌措的資金交給那位被她玩弄於股掌之間的銀行家負責。甚至連被她欺騙感情而傷心不已的范克也被她說服，願意教導她剪接影片的技巧，以完成這部電影作品。

萊芬斯坦夏天在義大利南提洛地區（Südtirol）——即義大利北部的阿爾卑斯山區——花了三個多月拍攝《藍光》，對她而言，這部高山電影象徵「一個令人不斷嚮往、卻總是無法實現的理想」。儘管她以完美主義的精神製作這部影片，而且毫無保留地投入所有精力，然而，它在一九三二年於柏林UFA宮電影院首映時，仍跟從前那幾部高山電影一樣，受到看法不一的評論。右翼媒體紛紛刊文誇讚這部電影，其中以《威斯特法倫國民報》（*Westfälische Volkszeitung*）最誇張。這份報紙當時曾以粗體大寫的德文字母為相關影評下標題：「這部德國電影以這種方式慶祝《聖山》的再現！慶祝德國人民的重生！」相反地，自由派報紙，比如猶太裔烏爾斯坦兄弟（Gebrüder Ullstein）經營的《柏林晨報》（*Berliner Morgenpost*）與《柏林日報》，卻批評這部電影「在本質上出了問題」。當《藍光》在票房上未見起色時，萊芬斯坦就需要一位代罪羔羊。「只要猶太人從事電影評論，我就永遠不會成功，」她曾在某次接受電臺訪談時這麼抱怨，當下她還想起《我的奮鬥》這本希特勒自傳裡那些反猶太思想，「不過，這些人要小心，等希特勒上臺後，一切都會改變的。」

一九三三年初，甫上臺的納粹黨開始悄悄地將猶太人逐出媒體界，所有與猶太人訂定的合約必須終止，既有的協定已毋須履行。甚至在德國的外資電影公司也收到納粹指示，必須立即解雇所有具猶太血統的代表人及分公司經理。當時美國華納兄弟電影公司（Warner Bros.）由於拒絕服從這項命令，他們在柏林的業務代表喬・考夫曼（Joe Kaufman）便因而遭到納粹「褐衫突擊隊」的殺害。此後短短一年之內，約有兩千名電影專業人士離開德國。

宣傳部長戈培爾深受電影的影響力及其操控群眾的能力吸引。他後來接管ＵＦＡ電影公司這家柏林規模最大的夢幻工廠，以及它在巴伯斯貝格製片場十幾座拍攝有聲電影的片場、五千名員工以及旗下的一百二十家電影院。此外，他還在電影製作方面挹注大量資金，在宣傳部長任內一共推出一〇九七部影片，產量著實驚人。戈培爾運用電影媒體的卓越能力不僅止於公開的政治宣傳片，還表現在同樣受到納粹重視的通俗娛樂片上。他曾在柏林的皇帝庭園飯店（Hotel Kaiserhof）宴會廳裡告訴德國當時的企業領導人：「我們不會期待每個人演奏相同的樂器，而是應該依照計畫讓每個人扮演各自的角色。」

戈培爾透過製造夢幻的宣傳部及國家戲劇顧問局（Reichsdramaturgie）批准了一些浪漫音樂劇、史詩般戰爭電影、虛假歷史劇情片的製作，此外還有兩部由萊芬斯坦執導的偉大電影。

萊芬斯坦「是眾多明星當中唯一了解我們的人」，戈培爾曾在他的日記裡寫著。當德國人民墜入集體瘋狂的深淵時，這位納粹御用的女導演和戈培爾及希特勒之間有密切往來。戈培爾的妻子瑪格達曾邀請她到住家的花園裡喝茶，一起坐在樺樹下欣賞萬湖的風景，希特勒有時會順道去她那間位於興登堡街（Hindenburgstraße）的公寓拜訪。在電影首映會上、在歌劇院裡，她和那些納粹高層在強烈的聚光燈下熱絡地互動，並以個人魅力征服第三帝國的權力核心。即使她離開柏林，也都和柏林保持聯絡。當她在格陵蘭錄製《S.O.S. 冰山》（*S.O.S. Eisberg*）這部與范克最後合作的影片期間，還以當地的冰山與峽灣為背景，重新拍攝那些她帶在身邊的希特勒大幅肖像照。希特勒當選為德國總理的那個夜晚，納粹的支持者手拿火炬在柏林街道上遊行慶祝，隊伍浩浩蕩蕩地穿過布蘭登堡門。戈林——未來的納粹空軍總司令——那時還特地打電話到瑞士，告訴萊芬斯坦這個好消息。她當時正一絲不掛地站在某家飯店的露天三溫暖區裡接聽這通電話，並且欣喜若狂地請戈林轉達她的致賀。她後來在一面落地長鏡裡瞥見自己的身影，於是便站到這幅鏡子前，將雙手高舉並伸展她那修長而強健的身體。

戈培爾希望萊芬斯坦拍攝一部「希特勒電影」。一九三三年，即納粹上臺的那一年，他們一整個夏天曾針對這件事共同商議了十幾次。萊芬斯坦也曾在希特勒的官邸、總理辦公室以及某次受希特勒之邀一同到波羅的海海邊野餐郊遊時，跟他本人討論這項拍攝計畫。當她認識的那些猶太人紛紛逃離德國，而且立場與納粹相左的政治人物也從德國消失不見時，她為了向這位納粹頭子表達內心感謝，曾送給他一套八冊以皮革裝訂的費希特——融合德意志浪漫主義與國族主義的十八世紀哲學家——作品全集，並在書籍前面空白的書頁寫上她的題辭：「獻給敬愛領袖最深的摯愛」。萊芬斯坦還在許多頁面邊緣的空白處留下一些驚嘆號、標示重點的符號以及文字評論，一直到二戰結束時，這套贈書仍保存在希特勒的私人圖書室裡。

萊芬斯坦原是一位女演員，轉任導演後首次執導《藍光》這部帶有童話溫馨色彩的通俗劇情片，便大受納粹高層青睞。她當時非常了解，這些德國政壇的新巫師們需要編織他們的神話，而且他們也知道，高山電影的英雄式理想主義正好與納粹精神相契合。他們非常讚賞《藍光》的攝影效果，而且已經察覺，萊芬斯坦這位果決明快的藝術家，應該可以幫助他們將領導人希特勒塑造為神格化偶像。冷血的萊芬斯坦那時一心一意想施展自己的抱負，所以心甘情願地為納粹奉獻她的才能而不受任何道德顧慮的約束。一九三三年八月底，她在納粹黨於紐倫堡召開的全國黨代會（Reichsparteitag）[2]上，為第三帝國拍攝她的第一支紀錄片《信仰的勝利》（*Der Sieg des Glaubens*）。

這部宣傳紀錄片並不是傑出的電影作品，因為萊芬斯坦不僅沒有足夠時間從事拍攝的前置作業，而且在影片殺青後，還必須在不到三個月內完成剪輯工作。不過，她在拍攝這部納粹宣傳影片期間，與希特勒重用的納粹首席建築師亞伯特·許倍爾（Albert Speer）——後來還擔任納粹德國於二戰期間成立的裝備後勤部部長——結識並成為好友。為了影片拍攝需要，許倍爾還為紐倫堡黨代會集會場的閱兵場，即所謂的「齊柏林場」（Zeppelinfeld），設置一座高聳出地面的講臺、一個納粹風格的大型老鷹木雕，並豎起許多巨大的旗幟，讓這個壯觀的拍攝現場儼然成為慶典聖地。他與萊芬斯坦一起在紐倫堡策畫黨代會集會場的拍攝、燈光與攝影機擺放位置等，回到柏林後，又為許多萊芬斯坦必須重拍的場景建構布景與大型道具。這部政治宣傳影片的內容呈現出一個已統合一切爭執、已完全排除異議的德國，在公開放映後，立刻被戈培爾發行的報紙《攻擊報》（*Der Angriff*）——納粹黨柏林分部機關報——吹捧為「一份無價的當代文獻」。希特勒後來還送給萊芬斯坦一輛賓士敞篷車做為答謝。

實際上，《信仰的勝利》不過是萊芬斯坦為納粹拍攝宣傳紀錄片的一個序曲罷了！一九三四年五月，她再度受到納粹黨委託著手拍攝《意志的勝利》（*Triumph des Willens*）這部影片。該片的內容不只頌揚希特勒，還將他神化，而且最終還說服德國人民，他們是無法被打敗的民族。

2 從一九二三年至一九三八年間，納粹黨每年都在紐倫堡舉行黨代會。一九三三年，納粹躍升為德國執政黨後，黨代會已成為納粹進行政治宣傳的重要途徑。一九三三至三八年間，一年一度的黨代會都在紐倫堡東南邊的全國黨代會集會場（Reichsparteitagsgelände）舉行，萊芬斯坦曾連續三年為納粹黨代會拍攝政治宣傳影片，也就是所謂的「黨代會三部曲」：《信仰的勝利》、《意志的勝利》與《自由之日：我們的國防軍》。

在錄製《意志的勝利》時，萊芬斯坦獲得納粹挹注的資源已無法盡數：十萬名德軍、紐倫堡市、兩架支援空中拍攝的飛機以及兩百名工作人員，其中包括五十位攝影師。她可以毫不受限地接近希特勒，並跟以前一樣，利用自己與希特勒的關係鞏固電影界頂尖的合作者，如德國導演魯特曼——《柏林：一座偉大城市的交響曲》的導演。此外，萊芬斯坦還要求納粹讓她可以絕對掌控影片的創作，並保證她的電影製作公司可以擁有這部影片的著作權。總之，世界上沒有任何紀錄片的拍攝曾獲得如此強力的支援。

萊芬斯坦對於拍攝時程的掌控，就跟納粹德軍為了配合錄影的集結和整隊那般地精確。她的攝影團隊在攝錄時，身穿淺灰色制服混在軍隊的行伍當中，或腳穿滾輪溜冰鞋在這些行進的隊列之間穿梭滑行。當領袖希特勒發表談話時，她的攝影師們會圍繞著他取鏡拍攝，並以低處仰拍的鏡頭誇大他的身高，讓他顯得氣勢十足。為了提供萊芬斯坦一個從高處俯瞰的拍攝角度，許倍爾還特地在那些巨大旗杆之中的一支，安裝一座小型升降梯。在一片高聳飄揚的卐字黨旗下、在那些攝影工作人員、參與錄影的演員與納粹「褐衫突擊隊」之間，穿著白色大衣的她顯得格外醒目。她正在拍攝一部新種類的政治劇。她經常是拍片的閱兵場上唯一的女人，為了執導這部電影，她會在必要時提出要求，或打情罵俏，或流淚啜泣，同時在影像的創新上還顯露出一種直覺的天賦。在紐倫堡的黨代會集會場拍完大批德軍集結與行軍場景後，萊芬斯坦回到首都柏林。她後來還重新拍攝十幾個場景，並以同步音效進行錄製，諸如「國家勞役團」（Reichsarbeitsdienst）[3]那些如英雄般的志願者、行進士兵的長筒皮靴、希特勒狂熱的演說等，而且未曾受到電影工作者無法區辨現實與虛幻的困擾。當影片拍攝結束後，她便進入苦不堪言的剪接階段：每天十六個小時、為期六個月的影片剪輯工作。

一九三五年三月，這部納粹宣傳紀錄片在UFA宮電影院——臨街的門面由許倍爾飾以一隻倨傲的老鷹以及一些旗幟——舉行首映會，與會人士皆為德國社會的新菁英。在陰暗的電影院裡，出現隆隆的鼓聲與嘹亮的號角聲，當銀幕出現一架飛機在壯觀雲層裡前進時，還出現如讚美詩般的納粹黨歌〈霍斯特．威瑟爾之歌〉（Horst-Wessel-Lied）的配樂。影片開頭以顯眼的德文花體字母寫上這幾行字：

> 在世界大戰爆發二十年後，
> 在德國經歷十六年的磨難後，
> 在德國重生十九個月後，
> 阿道夫．希特勒飛往紐倫堡檢閱他忠誠的追隨者。

[3]「國家勞役團」是納粹一個重要的經濟與教育組織，運作於一九三三年至一九四五年之間。自一九三五年六月起，男青年於服兵役前須先履行六個月的義務勞動，大戰爆發後，這項規定亦適用於女青年。

影片裡，德國容克斯（Junkers）三引擎飛機——當時全世界最先進的飛行器——穿越如高塔般聳起的積雨雲俯衝而下，機身的影子掠過了那些中世紀建築的屋頂與大教堂的尖塔。領袖希特勒搭乘這架飛機，像神明般從天而降，在抵達地面時受到一群興奮至極的民眾高聲歡呼。引頸翹首的婦女及孩子們已熱淚盈眶，並高舉他們的手臂熱情地向這位偉大的領袖致意。他的車隊在許許多多面無表情的士兵簇擁下前行，一路穿越紐倫堡市區，前往郊區的黨代會集會場那個播放軍樂、歡聲雷動的閱兵場地。

德國已出現一個新的轉折。鑲著鉛框的玻璃窗已朝著那美好的一天敞開，花朵高舉它們的頭迎向絢爛的陽光。在希特勒青年團（Hitler-Jugend）的營地裡，在一片紮滿鐘形帳篷的廣大原野上，一大群德國青年從睡夢中醒來，在盥洗過後，便興高采烈地準備他們的集會。在黨代會集會場的「路易特波德場」（Luitpold Arena）裡，在「一切為了德國！」（Alles für Deutschland!）的呼喊聲中，納粹的第二把交椅魯道夫・赫斯宣布納粹黨代會正式開始，並帶領與會青年追憶興登堡將軍及一戰的陣亡同志。接著他還宣稱希特勒含有每一位德國人的特質：「您就是德國！當您行動時，就是這個國家在行動。當您下判斷時，就是這個國家在下判斷。」在同一個講臺上，面對同一架攝影機，宣傳部長戈培爾呼籲：「希望我們熱情的光明火焰永不熄滅！只有它能為現代政治宣傳的創作藝術帶來光輝與溫暖。」

萊芬斯坦接下來把畫面剪接到演講中的希特勒。這位納粹領袖在集會場的希特勒青年團體育館（Stadion der Hitlerjugend）裡慷慨激昂地發言、敦促數千名青年男女砥礪自己並準備犧牲：「德國的男孩與女孩們，我們希望你們學習所有大家期待德國應該具備的事物。」在電影畫面上，這些在體育館內的青年學子們毫無保留地表示，願意把自己奉獻給這位偉大的領袖。

在這場集會以及這部紀錄影片的最高潮，這位受到熱烈擁戴的領袖沿著一條寬敞的大道行進，夾道兩旁盡是排列緊密的軍隊陣容。當希特勒走到第一次世界大戰紀念碑前面獻花致敬時，在場的十萬人全都聚精會神地挺身站立。當這些跟隨者狂熱地回應希特勒的呼召、再度表達他們對於領袖的效忠、並聲明自己只服從領袖而隨時聽候他命令時，電影的配樂便出現了華格納樂劇《諸神的黃昏》（*Götterdämmerung*）的一段樂曲，而且音量愈來愈強。諷刺的是，這首曲子也是柏林愛樂交響樂團為躲避西方盟軍空襲，在疏散到外地之前，最後一次在柏林舉行的那場音樂會演出曲目之一。

「黨就是希特勒！希特勒就是德國，正如德國就是希特勒！」赫斯再次宣告著，此時銀幕上那個巨大的卐字納粹黨徽逐漸隱沒在行進的德軍行列中。

《意志的勝利》在柏林首映之前，希特勒便已私下看過並誇獎這部引人注目的大師之作。他的宣傳部長也不忘對它盛讚一番：「任何曾在《意志的勝利》這部影片中見過領袖的人，將對他永誌難忘。不論在白天或在夢境，領袖的容顏將時時浮現在他們腦海中，而且還在他們的靈魂裡如一團文火般徐徐地燃燒著。」

納粹是萊芬斯坦電影藝術的贊助者，萊芬斯坦則是納粹野心的擁護者。這位納粹御用女導演懂得如何操控觀眾的情感，並消除他們長久以來對於納粹政權的懷疑意識。她在這些宣傳影片中呈現德國人民已經團結一致，這根本是個謊言，與她在剪報簿上對第一次登臺演出的舞評大動手腳的不誠實，只是程度的差別罷了！藉由在影片中詳述希特勒所傳達的信息，她讓納粹黨員與納粹的懷疑者信服這位新領袖的思想，並讓他們的意志與希特勒的意志合而為一。在三十部攝影機的清晰聚焦中，她已經成功地模糊了黨、國家以及人民之間的界線。

她在這部運動會紀錄片裡，也講究情節與戲劇效果，所以實際上已無異於劇情片。她使用一些電影技巧敘述故事，藉此美化納粹這個粗暴的新勢力、正當化這個野蠻而殘忍的政權，並透過那些令人折服的影像以及充滿視覺壓迫感的剪接方式，形塑自己獨有的電影美學。她讓一些納粹高官在銀幕上永垂不朽，並把這些人物的形象與柏林及德國相連結。

《意志的勝利》並非萊芬斯坦的天才之作，而是她不辭勞苦地剪輯畫面的成果。這部宣傳影片的成功等於讓萊芬斯坦取得下一個拍片計畫的許可：在柏林奧運即將屆臨之際，企圖心旺盛的她決定以這場國際體育盛會做為下一部紀錄片的主題。在希特勒上臺執政之前，柏林市早已取得一九三六年奧運主辦權。有鑑於這項國際運動會極富政治宣傳潛力，這位納粹領袖便下令為柏林奧運建造一座當時全世界規模最大的綜合體育場。這座柏林奧林匹克體育場預計可以容納十萬名觀眾，旁邊的奧林匹克選手村還可以入住五千名運動員，而且依照納粹高層的想法，這個場地在納粹德國征服歐洲之後，將在未來的一千年期間成為奧運的主要舉辦場地。「除了妳，還有誰能為奧林匹克運動會拍攝影片？」希特勒對萊芬斯坦說。

柏林為了準備一九三六年奧運，決定清除一些不宜讓外國訪客看到的人事物，因此，市區的流浪漢與少數民族後來全被遷往郊區，所有張貼的反猶太宣傳海報——包含那些描繪高鼻子猶太強姦犯玷污純潔、金髮碧眼的亞利安少女的畫面——紛紛被撕除。當柏林的第一批猶太商店受納粹逼迫而關門歇業時，萊芬斯坦剛好獲得拍攝這部奧運紀錄片的靈感：她決定影片一開始，先聚焦於奧運的起源地希臘，於是便帶著她的攝影團隊，風塵僕僕地前往雅典西方的奧林匹亞城（Olympia）——即古希臘時代奧林匹克運動會的遺址——進行片頭拍攝工作。在影片後製的剪接工作裡，她還把當時拍下古希臘運動員石雕像的畫面和那些參加奧運的德國裸體運動員及舞者影像做穿插、類比的呈現。當各國好手們在柏林奧運確實做到完美的表現時，這些關於人體力與美的象徵與神話再次撼動了她，她的鏡頭似乎在輕撫那些年輕、肌肉強健發達的身軀。此外，為了增加取景角度的多樣性，她還為攝影機裝上防水保護罩以進行水下拍攝，或將它們掛在馬拉松跑者的頸部，或用飛船或熱氣球將它們送上高空。

出生於美國的英國日記作家暨保守黨國會議員亨利·「薯片」·夏農（Henry “Chips” Channon）曾接受第三帝國邀請，以貴賓的身分出席柏林奧運。後來他曾寫道，那次奧林匹克運動會對於柏林而言，是一個向全世界展示「納粹新政權的偉大、威望與永續性。……只要有選手獲得優勝，體育場的觀眾便全體起立並高舉右手臂，認真而賣力地唱著這位得勝選手的國歌。德國隊的獲勝相當頻繁，當他們的運動員接受頒獎時，在場的德國民眾不只吼著他們的國歌〈德意志高於一切〉，也高唱納粹黨歌——即〈霍斯特．威瑟爾之歌〉——我想，那的確是一首輕快的好曲子。」

在萊芬斯坦之前，從沒有人為全場奧運拍攝紀錄片。這位女導演穿著灰色法蘭絨褲子，戴著一頂騎師帽，跟著攝影機四處狂奔，橫越整座體育場，就像運動員般接受挑戰，而且還抱怨裁判人員干涉她的拍片工作。

從萊芬斯坦執導的影片看來，她其實沒有敘述故事的天賦，而且由於她的同理心不足，在敘事方面顯得不夠人性化。不過，她卻能讓一些充滿動感的畫面出現引人入勝的效果，並透過多臺攝影機的同步攝影以及影像剪接所呈現的節奏感，成功地營造影片的氣氛並喚起觀眾的情感。她那種直覺式的電影製作方式完全依賴人為設定的時程——例如一個政黨集會或一場體育賽事的活動時間表——以及大量的錄影材料。為了製作《奧林匹亞》（*Olympia*）這部紀錄片，她一共使用將近五十萬公尺的膠卷，累計的攝影時間長達兩百四十小時，這樣的手筆實在令人瞠目結舌。在結束拍攝後，她還動用二十位工作人員從事影片剪接超過七個月，才完成這部影片。它的配音幾乎都在錄音室裡進行，由柏林愛樂交響樂團以及一個由三百四十人組成的超大型合唱團參與錄製。至於經費方面，依然不成問題。這部大成本電影至今仍被視為體育紀錄片聖經，它的製作由宣傳部祕密資助，因為納粹高層希望它呈現出一種與政治毫無瓜葛的假象，然而，這位納粹御用女導演捕捉的那些柔軟體操展演畫面，卻不禁令人聯想到納粹黨代會的宣傳片《意志的勝利》。

一九三八年四月，《奧林匹亞》這部紀錄片在希特勒四十九歲生日當天舉行首映會，當時的場面甚至比《意志的勝利》首映時更浩大、更隆重。柏林動物園旁的UFA宮電影院再次出現一些應景的布置，這次臨街的門面掛上一個大大的、邊緣銳利的卐字，前面還豎起一些奧運五環旗。在電影院的首映會場，充滿自信的納粹高層正與來自三十多個國家的外交官及企業人士寒暄交際：納粹祕密警察（蓋世太保）頭子萊因哈德・海德利希（**Reinhard Heydrich**）與希臘特使握手；義大利大使與戈培爾閒聊，這位納粹宣傳部長那時正密謀七個月後的「帝國水晶之夜」（Kristallnacht）[4]行動；捷克女影星李妲・巴洛娃（**Lída Baarová**）剛從電影《賭徒的故事》（*The Gambler's Story*）拍片現場過來，正與原先由拉特瑙家族經營的德國通用電氣公司新上任的決策高層人士打情罵俏；許倍爾的座位被安排在海因茲・萊芬

[4]「帝國水晶之夜」是指一九三八年十一月九日夜裡，納粹公然攻擊德國境內的猶太人、搗毀他們的商店並搶奪財物的事件。

斯坦（Heinz Riefenstahl）旁邊，他就是女導演蘭妮．萊芬斯坦的弟弟，已繼承他們父親的水電裝配公司，而且就在這場首映會之後沒多久，他便獲得為十幾個戰俘營安裝鉛管的合約；德軍最高統帥部（Oberkommando der Wehrmacht）總長威廉．凱特爾（Wilhelm Keitel）將軍在會場上向希特勒問候致意，他們兩位已計畫入侵捷克斯洛伐克。當所有與會人士就座後，燈光逐漸轉暗，舞臺上的布幕也隨之打開，在這間昏暗的播映廳裡，如同之後十幾場於歐洲各地的首映，萊芬斯坦把《奧林匹亞》那些令人眩惑的影像呈現給觀眾。

「幾年前我們的領袖曾說過，如果藝術家們了解在一個更美好的德國裡有多麼偉大的任務等著他們完成，他們就會以更大的熱誠加入這場（政治）運動。今天每位藝術家已經體會到——而且每位德國人也體會到——現實世界的可能性已超乎他們的想像。」萊芬斯坦曾在當時德國影響力最大的電影刊物《電影信使》（*Film-Kurier*）裡寫道，「統一德國與奧地利這兩個德語國家的大德意志國（Großdeutschland）已經實現，藝術家們正遵從當局的召喚，全力支持百萬大軍，並宣誓效忠元首以及他為德國的自由、榮耀與偉大所採取的行動。」

即將與希特勒締結德蘇互不侵犯條約的蘇聯共黨頭子史達林非常了解，電影具有操弄群眾的威力。在觀賞過《奧林匹亞》這部紀錄片後，他還親手寫了一封信給導演萊芬斯坦，大大地讚美她的才華。

在《奧林匹亞》首映十八個月後，德軍入侵波蘭。當時萊芬斯坦還穿著一件裁剪合身的納粹空軍制服跟隨軍隊前往波蘭。她在首都華沙拍攝了希特勒校閱他勝利軍隊的壯觀場面，後來法國被德軍攻陷時，她還拍電報給這位納粹領導人：「敬愛的領袖！帶著無法言喻的喜悅、深沉的悸動與強烈的感激之情，我們在此分享您與德國最偉大的勝利：德軍進入了巴黎！」

不過，在萊芬斯坦的影片裡，那些英雄式的拍攝角度既無法掩飾德國入侵波蘭所犯下一些殘酷的歷史罪行，也無法讓自己置身事外。這場閃電式進攻僅在頭幾個星期便已造成數萬名波蘭平民喪生。當納粹德軍在孔斯凱（Konskie）這座擁有哥德式教堂及埃及式玻璃溫室的美麗小鎮發動一場大屠殺時，她曾目擊其中一次卑劣的暴行。就在那一天，一名碰巧帶著小型照相機的德軍，把她和她的攝影團隊在市中心廣場觀看十幾名猶太人被處決的情景拍成照片。然而，萊芬斯坦在二戰後卻始終否認自己曾目睹萬人塚和納粹的屠殺行動。她在她的回憶錄裡依然宣稱：「在波蘭，我從未見過一具屍體，不論是士兵，或平民的屍體。」

在親歷孔斯凱的慘況後，萊芬斯坦便要求納粹高層讓自己從戰事中抽離，擁有一群出色攝影師並配備賓士轎車的「萊芬斯坦電影團隊」也隨之解散。接下來那五年，她專注於拍攝《低地》（*Tiefland*）這部耗資數百萬美元的電影。這部風格怪異的劇情片由希特勒親自贊助，而且還動員許多即將被送往奧許維茲集中營的吉普賽人參與演出。萊芬斯坦第一次在薩爾茲堡馬克斯葛藍城區的吉普賽集中營（Zigeunerlager Salzburg-Maxglan）舉辦的臨時演員招募會，地點就位於營區瞭望塔下方。

當英國的倫敦與科芬翠（Coventry）遭納粹德國空襲而烈焰衝天時，萊芬斯坦訂做了一組巨大、撒滿花朵的高山電影布景；當德軍在史達林格勒浴血奮戰並凍死時，她正對著她的攝影機大跳佛朗明哥舞；當蘇聯紅軍攻入東普魯士、當美軍的炸彈炸毀了她柏林住家時，她正為《低地》這部沒有藝術價值的通俗劇情片進行剪接與配音。即使偉大、尊榮的德意志首都被轟成灰燼，她強烈的自尊心仍驅使她完成這部電影。後來她的上嘴唇因肌肉痙攣而不自覺地顫抖，她曾設法隱瞞這個症狀，直到有一次因工作人員疏忽而被攝影機拍到這個畫面後，她立刻勃然大怒。最後，當她無法再工作時，便帶著《低地》的膠卷來到她熟悉的、如童話故事般的阿爾卑斯山區。在萊芬斯坦製作這部電影前後五年的時間裡，大約有六千萬名歐洲人遭到納粹殺害。納粹高級戰犯發動第二次世界大戰有一部分是受到她那兩部傑出宣傳紀錄片的鼓動，尤其是它們那些富有感染力的能量以及可怕的信念。一九四五年四月三十日，當希特勒在柏林自殺時，這位透過電影拍攝而為第三帝國製造偉大神話的女導演，正藏身在距離德國邊界不遠的奧地利阿爾卑斯山區。她當時已陷入混亂的情緒中，而且還倒地啜泣。

在接下來那幾個月裡，遭美軍逮捕的萊芬斯坦開始為了個人利益而積極建構她最後一部虛構故事。她告訴訊問她的美國人，她實在無法了解，「那些曾接受希特勒政治觀點的人現在怎麼有勇氣活下去」。她宣稱，自己從未接受任何納粹黨人的邀請，而且即使他們曾發出邀請，她也會一概拒絕。她堅持從前拍攝《意志的勝利》是被迫的，而且這部影片是一部如實呈現、未經修飾的紀錄片。她否認《奧林匹亞》的製作帶有任何政治動機，也否認曾涉入《信仰的勝利》的製作——一部以閃亮刺刀以及一群飛行時呈卐字排列的戰鬥機大肆頌揚戰爭的紀錄片——直到這部已遺失原版膠卷的電影拷貝在英國檔案保管處被發現後，她的謊言才不攻自破。她還對審訊她的美國人發誓，戈培爾其實很討厭她，而且她完全不知道關於集中營的一切。接著她還表示，自己為了不被戈培爾送進威瑪市郊的布亨華德集中營，只好完全聽命於他。尤其她還聲明自己是一位藝術家，只知道回應高層的召喚，並沒有能力從事政治方面的思考。「過去每一位曾創作出偉大作品的藝術家都是如此；米開朗基羅、羅丹、魯本斯以及那些印象派畫家們都這麼做。」她說，「他們既沒有時間搞政治，本身也對政治很冷漠。」

終其一生，萊芬斯坦都在為自己儒弱可鄙的謊言辯護，但這種作風卻遠遠不如她那些在納粹時期犯下較輕過失、卻願意發揮道德勇氣坦白認錯的德國同胞。畢竟只有誠實面對過往的種種，個人才有機會在日後重新開始，國家才能再度步上正軌。

「只要想像一千年後會如何，人們就能體會我們在這個時代所經歷的種種。」希特勒曾在一九四二年這麼告訴萊芬斯坦。她透過世界各地銀幕的播映而讓希特勒救世主般的觀點長存人心，還藉此榮耀他那殘暴的政權、與他一起欺騙世人，這樣的行徑猶如在數百萬殘缺破碎的軀體上手舞足蹈。或許這位希特勒的電影繆思女神真的很天真，或許她只是為了追求藝術的美與真實——如同她自己宣稱的——或許她是基於內心的執著與貪婪，純粹為了慾望滿足而出賣自己的靈魂。

萊芬斯坦的作品仍持續發揮影響力。當代不少的神話製造者都被她那些令人印象深刻的電影畫面吸引，也深深感到佩服，比如好萊塢大導演喬治．盧卡斯（George Lucas）、英國滾石樂團的搖滾歌手米克．傑格（Mick Jagger）以及美國最具代表性的普普藝術畫家安迪．沃荷（Andy Warhol）。她那些非常具有說服力的電影技巧——令人驚豔的攝影角度、軌道式移動攝影以及深具感染力的多臺攝影機同步攝影——影響了戰後西方廣告業數個世代，它們讓這些廣告界人士在進行操控人們日常生活的市場行銷與廣告製作時，能更趨於完美。就連在政治界，候選人在從事競選活動時，也得益於她開創的那些影像宣傳手法。然而，萊芬斯坦本人——身為她的時代對電影技術最有貢獻的專家——卻因為曾與納粹過從甚密而在二戰過後遭到德國社會排斥。她是唯一在納粹的興起中扮演重要角色的女性，而且她從未對此表示悔恨，從未認為——在她那虛構、童話般的影像世界裡——自己不該與納粹合作。在整個現代歷史中，萊芬斯坦的道德妥協已無人能出其右。

萊芬斯坦逝世於二〇〇三年，享壽一百零一歲。納粹投降時她正值壯年，然而，往後將近六十年的人生卻好比朦朧的黃昏，由於光線過暗，她已無法分辨從遠處走來的動物是自己飼養的忠犬，還是前來獵食的野狼。這位柏林女人因為無法問心無愧，始終惶惶不安，不過，她一定會拒絕承認自己受到良心譴責，正如她拒絕接受那些會敗壞她那曾經響亮、卻已沾有污點的名聲的任何說法。她總是獨自一人待在家中地下室的視聽室裡，用那座史汀貝克牌（Steenbeck）影片剪接臺得意地觀看她從前拍攝的《藍光》、《意志的勝利》與《奧林匹亞》等曾經催眠德國人民的影片，並藉此讓自己重溫往日的光榮時刻。

第十五章

# 亞伯特・許倍爾：日耳曼尼亞

# 菩提樹街，一九三八年

「請想像一座城市，一座比巴黎和羅馬更偉大的首都，一座讓兩河流域的巴比倫與尼羅河流域的卡納克神廟群（Karnak Tempel Complex）相形失色的都會。」

被希特勒任命為帝國首都建築總督察（Generalbauinspektor für die Reichshauptstadt）的建築師亞伯特・許倍爾在位於城西區（Westend）[1]菩提樹街（Lindenallee）的建築工作坊，對著一群建築師、設計師與模型製作者侃侃而談。他在他們當中緩步穿行，時而注視著他們的眼目，並以普魯士國王與德意志帝國皇帝疏於建設柏林之處來挑戰他們，希望他們日後能有所成就。他的談話是一種充滿驚奇的低語。在這個輕鬆且開明的建築工作坊裡，瀰漫著一股創造歷史的氛圍。相貌英俊、身材高大、領帶紮得有點兒歪斜的許倍爾站在那些桌子與繪圖板當中，並告訴他的工作團隊，他們有機會為柏林這座城市開創出新的認同，讓它擺脫向來缺乏秩序與美感的老街區以及那些未經規畫、市容紊亂無章的地段。然後，他把手搭在柏林科技大學建築系學生史提凡・荀納克（Stefan Schönecker）的肩上，同時要求所有在場的工作人員「想像一座嶄新的柏林」。

許倍爾許久以前便已認識荀納克這個晚輩。他還記得，當荀納克還是個孩子時，便已表現出對於空間的想像力。他的住家就是所謂的「柏林公寓」（Berliner Zimmer）[2]。當年幼的他發現，家中的那些房間——包括他的臥房、一大間貫通到底的客廳等——以及他父親的建築師事務所是由磚頭、水泥及造型壁帶修建而成時，便顯得興奮不已。他曾站在一個房間裡，讓自己感受環繞在他周圍的空無，並讓自己探索它、占據它，後來房內的空氣似乎開始熾熱起來。

荀納克的家也位於舒適的城西區，距離許倍爾在菩提樹街主持的建築工作坊不遠。從前那裡是一片長滿樹木的沙質臺地，拿破崙攻占柏林後曾在那裡設置一處軍營，之後逐漸發展成市郊的高級住宅區，其中不乏別墅與一些林蔭環狀街巷。荀納克自幼便對建築展現出濃厚興趣，曾以硬紙板與輕黏土為自家公寓那棟樓房製作房屋模型，在自行規畫樓層時，還會配合建築物的整體高度，並學習設計各樓層的空間運用。他會用腳步測量地基的面積，用尺丈

1 城西區是柏林夏綠蒂堡—維默斯朵夫區（Bezirk Charlottenburg-Wilmersdorf）的一個分區。

2「柏林公寓」是指一八九〇年至一九一〇年這二十年期間柏林所興建的寬敞市民公寓，每層樓高三・五公尺，每戶都規畫一大間貫通到底的客廳，而且這種格局的住宅幾乎只存在於首都柏林。

量窗戶的大小。如果他在室內發覺未善加利用的凹處以及畸零的角落空間時，便會在該處用櫻桃木重新裝潢，透過木作修飾，讓空間的利用更有效率。一位專門製作櫥櫃的木匠曾在一間地下室工作坊教他處理胡桃木及楓木的木作，讓他親自感受這些木料的紋理與質感。他還喜歡在夏日陽光中坐在戶外的臺階上，一邊貪婪地聞著菩提樹花的香氣，一邊雕刻著手中那塊木頭，嘗試為它注入生命。他在市區一所由新教教會在中世紀天主教「灰色修道院」原址所興辦的菁英文理中學——即「灰色修道院文理中學」（Gymnasium zum Grauen Kloster）——念書期間，特別專注於物理學和數學這兩個科目的學習。他在班上名列前茅，以優異的成績畢業後，決定成為一名建築師。

一九三八年，他順利進入柏林科技大學建築系就讀。當時擔任帝國首都建築總督察的許倍爾特別拔擢一年級新生的他以及他的十位同班同學。這個難得機遇正好可以讓他實現青春的夢想，或更確切地說，可以讓他宣洩年少的輕狂。許倍爾告訴這群小伙子，他已準備「瘋狂地去完成一切」，藝術家與技術人員必須奮發向上，讓自己有能力為未來創造希望。他還向他們保證，他們如果學會建築這項專業，同樣可以報效國家，不一定要從軍上戰場。

荀納克跟他那些柏林科技大學建築系的同學便隨著許倍爾的迅速崛起——在三十二歲時，從一位執業建築師躍升為帝國首都建築總督察——而有機會參與納粹對柏林的城市改造計畫。荀納克已看到許倍爾如何為納粹黨柏林總部進行第一批機關單位的修繕與翻新，如何依照宣傳部長戈培爾的想法改建一棟辛克爾（一位備受普魯士人愛戴的建築英雄）設計的高雅堂皇建築物。荀納克知道，這位納粹首席建築師自一九三三年起，每年都負責紐倫堡納粹黨代會集會場的空間規畫與布置；他曾在天普霍夫機場上方懸掛三面巨大的卐字納粹黨旗，而且每面旗幟的高度都超過十層樓高；他曾在納粹於紐倫堡舉行黨代表大會期間，在集會場的「齊柏林場」架設一百三十個防空探照燈，當夜間燈亮時，就顯現出所謂的「燈光大教堂」（Lichtdom）。此外，他還為納粹御用導演萊芬斯坦製作電影的布景與道具，並協助她用電影膠卷捕捉一些大膽而創新的影像。他對於希特勒指定他設計並建造德國新總理府感到相當興奮與激動，但卻對自己激烈的情緒反應毫無心理準備。

荀納克在菩提樹街工作坊的第一個星期，許倍爾正好簽下起造希特勒總理府的建築合約，而且整條佛斯街全交給他發揮，但他必須在十二個月內完成這些建築工事。在這片位於波茨坦廣場北方十六萬平方公尺的空地上，四千五百名工人為了起造那座從威廉廣場延伸至動物公園、擁有四十二個房間的總理府，每天以兩班制輪流上工。許倍爾在進行建築規畫時，還將佛斯街的波爾西宮（Palais Borsig）——由波爾西集團創辦人之子亞伯特・波爾西（Albert Borsig）於半個多世紀前在普魯士將軍葛拉夫・馮・佛斯—布赫（Graf von Voß-Buch）的舊府第原址建造的——整合進來，這棟企業家的豪華宅邸曾是腓特烈市（由「大選帝侯」腓特烈・威廉於十七世紀開發的城區）最典雅的建築物。

在總理府正式啟用的前一夜，荀納克和菩提樹街工作坊全體工作人員來到這棟剛完工的建築物。一群人跟隨希特勒穿過一扇青銅大門，走進只有納粹政要才能進入的主中庭，行經納粹御用雕塑家阿諾・布雷克（Arno Breker）創作的那尊胸膛傲人運動員的大型青銅雕像，登上一段雄偉的階梯，在穿過六公尺高的對稱雙門後，便來到上方開著天窗、牆面鑲嵌馬賽克壁畫的大廳。平滑如鏡的血紅色薩爾堡大理石（Saalburger Marmor）因為電燈的照射而閃閃發光。兩百個插著鮮花的花瓶沿著一條比凡爾賽宮鏡廳長度更長的長廊排列著。在這座不同凡響的建築物裡，在這個令人雀躍歡欣的時刻，內心激動的荀納克不假思索地握住了站在身旁的許倍爾女祕書安娜瑪麗・肯普芙（Annemarie Kempf）的手。

在新總理府宏偉華麗的接待大廳裡，他們聚集並圍繞著希特勒，站在這位正在改造德國、改變德國人未來的領袖周圍時，彷彿在面對這個世界的主宰一般。希特勒當時滿心歡喜地把這座總理府稱為「偉大的新德意志帝國第一個建築奇蹟」。荀納克則注意到，許倍爾的建築設計完全沒有曲線，只採用幾條水平線以強調秩序的理念。當時他和許多德國年輕人一樣，覺得沒有什麼是無法達成的——包括創造一個新柏林。

在菩提樹街的工作坊，荀納克的任務是為「千年柏林都會」製作建築模型。為了打造「千年柏林都會」，城西的中心地帶必須打掉，這也意謂著五萬間公寓的拆除，然後在原地興建「四千年來人類從未建造過的建築物」——套句希特勒的說法。在柏林市的沙質土地上，還必須設置兩條相互垂直交叉的主要幹道，即南北軸線幹道（Nord-Süd-Achse）與東西軸線幹道（Ost-West-Achse）。南北軸線幹道寬一百二十公尺、總長四十公里，它的設置主要是為了頌揚帝國的成就與宏願。這條大道的南北兩端分別設有火車站，兩側將起造建築線條筆直整齊的政府各部會、新古典風格的劇院、高級大飯店以及所有德國大企業的總部。南端的南火車站鄰近天普霍夫機場，車站外面將建設一座全世界面積最大的公共廣場。北端的北火車站南面則規畫一個長方形大水池，以映顯矗立於一旁的宏偉「大會堂」（Great Hall）的倒影。「大會堂」是「千年柏林都會」最重要的建築，它的大圓頂將是梵蒂岡聖彼得大教堂的十六倍，內部能容納十八萬名忠誠的人民肅立聆聽領袖希特勒的演說。它的前院兩側預定建造壯觀的總理官邸、新的國會大廈以及外觀飾有花崗岩、大理石與青銅的德軍最高統帥部。

柏林將被改名為日耳曼尼亞（Germania），它將是所有日耳曼人的首都。這座都城將借助日耳曼人的力量而大幅發展，並將以單一化精神把日耳曼人團結成一個單一的整體。原來的夏綠蒂堡大道（Charlottenburger Chaussee）將擴建為八十五公尺寬，並更名為東西軸線幹道。柏林勝利紀念柱則移往東西軸線幹道的圓環上，為了讓它看起來更有氣勢，還為它增設七．五公尺高的底座，以增加柱身總高度。一座水上飛機起降場將闢建於柏林南邊的小鎮朗斯朵夫（Rangsdorf）。柏林周邊占地面積廣闊的針葉松林將改植為落葉樹林，以實現腓特烈大帝在兩個世紀前提出的這項都市改造計畫。希特勒曾自豪地表示，日耳曼尼亞的高塔、方尖碑與井然有序、莊嚴宏偉的市容將會讓人們激動得無法喘息。

為了全力效忠國家，荀納克放棄當建築師的志向，而加入許倍爾工作坊的模型製作小組。他狂熱地投入工作，運用木材與石膏，並以一比兩百的比例塑造令人神往的「千年柏林都會」。當人們為了修建兩條軸線大道而拆毀周邊地區建物時，他則埋首於由諸多建築方案所構成的模型新天地。他想像自己進入「大會堂」，並為這個建築模型製作銅質骨架，此外，還使用櫻桃木進行大部分的模型製作，細節部分則採用花楸木（sorbus）。他把十幾根以榫卯接合的樺木圓柱塗上顏色，讓它們看起來像粉紅色的瑞典花崗岩，然後再把迷你的青銅柱頭黏在圓柱頂端。他用沾濕的調色刀在石膏上形塑出一座將士堂（Soldatenhalle），並賦予它弧面的挑高天花板以及陰暗而低矮的地下室。他會在建築的實體與空間之間、在沉重的門廊與簡化的柱廊之間取得平衡，並留意古典的建築比例，讓這棟建築顯得更加雄偉莊嚴。此外，他還用不同的玻璃罐蒐集楓樹、菩提樹與橡樹的鋸屑，如果模型出現瑕疵或缺陷，只要混入膠水，便是理想的修補材料。

由於日耳曼尼亞的建築計畫非常龐大，因此必須動用幾十位建築師從事相關的建築規畫與設計工作。荀納克不僅為許倍爾的建築計畫精心製作模型，也為保羅・波納茲（Paul Bonatz）設計的海軍總司令部、格爾曼・貝斯特邁爾（German Bestelmeyer）設計的新市政廳以及彼得・貝倫斯（Peter Behrens）繪製的德國通用電氣公司新總部建築草圖提供這項服務。每件模型在完成後就噴上白漆，並從菩提樹街的工作坊移至巴黎廣場旁的柏林藝術學院。在這所藝術學院的私人畫廊裡——也就是柏林交際花艾爾莎・喜爾緒遇見已退休的雕塑教授弗利德里希・德拉克的地方——雄偉的日耳曼尼亞建築模型隨著件數增加，總長度後來已超過三十公尺。在那間畫廊展示的建築物模型均製作成氣派十足的一比五十比例，而且還置放在與胸部齊高的臺架上，打光的聚光燈則擺在特定的位置以模擬夕陽光照。希特勒曾下令在總理府與藝術學院之間建造一條帶頂走道，晚餐過後，他大多會前往藝術學院的那間模型展示廳，凝視著他夢想的成形。

「我喜歡，」這位納粹領袖以濃重的奧地利口音向許倍爾透露。然而在正式場合，他從不說家鄉的方言。

希特勒在《我的奮鬥》這部自傳裡曾表示，自己早先曾打算當建築師，卻為了政治以及「愛國的本分」而放棄這項職業生涯。這位領導人會把建築類書籍擺在他的床邊，他不僅對於空間高度與隧道容積等精確的建築細節有驚人記憶力，而且還能察覺裝飾壁帶與建築施工計畫表的一些微小變化。他要日耳曼尼亞成為「歷史留在砌石上的見證」，這座都城將維持運作一千年，而且必須規模宏大，以便「重建戰敗的德國人民自尊」，以便強調日耳曼民族共同體的理念。那些廣闊的大廳、剛健有力的裸體雕像以及巨大的露天劇場都將宣告他和亞利安力量的勝利。

許倍爾每星期至少會有一次在總理府的餐廳用餐，它就是希特勒口中「歡樂的總理餐廳」。晚餐活動都拖到很晚，結束之後，他總會回到菩提樹街的建築工作坊。不管許倍爾什麼時候進去，荀納克總是在那裡。這個男孩喜歡生活得井然有序以及例行性的工作，從不在乎自己是否能暫停手邊工作，是否能擁有空閒的夜晚或星期假日。每當許倍爾發現，只有荀納克一人還留在工作坊時，便會走到他的身邊坐下，跟車床旁或畫架前的他談論一項新的建築設計或領袖今天在晚餐後播放什麼電影（希特勒通常每晚看兩部電影，他偏好輕鬆的娛樂片，刻意避開悲劇情節的劇情片）。這位領袖曾在席間跟大家提到「大型集會用建築」（Versammlungsarchitektur）、建築如何讓人們透過聚集而獲得「集體經驗」，或談論辛克爾在「建築創作的最後黃金年代」的作品。有一晚，許倍爾還跟他提起義大利——他當時剛從西西里島返回，還參觀了島上的錫拉庫薩（Siracusa）與塞利農特（Selinunte）歷史遺址。他曾對荀納克說，等柏林的大建設完成之後，他希望能到世界各地旅行，其中包括莫斯科和美國。荀納克則告訴他，自己比較想去羅馬參觀萬神廟，因為這座歷史建築影響了辛克爾「舊博物館」的圓形大廳以及許倍爾「大會堂」的設計。

在某個夜裡，荀納克正為一座三公尺高的大型凱旋門模型進行最後修飾工作。許倍爾傾身向前碰觸那精細的石膏鑲板，輕敲那縮小版的花楸木帶狀雕飾，並檢驗雕塑家布雷克與約瑟夫·托拉克（Josef Thorak）那幾件作工一絲不苟的塑像。他心裡盤算著，如果柏林這座凱旋門建造完成，它的大小將是巴黎凱旋門的九倍，它莊嚴崇高的外觀可以榮耀一百八十萬名在第一次世界大戰為國捐軀的德軍，而且它的歷史紀念性足以讓它矗立在日耳曼尼亞這座歐洲新首都的中心。

許倍爾的目光從這座模型轉向塑造它的荀納克。這個大男孩已經把原本存在於圖畫素描上的建築構想透過實體模型的製作，轉化成一件建築的原型設計（prototype）。他已經了解這座建物，已經能感受它本身的建築設計。「就是它了！」許倍爾突然打破沉默地說，「老實說，就是它了！」在這個寂靜幽暗的工作坊裡，這對師徒因為相互交流而產生前所未有的親近感。

在希特勒五十歲生日前夕，許倍爾和柏林的達官顯貴們站在布蘭登堡門旁邊。他們後方的人行道上聚集大批人潮，前面的東西軸線幹道此時已完成施工，一路延伸到勝利紀念柱另一頭。許多醒目而堅固的白色圓柱整齊地沿著這條主幹道兩側排列，柱頭上的碗狀器皿燃燒著火焰。三十幾面卐字旗飄揚在布蘭登堡門上方〈駕著四馬戰車的女神〉的青銅雕塑四周。當遊行車隊接近布蘭登堡門時，遠處的歡呼喝采已轉成超高分貝的嘶吼聲。其中一輛深藍色**770K**型敞篷賓士轎車突然在許倍爾面前煞住，希特勒從車內步出並與他握手。「在此我向我們的領袖報告，柏林的東西軸線幹道已經完成了！這條大道本身已說明了一切！」許倍爾的聲音從麥克風傳出。

沿著這條壯觀氣派的東西軸線幹道——包括勝利紀念柱所在的圓環——一場歐洲最大規模的軍事閱兵正在砰砰的鼓聲中展開。一共十萬人的部隊——包括十二個連的陸、海、空三軍與納粹親衛隊——花了四個半小時才通過閱兵典禮的大看臺以及兩萬名受邀觀禮的國賓面前。兩百架戰機從人們頭頂上方急速掠過。砲隊、機動化部隊與幾十輛坦克車依序經過偉大的領袖希特勒面前，隆隆響聲蓋過所有交談的聲音並震動了地面，最後群眾還高聲齊唱德國國歌〈德意志高於一切〉。數百隻天鵝受到嘈雜的閱兵遊行驚擾，紛紛從東西軸線幹道穿越的動物公園裡飛起，在閱兵典禮上空排列成V字隊形，彷彿牠們也受到某種暗示，隨同人們一起慶祝這場隆重的國家盛典。在慶祝希特勒生日的廣播節目裡，宣傳部長戈培爾公開聲明：「帝國處於軍方武力的保護之下。貿易與工業、文化與國民生活都在軍事武力的保證下欣欣向榮……我們的領袖已成功地融合了願景與現實。」

荀納克並未在撼動人心的閱兵慶典現場看熱鬧，而是在菩提樹街協助搬運工將他剛完成的那件凱旋門模型裝上一輛平板式卡車，並將它搬進總理府的側廳。在側廳旁邊的內閣會議室裡，還展示著納粹中央黨部高級主管與地方黨部領導人送給希特勒的一些頗富誇示意味的禮物：白色大理石裸體雕像、青銅雕塑品、一只繡上「領袖福星高照」的靠墊、一幅提香（Titian）的油畫以及一張擺滿邁森瓷器的桌子。

午夜時分，希特勒慶生會的眾賓客——穿著灰色及綠色制服的德軍軍官、棕色制服的褐衫突擊隊、納粹各黨部主管、身穿白色服裝的德國少女聯盟女孩以及她們穿著亮麗晚禮服的母親——將手中的杯子高高地舉在一片顏色紛雜、宛如大自然原野般的金色、褐色和黑色頭髮上，並獻上他們對這位偉大領袖的祝福。

希特勒在接受賓客的祝賀後，許倍爾便傾身向前，在他耳邊輕聲地告訴他，準備送他一件很特別的生日禮物。元首立刻從派對離席，並快速經過內閣會議室前往側廳。他一看到荀納克製作的那件大型凱旋門模型時，便走到它的前方，駐足凝視許久。這座根據他在二十歲創作的素描草圖所打造的建築模型，正是他青年時期的幻想。這件精心打造的模型也許是他所有受贈品中最能帶來希望的禮物，因為他認為這座凱旋門並非慶祝已贏得的勝利，而是尚未到來的勝利。希特勒後來伸手握住許倍爾的手以示感謝，他雖未開口說話，但人們可以明顯地看出他內心的感動。

二戰開始後，荀納克愈來愈少見到許倍爾。當十萬人——其中包括三萬名戰俘——在一九四〇年那個溫暖的夏季開始投入日耳曼尼亞的建設時，他仍留在菩提樹街的建築工作坊繼續他的模型製作。為了起造柏林的「將士堂」，納粹在奧地利多瑙河畔的茅特豪森集中營（還以「人骨磨坊」〔Knochenmühle〕的別稱聞名），不惜以數千人的性命為代價，強迫那些囚徒切割該建築所需的石塊，而且還必須徒手將這些石材沿著營區裡那座惡名昭彰的「死亡階梯」運往上方集中擺放。被關押在南德靠近捷克邊境的弗洛森堡集中營（KZ Flossenbürg）

的政治犯，必須在該營區的採石場裡勞苦地工作，以提供興建希特勒新官邸所需的大量白色斑紋花崗岩。柏林北邊薩克森豪森集中營（KZ Sachsenhausen）的囚犯則被迫到營區附近從事當時全世界規模最大的砌築磚塊營造工程。每當荀納克騎著腳踏車沿著柏林寬闊的新街道漫遊時，會在灑滿陽光的運河邊停下來休息，並注視不遠處那些安靜的施工隊伍。他並沒有質疑這些人力與建築材料是打哪兒來，似乎只要不聞不問，就不會知道背後的隱情。而後，當菩提樹街的建築工作坊指示他為某一類型的防空碉堡建造模型時，他也保持沉默，從不詢問任何問題。

一九四二年，許倍爾改任納粹德國在二戰期間成立的裝備後勤部部長。此時他在政府部會所扮演的角色與一戰期間主持戰爭物資管理處的拉特瑙並無不同。日耳曼尼亞的大建設已因戰事吃緊而停止，原先預定於一九五〇年完成所有建築計畫的荒唐構想遭到擱置，許倍爾位於菩提樹街的建築工作坊也因而關門大吉。荀納克騎車返家時發現，沿途的腳踏車道已被長出路面的樹根以及盟軍的轟炸弄得崎嶇不平。隔天早晨，他便接到一通請他加入軍隊的電話，畢竟具有愛國精神的人都應該上戰場為國家效命。他後來被派往義大利中部卡西諾山（Monte Cassino）作戰，之前還路經羅馬，親眼見識了內心仰慕已久的萬神廟，而且更幸運的是，他還在二戰的槍林彈雨中存活下來。

在二戰結束前最後幾天，他從柏林方面獲知，他製作的那些建築模型有一部分仍未受損而被送入希特勒的地下碉堡裡，也因此和希特勒一起消失無蹤。他還聽到許倍爾最後的電臺廣播，這位裝備後勤部部長把西方盟軍對德國的大規模轟炸，比擬三百年前日耳曼地區發生的那場慘烈的三十年戰爭。之後，許倍爾搭乘一架多尼爾（Dornier）飛機逃離已被蘇聯紅軍包圍的柏林，那條由他負責拓建的東西軸線幹道已被改成兩旁設有紅燈的飛機跑道。圓環裡的那根「勝利紀念柱」仍因夢想的火焰而煥然發亮，然而，當他的座機從這條幹道起飛時，他卻發現「勝利紀念柱」的暗影突然落在飛機的右翼上。

許倍爾曾經把握納粹給他的機會，在柏林毫無節制地大興土木，並以違反人性的尺度在這座德國首都上演一場建築鬧劇，而荀納克則是他當時的得力助手。然而，在劇終時，許倍爾卻沒有在柏林留下任何建築物。希特勒那座規模宏大的總理府已被爆破的炸彈夷為平地，它的大理石建材後來被占領柏林的蘇聯紅軍取下，用於建造柏林的「蘇聯戰爭紀念碑」[3]以及一處地鐵車站。在一切的希望、一切的城市改造、一切的死寂之後，所有許倍爾在柏林的建設幾已毀壞殆盡，只剩下兩排沿著東西軸線幹道——即現在的「六月十七日大道」[4]——

3 柏林的「蘇聯戰爭紀念碑」是蘇聯占領軍政府為了紀念一九四五年四、五月間因攻占柏林而陣亡的蘇聯將士。

4 一九五三年六月十七日，東德發生蘇聯紅軍鎮壓抗議群眾的「六一七事件」，此後，六月十七日便成為西德的國定假日，西柏林市議會也在當月把東西軸線幹道改名為「六月十七日大道」。

排列的路燈柱。

一九四五年二戰結束之後，許倍爾淪為高級戰犯，因此，必須跟其他的納粹軍政首領在紐倫堡大審中接受戰勝國的軍事審判。隔年，審判結果出爐，這位希特勒的御用建築師與裝備後勤部部長並未被處以絞刑，而是被判處二十年有期徒刑。在西柏林西郊的許班道戰犯監獄（Kriegsverbrechergefängnis Spandau）服刑期間，這位「第五號囚犯」除了閱讀、書寫、從事園藝勞動之外，還「環遊全世界」。他繞著監獄的庭院行走，記錄並計算每日的步行距離。某天，當他在獄中累計的腳程已可讓他從柏林抵達海德堡時，他便繼續延伸這種虛擬的旅程。他仍以步伐測量每日移動的距離，想像自己在這趟「旅行」中所經過的每個地方，並透過親友協助，偷偷地把一些旅遊指南運進許班道監獄裡。透過這些圖像與文字資料，他可以更清楚地想像那些自己已經「抵達」、卻未曾見過的城市與海洋。很快地，他的長程徒步之旅經過了莫斯科及亞洲，並穿越白令海峽到達北美洲。之後，他便轉往南方。當他由北而南跨越美國，進入墨西哥時，他的「旅程」也在此終結，也就是說，他在許班道戰犯監獄的刑期結束於一個想像出來的墨西哥。

一九六六年九月的一個夜裡，服刑二十年的許倍爾終於獲釋。當時，附近的街道上黑壓壓一片，人潮洶湧，準備進行現場轉播的電視臺已架設許多大型聚光燈，把許班道戰犯監獄照得一片通亮。擠在人群當中的荀納克此時已五十歲，是一位都市規畫員。午夜十二點剛過一分鐘，前納粹高官許倍爾在眾多媒體鏡頭前、在眾目睽睽之下，步出監獄大門，並走向那部早已在門口等候多時的黑色賓士轎車。他在上車前，曾在車外停留一會兒，似乎在向人群中的某人揮手致意。荀納克知道，許倍爾已看到他，但他當時卻未發一語，也沒有試著回應，即使他很想請教許倍爾一個問題，一個困擾他多年的問題：

幾十年前，在他們最後相處的那幾個夜晚裡，許倍爾曾在菩提樹街的工作坊要求他修改「大會堂」模型的一個小細節。這件小事對他而言，只不過是把當時手邊似乎永遠也做不完的工作，再增加一項罷了！依照原始的設計草圖，在「大會堂」的講壇上方，將掛上一隻鍍金的老鷹，牠的利爪還緊抓著納粹的卐字黨徽。然而，許倍爾那時卻要求他以地球儀代替那個卐字。二十多年來，他一直很想知道，這個內裝的變更究竟出自誰的想法。是希特勒的建議？或戈培爾？或許倍爾自己？到底誰才是第三帝國以及它首都的主要建造者？

他當然知道答案，正如每個德國人都知道一樣。身為納粹這齣歷史大劇中充滿活力的無名演員，他當然可以在那輕率、瘋狂而令人厭惡的歲月裡意識、並感受到某種可怕的空虛。

第十六章

# 約瑟夫．戈培爾：造就希特勒的人

# 佛斯街，一九四五年

當我在一九七〇年代第一次造訪柏林時，位於昔日蘇聯占領區的普連茲勞山丘區是一處多沙塵、市容灰暗的城區，四處充斥著破舊的樓宅以及令人窒息的回憶。空氣中的煤煙讓光線變得黯淡，似乎還蒙住了所有的聲響，直到整個東半城最後被如鬼魅般、黑暗的寧靜所淹沒。我記不起曾在那兒聽到任何清澈的響音，或看到普照的陽光，甚至當孩童們在鋪石路面的街道上玩耍時，也是如此。這樣的印象也許是因為從前我只在夜幕低垂後才來到這個城區，不過也可能是因為我只記得自己最後一次的造訪。

有一陣子，我經常光顧這個城區一家叫「威爾特角落」（Wörther Eck）的酒館，它就位於女畫家凱特·柯爾維茲住家樓下的轉角處。我會坐在一處安靜的角落，自個兒喝著皮爾森啤酒（Pils），看著那些酒徒。他們從不大聲說話，至少我在那兒的時候是這樣，而且幾乎所有的客人都在七點鐘回家吃晚飯。留下來的酒客只有寥寥幾位，他們不是點了所謂的「農夫早餐」（Bauernfrühstück）——把蛋、馬鈴薯片和肥膩得令人難以下嚥的豬肉混煎成一盤的德國鄉土菜——當晚餐，就是獨自在座位上若有所思地坐著。

這家酒館總讓當時的我感受到一股強烈的貧困感。它的空氣帶著酸味，而且還可以聞嗅到哀傷與衰敗的氣息。然而仍有某種東西吸引我繼續走進這家酒館，坐在便宜塑膠桌面的餐桌邊孤獨地狂飲。

某天晚上，當我第四或第五次到這家酒館喝酒時，有個老人走到我旁邊坐下。之前我就看過他，而且還注意到其他的酒客想避開他，正如他們想迴避我一樣。我曾閱讀過這樣的訊息：由於人民的思想遭到當局管控，言語在東歐的共產世界比在西方具有更大的影響力。所以，當這位老人開始以極快的速度小聲地對我說話時，我便仔細地側耳傾聽。

他的絕望之情表露無遺，蒼老的面容看起來已皺成一團，彷彿酒——或淚水——已澆熄了他生命中最後的火花。但同時他說話的手勢是如此激烈而急切，整個人似乎就要奔跑起來。他一面喝著啤酒一面低頭告訴我，他在二戰之前就逃到了莫斯科，並與其他的德國共產黨員隨著一九四五年蘇聯紅軍占領德國而回歸。當然，我並不相信他的說詞，因為在那個年代很少東柏林人願意貿然將他們的人生故事告訴陌生人。不過，他那種溢於言表的坦率卻解除了我的心防，在那種出乎意料的親切感裡，我們也對彼此產生好感。他告訴我，他叫菲利斯。我注意到他的牙齒短而排列勻整，看起來像小珍珠。他說，他曾試著找工作——他聲稱自己曾受過驗光師的職業訓練，而且不需要借助光學儀器就能處理眼科醫師開出的鏡片度數

——但最後卻因為鬼魂的緣故必須放棄。

「鬼魂？」我不解地問著。

「就在轉角的地方，」他低語，「我指給你看。」

「什麼時候可以看到？」

「現在。」

那是我在「威爾特角落」酒館的最後一晚。在萬籟俱寂中，那位老人帶我走到附近軒豪森大道（Schönlauser Allee）的猶太公墓。透過入口大門上鏤空的六芒星「猶太之星」（Judenstern）圖案，我瞥見了圍牆內的數千座墳墓。昔日的納粹企圖消滅歐洲所有的猶太人，並計畫成立一座關於消失民族的博物館。或許這座老猶太公墓可以成為該博物館的一部分。

「這邊，」菲利斯低聲說著。他知道一條進入這座猶太公墓的祕密小徑。我低著頭跟在他後面，並鑽過那道高高的磚牆，進入了這座公墓。我們沿著一條寬敞的鋪石道路走著，橡樹與栗樹聳立於兩旁。一座白色大理石方尖碑在月光下閃閃發亮，那是十九世紀在德國媒體業發跡的沃爾夫家族（Wolff）墓園。我們還把一些墓碑上的常春藤撥開，看到碑石上出現佛爾格（Volger）、羅森貝格（Rosenberg）等姓氏，但卻未發現猶太名字，而是清一色、已日耳曼化的德文名字。此外，這些猶太死者的卒歿年份相當集中，全在納粹執政期間：一九三七年、一九三九年、一九四〇年、一九四一年、一九四二年……其中還有一塊兒童尺寸的墓碑，上面只簡單地刻著「為什麼？（Warum?）」

在這方五公頃大的柏林猶太公墓裡，躺著許多猶太裔律師、國會議員以及柏林各界的傑出人士，比如俾斯麥執政時期的銀行家、媒體鉅子雷歐波德·烏爾斯坦（Leopold Ullstein）以及知名畫家暨普魯士藝術學院院長麥克斯·利柏曼等。我還想起德國在二十世紀初期的一個社會現象：一百位最富有的普魯士富豪當中有三分之一是猶太裔。當時的柏林已成為全世界最多猶太人聚居的城市之一。

菲利斯突然在我前面伸出手臂指向某處，「那兒！」他一邊說著，一邊發出噓聲，並跪了下來。在那些高大、陰暗的樹木下，他似乎已察覺到一些動靜。

我不安地看往他凝視的地方，卻只發現飄動的樹葉。「你看到了什麼？」我問他。

「人，」他仍低聲地回答，並未提高音量，「是死人。」在這位老人的心靈之眼裡，有一大群垂著頭、筋疲力盡的陌生人穿著骯髒的睡衣褲，在已風化斑駁的墓碑間穿梭移動，不停地在這座公墓裡繞行打轉。菲利斯特別指著他們當中一位惡名昭彰、正獨自行走的遊魂，並形容他的模樣：骨瘦如柴、臉部歪斜，而且以彎扭的畸形足跛行著。

「他必須在這裡永遠不停地走著，我那位瘋狂的嚮導這麼告訴我。」這個鬼魂就跟他生前的被害人一樣，疲勞困乏、痛苦不堪、懸浮於生死之間，但卻永遠也無法獲得他們死後所擁有的安息。菲利斯還告訴我，這個鬼魂注定要在這座寂靜的猶太公墓裡永無止盡拖著腳步，一圈又一圈地走著。

「柏林，柏林，偉大的苦難城市。／除了苦悶與折磨，妳已別無所有。」十九世紀的猶太裔詩人與德意志愛國主義者海涅曾寫道。在這個當下，這些破舊的碑石似乎傳出了這些詩句。

忽然間，菲利斯跳了起來，開始聲嘶力竭地朝著空無一人的暗處吼叫，並用拳頭在墓室的牆壁上使勁地捶打。「走開！」他盛怒地咆哮著，「走開！天哪！」他氣沖沖地扯下那些攀爬在墓碑上的藤蔓，將它們拋向頭頂上方，或粗暴地隨意丟擲，然後倒臥在地上。後來一陣煤煙襲落在我們身上，覆蓋了他的嗚咽聲，同時還淹沒了我們。幽暗、破碎、東西分裂的柏林城又再次落入一片死寂中。

這個冷酷的荒漠！這個罪惡的淵藪！「柏林聚集了令人厭惡的掠奪者、雞姦者、匪徒這一類的人。這樣的柏林必須從德國的國土上消失，我不想屈服於它的醜惡與猥褻。」納粹黨員戈培爾就著一面骯髒的窗戶，藉著外面透入的微弱煤氣燈光在日記裡潦草地寫著。

一九二六年十一月一個凍寒的早晨，自幼因小兒痲痺症而導致右足畸形的戈培爾在柏林的安哈特火車站一拐一拐地走下火車。而後他來到那間光線昏暗、位於地下室的納粹黨辦公室，與一群心慌意亂、沮喪氣餒、內心不平的納粹黨員會面，心情也隨之沉重起來。他後來失望地離開，獨自一人在選帝侯街的一家咖啡館坐了一個下午。當天色暗下後，他一整晚都在那些「污穢不潔」的街道上閒晃，曾路經諾倫朵夫街的同性戀酒吧，還看到尚未成名的女星黛德麗最新演出的《從嘴到嘴》這部猥褻諷刺歌舞劇的宣傳海報。當他走到溫特菲德廣場時，一家夜總會的大門突然在他前面打開，十幾位穿著企鵝裝的淫媒與半裸女郎擁入人行道上，興致高昂地跳舞並大笑，身體洋溢著溫暖、富裕及幸福的味道。戈培爾暨厭惡又羨慕他們，矛盾的情緒令他全身發顫。

納粹黨希望他擔任柏林市地方黨部的領導人，這似乎是個令他懊惱的玩笑，因為柏林當時是一座擁有很多共產黨員的城市，總人數高居世界第二，僅次於蘇聯的莫斯科。柏林的共產黨曾自誇，它在德國首都擁有二十五萬名黨員、四千個活躍的政治團體以及二十五份立場雷同的報紙。反觀納粹黨，處境顯得比共產黨艱難許多，尤其在一次失敗的遊行後，這個右派政黨還遭到德國當局禁止，而且在柏林登記入黨的黨員也寥寥可數，總共不到兩百人。但是，納粹黨的黨主席希特勒——一位在慕尼黑受一群巴伐利亞人擁護的奧地利人——卻認為，掌握柏林是他必須優先達成的目標之一，於是便指派戈培爾主持柏林市地方黨部，以便讓納粹黨能在首都生根並壯大。

「在最緊急的關鍵時期，歷史將賜給人民最偉大的人物。」戈培爾在隔天早晨啟程前往波茨坦的路上寫道。他專程到波茨坦的宮廷禁衛軍駐防教堂造訪腓特烈大帝的寢墓，之後，當他在忘憂宮看到這位功業彪炳的普魯士國王畫像時，覺得深受他的鼓舞，當下決定要讓此次的波茨坦之行成為人生中最重要的時刻之一。為了在這位他所崇拜的偶像面前提升自己，他決定改變自己的態度。此時他停下腳步，就像一位劇場導演正在構思一個舞臺的場景，接著便掏出隨身的筆記本寫著：「柏林對我們而言確實是一個中心，一座世界之都。」

一八九七年，戈培爾出生於杜塞道夫西方的小鎮雷德特（Rheydt）一個虔誠信仰天主教的貧窮家庭。他成長於德意志帝國末期的富裕時代，經常聽到人們誇耀普魯士的歷史。在第一次世界大戰期間曾受到狂熱愛國主義的激發，卻因患有小兒麻痺症、不良於行而被免除兵役，無法上場殺敵，也無法宣洩內心那股報效國家的熱忱。隨著一九一八年德國戰敗、兄長陣亡於戰壕裡、一個妹妹病死於肺結核，這些接連而來的打擊後來徹底粉碎了他的天主教世界觀。青年時期的他頓失宗教信仰，感覺怒火在他胸中燃起，試圖以寫作與升學來舒緩內在的負面情緒。他在大學求學期間一共創作了三齣戲劇與一部小說，卻無法在大學畢業後找到工作、或出售這些文學作品。如此硬生生的挫折讓他只能回到家中，在這段家居生活裡，他仍持續地閱讀並夢想透過自我的犧牲，為自己與德國贖罪。

「我再也無法忍受這種痛苦，我必須把我心裡的苦悶寫出來。」二十五歲時，他在日記裡這麼表示，並在那張孩提時期便開始使用的書桌前，情緒激昂地扭動著身體。

當時的他身無分文，鮮少外出，經常活在自己的想像世界裡。他所承受的可怕挫折已在內心滋長成怨懟，而後深化為憎恨。德國在一戰過後深陷通貨膨脹危機，他當時花了十億馬克為自己購買第一本日記。那些因為德國馬克嚴重貶值而失去畢生積蓄的富裕鄰居們，為了取暖過冬，只好開始焚燒他們的家具，等春天來臨時，便跳入庭園裡冰雪已融化的池塘，結束自己的生命。在家鄉附近的科隆市，肺結核平均每個月奪走一百位兒童的性命。當威瑪共和政府處於崩解狀態時，他開始為同胞的諸多不幸尋求解釋。

「我經常思考猶太人的問題，」戈培爾寫道，他就像一匹孤立的狼正利用基督徒對異教徒固有的偏見以及新的種族理論，為德國人民的苦難尋找替罪羔羊。「種族問題的確是最深沉、最隱密的問題，在今天的社會生活中必須切實地處理。」這位未來的納粹宣傳部長開始將「猶太人」界定為「民族」的敵人。他從納粹思想的理論家阿弗烈德・羅森貝格（Alfred Rosenberg）與著名歷史哲學家、《西方的沒落》作者奧斯華・史賓格勒（Oswald Spengler）一些不成熟的假設發展出一套說法。他當時深信，「真正的德國人」是西方文明的創造者與護衛者，而猶太人卻是社會的寄生蟲，只會利用別人的創造力和生產力，而且為了進一步掌控全世界，他們已展開一個有系統的計畫。戈培爾跟其他許多德國人一樣，已把布爾什維克主義、剝削性的證券交易資本主義，甚至是第一次世界大戰的失敗，一概歸咎於猶太族群。

「我站在德意志民族這一邊，我討厭猶太人是基於我的本能與理解力，」他斷然宣稱，「我從靈魂深處厭惡他們。」

戈培爾夢想著一場新德國的革命，夢想著驅逐無情的敵人，也夢想著一個人民共同體的建立，而且所有階級都將為國家民族共同的目標而攜手努力。他在撰寫日記時便化身為浪漫的敘事者，裡面的文句讀起來氣勢磅礡，宛如史詩一般。此後二十九年，直到一九四五年因為德國戰敗而自殺的前夕，他都維持每天寫日記的習慣。他想像自己將參與德國的重生，但他卻無法忍受「這可怕的等待」。「我的時代將會來臨！我相信、而且我希望它實現！」

在納粹的種族意識形態裡，一位領袖能從群眾當中崛起，似乎是憑藉著大自然的力量。領袖是把鬆散的個體團結成一個民族的非凡夢想家，而且只有他才能讓群眾產生行動力，除此之外別無門徑。他提供人民一個願景，人民為了達成這個願景，只能完全服從他。「我一口氣讀完希特勒的書，」戈培爾熱情地讀完希特勒的自傳《我的奮鬥》後，在日記裡表示，「這個人是誰？既是人，又是神。他是耶穌基督嗎？或只是為耶穌基督施行洗禮的施洗約翰？這個人具備一切王者的條件！」

戈培爾對於希特勒懷有一種直覺。他渴望他的存在，或者說，他渴望一位像他那樣的領袖，而且這種渴望也反映出國家與民族的需要。他後來在魯爾區加入納粹地方黨部並成為它的發言人，曾公開反對猶太文化及馬克思主義，呼籲德國人追求「真正的」自由，也就是「具有歸屬感的自由」。

「我在演說時，有一位年輕人坐在第一排，我當時已經注意到，他的眼睛如何開始發亮。就在那個時刻，他內心的熱情感染了我，我們兩個陌生人之間也因而產生一種深刻的內在連結，彷彿我們已在靈魂裡緊密地結合。」戈培爾有一次在家鄉附近蒙亨格拉德巴赫市（Mönchengladbach）的納粹黨集會之後，曾這麼說。此外，他還對自己已找到可以發揮自我天賦的方式感到很激動，而且詫異於自己帶動群眾情緒的能力。

戈培爾的演說滔滔不絕，富有趣味性與煽動性，而且還帶有傳道者的熱誠。他雖曾招惹一些批評，卻也成功地為納粹黨爭取新的支持者。他可以輕鬆地面對一些激烈的詰問，並樂於加入那些經常爆發於晚間集會結束後的打鬥場面。他開始跨出家鄉的萊茵地區，到其他地方為納粹黨進行宣傳，在各地的工人俱樂部及市政廳裡發表演講，在夜行的臥鋪火車裡過夜，或在納粹的地方黨部裡打地鋪，或跟著一群高聲歌唱的支持者坐在卡車後方沒有遮棚的載貨車廂裡一起回家。他開始為氣燄高張的《民族觀察報》（*Völkische Beobachter*）撰稿——即納粹黨主要的機關報——並著手撰寫《納粹黨員基本手冊》（*Das kleine abc des Nationalsozialisten*），一本簡便清晰、為人數不斷增加的納粹黨員編寫的思想手冊。此時他曾在日記中一吐怨氣地宣告：「我終於可以大聲說話了！我已不必再窒息於自己的想法當中！」

原本無所事事的戈培爾，此刻正熱情地為報章雜誌書寫文章、為自己撰寫演講稿，並狂熱地從事政治行動。背棄天主教所留下的信仰真空已被納粹的政治信念以及新的彌賽亞所填補。「何等的聲音！何等的手勢！何等的熱情！這正是我想在他身上看到的東西。我幾乎無法克制自己。我的心跳已經停止。我緊緊地抓住他說過的每個字。」當他第一次聽希特勒的演講後，曾在日記裡寫道。「此刻我已經明白，這位領導人生來是為了擔任國家的領袖。我已經準備好為他奉獻一切。」

希特勒年輕時，其實從未展現出領導人的特質。他跟許多人一樣，曾在第一次世界大戰期間奮勇作戰，曾在戰場上受傷，還曾為戰敗而悲慟大哭。由於他當時在其他方面不太可能取得發展，便因此而投入政治活動。一九二三年，希特勒在慕尼黑策動的納粹黨「啤酒館政變」與「前進共產柏林」的行動計畫皆以失敗收場，而且還因此被捕入獄。然而，內心的憤怒卻把他鍛造成一隻老練的政治動物。身為公開場合的演說家，他擁有一種迷人的魅力。而今戈培爾熱烈的付出與奉獻將會讓他顯得更加與眾不同。

「他跳了起來，跟我握手時，就像個老朋友，那雙藍色的大眼睛就像天上閃亮的星辰。他天生就是人民的保護者，也是未來的執政者。」戈培爾在一九二五年於北德的布朗許維克市（Braunschweig）與希特勒見面後，在日記裡留下這些文字。

希特勒知道，戈培爾這個年輕的激進分子對他有多麼崇拜與著迷。他許諾戈培爾友誼，戈培爾為了回報希特勒，便利用他追隨者內心的期待而決定為他贏得柏林，接著是普魯士，最後是德國全境。

「如果我們相信一個新的德國，首先我們必須把辦公室遷出地下室。」戈培爾後來把納粹黨柏林地方黨部辦公室搬到市中心的呂措浮街，與名交際花艾爾莎．喜爾緒初到柏林落腳的牧師住家正好隔街相對，距離以艾爾莎為小說女主角的作家瑪格麗特．波瑪觀察妓女的選帝侯街僅隔一個街區。戈培爾在這個新辦公室裡，開始塑造納粹的公眾形象。首先，他在柏林的一些酒館與青年俱樂部舉辦一系列演講，他演說的熱情順利地為納粹黨爭取到一批新黨員。接著，他透過提供免費啤酒與一套帥氣的制服，吸引一些暴力滋事的失業青年與種族主義者加入納粹的準軍事組織褐衫突擊隊，並調度突擊隊的各個戰鬥單位在首都柏林掀起一場暴力的政治鬥爭。他設計並安排納粹黨員在一些爭執與衝突的場面中慘遭痛打，藉由扮演無辜受害者的角色，博取市民對於納粹黨普遍的同情。有一次，他組織四百位褐衫突擊隊隊員步行前往卡迪威百貨公司所在的威登堡廣場（Wittenberglpatz）並命令他們，如果沿路發現共產黨員和猶太人，一律下手毆打，然後他卻對媒體謊稱：「我們帶著和平的目的來到柏林。紅色陣線戰士同盟（Rotfrontkämpferbund）[1]卻攻擊我們，讓我們在柏林濺血。我們已不願意再當二等公民！」

戈培爾在勞工階級聚居的維丁區及史泰格里茨區（Steglitz）以左輪手槍與鐵製旗竿武

---

1 紅色陣線戰士同盟是威瑪共和時期德國共產黨的準軍事組織。

裝他的黨員，並讓他們以言語的辱罵挑釁共產黨人，繼而引發雙方打鬥，然後再把在暴力衝突中喪命的納粹死者說成烈士。此外，他還在《攻擊報》這份由自己發行的柏林地方黨報裡，訴說這些「壯烈犧牲」納粹黨員的故事，並讓這份充滿造謠中傷與煽動性的報紙聚焦於人們對共產黨人、猶太人與威瑪共和政府的憎恨。他吸收插畫家漢斯・史懷策（Hans Schweitzer）為納粹黨設計一些充滿種族與階級偏見的宣傳海報，畫面不外乎描繪高貴的亞利安（日耳曼）鬥士、腦滿腸肥且支持資本主義的銀行家以及好色又唯利是圖的猶太人。「宣傳……只有一個目標，這個目標在政治上無非就是征服群眾。」他寫道。他採取大膽的宣傳攻勢不僅成功地吸引民眾注意，還讓他們紛紛自願加入納粹黨：起先只有幾十個人，然後數以百計，數以千計……

一九二八年的選舉結果，卻讓戈培爾大失所望，因為納粹黨在全德國的總得票率竟少於百分之二。翌年，華爾街股市崩盤引發全球經濟大蕭條，柏林市的失業人口暴增五十多萬人，一群又一群的男人在人行道上坐著或在荒涼的露營地裡逗留，絕望地對著天空發呆；一些女人已因為飢餓而倒在街角。戈培爾利用這座城市的不幸與苦難，很快地採取行動，而讓納粹黨得以趁機迅速坐大。

戈培爾還藉由「第三帝國」這個概念，將突然壯大的納粹黨與德意志民族如神話般的歷史相連結。他告訴德國人，他們有機會建立一個新德國，一個因為種族同質性而讓內部得以團結的新德國，而且基於無可否認的歷史事實，這個新德國必須傳承偉大的神聖羅馬帝國——「第一帝國」——以及霍亨索倫王朝建立的德意志帝國——「第二帝國」——所以，應該被稱為「第三帝國」。他還為「第三帝國」描繪未來理想的願景，讓德國社會裡的窮人與弱勢者還能對將來懷抱著希望。除此之外，這位納粹宣傳家還喊出「自由與麵包」的口號，並且讓自己成為執行希特勒「神聖意志」的工具。

戈培爾特別著重於塑造希特勒的形象，透過強力的政治宣傳，他把這位納粹領導人提升為半神半人，賦予這位群眾煽動家一種近乎神話的特質。在納粹印刷的明信片裡，希特勒穿著褐衫突擊隊的制服，高舉緊握的右拳，擺出一副英雄般的姿態；一些納粹的行進歌曲也不忘讚頌他的領導才能。隨著納粹黨員增加，《我的奮鬥》這本充斥仇恨與謾罵的希特勒自傳也不斷再版印刷。納粹黨第一次在柏林的大型體育館舉辦集會時，現場便擠滿了十萬名支持者，而且柏林地方黨部領導人戈培爾還刻意讓這些會眾等候兩小時，以升高他們想要親睹希特勒風采的渴望。當有人在體育館外面大喊，「他來了！他來了！」館內的納粹支持者突然從忠實的信徒轉為狂熱的群眾。隨後希特勒——猶如一位演技精湛的演員——進入會場並走上講臺時，他那些熱情的追隨者便立刻報以熱烈掌聲。「德國同胞們！」這位納粹領袖高喊著，「請加入褐衫突擊隊的行列，並帶領一個覺醒的新德國邁步前進！」

透過直覺以及學習古斯塔夫・勒龐（Gustave Le Bon）與愛德華・伯內斯（Edward

Bernays）的群眾操控理論，希特勒和戈培爾已知道如何操弄群眾，如何利用他們的挫折與恐懼，如何引導他們的殘暴與原始的激情。這兩位納粹政治人物的狂言囈語需要有人當祭品，於是戈培爾手下那些「勇敢的小伙子們」便展開行動，將猶太人從巴士中拉出，用鏈條和椅腳把他們打趴在地，並讓德國年輕人正當化這些令人震驚的野蠻行為。仇恨突然在午後時分的街角與電影院裡爆發。亮晃晃的刀子顯露在陽光底下。選帝侯大道的猶太商店紛紛遭受攻擊。一位捷克外交官當時曾在葛倫納華德區的森林裡，親耳聽到三位騎著腳踏車的年輕人一起唱著，「當復仇的時刻來臨時，我們已準備好展開一場大屠殺」。英國作家伊舍伍德在他的小說《再見，柏林》裡，以第一人稱的敘述口吻，提到自己曾在諾倫朵夫廣場的一家酒館裡，無意中聽到一名喝醉的年輕納粹跟他女朋友談論黨的未來。

「喔，我知道我們會贏，準沒錯！」他不耐地大喊，拳頭還在桌上用力一捶：「但那還不夠！一定要見血！」女孩輕撫他的手臂並安慰他，正試著勸他回家。「這是當然的，一定會見血啊，親愛的，」她溫柔地低聲安撫，「主席在黨的綱領中都承諾過了。」

納粹在一九三〇年的國會選舉裡大獲全勝，贏得了六百萬張選票，並拿下一百〇七個席次。納粹的國會議員在帝國議會開會時，全部穿著制服出席。十八個月後，戈培爾還精心策畫「希特勒飛越德國」的造勢活動，這是德國政治人物首次以搭乘飛機的方式蒞臨各地的政治集會場合。僅僅在一個月內，戈培爾派出的納粹滋事分子光在柏林便引發四百多起街頭暴力事件，他們毆打、謀殺或燒死反對人士，幾乎已將首都推向內戰邊緣。戈培爾以宏亮的男中音聲調，鏗鏘有力地發表一場又一場的演說。他的生活總是處於匆忙、四處奔波的狀態，而非徐步前進。在皇宮大花園那場盛大的集會裡，他和希特勒在講臺上面向對街腓特烈大帝的柏林皇宮時，還一度激動得流下眼淚。他們在那場演講裡，讓在場的二十萬名支持者相信，只有納粹才能把德國從布爾什維克分子的無政府主義中解救出來。「我的作為愈偉大愈崇高，上帝啊，我自己也就愈偉大愈崇高。」戈培爾那時在他的日記裡這麼誇耀著。

納粹挾著一九三三年在國會選舉大獲全勝的氣勢，如願地把柏林人變成一群愚蠢的順民，包括原先那些反對他們、未投票給他們的市民。在希特勒正式就任德國總理的那一晚，一群納粹人士唱著歌、拿著火炬浩浩蕩蕩地在柏林街頭遊行，並穿過布蘭登堡門。宣傳部長戈培爾在當晚一個現場廣播的節目中發表演說，並驕傲地指出，德國「全體人民」已站了起來，在這麼偉大的民族共同體（Volksgemeinschaft）裡，不論是工人、農民、學生、軍人或中產階級，不論是資產階級或無產階級，不論是天主教徒或新教徒，所有的人民只需要明白一點，「你是誰，你屬於哪個國家，以及你是否聲明支持你的國家？」

此時納粹所自豪的「革命」幾乎全是謊言以及系統性的暴力。在納粹勝選後的頭幾個星期，就有五萬名反納粹人士被捕並被抓進一些臨時充數的集中營裡。這些異議分子紛紛被關押在營房與地下室裡，其中還有數百人活活地餓死。一些律師與新聞記者遭到納粹分子以來福槍槍托毆打，造成下顎骨與鼻骨碎裂，而且還在企圖逃跑時被射殺。此外，納粹還在腓特烈大街的那條購物長廊與栗樹大道（Kastanienallee）附近設置毆打站，在天普霍夫區附近那間聲名狼藉的「哥倫比亞之家」（Columbia-Haus）監獄裡還播放著震耳欲聾的音樂，以掩蓋囚犯被刑求的尖叫聲。希特勒上臺的隔月，德國總統興登堡將軍便頒布「關於保護人民與國家的行政命令」（Verordnung des Reichspräsidenten zum Schutz von Volk und Staat），威瑪共和政體的憲法因而被凍結，德國人自此喪失了公民的自由權。

大多數的柏林人選擇漠視事實，他們希望能回到從前霍亨索倫王朝的君主專制時代，希望能終結威瑪共和民主制度所帶來的不確定性。他們不再發表意見，不再於工作場合高談闊論，而是讓穩定性與怨恨進入他們的生活中。當希特勒開始印鈔票，收買人民對於新政權的忠誠，並開始投資一些大型建設時，便有數千人因此而加入納粹黨。在短短一年之內，有二十萬名德國人受雇建造國內的高速公路網，啤酒消費量與生育率也顯著地增加。德國勞工如果背叛工會而效忠納粹，便可以獲得「來自喜悅的力量」（Kraft durch Freude）[2]這個納粹組織的補助而取得前往波羅的海度假的津貼。由此可見，納粹德國已不存在異議的空間。伊舍伍德曾在他小說《再見，柏林》的末了，寫下他在柏林最後的時光：

「今天早晨，我走在畢羅夫街（Bülowstraße）時，納粹正在查抄一家自由及和平主義的小出版社。他們開來了一輛貨車，將出版社的書全裝上車。貨車司機還以嘲弄的態度向群眾念出這些書籍的書名。

「『不要再有戰爭！』他大喊，滿臉嫌惡地抓著封面一角，將其中一本書舉起，彷彿它是某種噁心的爬蟲類動物。大家都哄然大笑。

「『不要再有戰爭！』一位肥胖、穿著考究的女士附和著，並發出輕蔑無禮的笑聲。『真是個好主意！』」

一九三〇年代末期，德國已成為歐洲最強大的國家，柏林則是德國國內最大的軍事武器生產地。身為納粹德國的國民教育暨宣傳部部長，戈培爾的任務就是塑造民意。他曾駁斥宣傳僅具有次要意義這樣的觀念，甚至曾在一次宣傳部針對國內廣播電臺負責人的演說中宣稱：「要不是我們已經成為偉大的宣傳藝術家，我們現在就不會出現在這個部會了。」宣傳活動的目標就是「以高尚的方式將它靈巧地隱藏起來，而讓那些被灌輸某種宣傳思想的人仍對於宣傳活動背後的目的渾然不覺。」

為了操控人民的情感與想法，他一再地舉行一些場面浩大的活動，密集地對人民進行洗

---

[2]「來自喜悅的力量」是一個規模龐大、致力於打造德國國民休閒生活的組織，隸屬於納粹黨的勞工組織「德意志勞工陣線」（Deutsche Arbeitsfront）。這個組織是德國納粹向人民宣揚國家社會主義（即納粹主義）優勢的工具，在二十世紀三〇年代還曾是全世界最大的旅遊營運商。

腦。他下令在每個城市及鄉鎮舉辦火炬遊行，每個窗戶邊都必須掛著卐字旗，而且還藉由各種不同的宣傳方式不斷重複相同的訊息，持續向人民灌輸納粹的思想與信條。沒有任何一位納粹分子比戈培爾更頻繁地發表文章或演說。這位「廣受歡迎的啟蒙者」不僅掌控了德國所有的報紙與雜誌，還可以指示街角的擴音器甚至是餐廳的收音機重複播放他所有的演說，而且還交由當時的廣播監察員負責執行這項法定要求。他每天會召開二、三場記者會，以規定什麼可以說而什麼不可以說。他還透過「國家文化協會」（Reichskulturkammer）的運作壓制藝文創作，以感傷性取代諷刺性，以拘泥與執著取代表達的自由。

戈培爾曾公開地表示：「現在民眾自己就可以擔任藝文的批評者，透過他們的參與或未參與，而直接對詩人、畫家、作曲家及演員做出清楚的判斷。」這番話根本是謊言，因為在實際的運作上，是由戈培爾獨自決定誰可以在納粹的新德國從事寫作、繪畫、作曲及表演。

戈培爾相信，自己正在淨化德國社會，正在消除佛洛伊德和托馬斯．曼那些腐敗的思想以及葛洛茨、柯爾維茲與保羅．克利（Paul Klee）這些現代畫家的「墮落藝術」對人心的負面影響。他從奧地利猶太裔公共關係學家伯內斯——碰巧是佛洛伊德的姪子——那裡，學會如何操控群眾不理性的情感，引導他們內在的慾望，最後成功地將人民團結在一致的思維之下，並強勢地讓大眾接受他本人對於一些事件的觀點。他在推動納粹主義神聖化的過程中，已將它形塑成一種替代性宗教，並以它的儀式與思想取代人民素來信仰的基督教禮拜與教義。

一九三六年，在慶祝戈培爾擔任柏林地方黨部領導人十週年的大會上，希特勒當眾向這位忠誠的伙伴致敬，並舉起右手臂高呼：「我們的戈培爾博士，萬歲！」

依照納粹主義的思想，女人的任務是為國家生育下一代，她們必須「承認戰爭是所有事物得以存在的基礎」。戈培爾也根據這個精神頒布相關的法令，不過，他雖正面肯定、實際上卻曲解了母親的天職。「她們在戰鬥中生養孩子並保護他們。這些孩子長大成人後，依然奮戰不懈，直到生命的終點。」

在新聞影片與畫報雜誌中，戈培爾與他的妻子瑪格達——一位離過婚、野心勃勃、曾吸引希特勒注意的女人——扮演了德國第一家庭的角色，因為國家元首希特勒仍單身未婚。在希特勒送給他們的那座位於天鵝島（Schwanenwerder）[3]的別墅裡，這對夫妻養育孩子、慶祝家人生日、享受為人父母的義務與喜悅的家庭畫面，全展現在德國大眾面前。他們的別墅距離腓特烈大帝的忘憂宮不遠，可以從花園裡俯瞰萬湖，孩子們有時會突然停下雛菊的採摘，聚集在留聲機旁，跟著唱片哼唱，「我爹地是我的最佳伙伴」。

這對夫婦當時的婚禮雖一切從簡，卻美妙感人，而且還由領袖希特勒與「自由軍團」將

[3] 天鵝島位於哈維爾河（Havel）與萬湖的交會處。

軍弗蘭茲．埃普（Franz Epp）——曾動用祕密軍事基金為納粹黨買下《人民觀察報》——擔任證婚人。「我真有福氣，」戈培爾在他的日記裡寫道，「希特勒熱情地擁抱我，站在一旁的瑪格達還親了他一下。他的眼裡滿是淚水。」但很快地，這樁婚姻便出現一些問題：瑪格達與戈培爾的國務祕書卡爾．韓克（Karl Hanke）傳出緋聞，戈培爾則與捷克女演員麗達．巴洛娃（Lída Baarová）墜入情網。瘋狂的愛戀讓他放棄了雄心壯志、孩子、妻子以及一些與妻子共同進行的工作，並削弱了他那嚴格自我要求的控制力。他探索她，吻她，在她身上迷失了自己。當然，他同時還跟其他的女人陸續鬧出緋聞，畢竟權力是一種令人愉悅的春藥。然而，每當巴洛娃在湖邊為他跳舞時，雖只是臉上掛著微笑，他便已降服於她的美貌。她總是可以讓彼此共度的夜晚充滿笑聲。

陷入外遇的他開始過著一種雙面的生活。他從宣傳部下班後，鮮少回家，而是躲到柏林北邊波根湖（Bogensee）[4]邊一間隱密的小木屋。當一些關於這位宣傳部長婚姻不忠的流言傳遍整個第三帝國時，瑪格達便主動找上巴洛娃，表示願意與他共事一夫。「妳知道他是個天才，」她告訴那位捷克女子。「我們必須支持他，我們兩人都必須支持他。」

不過，戈培爾卻不要這種三人行的生活，他一心一意只想跟他那位捷克情婦在一起，甚至還表明，自己寧可到日本做領帶的生意，也不願意放棄和她在一起。當社會大眾的閒言閒語開始反駁官方的說法時，失去耐性的瑪格達便找上希特勒。這位曾為他們證婚的元首下令夫妻雙方和解，並要求戈培爾結束這場已鬧得沸沸揚揚的外遇事件。戈培爾只好順從希特勒的指示，放棄他心愛的巴洛娃，因為他更無法忍受失去領袖的垂青與關愛。這對重修舊好的夫婦後來還帶著孩子們到希特勒位於阿爾卑斯山區的貝希特斯加登別墅度假，並拍照留念。其中一張照片是希特勒與戈培爾夫婦——這個三人組——以及孩子們的合影。另外還有一張照片令人留下深刻的印象：戈培爾看起來眼目凹陷，下巴無力，用瘦骨嶙峋的手指撐著他兒子的手，他的女兒們穿著飾有絲帶的白色服裝，擺著姿勢、墊著趾尖圍繞在他的身邊，畫面中看不到他那隻因罹患小兒麻痺而變得畸形的右足。

戈培爾後來處於嚴重的情緒低潮，整個人陷入深刻的寂寞裡。他在日記裡記錄著：「現在開始新的生活。艱難、殘酷而且只能恪守本分地服從。盛年不再。」他的憂鬱症愈來愈嚴重，他的演說即使乍聽之下仍充滿熱忱，卻因為當下缺乏真摯的情感，聽起來很刺耳。「不管元首下令做什麼，我都會做，」他哭泣地說道。他已被囚禁在不道德的成功以及熱烈渴求希特勒的關愛當中。他已被帶往罪惡與血腥裡，他的靈魂已被放逐到一片冷酷無情的荒野上。

戈培爾從不懷疑自己所信仰的種族主義，他對於猶太人的攻擊從不需要受到別人的鼓

4 位於十五公里處的布蘭登堡邦。

動，而且還一次又一次地慫恿希特勒實行慘絕人寰的種族滅絕計畫。他在上任納粹宣傳部長後的第一場演說裡，便開始對猶太人展開無情的攻擊：「你們這些猶太人不可以代表德國人民在舞臺上、在電影裡、在報紙上說話。你們沒有資格代表德意志民族。」一九三三年，納粹甫上臺執政，他便領導德國民眾抵制全國各地所有的猶太商家，並把這項行動稱為「一次偉大的道德勝利」，而且還在一九三八年十一月九日晚間公然迫害猶太族群的「帝國水晶之夜」裡，「讓人民發洩心中的怒氣」。在那個大規模攻擊猶太人的夜晚，德國警察還被下令，不宜「妨礙民眾自發性的示威活動」。在天亮之前，德國境內已有四分之一的猶太男性遭到逮捕。柏林有數十家猶太人開設的百貨公司、商店與餐廳——包括韋特罕百貨公司（Wertheim-Kaufhaus）、多布林咖啡館（Café Dobrin）以及維也納咖啡館（Café Wien）——被一群高聲叫喊、鼓掌歡呼的群眾蓄意搗毀。「完全命中，」戈培爾在日記裡如此恭喜自己，「真是一針見血。」

戈培爾要把猶太人從德國徹底淨空。他規定他們在公開場合必須在外衣上佩戴「猶太之星」這種六芒星的黃色徽章，而且必須以猶太名字為孩子命名，例如「以色列」（Israel）、「莎拉」（Sarah）等，不得使用日耳曼名字。同時他還委託製作一些偏激的反猶太電影，例如在波蘭猶太區拍攝的《永恆的猶太人》（*Der Ewige Jude*）裡面那些醜化猶太人、描繪他們飢餓、暴飲暴食與性墮落的場景。此外還有《猶太人蘇斯》（*Jud Süß*）這部惡名昭彰、極具煽動性的古裝片，劇情描述一位猶太壞蛋強暴一名純真的亞利安少女，後來這位少女因為蒙羞而跳水自盡的故事。這部電影發行後，三年內的觀賞人次超過兩千萬人，是納粹德國賣座最成功的電影之一。納粹親衛隊首領希姆萊（Heinrich Himmler）還下令，親衛隊所有成員與全體警察必須觀賞此片。這部反猶太電影在經過多次放映之後，一些青年幫派就開始在街上公然攻擊猶太人。

戈培爾在迫害猶太人的每一個步驟中，都會讓德國人民跟他站在一起，讓他們成為他的伙伴。一些關於達豪與歐拉寧堡等集中營的文章還刊登在一些銷量不錯的報章雜誌上——例如，柏林的《德意志報》（*Deutsche Zeitung*）與南德的《巴伐利亞家鄉花園週刊》（*Bayerischer Heimgarten*）——而且還附上照片。數百支立於路邊的告示牌寫著，「我們這個地方不歡迎猶太人」。在德國境內每個城市裡，猶太人的財產已公然被強占與劫掠，納粹還派出公務用卡車把猶太人家中的家具與收藏的畫作一車車地載走，忠誠的納粹黨員還住進他們離開後留下的公寓。納粹政府裡那些敵對的機關與官僚們為了贏得高層首腦們的寵愛，開始在反猶太行動上相互競爭，而變得更極端，種族偏見更強烈。

「我們民族的未來端視猶太人問題的解決。」戈培爾曾公開聲明。希特勒則在帝國議會宣告，德國發動的任何一場戰爭就是要讓「猶太民族在歐洲被消滅」。因此，當時沒有人不了解納粹政府所採取的方針與設定的目標。

當希特勒以德軍的機械化部隊向歐洲鄰國宣洩怒火時，戈培爾便發動加倍的宣傳攻勢。他們還用一個從前德國政府說過的謊言來欺騙民眾：德國的行動是為了自我防衛。納粹聲稱，在柏林北方的薩克森豪森集中營裡射殺了六名入侵的波蘭軍人，並把六具被他們丟棄在德波邊界、穿著波蘭軍隊制服的屍體，當作波蘭攻擊德國的證據。一些德國人被波蘭人切掉鼻子、砍掉手臂的照片散布，更進一步激發了德國人對於波蘭人的怒火，然而，當時卻沒有人知道，這些屍體殘缺不全的照片全出自宣傳部官員的謀畫。德國於是派遣六十個師的部隊、兩千七百五十輛坦克以及兩千三百一十五架飛機進攻波蘭。五週後，波蘭一共有六萬六千名軍人陣亡，十萬名平民遭德軍驅逐，「德國人終於可以重新在從前由日耳曼人墾殖開發的地區定居下來」。德國已再次擁有條頓騎士團於中世紀晚期在波蘭所建立的要塞城市馬林堡（Marienburg）與克拉科夫（Krakow）。納粹御用女導演萊芬斯坦還把希特勒在華沙的勝利閱兵拍成紀錄片，讓全國各地歡欣鼓舞的民眾也可以在電影院裡慶祝波蘭的毀滅。

一九四〇年至一九四五年期間，每星期在電影院放映的《每週新聞回顧》（*Wochenschau*）新聞影片已成為戈培爾最重要的宣傳武器。在那個時期，德國總共有一千支攝影團隊固定把一些時事拍成新聞報導的影片，專門提供給國內各地所有的電影院播放。這些影像畫面——從剪接、旁白到報導內容的重點全都在戈培爾的監督之下——讓當時的德國民眾覺得他們正陪在兒子、兄弟與丈夫身邊，一起為祖國而戰鬥。

「我們眼前就是位於法國東北部國界上的馬其諾防線，」令人振奮的影片旁白宣布著，還伴隨砰砰的鼓聲，擲彈兵部隊往前方推進的畫面讓銀幕前的德國民眾看得如癡如醉，同時也把他們拉進這場戰爭的暴力中。「我們已突破法軍的馬其諾防線來到法國的東北地區，在我們面前的是凡爾登……現在我們已攻入史特拉斯堡（Straßburg），已經把這座古老的德國城市從法國人的奴役中解放出來，重新回歸德國的懷抱……還有，附近的梅茲市所珍藏的一些價值永恆的德國藝術作品也已經被德軍收回了！」

納粹德國持續製播的這些新聞影片也讓敵國軍民深受震撼。希特勒銳不可當的戰爭機器在影片上所呈現的駭人影像以及部隊行進的重踩步聲與軍樂配音，後來深深震懾了荷蘭人與比利時人。在比利時、盧森堡和法國交界的阿登山區（Ardennes），數萬名法國士兵曾因畏懼德軍而扔下武器，不戰而降。當法國臨靠比利時邊界的港都敦克爾克（Dunkerque）被德軍攻陷，而將戍守該市的英國遠征軍趕入英吉利海峽時，柏林各教堂還連續敲鐘三天，以示慶祝。

戈培爾手下的攝影師們在巴黎東北貢比涅市（Compiègne）的一節火車車廂裡拍攝法國向德國投降的場面，這節車廂也是一九一八年德國與法國簽定一戰停戰協定的地點，只是二十多年後，戰勝者與戰敗者相互易位。當德軍占領巴黎後，這支攝影團隊還特地拍攝希特勒與裝備後勤部長許倍爾站在艾菲爾鐵塔以及位於塞納河南岸的拿破崙寢墓旁邊合影的畫面。

當時希特勒這位新獨裁者還公開念著已遜位的德皇威廉二世從荷蘭的流亡地發給他的賀電。「各位，戰爭已經結束，這是再明確不過的事實了！」戈培爾曾於一九四〇年七月這麼告訴他的友人們。

在納粹高層強勢的領導下，德軍鐵蹄已橫掃歐洲，英國起初在面對德國發動的閃電戰時，顯得心慌膽怯。在一個正當化德國既有戰爭成果的行動中，希特勒宣告「他已看不到任何必須讓戰爭持續下去的迫切理由」。德國已藉由這場閃電戰為一戰的戰敗報仇雪恨，促成國家內部的團結，而且還為人民爭取了生存的空間。希特勒與戈培爾希望英國首相邱吉爾能看在雙方可以就此和平共處的份兒上，讓德國保有開戰以來所取得的戰利品與事功。當這項提議被邱吉爾回絕時，希特勒便對英國各地的機場發動猛烈空襲，然後開始轟炸它的城市。許多被戈培爾政治宣傳洗腦的德國民眾無法了解，英國為何要反對德國發動這場「防禦性」戰爭。戈培爾當時則在日記中寫道，英國將會被德國的空軍毀滅，而且還每天記錄投在倫敦、利物浦、布里斯托（Bristol）與樸茲茅斯（Portsmouth）等城市的炸彈總噸數。德國對英國一連空襲十天後，英國軍方為了反制德國，首次出動皇家空軍，對柏林展開第一次突襲。

回顧二戰，希特勒因為犯了兩個軍事戰略的錯誤，最後輸掉了整場戰爭。其一，他在一九四〇年底暫停對英國空襲，讓這個島國獲得了喘息的機會而在日後成為西方盟軍進攻歐陸的根據地；其二，他決定開闢東線戰場，向蘇聯宣戰。這個策略或許在那時看來是個明智的決定，因為，對蘇聯發動快速、預防性的作戰能確保德國取得東歐地區豐富的石油以及其他經濟資源的供給。如果德國必須跟英美展開長期作戰，這是必要的手段。

「對蘇聯的快速突襲如果獲得成功——當然，它必定會成功——我們就可以在這場戰爭中先安心地鬆一口氣。之後，英國還會為了什麼合理的目標而繼續對我們作戰？」戈培爾在日記中自問著。

多年來，戈培爾抹黑的政治宣傳術早已將猶太人及斯拉夫人非人化。第三帝國的敵人全被納粹視為動物，所以，他們的生命是廉價的。一九四一年六月，德軍展開突襲蘇聯的「巴巴羅薩行動」（Unternehmen Barbarossa），開戰的前兩週，蘇聯紅軍就損失五十萬名軍力，在朝後方撤退期間，投降的士兵更是不計其數。光是在白俄羅斯首府明斯克（Minsk）就有七十五萬人被德軍俘虜，其中九成全餓死在圍著帶刺鐵絲網的戰俘營裡。被送入德國勞改營的紅軍戰俘，其死亡率高達半數，柏林軍火工廠那些紅軍奴工的慘況亦相去無幾，死亡總數約有十五萬人。當德軍長驅直入俄羅斯境內時，掠奪與殺人的暴力事件層出不窮。他們焚燒村莊，屠殺平民，已不屑再以高尚的行為偽裝自己。希特勒稱這場德蘇戰爭是「一場滅絕戰爭」，他曾告誡德國士兵必須不顧一切地執行血腥的軍事行動，不可以對敵人心懷憐憫。「在克里姆林宮裡，那些表裡不一、信仰布爾什維克主義的猶太裔蘇共高層正在拖延戰爭，因此，必須不計代價地將他們徹底剷除，」戈培爾曾皺著眉頭宣稱。

該年秋天，德軍已攻占莫斯科市郊的電車路線，列寧格勒（現在的聖彼得堡）也被團團包圍而斷糧，一場長達八百七十二天的圍城戰已經展開。在柏林的亞歷山大廣場上以及選帝侯大道兩側，德軍在東線戰場取得軍事勝利的消息已透過布設的擴音器網絡被大肆地吹噓。當烏克蘭首府基輔與黑海港都敖德薩（Odessa）陸續陷落時，柏林市民在街頭聽到這則重大消息的廣播後，立刻報以熱烈掌聲，而且還在欣喜之餘自發地在人行道上演奏德國國歌〈德意志高於一切〉，情況就跟一九一四年德國剛參與第一次世界大戰一樣。每個星期日出刊的《帝國》（*Das Reich*）——一份由戈培爾的宣傳部大量發行的週報——已宣告，德軍即將獲得勝利。「偉大的時刻已經降臨！」這個頭版的新聞標題相當引人注目。然而，當德軍後來必須面對寒冬的大雪時，他們似乎看到拿破崙法軍的鬼魂出現在北地的暴風雪中，此時蘇聯的部隊已重新集結並完成整編，隨時可以展開反擊。

在蘇聯戰場陣亡的三百二十五萬名德軍當中，有十萬人是被活活凍死的。「酷寒把我們推向瘋狂的邊緣，」一名士兵曾寫道，「所有東西都結冰了。如果我們想吃麵包，我們必須以鋼鋸把它鋸成碎片，然後再將它們放入褲子的口袋裡解凍。為了驅趕衣服上的蝨子，我們會用柴枝生火，然後雙手把脫下來的衣服高高舉在柴火上，用冒出的煙氣薰蒸這些衣服。在遠低於冰點的溫度下生活究竟是什麼感覺？這實在是筆墨難以形容。」

一九四一年十一月，氣溫零下四十度，紅軍開始展開反擊而讓過度擴張的德軍第一次吃敗仗。四十個新成軍的、穿著白色（雪地保護色）冬季制服的西伯利亞師團以及一千輛**T-34**坦克一發動攻勢，德軍便節節敗退，最後陷入恐慌而徹底被擊潰。隔年，令希特勒引以為傲、擁有二十五萬名兵力的德國「第六集團軍」被困在史達林格勒，其中僅有五千人從這場慘烈的戰役中生還，部分戰俘還被送往史達林的勞改營。然而，戈培爾卻在新聞稿裡不實地聲稱，所有參與史達林格勒戰役的德軍已全數陣亡，而且還讚揚他們「已為德意志民族做出偉大、英雄式的犧牲與奉獻，將士們肩並肩地作戰，直到打完最後一顆子彈。他們光榮地死亡而讓德意志民族得以存活」。史達林格勒戰役是東線戰場最大的轉捩點，德軍自此無法再從這場令人驚駭的慘敗中恢復元氣，因而開始撤退。當德國失去大量的青年德軍時，希特勒的神話也開始褪色。

面對東線戰場的潰敗，已走投無路的戈培爾還不顧一切地把德國人民趕入自殺性的歇斯底里狀態。一九四三年二月，他在柏林體育宮（**Berliner Sportpalast**）進行一場著名的宣傳演講，鼓吹所有人民全力一戰。他曾激動地詢問滿場的會眾：「你們是不是想進行一場比我們今天所能想像的軍事衝突更全面而徹底的戰爭？」

在上臺之前，戈培爾已將他的演說排練了二十幾次。每個遣詞用字、每個手勢均經過事先的推敲與計畫。他手下那十二位頂尖的攝影師還將這個氣勢非凡的演說場面以及臺下那些忠貞納粹信徒的吼叫——當他們在回答他提出的幾個關鍵性問題時——拍成影片。

「你們是不是要保衛歐洲不受那些亞洲布爾什維克畜生的進犯，因而加入聖戰？」

「是！」

「你們是不是要保護德國不受無政府主義的侵襲，並為此而奮戰到底？」

「是！」

「你們是不是支持完全地肅清、徹底地滅絕猶太人？」

「是！」

「你們是不是想要一場全面性戰爭（totaler Krieg）？」

「是！」

「德國男人上戰場！德國女人去工作！」慷慨激昂的群眾跺著腳怒吼著。

「現在請各位人民站起來，讓怒氣宣洩出來吧！」戈培爾對著臺下的群眾嘶喊，宏亮的聲音隨著精心算計的情緒表現而顫抖著。這場演講是他生涯中最偉大的演出，後來有一百多萬名德國人因為受到他演說的鼓舞而投向死亡的深淵。

柏林人響應戈培爾「全面性戰爭」的呼籲，部分是由於他們大多是第三帝國暴行的共謀者（或配合者）：納粹當局發出那些射殺逃離的平民的命令是由他們打字；那些將吉普賽孩子標示為「無用之才」的備忘錄是由他們遞送；當猶太人被禁止購買蛋品（一九四二年六月二十二日）與書籍（一九四二年十月九日）時，他們從未仗義直言；當猶太人在市郊的葛倫納華德火車站被押入一列列開往奧許維茲集中營的貨運車廂時，他們還若無其事地享用美味的咖啡與蛋糕；當猶太死者的金牙被取下並集中送往柏林時，他們還在「普魯士國家鑄幣局」裡，將這些金質假牙燒熔成金塊；曾有一名柏林警察在他位於軒納柏格區的辦公室裡寫了一封函件給一位猶太婦女——她的丈夫在納粹禁止猶太人飼養寵物的命令頒布後，因為還留著一隻金絲雀而被逮捕，最後斷送了性命——並指示她，如果要拿到她丈夫的骨灰，必須付三馬克的手續費。總之，在那些舒適的、位於梅林大道（Mehringdamm）及費貝里納廣場（Fehrbelliner Platz）旁的辦公室裡，柏林當局針對一百萬個被定罪或受到恐嚇脅迫的個案所計畫的暴力行動，等於讓柏林人將這個死亡帝國擴散到整個歐洲，所以，儘管二戰露出敗相，他們已別無選擇，只能咬牙戰鬥到底了。

就連戈培爾也無法回頭，即使他知道德國會戰敗。他在柏林體育宮那場「全面性戰爭」的演說正顯示他當時已走火入魔。當希特勒——戈培爾最大的創造物——因為戰爭失利而處於退隱狀態時，他便讓自己扮演「後方士氣守護者」以及充滿體恤的「柏林護衛者」的角色。他會在盟軍空襲柏林後，坐車巡視被轟炸的街道與街區，傾聽市民的擔憂與訴苦，而加深他們對他的愛戴與擁護。在二戰最後兩年，英美的轟炸機在柏林炸毀的建築物超過一萬五千棟，並造成兩百萬人無家可歸。在一個氣溫高於往年的秋夜裡，在空襲解除的警報響起之前，他曾站在宣傳部的屋頂上，看到整條威廉大街因為被丟下含磷燃燒彈，頓時化身為一條烈焰熊熊的火龍。當時他的目光還掃過剛被炸毀的俾斯麥老官邸以及正在燃燒的新總理府。這場空襲對於市民的摧殘猶如秋天的風暴橫掃樹上的枯葉，而且有些人還因為身上著火而必須脫下他們的衣服。而後他的雙眼盯著一位正在狂奔的婦女，她的雙手緊抱著胸前的一捆東西，也許是她的孩子。這位女子的頭髮和衣服都著了火，而他卻發現自己正思念著那位早已分手的捷克情婦，還有她那雙修長、曬成棕色的腿。她身上除了膝蓋背面的凹處是白色之外，全染上了夏日陽光所帶來的棕色。

戈培爾對於自己堅強的意志顯得毫不退縮，即使納粹德國已窮途末路，他仍舊扮演猶太人的大剋星，在紅軍攻入柏林的前幾週，還下令運走柏林最後一批猶太人。「如果一個人擁有足夠的權力，就必須像老鼠般，把這些猶太人趕盡殺絕。」他在一九四五年自殺之前，還在日記裡這麼寫著：「在德國，感謝上帝，我們已確實處理過這件事！」

西方盟軍於一九四四年六月六日在法國諾曼第地區登陸，並順利地在兩個多月後解放巴黎。面對德軍的節節敗退，戈培爾在每週六推出的《每週新聞回顧》影片內容就變得殘忍而肆無忌憚，盡剪接從前拍攝的一些醜化敵人的影像畫面，諸如死亡的、邋遢的、滿臉鬍渣的敵軍，以及被槍托毆打的猶太人，以顯示他們罪有應得。在最後一次透過廣播的除夕談話中，他還警告數百萬名德國聽眾，如果盟軍戰勝，「酩酊大醉的黑人」與「多嘴的英美煽動者」將會奴役德國，讓德國人淪為中世紀的農奴。

當蘇聯紅軍攻陷東普魯士時，戈培爾仍不放棄任何希望，還號召數萬名德國青少年與體力衰弱的老人遠赴沙場。受傷的士兵們紛紛從病床上被拉起，因為他們必須重回前線充當敢死隊。在首都柏林滿布瓦礫的街道上，他手下那些可恥的「狼人」（Werwolf）——由未被徵兵的中年或少年男性組成的國民防衛隊——還在眾目睽睽之下，將德軍的逃兵以及一些不願血戰到底的「失敗主義者」處死。「我曾征服共產黨員充斥的紅色柏林，所以，我將會護衛柏林不受紅軍的入侵，直到我嚥下最後一口氣。」他說。在德國宣布無條件投降的幾個小時前，已攻入柏林的蘇聯紅軍曾與殘餘的德軍部隊在街頭短兵相接，並被迫後退。此時一些頑強抵抗紅軍的納粹軍人還闖入一些把白色床單懸掛在外以示投降的民宅裡，將裡面的住戶強行拉到人行道上公開處決。

戈培爾為納粹創造的圖像學，成功地讓這個極右派政黨得以壯大並維持它的勢力。他狂熱地宣揚日耳曼民族的優越意識；他激發了德國人民的集體歇斯底里，並利用這股強大的能量展開第三帝國最可怕的行動；他助長了希特勒可憎的種族滅絕計畫，而且還帶給歐洲國家許多驚恐與懼怖。

在氣氛凝重的元首地下碉堡裡，戈培爾與希特勒凝視著牆上那幅腓特烈大帝的肖像。隨後，戈培爾便拿出十九世紀蘇格蘭歷史學家托馬斯・卡萊爾（Thomas Carlyle）撰寫的《普魯士腓特烈大帝的歷史》（*History of Friedrich II of Prussia*）德譯本，並大聲地念出裡面描述一七六二年那個讓腓特烈大帝奇蹟似脫困的歷史事件段落：「……這位偉大的國王已無法從當前的困境中找到任何出路，他已不再有任何計畫；所有的將軍與大臣們都心裡有數，普魯士王國即將敗亡；敵國已在盤算普魯士的毀滅；他即將面臨的一切將是如何險惡……英勇的國王！」戈培爾繼續讀著，「請再等待片刻，因為幸運的日子已來到浮雲的後方，天空的雲翳將很快地散開，它們就會降臨在您的身上。」後來，奇蹟果真出現！原本與普魯士敵對的俄國女沙皇突然駕崩，她的繼任者改採親普立場，命令俄羅斯軍隊把矛頭轉向，並與普軍並肩作戰，而讓普魯士在「七年戰爭」中戲劇性地反敗為勝。正是這個歐洲史上所謂「布蘭登堡王室的奇蹟」解救了岌岌可危的普魯士。

戈培爾念完這段引言後，希特勒的眼裡已含著淚水。他們沒想到幾天後竟然傳來美國總統羅斯福的死訊。那些藏身於佛斯街地下五公尺的元首碉堡裡的納粹高層們頓時覺得「歷史的天使正揮著他們的翅膀，颯颯作響地穿過這個隱蔽的地底空間」。

然而，希特勒的命運卻未因此而出現奇妙的逆轉，希特勒的納粹政權也未奇蹟般地延續。形容枯槁的宣傳部長戈培爾在最後一次的廣播談話中提到，撒旦的力量已摧毀了人類世界曾出現過最美好的文化。「歷史永遠無法說明，這是一個民族遺棄了它的領袖，或是一位領袖遺棄了他的人民，」他對著一片黑暗喊話，面容轉為慘白，一只毒藥瓶已擺在他外衣的口袋裡。「畢竟這就是勝利。」

地面上的首都已被炸毀，舉目所及，盡是瓦礫，總之，「柏林的護衛者」已摧毀了柏林。四月二十八日，蘇聯紅軍已攻入柏林市區；四月二十九日，戈培爾為希特勒與他的情婦證婚；四月三十日，希特勒夫婦自殺，他依照希特勒的遺言繼任為德國總理；五月一日，戈培爾的妻子將他們的六個孩子帶到一座以鋼筋水泥建造的地下掩體裡，從毒藥瓶內取出氰化物膠囊，一一讓他們用添加安眠藥的熱可可服下。之後，已成為德國總理的戈培爾開槍殺死妻子，並隨即自殺身亡。然而，在這場逼真、可憎、邪惡的戲劇落幕時，這位納粹首腦依然冥頑不化地期待每一位忠誠的德國人能把他和領袖的作為當作學習的榜樣。

# 第十七章
# 迪特·威爾納：築牆者

# 貝瑙爾大街，一九六一年

戰爭把繁華的柏林變為一片廢墟。德國這個好戰的歐洲軍事強權因為不敵盟軍的攻擊，而在二戰後期屈居下風，最後還慘遭戰勝國的蹂躪與蓄意摧毀。一九四五年四月二十日，即希特勒五十六歲生日當天，已將柏林層層包圍的兩百五十萬名蘇聯紅軍開始對這座德國首都展開砲擊，經過為期十天的柏林戰役，最後制伏了五十萬名由城內的士兵、納粹黨衛軍、希特勒青年團、國民防衛隊及警察臨時組成的德軍第五軍團。

當時，蘇聯的第五突襲軍團從柏林西南方展開攻擊，在泰爾托夫運河（Teltowkanal）突破了德軍以各電車路線市郊終點站所部署的城市防禦圈。第一及第八禁衛裝甲軍團在占領柏林南部郊區後，接著奪取天普霍夫機場。位於城北的第三突襲軍團則派出先遣砲兵隊毫不留情地對戍守的德軍猛射砲火，然後再一舉攻入。悲哀的是，在這十天的圍城戰中，蘇聯對柏林發射的砲彈竟然不下於過去四年英美轟炸機丟下的總量。

在這片槍林彈雨裡，蜷縮在防空洞或在街上尖叫、已被嚇得無法喘息的柏林市民因為不停的爆炸聲響與傷者的哭號，幾乎已瀕臨精神崩潰。為了抵擋蘇軍入城，德方的「坦克殲擊車」（Tankjäger）[1]便埋伏在事先挖好的坑穴裡，當蘇聯的裝甲部隊行經其上方時，便從地面下以「裝甲拳」（Panzerfaust）——反坦克榴彈發射器——攻擊蘇聯的坦克車隊，因為坦克車的弱點就在它們的下方。不消一、兩天，蘇聯的坦克駕駛員便已知道如何反制德方的攻擊：他們會快速地繞過那些「坦克殲擊車」埋伏的坑洞，然後再掉轉回頭，正面砲擊這些德軍的車輛，把裡面的射擊者——大多是柏林的青少年——炸成肉醬。

戍守柏林城的這支德國雜牌軍後來仍不敵圍攻的五個蘇聯軍團，而被迫退守市中心的赫爾曼廣場（Hermannplatz）、動物公園以及亞歷山大廣場四周。當這些據點也逐一淪陷後，他們便撤往中央政府的辦公區以及西郊哈維爾河那幾座橋上。蘇軍仍繼續向前推進，在穿越幾個已燒成焦黑的城區後，為了提高作戰機動性，便把士兵編成每組五十人的密集戰鬥小組。當雙方在威廉大街及總理府周邊陷入近距離肉搏戰時，蘇軍甚至加強火力開戰，以報復納粹先前入侵蘇聯的種種駭人聽聞暴行。他們一共在國會大廈周圍布設九十支重機槍，光是這場戰鬥就奪走了五千條人命。柏林戰役雖僅短短十天，卻是人類歷史上最血腥的軍事衝突之一，將近十萬名市民死於市街及防空洞。納粹德國在這場戰役結束後不久，便宣布無條件

[1] 坦克殲擊車是一種裝有大口徑反坦克巨砲的裝甲戰鬥車。

投降，後來蘇聯占領軍政府還將德國占領區內的一百萬名德國人民陸續押送到西伯利亞的勞改營。

柏林戰役結束時，市中心九成的面積已成廢墟，處處都是瓦礫，總量高達七千萬立方公尺。一些血肉模糊的死屍或遭傾頹的屋牆擠壓而變形，或被埋在殘磚破瓦中，或從屋內被炸到門口，或如玩偶般被拋到樹上，而且還有一群群肥碩的蒼蠅在深色的血泊中舔舐攝食。此外，還有人發現，在進水的地鐵隧道深處浮出五具從地面沖入的屍體，在陰濕的「柏林動物園」火車站地下掩壕內，躺臥著一些手臂交纏的遺體，他們在集體自殺前，曾在這個晦暗的地底進行一場放蕩的狂歡。一位寡婦和她的女兒蜷縮在她們住樓廢墟的凹洞裡，由於樓房的門面已被炸毀而顯露出內部被破壞的樓梯以及一些歪歪倒倒的磚牆，街道旁的路燈柱上還掛著逃難市民的屍體。當時的柏林悲慘至極，既沒有電，也沒有乾淨的飲用水，而且糧食還嚴重短缺，骨瘦如柴的市民們只好吃著馬屍以及地上的青草果腹，被扔在已損毀建物之間的廢棄坦克與電車還在那裡冒著煙。

紅軍占領下的柏林立刻淪為「蘇聯帝國」的領土：它的時間被調為莫斯科時間，存活下來的市民被迫清除納粹德國所留下的一切。納粹投降不到一個月，美、英、法、蘇這四個同盟國便把德國和它的首都切割為四個占領區。然而，準備接管柏林的西方盟軍卻未火速開赴柏林，而是先在柏林以西約一百五十公里處的易北河畔集結並等待。等到美、英、法三國軍隊抵達柏林時，蘇聯人早就把這個城市所有的工作坊、實驗室與製造廠掠奪一空，大型企業——比如西門子、波爾西集團以及拉特瑙家族創立的德國通用電氣公司等——的廠房機器設備全被移走並運往蘇聯。染料工業利益集團（Interessen-Gemeinschaft Farbenindustrie AG）[2]設於地下掩體內、專門製造神經毒氣「沙林」（Sarin）的生產設備也遭拆除與掠奪。戈培爾的宣傳部、哈伯的科學研究所以及德國火箭工業所有的檔案資料全被裝上一列開往蘇聯的三十節車廂火車。當這列火車往東駛離後，沿線的鐵軌還被蘇軍拔起，迨日後加以運用。

與軍事及工業物資一樣，這個斯拉夫的「戰利品軍團」還劫掠了收藏於柏林博物館島的佩加蒙祭壇（Pergamon Altar）、數百尊古希臘羅馬雕像、數千幅畫作以及七百萬冊書籍，其中還包括一份無價的、中世紀後期的羊皮紙手稿，但它卻就此從人間蒸發。他們還從帝國銀行的金庫中搬走大約兩千三百八十九公斤的黃金——其中大部分是納粹掠奪來的——在將它們裝上船隻後，便運往莫斯科的克里姆林宮。

蘇聯紅軍還要求另一項戰利品。他們闖入民宅，在樓梯間、在燒毀的臥房裡強姦柏林的

2 染料工業利益集團是一家成立於一九二五年的德國化工企業，係由巴斯夫（BASF）、拜耳、赫斯特（Hoechst）這三家大公司及其他較小的公司合組而成。這個化工集團在二戰期間由於曾配合納粹政府參與諸多戰爭罪行，而在戰後被同盟國的占領軍政府勒令解散。一九五二年，當它完成企業清算程序後，股份又拆分回原先各公司。

女兒、母親與祖母，並射殺那些在場試圖護衛女性親人的兒子們。一些躲在櫥櫃裡的丈夫，只能在一旁看著、聽著家中的女人被侵門踏戶的士兵糟蹋，他們懦弱的表現彷彿由於戰敗而被閹割了一般。輪姦在柏林變得很普遍，後來甚至有數千名婦女主動獻身給一些蘇聯軍官，以換取人身安全的保障。史達林不僅對於紅軍在柏林大規模的集體性侵一笑置之，甚至還表示：「你們難道不能了解嗎？一位跋涉數千公里、沿途穿越血泊與烽火的士兵會比較想跟女人在一起，還是繼續拿著步槍？」在柏林戰役結束後的短短幾週內，約有十萬名柏林婦女被強暴，她們當中有許多人死於內出血或未經治療的性病，有些則因為懷孕而自殺。後來人們還在一份作者匿名的日記資料中發現，該日記的主人被一名紅軍強姦後，還被他吐口水到張開的嘴裡。

在這座被占領的首都城市裡，共產黨的紅旗已取代了納粹的卐字旗。柏林人也開始調適自己，他們適應新的政權，就跟動物換毛過冬一樣，小說家伊舍伍德曾在《再見，柏林》這部小說的尾段做此形容：「數以千計的人就像施若德小姐一樣，正在順應時勢。畢竟，不管哪個政府掌權，他們都注定要在這座城市裡生活下去。」

聲音是迪特．威爾納（Dieter Werner）的第一個記憶：木質鞋底發出的卡噠卡噠腳步聲、手推車的嘎嘎作響、細雨打在玻璃碎片上的微響等。還有，母親低沉的私語有如暖流般拂過他的耳際，同時還阻隔了其他女人的哭泣聲。他想起她母親在戰後總是戴著紮緊的頭巾，飢腸轆轆地在他外婆身邊一起清除被炸毀的屋舍，當起所謂的「廢墟中的女人」，也就是二戰之後那些重建德國的女性；外婆則派年幼的他四處蒐集尋麻或排隊領取配給的麵包。這些「廢墟中的女人」錯落在瓦礫堆上，賣力地清除被炸毀的建築物，並從中整理出完好的磚頭，以長、寬、高各十塊的規格整齊地將它們堆疊起來，每個磚堆總共有一千個磚塊。當她們在清理廢墟時，他總是可以聽到鐵鎚刺耳的鑿擊聲、提桶相碰的金屬噹啷聲以及她們短促清晰的說話聲。他的母親還在廢墟中發現一些可怕的東西：未爆彈、被丟棄的納粹親衛隊制服、被壓扁的孩童屍體。他聽說，單單英國空軍在柏林便投下了一百二十三種炸彈，裝入的引信多達九十八種。如果要引爆廢墟中的未爆彈，有時還必須請炸彈處理專家前來處理，當炸彈被引爆時，周圍那些老舊、已被火煙燻黑的屋牆就會帶著可怕的轟隆聲猛然倒下。威爾納的母親在瓦礫堆裡一次又一次地哭泣著，當他長得更大、更懂事時，便打算留在母親身邊保護她，讓她不再受到任何驚嚇，而他那位性格堅強的外婆其實早已在守護他們母子兩人了！

威爾納是他母親在地下室躲避盟軍猛烈空襲時出生的。新生兒的他從陰晦的子宮滑落到另一個昏暗的地方，母體撲通撲通的心跳聲則轉為頭頂上方劇烈的爆炸聲。敵軍的轟炸經常導致孕婦早產，在地窖的黑暗中，他的外婆點著燭光，引領他來到這個刺耳而冰冷的世界，那也是第一張迎接他出世的臉龐。他的父親當時遠在一千多公里外，不是在史達林格勒戰役中被圍困，就是已經陣亡，沒有人知道他確實的下落。德國在史達林格勒戰役慘敗後，納粹當局便公開聲稱每位德軍將士均已在戰鬥中陣亡，為了圓謊，還下令把這些士兵最後一批寄回德國的家書祕密燒毀。威爾納的母親從不讓幼小的他接觸外在現實，而是把他留在陰暗的室內，保護他不受戰爭的攻擊與戰敗恥辱的波及。

威爾納的童年歷經了戈培爾力主的「全面性戰爭」以及它的徹底失敗。由於物資極度匱乏，他在幼年時期並沒有早餐可吃，也沒有鞋子可穿。他會在一片死寂的廢墟中尋找廢金屬，以及碎裂的豪華水晶燈所散落的水晶塊，而刻意避開那些在附近不停地尋找失去親人的難民。他曾在瓦礫堆中找到三根香菸，得以讓他的外婆拿去換取毛線及織針，此外，他交給她的六塊煤炭還讓她換得一顆甘藍菜。一九四五年的耶誕節早晨，威爾納的母親在餐桌上擺了一個特別的用餐位置，並把他抱在懷裡，唱著最溫柔、最奇特的耶誕頌歌。他的外婆從外面的幫浦處汲水回來時，立刻發出噓聲，示意他的母親安靜下來，而且趕緊把擺在桌上那套精美的餐盤與調羹收走。

他家附近的街區充滿無言的恐懼、卻又充斥著善於應變的女性。戰爭結束時，因為參戰而行蹤不明的德國男人已超過一千五百萬人，他們不是在作戰中喪命，就是被關押在蘇聯的勞改營。威爾納雖然喜歡四處翻找東西，卻從未穿越路面寬闊的貝瑙爾大街（Bernauer Straße），到對街那個充斥著紅軍卡車換檔摩擦聲的廣大世界裡探險。他對於這座城市如何被硬生生地切割成四個占領區、史達林如何對西柏林的盟軍展開封鎖，以及西方盟軍如何反制蘇軍、如何以「柏林空橋計畫」為西柏林空運物資毫無所悉。他不知道蘇聯占領軍政府為了整肅數千名反對共產主義的柏林人士，而在占領區內重啟納粹的布亨華德與薩克森豪森等集中營。他沒有看到蘇聯情報機構——即「國家安全委員會」（KGB）——的鎮暴小組在街道上公然逮捕反對人士，或於光天化日之下，在一家電影院外面射殺一對夫婦。他不會了解，戰爭雖已結束，但並沒有真正結束。他只知道那些蘇聯人總是穿著帥氣的制服，把胸膛挺得高高的，而且還能以車代步。年幼的他在托兒所裡便已聽聞，蘇聯人會把熱騰騰的湯食分配給眾人，而且還會保護忠誠的市民免受壞人侵擾，比如所謂的間諜與恐怖分子。

威爾納在十歲前，僅僅離開住家所在的普連茲勞山丘區一次。一九五〇年，東德的德意志民主共和國成立隔年，他和六萬名東柏林的兒童與青少年——即少年先鋒隊（Jungpioniere）、臺爾曼先鋒隊（Thälmann-Pioniere）[3]及自由德國青年團（Freie Deutsche Jugend）[4]——在一個和煦的八月早晨，一起往西柏林列隊行進。那時柏林圍牆尚未建造，

---

3 少年先鋒隊與臺爾曼先鋒隊是東德當局主導的社會主義國家先鋒運動的兒童與青少年組織。少年先鋒隊招收六至十歲的兒童，佩戴藍領巾；臺爾曼先鋒隊招收十至十四歲的青少年，佩戴紅領巾。

4 自由德國青年團是唯一獲得東德官方認可與支持的青少年組織，成員必須年滿十四歲。

一大群想法幼稚的孩子們成群結隊地越過東、西德邊界，企圖攻占西柏林的主要建築物，展開奪取西半城的「聖戰」，在必要時，還打算尋求東德人民警察（Volkspolizei）的保護與支援。

佩戴少年先鋒隊藍領巾的威爾納手拿顯眼的紅色共黨旗幟，而且還擊鼓、跟著一起高呼：「已經準備迎接和平與社會主義！隨時準備迎接和平與社會主義！」他跟著臺爾曼先鋒隊及自由德國青年團的青少年們一起前進，一些比他年長的男孩還吹奏小喇叭。威爾納喜歡那些「戰鬥工人」的歌曲，喜歡那種歸屬於比他自己更偉大事物的想法。總之，他在人群中覺得很有安全感。

但是，東德的人民警察卻在東西柏林交界的波茨坦廣場上阻止他們繼續西進，並把發起這場集會遊行的自由德國青年團幹部們拉到一旁，告知他們必須把隊伍掉頭帶回東柏林，因為美國軍方已因他們這場活動而處於戒備狀態，而且蘇聯方面也已警覺，這群小鬼頭所策畫的「聖戰」可能會激起美、蘇雙方在柏林的軍事對峙。

由於鼓聲喧鬧，威爾納的少年先鋒隊並未聽到東德人民警察所下達的止步命令，仍在一片混亂中繼續前進，並越過邊界。十五分鐘後，他們已經走到西柏林的選帝侯街，也就是十年前納粹的帝國首都建築總督察許倍爾，為了日耳曼尼亞的大建設而預定廢除的那條道路。那天正好是星期六，這群原本呼著口號的東柏林小朋友卻在這條街上停下腳步，目不轉睛地盯著街道兩旁那些擺設豐富的商店櫥窗，同時一些正在購物的西柏林市民也在注視他們。當隊伍中有十幾位小伙伴溜進英國連鎖的伍爾沃茲超市（Woolworths）後，他們的口號聲就顯得更乏力了。後來，有一位街頭小販主動發送香腸給這群小朋友，許多雜貨店的老闆也送給他們小熊軟糖以及黑色的甘草糖（Lakritz）等甜食。威爾納仍隨著這支人數不斷減少的遊行隊伍繼續往前走，沿途還經過那些席地坐在咖啡廳戶外階梯上發呆的柏林自由大學學生身旁，並對著街道兩旁的霓虹燈與設計新穎的建築物東張西望，直到他們到達威登堡廣場旁的卡迪威百貨公司，人數已減少許多的隊伍才停止行進。他和兩個同行的男孩踉踉蹌蹌地進入這家在二戰末期被盟軍炸毀的高檔百貨公司，剛重建並裝潢完成的一、二樓才剛在一個月前重新開幕，裡面充斥著各種想像不到的高級商品：閃閃發亮的皮鞋、法國香水、洗衣機等。此時，東柏林少年先鋒隊這三名隊員早已把奪取西半城的「聖戰」拋到九霄雲外，而在一個配有燈光照明的熱巧克力噴泉前逗留著。當時百貨公司有一位安全警衛負責招呼他們，並遞給他們可口可樂，他們哪還會想到要叫東柏林的人民警察前來保護他們。

當東德的情況開始轉壞，糧食不足的問題愈形嚴重，政府對人民的種種限制更為嚴苛時，數千名東柏林人便跟隨他們的孩子越過仍未施行出入管制的東、西柏林邊界，到西柏林申請難民身分，留在這個由西方盟軍占領與守衛的西城區，參與二戰後的西德「經濟奇蹟」。然而，年幼的威爾納和他的家人並不在這批移民潮之列。他那天高高興興地從卡迪威百貨公司回到東柏林的家中，即普連茲勞山丘區寧靜的阿爾科納廣場（Arkonaplatz）附近。不過，當他到家時，他的外婆卻把那些會黏牙的甜食從他口袋裡取出，並當面警告他這些零食可能有毒而將它們扔進火爐裡，這讓他覺得有些掃興。當時他的母親並不想離開普連茲勞山丘區，因為她害怕，如果他們離開原來的住處，出門遠征的丈夫如果回來，可能無法找到他們。而他那位相信女婿已戰死的外婆，也同樣不願到外地漂泊，因為她的一生已經歷夠多的變動。威爾納則覺得自己遭到父親的遺棄與背叛，試想，他如果還活著，不是被關在蘇聯的監獄裡，就是在敵對的西德跟所有邪惡的納粹黨人在一起，因此，他告訴自己還有學校的老師，他的父親對他而言已毫無意義。

十二歲時，他會和其他的男孩為了他們的戰爭遊戲而製作武器。他會用木質曬衣夾打造手槍，用雨傘骨架製作弓和箭，而且還把長輩的手杖鏤空鑽洞，做成可以吹奏的笛子。在學校課堂上，老師會教導他們這些學生，納粹主義就是某種形式的資本主義，納粹領袖希特勒只是德國一些大資本家的傀儡，只是後來被德國通用電氣公司、西門子與德勒斯登銀行（Dresdner Bank）等大企業推向權力的頂峰。這些「西方」企業，就跟英國那些壟斷市場的資本家一樣，為了獲取原料及新市場不惜發動戰爭，以試圖滿足他們那永無止境的需求。威爾納一直被灌輸，德意志民主共和國在東德成立之後，便努力摧毀納粹的獨裁體制，而且在柏林的每個街區與每座工廠，都有執政黨的小組在運作。在二戰末期，位於東線戰場的德國共產黨員還曾向德軍喊話，應該停止無意義的戰鬥並向他們忠實的伙伴——蘇聯紅軍——投降。在東德政府新編寫的布面精裝歷史教科書裡，與二戰有關的現代史並沒有提到西方盟軍的諾曼第登陸、北冰洋護衛艦隊對未被德軍占領的蘇聯北部的物資運送，以及美國為了提供同盟國物資而在二戰初期通過租借法案，並在二戰過後對遭戰火破壞的西歐各國進行經濟援助與協助重建的馬歇爾計畫等。這些教科書反而刻意強調，史達林格勒戰役是愛好自由的社會主義者對抗納粹的法西斯主義者一次偉大的勝利，西方盟國後來如何背棄史達林以及蘇聯紅軍如何解救東歐國家等。總之，愛國的東德人已與蘇聯站在同一陣線，共同對抗法西斯主義以及背叛人民的資本主義。在這個貧窮、灰暗的社會主義國家中，孩子們也樂於擁抱政府為他們羅織的新謊言，因為這些說法可以讓他們內心釋放父母在納粹時期的犯行所帶來的罪惡感。

威爾納以幻想美化了現實的虛假。他在學校上公民課時，曾寫過一篇關於馬克思與列寧出其不意地造訪他居住的貝瑙爾大街的文章。他在內容中描述他如何自豪地引領這兩位共產主義的催生者與推手走過這個地段與周邊街區，並向這兩位大人物保證，他們的理念已在德意志民主共和國（即東德）實現：免費的托兒服務、普及的醫療照護、穩定的食物價格。他還告訴他們，東德沒有資本家，而且所有的納粹黨人不是已被驅逐出境、關入監牢，就是已被處決。馬克思與列寧在威爾納住家廚房的餐桌上享用香腸及麵包等豐盛餐點時，還追憶起他們從前在柏林的時光（馬克思曾於一八三七年至一八四一年就讀柏林洪堡大學，列寧曾在一八九五年及一九一七年路過柏林，並短暫停留）。他們還談到在過往這幾十年裡，共產主義所取得的成果以及許多尚待完成的工作。馬克思還把他的手放在威爾納的肩上，並以科學般的確信向他許諾：實行共產主義是必然的趨勢。

威爾納這篇關於共產主義的故事還被刊登在少年先鋒隊每月發行的報紙《少年先鋒隊隊員》（*Der junge Pionier*）上。兩年後，當東德執政黨為年滿十四歲的青少年舉行「成年儀式」（Jugendweihe）時，一位地方黨部領導人便詢問在場的威爾納及其他同齡的青少年：「你們是否已準備盡心盡力與所有愛好和平的人士一起為和平奮鬥，並守護它直到生命的最後一刻？」

「是的，我們保證！」威爾納與其他十幾位忠黨愛國的男孩們一起回答，他們全穿上新的白色襯衫與西裝背心。

「你們是否已準備盡心盡力與所有愛國人士一起為一個統一、愛好和平、民主與獨立的德國而奮鬥？」

「是的，我們保證！」這些先鋒隊隊員們以精力充沛的聲音叫喊著，而且還以滿心的誠摯與慎重說出每個字，無知地附和一個對他們而言過早舉行的、立意不單純的成年儀式。

當年滿十四歲的威爾納在典禮中領到那張「成年儀式」的證書時，參與觀禮的母親卻顯得很緊張，一直在挑剔他的頭髮，他的祖母則以「您」正式地稱呼他，這還是他生命中頭一遭。那位地方黨部人士緊握著他的手，並詢問他畢業以後希望做什麼。

「我要捍衛社會主義！」他回答。

那人讚賞地點點頭，「太多年輕人想要成為廣播電臺的新聞記者。我覺得，你應該考慮從軍。」

那年秋天，威爾納被任命為班級代表，或所謂的「集體委員會主席」。在第一次對學校的演說中，他將牛奶供應不足的問題歸咎於空瓶子的囤積。第二次演說時，他在講臺上警告大家，美國間諜輸入的馬鈴薯害蟲已破壞了東德的農作收成。隔年夏天，他去薩克森邦參加先鋒隊夏令營，跟著一群學員玩戰爭遊戲，一絲不苟地用一塊塊磚頭建造出一座地下掩體，並誓言根絕軍國主義。十八歲生日那天，他基於自身信念而申請入黨，而不是考慮到入黨能帶給他個人什麼好處。他始終相信，個人的生命隸屬於集體。當天他還和一群工人、農民及黨的幹部肩並肩地站在一起，高唱「這個黨，這個黨永遠正確。」他後來興匆匆地跑回家，決心為建設史達林的德國貢獻一己心力。當他來到軒豪森大道時，已決定志願加入東德新成立的人民軍。他繼續快跑回家，準備告訴家中母親這項重大的決定，但卻在住家公寓陰暗的樓梯間與一個「鬼魂」相遇。

威爾納的整個生命一直被他父親緊緊地繫絆住：透過他母親對於他父親的追憶，透過那張穿著納粹軍服、衣領佩戴橡樹葉徽章的父親在攝影棚拍攝的大頭照，還有他外婆向來絕口不提他父親的習慣。在家裡，他的父親既存在又不存在，就像一個曾經在世的幽靈，或許生前曾在納粹統治下的德國忍耐地過日子。然而，此刻這位遠道歸來的父親就坐在家中廚房的餐桌邊，一個憔悴、骨瘦如柴的陌生人，全身上下的骨頭比肉還多，而他的母親正在父親打開的手掌上啜泣著。他的另一隻手則急促地輕拍著她的頭髮，而非輕撫。他的臉頰因為有一處微血管破裂而泛著紅暈，嘴裡的兩顆門牙已經掉落。他雖已進入屋內，卻還未脫下身上那件已發霉、因毛絨磨光而露出線紗的軍大衣。

自從當年這位意氣風發的年輕軍官遠赴東線戰場，掃蕩布爾什維克主義世界以來，時間已過了十八個年頭。一九五八年，提著一只硬紙板手提箱重返家園的他已變成一位身心俱疲的老人，模樣宛如一具死屍。此時，母親抬起頭告訴威爾納：「你爸爸回來了！」

在東德，父親、兄弟及兒子下獄似乎是不名譽的家庭祕密。戰後那幾年，死於蘇聯勞改營的德國戰俘高達數十萬人，威爾納的父親是最後一批從蘇聯勞改營被釋放的德國戰犯（總共八萬五千名）之一。他花了十八個月從西伯利亞徒步走回德國，卻在路途中被視為「不受歡迎分子」而再度被逮捕，而後被送往德國與捷克邊境厄爾茨山脈（Erzgebirge）的鈾礦礦區工作，與他兒子威爾納在薩克森邦參加的先鋒隊夏令營相距不遠。這一年來，他在深及膝部、含有放射性物質的軟泥中勤奮地勞動，與一些肺結核病及白血病末期的獄友一起工作，在含鈾的礦層中敲下礦砂，專供蘇聯軍方精煉為武器等級的鈾原料，以製造核子彈。當他終於獲釋後，回到柏林的他對於自己兒子極力推崇的「社會主義者的天堂」早已無動於衷。

威爾納坐在母親身旁，此時她已握住兩位她生命中最重要男人的手。他發現，母親的淚水滴在他的臉頰上，而他的父親卻吝於言語及情感的表達。威爾納深受父親吸引，父親身上彷彿有某種磁力在牽引他的內心，但同時他也抗拒並厭惡他們生活的小天地因為父親的出現而發生轉變。自從陌生的父親回家後，外婆從未開口說話，原本與母親同房的她還搬進他的房間。在夜晚的黑暗中，他們祖孫兩人靜靜地躺在床上，聽著鄰房傳來微弱的爭辯聲、嗚咽聲，然後是彈簧床墊的振動聲。

隔天早晨，威爾納帶著父親到附近走動。他們沿著灰暗的狄米特洛夫大街（Dimitroffstraße）及列寧大道（Leninallee）步行，並試著找一些彼此有交集的話題閒聊，但雙方卻有一句、沒一句地互動著，每個句子後來也都消失在沉默之中。沿途中，他的父親還一次次在路經的空地前停了下來，因為，那座他在納粹時期立下效忠祖國誓言的兵營已不見蹤影，那間他父親工作過的家具工廠也已消失。街道名稱的改變還讓他失去了方向感。列寧大道就是從前的老蘭茲貝格大道（Altlandsberger Chaussee），威廉—皮克街（Wilhelm-Pieck-Straße）就是從前的艾爾塞瑟街（Ersässerstraße），他們父子兩人還一起駐足觀看一位工匠從路旁某棟建築物門面上的一隻石雕老鷹爪上，鑿掉納粹殘留在柏林的最後一個卐字黨徽。威爾納的父親突然想起，這棟建築物曾是希特勒青年團的總部所在，現在則已改為共產黨的辦公大樓。

「我懷念那些樹，」他的父親告訴他。在二戰過後那幾年的嚴冬裡，困頓的柏林市民為了取暖，幾乎把城市裡的樹木砍伐殆盡。現在東柏林打算開始植樹，而且還是新的樹種。「我經常夢到菩提樹花的香味。」這位父親透露。「列寧大道上從來沒長過什麼樹。」身旁的兒子冷冷地回答。

東德建國後，執政當局便認定，位於東柏林市中心那座已矗立好幾世紀的柏林皇宮是普魯士法西斯主義的象徵，決定把它炸毀夷平。新出現的空地便被命名為馬克思—恩格斯廣場。

他們停下來，在路邊買香腸吃著。當威爾納的父親把香腸往嘴裡送時，他的手卻在發抖，眼淚還從臉頰上流下。「我從沒有想過自己可以回家。」他向兒子承認。後來，他們沉默地並坐在間縫長著雜草的鋪石路邊大約二十分鐘。威爾納的父親還接著透露，他和他的父親曾在前方的皇宮大花園廣場上聆聽希特勒演說，於是他便起身帶著威爾納穿越那一大片廣場，走上「舊博物館」的臺階，也就是那時他們站立聽講的地方。「你爺爺把我舉到他的肩膀上，」他說著，情緒頓時激動了起來，講話也變得語無倫次。他提到群眾在納粹集會場合的興奮以及對於邁向共同目標的陶醉。然後，他試著在兒子面前讓自己冷靜下來，並補上一句：「但你從未見過你的爺爺。」

一直到那一刻，在威爾納的生命裡，從沒有長輩承認曾在納粹執政時期參加過希特勒的集會。這位獨裁者在一九四五年德國戰敗後，就被醜化為惡魔的化身、屈從於資本家勢力的邪惡政客。「那時是戰爭時期，而現在是承平時期」，這個當時普遍流行、卻低調不宣的想法同時意謂著，大多數柏林人覺得自己對納粹時期那些過犯並沒有責任。當威爾納聽到他的父親從前不僅沒有譴責希特勒，反而還在納粹的集會中滿懷敬意地聆聽這位殘暴獨夫的演說，並被那樣的場合感動時，他覺得大受震撼，而且不寒而慄。

東德政府所建構的歷史謊言——二戰時期曾有德軍反抗希特勒的法西斯主義——其實可以讓這批從蘇聯勞改營歸來的德軍戰犯宣稱他們已認同共產主義，而且自己本來就是隱性的共產主義者。他們其實可以順應情勢否認自己從前曾對納粹主義懷有熱情，並且堅稱，納粹的倒臺終於可以讓他們顯露出對於共產主義的一片赤誠。然而，威爾納的父親卻無意接受這種虛假的政治宣傳。

在「舊博物館」的臺階上，威爾納曾問他父親，是否曾聽過當時的東德領導人華爾特・烏布利希（Walter Ulbricht）？烏布利希是德國共產黨領導人，在二戰期間活躍於蘇聯，曾在紅軍陣營向圍攻史達林格勒的德軍喊話，要求他們投降。他在該戰役一處壕溝裡透過擴音器向自己的德國同胞大聲疾呼的照片，還印在東德的教科書上。對於烏布利希這個事蹟，他的父親只以苦笑回應。

那天晚上，全家一起安靜地吃完搭配煙燻肉腸（Mettwurst）切片的冷食麵包晚餐（Abendbrot）[5]後，威爾納的父母又再度爭執起來。在餐桌上，他們似乎說著不同的語言，一些東德社會的慣用語，諸如「希特勒法西斯主義」與「蘇聯解救者」等，都讓這位剛從蘇聯返鄉的納粹老兵無法苟同。他後來不吭一聲地起身，逕自把妻子掛在牆上那幅廉價的柯爾維茲木版畫〈李卜克內西紀念像〉摘下。隨後他們又起口角，威爾納偶爾可以聽到他父親在臥房裡咒罵的一些字眼：無恥、妓女、賣國賊。

在威爾納混亂的思緒與情感裡，曾是納粹德軍的父親已再度成為敵人。納粹在二戰過後已被視為罪魁禍首，由於他父親在返鄉後仍不知悔悟，因此，他從前的戰爭犯行仍無法被原諒。他與德軍同袍所信奉的軍國主義與鐵血宰相俾斯麥、腓特烈大帝以及普魯士的對外侵略脫不了關係。年幼的威爾納渴望在新時代能有一個新的開始——一個美麗新世界——但家裡卻出現這樣的父親：一個不受歡迎的難民，一位沒有能力保護妻子的丈夫。

當威爾納在擁擠的床上輾轉反側時，睡在身旁的外婆並未安撫他澎湃的情緒。由於威爾納的父親總是讓他的外婆提心吊膽，她當然也希望他能從他們的生活中消失。更何況威爾納的父母只是露水鴛鴦，並沒有實質的婚姻關係。

兩天後，威爾納的父親忽然失蹤，正如他前一陣子忽然出現一般。威爾納告訴自己，父親已越過邊界去西柏林，雖然他沒有帶走他那只硬紙板手提箱。在他的內心裡——以及在他母親的淚水中——他應該已感受到另一種不同的真實，只是他沒有開口詢問。

他的母親懇求他前往西柏林的馬林菲德難民中心（Asylbewerberheim Marienfelde）試著打探他父親的消息，但威爾納卻不願再次造訪與東德敵對的西柏林。他有許多朋友已搭乘地鐵到西柏林落腳，而且未再返回東柏林，有的人甚至只坐兩站就抵達號稱自由民主的西半城。他當然可以請求這些友人協尋他父親的下落，但他卻拒絕與這些背叛社會主義的朋友接觸。他的回拒讓他的母親沉默了。他們相對無語，生活又恢復了往日的灰暗。沒錯！他寧可繼續過著這種平靜無波的生活。

一週後，威爾納加入了剛成立不久的東德人民軍。他在德勒斯登附近與其他加入華沙公約組織（Warsaw Pact）的東歐共產國家軍隊一起接受戰鬥訓練，並誓言捍衛和平與社會主義。他在五月一日的五朔節（Maitag）閱兵隊伍中精神昂揚地行進，上衣佩戴著東德人民軍鑲繡紅邊的上尉肩章。他的連隊踢著正步通過閱兵臺，臺上站著一群正舉起右手致意的東德領導人。他身穿深灰藍色的高衣領制服，腳穿高筒靴，與二十年前他父親從軍時的那身行頭相當類似。

---

5　一般來說，德國人的晚餐就是冷食的麵包晚餐，也就是以麵包為主食，搭配起司、酸黃瓜片、火腿或德式香腸等，飲料冷熱皆可。

柏林市瀰漫著夏日的氣息，乾燥的空氣裡夾帶著一群亡命者所踢揚的厚厚塵埃。在東德建國的頭十年裡，將近三百萬名東德人——約占人口總數的百分之十八——逃到西方。當時第一批外逃的東德難民全是專業人士：四千名醫生與護士、兩千名科學家以及萊比錫大學法律學院所有的教授與講師。東德執政黨——統一社會黨（SED）[6]——曾公然抨擊這群人的出走，而且還在它的機關報《新德國報》（*Neues Deutschland*）捏造小兒麻痺症是「資本主義地區」特有的疾病，以藉此警告境內打算出逃的人民。在興建柏林圍牆前夕，僅在一九六一年七月，就有三萬〇四百一十五名來自各行各業的東德人擁進西柏林；八月的第一週，又有兩萬名東德公民加入這波逃難行列。威爾納心目中那個社會主義政權所承諾的樂園正被它的人民紛紛揚棄。

八月十二日星期六的午夜，威爾納已在東柏林的圖霍斯基兵營（Tucholsky-Kaserne）裡上床就寢。隔天星期日是他的休假日，他打算中午回家與家人團聚。但深夜卻突然傳來一道緊急命令把他從睡夢中驚醒，他睜開惺忪的雙眼，仔細看著公文。在冗長的序文裡，他讀到一些「極端派」——在此意指西德的「急進派」高層——已準備為二戰已成定局的結果翻盤，而且意圖使德意志帝國主義再次肆虐全歐洲。為達成這個目標，北大西洋公約組織——以「可恥的」DECO II解放東德作戰計畫——此刻正準備攻擊實施民主制度的東德，因此，威爾納與他的同袍們必須立即建造一座高牆，以保衛他們的東德與東柏林。

在這場令人驚訝的「保衛」行動裡，四萬名工人階級戰鬥隊（Kampfgruppen der Arbeiterklasse）[7]的成員不消一小時，便已包圍了西柏林。一些東德工人開始挖起某些鋪石路面的石塊並把一卷卷帶刺鐵絲網攤開，以阻止人們自由出入東、西柏林的邊界。威爾納在貝瑙爾大街的西端與工人階級戰鬥隊一起站在雨中，督導邊界圍欄的架設工作。他動手協助工人把木樁牢固地打入地底，堅持整齊地排列準備砌疊的磚頭，而且還指揮一些人力將東、西柏林邊界附近的北車站（Nordbahnhof）出入口堵死封閉。在往後的二十九年裡，這座火車站兼地鐵站將不會有任何火車和電車停靠。在他背後的陰暗處，還有東德情報暨祕密警察組織史塔西（Stasi）與人民軍在監視這一切。此時收音機裡的播音員正念著一份已擬好的文稿，以便向東德人民解釋守護國家免於北大西洋公約組織、外國情報員以及貪婪西德商界菁英入侵的必要。

破曉時分，數千名打算前往西柏林申請難民身分的東德人以及那些週末到西柏林打零工的東柏林市民，全在這道一夕之間設立的「反法西斯防衛牆」（Antifaschistischer Schutzwall）處折回。在貝爾格街（Bergstraße），有位東柏林婦女懇求威爾納讓她穿越這條分界線，

6 東德的執政黨並非共產黨，而是一九四六年由德國共產黨與社會民主黨合併而成的統一社會黨。
7 工人階級戰鬥隊是東德的一個準軍事組織，成立於一九五三年，成員曾多達四十萬人。

跟站在三公尺外、已在西柏林土地的丈夫與孩子在一起。威爾納認得這個女人，她在第四市場賣菜，而且他母親會到她的攤子上買甘藍菜，但他卻必須嚴格執行命令，無法對她放行。於此同時，在波茨坦廣場——東、西柏林往來最繁忙的交會點——在茵瓦利登街（Invalidenstraße）以及腓特烈大街地鐵站，還有數百位男女緊握著小手提箱並牽著他們的孩子崩潰哭泣，因為他們逃脫東德的管道已徹底阻斷，從此必須再等候一個世代，才能迎來自己期盼的生活方式。

最初那幾個星期，東德政府相當擔心英、美兩國的「軍國主義者」可能會對這項邊界的隔離與管制展開報復。威爾納則期待西柏林盟軍開著他們的吉普車闖越這條已設下障礙物的分界線。但西半城卻遲遲沒有反應，這讓東德政府更加壯膽。當時令進入秋天後，石塊與水泥磚便逐漸取代了原先臨時架設的鐵絲網，繼而建造出人類有史以來以隔離為用途的最大型建築物之一：柏林圍牆。全長約一百六十公里的柏林圍牆全部安裝通電柵欄，沿途設有幾百處矗立於圍牆上方的警衛崗哨。由於貝瑙爾大街的西段屬於西柏林，東段屬於東柏林，因此，東德當局便下令改建東段靠近柏林圍牆的那幾棟建築物，讓它們具有類似邊境防禦要塞的功能，也就是說，所有朝向西柏林的門窗必須以磚頭砌封起來。威爾納認真地督導這項工程，他不喜歡砌牆工因為漫不經心地堆砌磚塊，而讓磚縫的水泥線條顯得很粗陋。

在東德共產主義的政治宣傳中，柏林的西半城是「西柏林」，然而它首都所在的東半城卻不叫「東柏林」，而是「柏林」。柏林原有的地鐵線也被柏林圍牆截斷，圍牆附近的地鐵站已被封住，停止使用，而成為所謂的「鬼站」。武裝的東德人民警察封鎖了幾個東西柏林的進出點。面積如同大型廣告看板的大幅遮蔽物一一豎起，以防止被阻隔的親人在圍牆兩邊相互揮手示意。此外，還有數十名逃亡者嘗試跨越柏林圍牆而喪命：十八歲的彼得·費希特（Peter Fechter）遭東德邊防衛兵開槍打傷後，倒臥在圍牆底下，由於未被送醫急救，最後因流血過多而死亡；一位名叫鈞特·利騰芬（Günter Litfin）的裁縫師在泳渡史普雷河時，慘遭射殺；伊妲·席克曼（Ida Siekmann）這位年長未婚的東柏林女人由於想從四樓的窗戶跳過柏林圍牆，活活摔死。在東德的官方地圖上，被東德環繞的西柏林孤島一片空白，似乎不存在，似乎是東德首善地區裡的一塊無人地帶。

在柏林圍牆築起後的第一個耶誕夜，威爾納正巧必須值勤。西柏林的「法西斯主義者」沿著柏林圍牆豎起一千棵耶誕樹，樹上總共掛上五萬顆小彩燈，在圍牆帶刺鐵絲網上方閃爍著。幾天前，西柏林市長威利·布蘭特——即後來的西德總理——曾以廣播向東柏林人公開喊話：「生活在自由世界的我們並沒有把你們忘記。」布蘭特市長的演說讓戍守柏林圍牆的東德士兵咬牙切齒，他們覺得那是不入流的挑釁，而且證明了西方「極端派」及其代理人無法接受北大西洋公約組織入侵東德計畫的失敗。後來，東德當局還用擴音器高分貝地播放軍樂，以藉此蓋過西柏林傳來的耶誕頌歌。

在這個冷冽的耶誕夜裡，站在戶外的威爾納時而踩跺雙足以阻絕地面寒氣，還隱約看到遠處一個穿著長靴及寬鬆長褲、正在顫抖的黑色人影。他沒有注意到任何聲響，也聽不到身後的腳步聲。當他發現有人拍他的肩膀時，幾乎吃驚地叫了起來。

當他瞬間開啟手中那只手電筒，用淺黃色的亮光照明時，突然看到母親出現在身旁，臉面散發著一抹可怕的慘白。她身穿的那件厚重外套遮掩了身體的瘦骨嶙峋，手裡還緊抓著他父親留下的那只廉價的硬紙板手提箱。她對威爾納說：「幫我一個忙。」

威爾納已明白母親的意圖，他沒有往後看，便直接把母親推往旁邊那座新哥德式「和解教堂」（Kapelle der Versöhnung）的大門口。他摸索著身上的鑰匙，在一個舊鎖孔裡插入並轉動鑰匙後，便打開了一扇木門。此時雙方播放的那些刺耳音樂掩蓋了門片鉸鍊在開門時發出的吱嘎聲。他的母親在這座已不再舉行禮拜儀式的教堂陰暗處偷偷告訴他，她必須找到他父親，因為她無法繼續過著與他分離的生活。

母親那番言語所帶來的衝擊以及擴音器的喧鬧，讓威爾納感到很沮喪。從西柏林傳來的那些耶誕頌歌也以一種無法解釋的方式在他身上發生作用。他牽著她的手，帶她經過光線昏暗的教堂側廊，再繞過大廳座椅區後方。這座位於貝瑙爾大街旁的教堂正好坐落於柏林圍牆雙牆結構之間的無人地帶，在一九八五年被拆除之前，教堂的塔樓還充作瞭望崗哨。威爾納小時候曾在這間教堂旁邊的附設墓園裡玩耍。

為了看清四周，他輕輕打開手電筒，只讓燈光閃現一秒便立即關上，而後他便引領母親進入一處小凹室裡。他再次摸索身上的鑰匙串，並尋找鑰匙孔，然後啪噠一聲，開啟了第二道門。母親在黑暗中觸摸他的臉頰並低聲說：「等我找到你爸爸，就會寫信通知你。」

這場脫逃持續不到一分鐘。威爾納不敢多花時間目送母親潛入西柏林，便趕緊把門關上，眼前他只看到自己瞬間呼出的熱氣在寒冷的空氣中蒸騰而上。在黑暗中，他的周遭一片寂靜，他忽然懷疑自己是不是在夢境裡。他謹慎地往回走，穿過教堂大廳，然後一聲不響地溜過那道老舊的大門。此時，東德邊境警察（Grenzpolizei）已在貝瑙爾大街上等候他。

威爾納隨即被逮捕入獄，內心感到驚恐不已，然而，就在幾個月前，這位東德人民軍上尉還滿腔熱血地投入柏林圍牆的建造。他後來被撤除軍階、開除黨籍，並被流放到東德邊界的鈾礦區。他在那裡從事粗重的開採工作，所幸他的身分還不是奴工。時代在改變，東德社會也在改變。他的外婆後來與他斷絕祖孫關係，不過，之後她也失去東柏林的那間住家公寓。

一九七〇年代，威爾納終於收到母親從西德寄來的信件，雖然那封家書耗時兩年才送達他的手裡。他從內容中得知，冒著危險逃到西德的母親後來並沒有找到父親。自從她離開東德後，並未與自己的男人相遇，也未能再見到自己的兒子。

「她死得太早了！」幾十年後，威爾納搖著頭對我說。「我的家庭和我成長的東德就如同希臘悲劇。這幾年來，我一直想知道，為什麼那些人要這麼做？為什麼我外婆要這麼做？為什麼要這麼對待自己的女兒？為什麼要這麼對待我？」他哀傷地嘆息著。「到最後我不得不自問，她真的愛過我們嗎？或者她一輩子對於親人的情感全都出於偽裝？」

史塔西是東德執政黨的「盾與劍」，由蘇聯情報組織KGB訓練而成，全盛時期曾擁有十萬名正式聘用的探員與數十萬名非正式的通報合作者，即告密者。它的總部相當龐大，組織結構非常堅實，占地範圍涵蓋東柏林的利希登伯格區（Lichtenberg），即一〇三六五郵遞區，設有營房、軍械庫、間諜學校、拘留所，甚至還有幾處健身中心及一間員工專屬醫院。史塔西總部一共包含三十八棟建築物及一萬五千名官員，內部訊息的傳遞是透過一個獨立不對外開放的電話網與事項移交系統。如果我們把被監視的一千七百萬名東德公民的祕密檔案從資料架上取下，一一排列，它的總長度可綿延一百六十公里。這些祕密檔案無非收錄著偷來的情書、員工餐廳裡的對話紀錄、非正式通報合作者的告發函、否定當事人曾接受大學教育的證明、「人員運作控制」的指示以及入侵西柏林的計畫細節等。在這些數量龐大的祕密檔案中，一百萬份牛皮紙袋所收納的當事人日常生活細節紀錄，正是史塔西如何威脅與恫嚇一個世代東德人最有力的見證。

第二次世界大戰並沒有在一九四五年結束，而且第一次世界大戰也不只持續四年。這場起始於一九一四年的大型國際戰爭，不僅讓德意志帝國以及往後的第三帝國分崩離析，讓歐洲生靈塗炭，造成一億人喪亡，而且還導致德國分裂，在國際社會備受壓抑長達數十年。從一九一四年德國參戰到一九八九年柏林圍牆倒塌，這座德國首都前後蒙受了七十五年的苦難，從歷史事實看來，沒有一座城市在二十世紀所遭逢的災厄與折磨能與它相提並論。

# 第十八章

# 比爾·哈維：隧道

# 魯鐸夫區，一九五五年

窗外的世界黑沉沉一片，晦暗地不斷延伸，直到盡頭的地平線。遠處毫無燈光照明，地面也沒有路標可供這架道格拉斯DC-4螺旋槳飛機任何定位的參考。它似乎在高空裡漂流，介於起飛地與目的地、地面與蒼穹、昨日與今日之間。飛機的引擎隆隆作響，氣流沿著機身奔流，裡面的乘客們彷彿陷於地獄和天堂的中間地帶，只能懸浮於那恆久不變的黑暗上方。一名坐在客艙第一排、座位編號1A的男子把額頭緊靠在機窗冰冷的樹脂窗框上，伸著粗厚的脖子，望向窗外的暗夜。

「您現在要過來嗎？」一位穿著緊身窄裙、上身外搭深藍色外套的空中小姐問道。於是他放下飲料，一路跟著她走進駕駛艙。艙門並未上鎖。

「在這裡別拘束，」機長以美國中西部人平實的口吻說著。他在那張可縮放升降的機長座椅上比著手勢，長褲上還繫著一條印有美元符號的吊褲帶。這架飛機剛從法蘭克福機場起飛時，這位男性乘客便要求在飛航期間讓他坐到前面的駕駛艙。在一九五〇年代，乘客的這類要求是很平常的事。

「第一次到這座孤島？」機長問道，並轉身面向他，期待與他交談。

這位肥胖的乘客雖然體形頗有分量，卻顯得沉默低調，似乎虛有其表。他對機長的回答顯得索然無味。每次搭飛機時，他一開始總喜歡保持沉默，用安靜引對方開口說話。「到柏林談生意？」一會兒過後，機長試著問他，「還是跟軍事有關？」

「賀卡，」他以一種無趣的語調說著，「我賣賀卡。」

一九五二年，美國與蘇聯正處於特殊的戰爭狀態，也就是沒有出現軍事攻擊的冷戰。一九四五年，美軍在廣島投下代號「小男孩」（Little Boy）的第一枚原子彈，一九四九年，蘇聯也成功地研製並試爆首顆原子彈，即代號「第一閃電」（First Lightning）的RDS-1原子彈，而成為世界上第二個擁有核武技術的國家。美國後來推出「義勇兵」洲際彈道飛彈（Minuteman Missile）做為回應，蘇聯則不甘示弱地在首次空爆核試中，試爆核心含鈽的RDS-3型原子彈，以因應美國的威脅。在這場愈演愈烈的核子軍備競賽裡，美、蘇陣營製造的數萬顆彈道飛彈、由潛艇發射的潛射彈道飛彈（SLBM）以及許多遠程轟炸機，均以歐洲、美國及亞洲的城市為作戰目標。每顆彈頭的核爆威力至少是美軍從前投在日本的原子彈十幾倍。

「保證相互毀滅」（mutual assured destruction）的機制、這種自殺性質的嚇阻戰略，勢必讓美、蘇兩大陣營付出重大代價，因為任何一場核武攻擊必定導致侵略者與防禦者的毀滅，只要觸動按鈕，地球上所有的生命都將灰飛煙滅。東、西方各國政府當時對冷戰的情勢充滿恐懼，為了確保國家生存，於是積極從事情報工作，柏林正是這場詭譎諜報活動的中心，因此這座城市不太可能是買賣賀卡的地方。

「我們飛機上經常有許多軍方的乘客，」機長說著，並依此表示他不相信這位乘客的說詞。他看對方沒有反應，便繼續說：「你知道，有時我在夜裡飛這條路線時，還會自己想像，如果集結在遠處地平線的蘇聯圖波列夫型（Tupolev）飛機和美國的 B-29 超級堡壘轟炸機與『誠實約翰』（Honest John）地對地核導彈在空中交會，就會有一朵蕈狀雲從西柏林的上空升起。」他搖搖頭，「那將是個奇觀，將是文明世界最後、也是最偉大的煙火盛會。」旁邊的副機長表示：「當一切結束時，哪還有人要寄賀卡！」這位男性乘客捋著鼻下那兩撇剃得細薄的髭鬚並咕噥著：「這不是什麼正面的想法。」

他們後來在機艙裡不發一語，沉默了五分鐘。飛機仍繼續飛行，但由於外頭一片漆黑，彷彿沒有前進似的。在飛越下方那片陰沉黯淡的普魯士平原後，前方遠處的天空開始發亮，一座燈火通明的孤島出現在地平線上。這位來自美國密西根州的泛美航空機長駕駛那架 DC-4 班機沿著一條狹窄的空中走廊前進，並從一萬英尺的高度逐漸下降，準備降落著陸。

當東德的田野已在他們後方時，那名男乘客便從駕駛艙走回客艙原來的座位。他從機窗往外瞧，一眼便看到選帝侯大道上那些燈火輝煌、燦爛炫目的劇院和咖啡廳，還有那一千盞沿著康德街（Kantstraße）兩旁架設的新路燈。飛機下方被東德領土包圍的西柏林是冷戰時期西方陣營的民主前哨，這座俗麗、輕率而自由的西半城雖如一座孤島，卻在一片黑暗的共產主義汪洋中閃爍著光芒。

兩年半之後，也就是一九五五年春天，在西柏林美國占領區邊緣一處隱蔽的瞭望崗哨裡，一名美國士兵手拿的那副德國萊茨牌（Leitz）雙筒望遠鏡正在陽光下閃閃發亮。當他從望遠鏡裡觀察到遠處出現一些可疑動靜時，還眨著眼睛說：「瘋了！」原來在五百公尺外的東德布蘭登堡邦（隸屬於蘇聯占領區），出現了一列由蘇聯紅軍護衛的車隊，正沿著僻靜、死氣沉沉的軒尼菲德路（Schönefelder Chaussee）轆轆而行。這名美國衛兵立刻轉動他的旋轉椅，以拳頭重敲緊急按鈕，並拿起野戰電話的聽筒吼著：「請核對，是蘇聯人！從右到左，三輛卡車，一臺吉普車，兩架T-34坦克。天哪，該死的坦克！」

在這名士兵站崗的地面下，西方盟軍已挖出一條穿越邊界、內部襯入鋼圈、結構牢固的祕密地道，深入蘇聯占領區約有半公里。在這條地道裡，一共有二十幾位美國陸軍工兵正忙著把沙土裝入袋中。一輛靜音、電動的堆高機正搬運一些裝備，在鋪設粗厚木條的地面上行進。在它的前方，一群英國坑道工兵正在地道頂部距離地面不到一公尺的地方，忙著用長螺旋鑽探器鬆土。這兩個盟軍工兵團在邊界的地底開挖了十八週，就在此刻，他們已經非常接近這次行動的目標物了！

突然間，他們看到地道裡的閃燈由白色轉成紅色。位於最前端的英國士兵已經從耳機裡聽到地面上方那位美國衛兵的警告。負責戍守的他就是這些已在地下祕密入侵敵區的工兵在地面上的眼睛和耳朵，必須隨時提醒他們任何可能的危險，讓他們能有所警戒。「離開，」他輕聲地對他們說，「你們可以離開嗎？」

這群英國坑道工兵讓身體保持平衡，站在鋪於地道上的粗木條邊，頭部則擠向地道的頂部。他們當時正好位於軒尼菲德路下方，所在位置已深入蘇聯控管的領土內，而且水平高度已遠高於地道入口。他們現在既無法撤退，也無法往前移動，因為一旦被敵方發現，就意謂著逮捕、死亡，甚至可能引發戰爭。在這項任務最敏感的時刻，他們只能安靜地、而且滿懷希望地等待。

英國工兵隊隊長約翰·維克（John Wyke）是地道裡第一個聽到地面傳來卡車輪胎聲的人。當坑穴的牆面開始搖晃時，大量泥土與沙粒紛紛落下，他則勇敢地頂住坑道的支撐物。瞭望崗哨那名美國衛兵在他們耳機裡描述蘇聯車隊接近的狀況：「現在經過的是第一輛卡車……第二輛卡車……第一輛坦克……」在這個窄小的地下空間裡，此時還迴響著地面車隊柴油引擎的隆隆聲。T-34坦克的履帶狠狠地輾過地道上方的地面，似乎要撕裂他們頭頂上方那條道路的路面。地道裡有一具工作燈從原來固定的牆面上鬆脫，在狹窄的空間裡劇烈地擺盪。當車隊從坑道上方經過時，坑內已塵土飛揚，大家被嗆得一直咳嗽，甚至呼吸困難。

後來他們還打破絕對安靜的規則，打電話到地道前端準備搭線竊聽的小室裡，並詢問那裡的工兵：「你們還好嗎，各位？」

英國工兵隊隊員們紛紛把沙塵從臉上抹掉。他們睜開雙眼後發現，地道不僅沒有崩塌，頭頂上方碎裂的土層上還露出三條粗大的軍用通訊電纜。這些地底纜線連結了位於柏林南方的溫斯朵夫（Wünsdorf）、分布呈不規則狀的蘇聯紅軍總部以及東柏林與莫斯科的中樞機構。當蘇聯車隊後方的T-34坦克經過地道上方的路面時，把地道內裹覆這些電纜線的土壤震落，為這群盟軍工兵暴露了他們苦苦挖掘與尋找的目標。「就是這捆美麗、可怕又骯髒的電信線，」工兵隊隊長維克低聲地說著，並伸手撫摸他們尋覓已久的那束神祕黑色戰利品。「我們做到了！真是幹得好！」

二戰結束後，蘇聯領導人史達林便意圖將柏林——接下來是整個德國——納入共產主義陣營的運作系統裡。「整個德國都必須是我們的。德國必須屬於蘇聯，必須屬於共產主義者。」史達林曾對蘇共政治局（Politbüro）下達這項命令。

為了達到這個目標，蘇聯必須擁有原子彈。史達林當時從蘇共間諜那兒得知，蘇聯軍方在這方面的研發遠遠落後已製造出第一顆原子彈的美國「曼哈頓計畫」。他也知道，柏林「威廉皇帝物理化學暨電化學研究所」那些在哈伯與愛因斯坦曾投入許多心血的實驗室的放射性化學家們，已經發現如何進行核子分裂的方法。

在史達林的命令下，蘇聯情報機構KGB的幾個小組隨著一九四五年蘇聯紅軍占領柏林，把柏林所有核子研究的資料、設備以及研究人員遷往莫斯科，而且還把那些從柏林偷取的鈾原料投入蘇聯第一座核子反應爐。蘇聯在數十位頂尖德國科學家的幫助下，再加上一些關鍵性間諜活動的成功，很快地在一九四九年便成功試爆自行研製的第一枚原子彈。

蘇共頭子史達林的好戰以及先後在波蘭、捷克斯洛伐克與匈牙利發動一連串政變的事實，已讓美國相信，蘇聯遲早會對西方陣營展開突襲戰。由於美國人相當害怕核子戰爭爆發，若要在這場空前的國際危機中倖存，就必須仰賴情報，以確切掌握敵情。比方說，紅軍將在何時發射飛彈？以什麼為攻擊目標？他們的裝甲部隊將在何處闖入西德？

「我不在乎中情局做什麼，我只要這些幹員二十四小時盯住蘇聯是否已準備發動襲擊。」美國陸軍參謀長、也是日後的國務卿喬治・馬歇爾（George Marshall）曾如此表示。中情局對於如何預警敵人的行動，早已有所準備。然而，隨著蘇聯封閉邊界，軍事偵察衛星尚未發明，再加上當時大部分的西方特工遭到惡劣的間諜集團「劍橋五人組」（Cambridge Five）[1]背叛，諸如金姆・費爾比（Kim Philby）、蓋伊・伯吉斯（Guy Burgess）與唐納德・麥克林（Donald Maclean）等，因此西方盟國必須另尋截取情報的新管道，以便預警第三次世界大戰的爆發。

那位沉默寡言、體形臃腫的美國乘客在一九五二年底搭乘泛美航空DC-4螺旋槳飛機抵達西柏林南邊的天普霍夫機場。他從飛機艙門準備走下活動扶梯前，一手緊握著扶手，一手還忙著點燃香菸。他在那件斜紋防水夾克底下，藏了一把槍柄鑲有珠母貝的左輪手槍，第二把則塞在腰間的皮帶裡。

人稱「大比爾」的比爾·哈維（Bill Harvey）當時並非賀卡販售商，而是美國中央情報局新上任的柏林情報站主任。他的身材過度肥胖，走路的模樣時而搖擺蹣跚，時而昂首闊步，猶如鴨子邁步一般，這種外形讓他看起來並不像是個在暗處從事活動的人。他雖足智多謀，卻也脾氣暴躁，那雙棕色的小眼還帶著些許獸性的粗鄙。在華盛頓工作期間，他似乎憑藉著喝馬丁尼酒而獨自過活，但同時他融入周遭環境的能力也相當出色，所以言行舉止從不會引起別人的注意——除了中情局的上司之外。敏銳的直覺力及超強的記憶力讓他成為中情局對蘇間諜活動的頂尖專家。這位體重兩百磅的諜報員狂熱而精明，被派到西柏林這個冷戰的前線地區從事情報活動後，便積極招募線民以獲取所需訊息，不過，最重要的行動還是竊聽敵營的通訊。

二戰爆發的前一年，奧地利遭納粹德國併吞，二戰過後，奧地利首都維也納也和柏林一

---

[1]「劍橋五人組」是指五名出身劍橋大學的英國雙面間諜。他們於一九三〇年代就讀劍橋大學時期，因為反對法西斯主義並同情共產主義，而在畢業後投入蘇聯ＫＧＢ的情報工作。

樣，被美、蘇、英、法四強分割占領。為了有效從事間諜活動，英國情報組織自一九四九年起，開始在維也納展開「白銀行動」（Operation Silver），挖掘間諜地道。該組織一些懂俄語的官員分別在四個不同地點竊聽蘇聯軍方的電話通話，並把重要的對話內容用一部過時、老舊的愛迪生留聲機錄製下來，後來由於這類訊息的價值受到當局肯定，因此便把錄音裝置改為新型的英國製BTR雙盤式磁帶錄音機。當美國中情局得知英國情報組織在維也納挖掘地道以攔截蘇聯方面訊息時，他們也打算在柏林複製這種間諜活動，即所謂的「黃金行動」（Operation Gold）。

三十六歲的哈維抵達西柏林後，便在南郊偏僻、人口稀少的魯鐸夫區（Rudow）租下兩英畝地，周邊盡是市民農園（Schrebergarten）以及外來難民從垃圾堆撿來的磚瓦所搭建的簡陋屋舍。接著在這塊租地鄰靠蘇聯占領區邊界的地點上，他和一位德國營造商簽約建造三座大倉庫。哈維聲稱這幾棟附有超大型地下室的建築物是「緊急裝備保管處」，後來還在屋頂上架設一些精密而複雜的天線，形成一座祕密雷達監聽站。在邊界巡邏的東德人民警察會抬頭仰望並拿著遠距攝影鏡頭照相機，用觀景窗觀察屋頂上那架醒目的、朝著東柏林軒尼菲德機場方向的AN/APR-9無線電雷達截獲接收機。不過，他們卻沒有想到，他們雙腳站立的下方還另有乾坤。

「黃金行動」的成功關鍵在於絕對的保密。走漏風聲不僅會危及開挖地道工兵團的性命，甚至還會造成美、蘇雙方的緊張關係，或讓知情的蘇聯當局刻意以錯誤情報誤導監聽的英、美兩國。這兩個共同參與「黃金行動」的西方國家曾在兩場於倫敦舉行的會議裡，協議如何分配責任與利益。美國方面主動提議，由該國的陸軍工兵團負責挖掘那條與地面平行、深入蘇聯占領區約五百公尺的地道；英國坑道工兵團則根據他們在維也納的工作經驗，接續美國工兵挖出的那條地底通道，並朝上方的地面開挖，以尋找蘇聯埋於地表下方的那捆通訊電纜，繼而展開竊聽行動。屆時地道內會安排一組專門監聽通話內容的情報小組，以便對於任何蘇聯即將發動的攻擊提出及時預警。此外，錄下的錄音帶與相關資料每星期會以空運方式送達英國及美國。

在一間可以俯瞰倫敦市區的聖詹姆士公園（St. James's Park）會議室裡，與會的哈維由於懷疑英國情報組織裡藏有更多雙面間諜，因此疾言厲色地表明，他希望不要再有像費爾比這樣的情報人員出現在會議現場（一九五四年，「劍橋五人組」之一的費爾比已有相當的嫌疑，但尚未被證實為洩密的「第三人」）。為了消除哈維的疑慮，蘇格蘭人喬治・楊格（George Young）——時任英國祕密情報局（Secret Intelligence Service，縮寫為ＳＩＳ）主管，後來晉升為該局副局長——當場立刻搖頭並開玩笑地說：「我們並不希望再次被發現穿著蘇格蘭裙。」

在倫敦舉行的情報會議氣氛融洽而愉快，令人覺得可以信賴而且成果豐碩，會議紀錄由廣受大家信任的楊格下屬喬治・布雷克（George Blake）負責撰寫。布雷克被指示把內容豐富的會議紀錄以打字方式製作成正式文件，並將副本分送給哈維、楊格以及其他參與「黃金行動」的重要人士。不過，布雷克還額外做了一份副本。隔週，他跟平常一樣，在下班離開辦公室後，漫步穿過蘇荷區，在牛津街閒晃時，還坐下來歇腳、喝一杯熱茶，然後搭乘地鐵北線到「貝爾塞斯公園站」（Belsize Park）。當他走出該站確定未被跟蹤後，便跳上一輛雙層巴士。在近乎空蕩蕩的巴士上層，他把關於西柏林「黃金行動」地道挖掘計畫的完整資料悄悄地交到他的KGB主管手中。

「黃金行動」的地道挖掘由中情局柏林情報站主任哈維主持，於一九五四年九月展開。一支由四十名美國陸軍工兵組成的團隊——穿著通信兵部隊的制服——首先在倉庫地下室底下開鑿出一座豎井。為了精確計算這條地道的角度及長度，必須先在目標點擺放一個便於測量距離的物體，因此哈維便決定在倉庫旁邊舉辦一場壘球比賽，並請工兵團裡最好的打擊手把球揮過邊界，落在蘇聯占領區的軒尼菲德路上，也就是這條隧道預計開挖的終點。不料，這顆落在軒尼菲德路的壘球與倉庫下方隧道起點的距離尚未被一個隱藏的經緯儀測出之前，就已被東德的人民警察丟回。之後，哈維只好派一輛車子越過邊界，進入東德領土，並假裝在軒尼菲德路——即蘇聯埋設的通訊電纜上方——拋錨。當駕駛員在更換輪胎時，便順手把一面小型反射鏡放在路上。經過儀器測量後，這條準備開挖且平行於地面的地道應該有一千四百七十六英尺長，即四百五十公尺左右。

這支美國工兵團隊以四班制、十人為一班，每天二十四小時持續不停地在這個冷戰時期全球火藥庫下方的祕密地下世界進行挖掘工作。依照規定，他們不得在這個極機密的工作地點飲酒、玩女人，彼此的交談也必須輕聲細語。地道的開挖採潛盾施工法，即利用一個直徑六英尺的圓筒狀機具在泥土中推進，工兵們站在前端圓形刀盤內側的開挖艙，機具每次向前挖三英寸，他們就清除已切削下來、隨即落入開挖艙的土壤，並在持續前進的機具後方圓弧壁面上拴入一個個大鋼圈，然後在鋼圈外圍灌入水泥漿以填滿每個縫隙，坑道結構便得以穩固而不會崩塌。挖出的沙土在裝袋後便送出坑道外，存放在倉庫超大型的地下室裡。這支工兵團隊在開挖過程中曾挖到地下水層，當時湧出的地下水快速淹沒坑道，所有工作人員差點因此溺斃；之後不久，他們又挖到一處年代久遠的化糞池，飄出的沼氣幾乎讓他們中毒致死。地道內的紅色警示燈一天至少閃爍十幾次，每次閃紅燈時，挖掘團隊的成員便趕緊戴上耳機，聆聽地面上方的瞭望衛兵描述距離他們頭部上方僅三公尺的地面處有什麼新動靜，比方說，一位步行巡邏的東德人民警察或好奇的蘇聯軍官等。

當那些美國大兵把地道延伸到東德領土後，每挖幾碼就必須進行一次直線對齊的檢驗。等到這段平行於地面的地道完成後，接下來開挖工作就交由一群來自英國奧德夏特

（Aldershot）[2]、精於開鑿豎井的坑道工兵負責，那座輔助挖掘的無底大鋼盒，頂部還附有活動百葉窗，是由隊長維克設計的裝置，他先前曾在維也納參與「白銀行動」。鋼盒上方的百葉窗一次可以開關其中一片板條，這些英國工兵可以從中逐步剷除頭頂上的土壤，一吋一吋地往上挖而不會造成坑道崩塌。在這條地道開挖五個月後，準備接手的英國工兵團先被載到西柏林西南邊的加托夫區（Gatow）領取美軍制服，並理上美國大兵髮型，然後才被送往魯鐸夫區進行地道前端的豎井挖掘工作。他們跟美國工兵團一樣，全被關進大倉庫裡工作與生活。他們在休息時間可以在裡面大啖富含蛋白質的牛排大餐，卻沒有行動的自由，包括外出造訪西柏林。

柏林那年的冬天特別漫長，凜冽酷寒。一九五五年三月初，維克手下的第一小組從美國工兵團手中接下祕密地道的挖掘工作。在一個多霧的冬日早晨，當這些英國工兵開始把地道往上打通後，地道裡一群正在勞動的工兵所散發的體熱竟穿透土層，溶化了地表的積雪。雪地上一道清晰而明顯的線條從邊界圍欄下方一直延伸到軒尼菲德路。一位步行巡邏的人民警察碰巧經過並停下腳步，然後在路面上跺一跺腳，以保持足部暖和。所幸當時起濃霧，而且英、美方面立即將寒冷的空氣灌入地道裡，因此，不僅他當時未發現地面有異狀，就連後來一位走到軒尼菲德路的蘇聯崗哨衛兵也沒有留意腳底下出現一道融雪的痕跡。這項「黃金行動」因此得以繼續進行，並未就此曝光。

哈維對地下空間的著迷已近乎病態。身為基督徒，在他的宗教觀念裡，隱密的地方往往與死亡有關。在印第安那州小鎮的童年時期，他曾在住家後面的樹林裡挖掘私密的小洞穴，以埋葬他心愛的寵物。當他被中情局派到柏林工作後，曾暗中調查希特勒地下碉堡位於佛斯街的入口。他曾進入天普霍夫機場的地下大廳，當時德國著名的飛機製造商梅瑟許密特公司（Messerschmitt）曾在這個面積廣大的地下空間裡組裝戰鬥機。他也曾蹲伏在西柏林北邊「健康泉」（Gesundbrunnen）地鐵站底下那個濕冷的、會讓人患上幽閉恐懼症的防空洞。在「黃金行動」進行期間，他必須每隔一晚到魯鐸夫區的地道視察，為了擺脫所有可能的盯梢，他還必須在途中更換交通工具，最後乘坐一部無法從外面開啟車門的卡車抵達目的地，以免引起敵方監視者的懷疑。他喜歡從梯子爬下深處、擁抱地底的冰冷。他也喜歡從事他那些高傲自大的常春藤盟校同儕不願接受的工作，不惜親力親為、弄髒雙手，並勇敢地面對沒有退路的危險狀態。

他在華盛頓不斷糾纏那些中情局上司，試著平息他們的反對意見，繼而說服他們支持並參與西柏林的「黃金行動」。中情局局長亞倫・杜勒斯（Allen Dulles）在盡可能不留下書面紀錄的情況下，批准了「黃金行動」六百萬美元（約合今日五千五百萬美元）的預算，並特

2 奧德夏特位於倫敦東南方六十八公里處，有「英國陸軍之家」的稱號。

別叮囑他：「千萬不要有人受傷，比爾。」

哈維如果夜晚不到魯鐸夫區的地道巡視，就會留在美國占領區的佛倫路（Föhrenweg）辦公室，指揮美國在東邊蘇聯占領區情報網的運作、組織跟監團隊，並大量發放二十元美鈔，讓提供資訊、經常一工作就是二十小時的線民可以即時獲得報酬。下班之後，他通常會到夜店喝杯雞尾酒或參加那裡的方塊舞派對。不管天氣變得多暖和，他絕不脫掉他的夾克。「這不能脫掉，」他對老闆低聲說著，並透露在他流汗的腋下，藏著一把左輪手槍。

哈維有時會獨自走到達冷區那條寬闊的克雷大道（Clayallee）旁一間廢棄宅邸裡閒蕩，凝視著這座上層已炸掉的樓房廢墟以及那株幽閉在圍牆環繞小庭院裡的老橡樹。在高高架起的圍籬裡，他看著那棵橡樹在秋天時節落下樹葉，到了春天又冒出新綠的嫩芽，內心莫名地感動。在春季，柏林所有的樹木都顯得如此幼嫩。

當然，這位「大比爾」也會回家，和妻子克拉拉．葛蕾絲（Clara Grace）在一起。葛蕾絲是柏林美軍基地第一位女少校，性格開朗、人緣很好、很會照顧別人，而且滴酒不沾。不過，她的情報員丈夫卻喜歡在他們那棟位於米里諾夫斯基街（Milinowskistraße）的寬敞房子裡（就在「湯姆叔叔的小屋」〔Onkel Toms Hütte〕這家風格奇特的酒吧附近——這個名字不是取自一本美國小說，就是源自那位曾在它的啤酒園設置幾間小木屋的酒吧主人）喝著一款自調的雞尾酒：把一點法國諾瓦利．普拉牌（Noilly Prat）苦艾酒調入吉爾貝琴酒（Gilbey's gin）。當這對夫婦舉辦家庭派對時，為了讓七嘴八舌的場面能圓滿和諧、不至於擦槍走火，身為男主人的他會鼓勵他的美國賓客們——在西柏林的使館人員、生意人，以及那些為了理想甘冒生命危險的軍人——先灌下一杯馬丁尼。酒至二巡，杯中的酒精便開始產生作用，這些客人就不再矜持拘謹。到了第三回合，酒液便能帶來人際的親密感，甚至讓人們吐露心聲，不過，哈維只是觀察並傾聽他的客人，自己並不說話。當那些已顯醉意的美國人小心地將手上那只空的高腳杯放在咖啡桌上，並步履蹣跚地回家睡覺後，他通常還會回到辦公室繼續工作。

哈維把中情局柏林情報站的工作人員當成自己家人，他和葛蕾絲後來甚至收養了一名被丟棄在某位幹員住家門口臺階上的女嬰。「看看上帝送給我們什麼了！」葛蕾絲當時對哈維說。由於他們膝下無子，所以把這個小女孩當作上帝送給他們的禮物。女嬰的生母是東德人，她在孩子身上留下的字條裡表示，希望女兒能在自由世界裡成長。「在一夕之間突然當了母親，這真是奇怪的感覺，而且還不知道該怎麼扮演這個角色。」葛蕾絲說。

「這個城市並不乏味，」哈維咕嚕地說著，希望領養女嬰這件事不會引起媒體注意。之後他手下的工作人員還打趣地問他：「那孩子身上有裝電線嗎？」他們會開玩笑地說，哈維剛收養的女兒可能是蘇聯滲入美國情報組織的終極間諜。

在英國坑道工兵團朝著地表往上挖掘四個星期後，正好蘇聯軍方的車隊路過，由於造成震動而抖落了地道頂部的泥土，暴露出那三條以橡皮包覆的黑色通訊電纜。當這些英國人發現這個目標物後，便把那座輔助挖掘的無底大鋼盒以水泥固定在豎井裡，然後再把二十幾根路鋼管水平打入上方土層，充作堅固的天花板。他們透過一個液壓千斤頂，把那幾條黑電纜拉往豎井下方的水平地道裡。曾參與維也納「白銀行動」的兩位英國郵政特別調查處的電信專家，立即從倫敦搭機飛抵西柏林，並在軒尼菲德路下方那條狹窄的坑道裡，以四小時輪值一次的方式，在夜間為竊聽行動做最後的設備安裝工作。

一九五五年五月十一日，地道內那套監聽系統正式啟用。蘇聯的一千兩百個通訊頻道全被一條纜線導入地道裡配備十幾個英國製精巧電子設備的「訊息處理操作室」。在這個小房間裡，微弱的訊號會增強，並沿著地道傳送到主要的轉錄機器上。特別裝備也重新對竊聽線進行調整，以降低線路阻抗，如此便可以避免竊聽行動被對方發現。為了保護竊聽裝置以及使其他設備免於受潮，四周的壁面都必須經過防潮處理。當哈維發現這項竊聽行動的成果相當有限時，還下令在一道有門禁控管的門上黏貼一塊警告牌，上面分別以俄語及德語寫著：「總指揮官下令禁止進入。」

「共產黨員就像俄國生理學家巴夫洛夫（Ivan Pavlov）進行古典制約實驗的狗，他們的行為已被制約，內在的反抗性已消除殆盡。」哈維用低沉渾厚的嗓音告訴英國工兵隊隊長維克。他相信，共產黨員如果接獲命令必須躺下讓坦克輾身而過，他們真的會照做。「如果他們想闖入我們的地道，貼在門上的那句警告標語在關鍵時刻還可以阻擋他們一、兩個小時。」

在這個隱蔽的地下工作站裡，一百五十部Ampex牌錄音機不停地轉動捲輪，進行竊聽的錄音。六位英國語言學家頭戴耳機隨時監控關鍵的軍方電話。從事情蒐活動的大倉庫裡充斥著沉思的氛圍，大家都集中精神地工作並盡量壓低音量。光是頭一天所錄製的錄音帶就長達一英里，那天晚上，所有的錄音帶以及電報交換機的紀錄捲帶全被裝進外觀經過偽飾的盒子裡，並以車輛載運到集合地點，然後再用專機分別運送到倫敦及華盛頓。

英、美兩國透過「黃金行動」的竊聽獲取大量資料。英國祕密情報局——即英國對外的情報機構——在倫敦市以半月形環繞攝政公園的「切斯特連棟住宅」（Chester Terrace）裡，一共雇用了三百位譯者與抄錄者，處理每週從西柏林送達的一千捲錄音帶。在大西洋彼岸的美國，三百五十位俄語及德語專家——每次由五十人進行輪班工作——在首都華盛頓國家廣場（National Mall）上一棟無窗戶、以鋼片包覆的建築物裡，處理那些從西柏林運來的電報交換機紀錄帶。「黃金行動」一共使用了五萬捲錄音磁帶，翻譯了四十三萬筆對話，完成了一千七百五十份情資報告，這些文件後來還呈送給美國總統、英國首相以及西方各國的情報機構。由於新聞界完全不知情，因此，沒有任何重要的消息成為媒體關注的頭條新聞。拜

「大比爾」負責開挖的那條祕密地道之賜，西方陣營才知曉赫魯雪夫對史達林的譴責、蘇聯的鈽彈和機密核武研究地點，以及蘇聯空軍已在柏林周邊加倍部署圖波列夫型轟炸機等。此外，他們還根據這些竊聽資料顯示的尋常資訊判斷，蘇聯對於西方的威脅與攻擊其實並不迫切，而終於鬆了一口氣。

　　魯鐸夫區那條地道啟用當天，英國祕密情報局幹員布雷克也在西柏林。他對於這項情蒐行動感到恐懼與憤怒，因為他無法理解，他已在一年多前把這項行動洩漏給ＫＧＢ，但蘇聯方面卻沒有對此展開反制。間諜並非教士、聖人或殉道者，甚至情報組織雇用的間諜就像著名英國間諜小說家約翰．勒卡雷（John le Carré）在作品裡所描述的，盡是一些「徒勞無功的傻子、叛徒、娘娘腔、性虐待狂與醉漢。他們扮演了牛仔與印第安人的角色，以便讓腐朽的生命綻放光芒。」或許勒卡雷在他的經典諜報小說《冷戰諜魂》（*The Spy Who Came in from the Cold*）裡塑造的那位毫無英雄氣概、曾在荷蘭停留的男主角阿列克．利馬斯就是在影射出生於荷蘭的英國情報員布雷克。

　　五年前，布雷克曾參與韓戰而被俘虜。他在中國東北的那段恐怖監禁生涯裡，轉而信仰共產主義，當他獲釋回到英國時，還被舉國上下視為英雄，受到熱烈歡迎。一些全國性報紙都在頭版刊出他當時被拍下的那張纖瘦、蓄著鬍鬚、穿著粗毛線外套的照片，並祝賀他的歸來。英國祕密情報局還以慰問、假期與晉升的方式補償他那幾年的犧牲，甚至後來還把最敏感的情報計畫交付給他，但他不但不領情，反而還把十幾位英國情報員的名字洩漏給蘇聯的KGB，害他們後來全被殺害。

一九五五年四月，布雷克被派駐西柏林。他住在梧桐大道（Platanenallee）上的一戶頂樓公寓，正好位於從前許倍爾在菩提樹街那間建築工作坊的轉角處。他很喜歡從住處走到奧林匹克體育場附近的辦公室，大約是十分鐘的腳程。諷刺的是，他的新工作主要是在西柏林的英國情報站為蘇聯KGB吸收雙面間諜，並讓莫斯科方面知道這些人的身分。為了不引起英國方面的懷疑，KGB還把在英國活動的一些不重要的蘇聯間諜名單交給他，讓他透露給「軍情六處」（MI6；即英國祕密情報局），藉此獲得信任與重用。後來這個英國情報組織在東歐的間諜工作因為布雷克長期的欺騙，幾乎被摧毀。

住在西柏林也讓布雷克比較容易跟他的KGB主管碰面，而不必再偷偷摸摸地跑到倫敦攝政公園的男廁，或背地裡悄悄搭飛機到荷蘭與他會合。他在柏林落腳後，買了一艘小帆船在哈維爾河裡來回行駛於上下游。他曾在河中的孔雀島（Pfaueninsel）上——此島與東德的波茨坦僅一水之隔，鄰近戈培爾別墅所在的天鵝島——請KGB方面說明為何蘇聯對於西柏林的「黃金行動」遲遲缺乏作為。「我親眼看過這條竊聽的祕密地道，」他發出噓聲，很擔心自己的安全。「但莫斯科卻沒有採取因應的行動。完全沒有。」

布雷克當時似乎已走到地獄的邊緣，如同之後在國際情報圈所流傳的。他害怕他的代號會因為英、美的電話竊聽而暴露出來。他的KGB主管在碰面時則再三向他保證，莫斯科方面決定佯裝不知道那條祕密地道的存在，主要是為了保護他——他們最有價值的情報員。那麼，布雷克是否從祕密地道的出賣者成為它的守護者？這樣的解釋其實只對了一半。

柏林的天空轉暗，雲層低垂，雨勢不小。這個料峭多雨的春天讓哈維的心情糟透了。當傾盆而下的大雨猛烈地拍打辦公室的窗戶時，他便自娛地玩著手上那只芝寶牌（Zippo）打火機，把蓋子輕輕地打開又關上、打開又關上。各國情報員在柏林來來去去，他們以假身分進行間諜任務，以機智及詭計工作謀生。哈維的辦公桌上擺著一份關於葉夫根尼·皮托拉諾夫（Yevgeny Pitovranov）——他的東柏林對手——的檔案，而且他還從電話竊聽中蒐集了許多這位KGB派駐東柏林官員的資料：皮托拉諾夫是個戰鬥者、專家，而且處理事情冷酷無情。他從莫斯科一抵達東柏林，便協助東德成立國家安全部，即通稱「史塔西」的情報暨祕密警察組織。他和哈維一樣都喜歡槍枝，而且這位蘇聯KGB官員更喜歡在夜間使用裝上紅外線瞄準器的步槍狩獵野豬。哈維認為，蘇聯方面如果有人知道祕密地道一事，那個人一定是皮托拉諾夫，因此，他必須緊盯他的一舉一動以及所有的談話內容。

四月初，冰冷的大雨讓魯鐸夫區的路面到處積水。魯鐸夫河（Rudower Fließ）及梅斯肯水渠（Meskengraben）高漲的河水漫過了堤岸，整區的電話纜線因為水患而開始出現無法通話的現象。在柏林南方布蘭登堡邦的溫斯朵夫，蘇聯紅軍工兵隊開始為一些斷訊的電話線加裝分支線。當豪雨在祕密地道上方唰唰作響時，哈維接到了電話通知而趕到監聽處，監聽人員向他報告，俄國軍方已命令東德郵政單位協助排除電信故障，現在他們的維修車正在軒尼菲德路上。

哈維那肥胖笨重的身軀在這條祕密地道裡蹣跚地往前端移動，以便再次確認這場洪水不至於讓這條地道曝光。由於當時電話線故障的範圍過於廣大，以至於沒有引起這位中情局主管的懷疑，不過他心裡很清楚，這項竊聽敵情計畫的進展並不順利。他檢查地道裡的竊聽室，一切似乎沒有異狀，還習慣性地轉動身上那把左輪手槍的彈筒。然後他關上身後的門，返回地道另一頭的西柏林地區。

一九五六年四月二十二日，就在那一百多臺Ampex牌錄音機開始進行電話錄音的十一個月又十一天，東德人開始挖掘軒尼菲德路。一支隱藏在祕密地道上方的麥克風已錄到附近的鐵鍬試掘聲、落石聲以及人們壓低嗓音的交談聲。

「有一個大鐵盒！下面還有豎井！」一位電信工兵在地面下方發現豎井頂部那只無底大鋼盒時，驚訝地說道。

哈維早已下令工作人員撤離祕密地道，他當時也回到西柏林管轄的領土上，正與幾名譯者戴著耳機，一起坐著聆聽麥克風那一頭的動靜。從錄音的內容判斷，在場的東德人或蘇聯衛兵似乎都沒有立即察覺出他們在地面下發現了什麼。

「街道下面有一條還在運作的電纜。」一位蘇聯士兵報告說。

當他們爬下豎井，來到地道內的前置電訊放大室時，哈維從耳機中聽到了濃重的呼吸聲。接著是一陣沉默。

「活見鬼了！」一位工程師喘呼呼地用柏林方言說著：「真是有想像力！這裡不單只是工作室，看，那是一整套裝置，一套電話交換系統。」

「老天啊！」另一位對這些設備大感震驚的技師表示：「哎呀，這一定花了不少錢吧！」

「這麼乾淨整潔！」有個東德人評論著。

「哈囉？哈囉？」他們朝暗處叫喊。

事蹟敗露後，躲在倉庫裡的哈維立刻請求上級准許他炸毀這條祕密地道。由於引爆地道可能會造成蘇聯士兵傷亡，因此西柏林的美軍指揮官便拒絕他的要求，並告訴他：「我不想引發第三次世界大戰。」為了抵擋紅軍從這條地下通道入侵西柏林，哈維便下令在地道的邊界線堆沙包、架設帶刺鐵絲網，並在這座障礙物前方掛上一塊硬紙板的告示牌，上面寫著「現在您將進入美國占領區」。他還親自在這個障礙物後方幾公尺處擺上一架三十口徑的重機槍，一聽到敵人的腳步聲靠近，他便向後拉著機槍，擺出一副準備射擊的模樣。蘇軍的槍管金屬碰撞聲在那條以大鋼圈固定結構的管狀地道裡迴響著，突然腳步聲停了下來，而後逐漸遠離，緩緩退回東德領土。

那架機槍並未裝上子彈。二十分鐘後，電線已被截斷，麥克風因而斷訊。錄音帶錄下的最後一句話是一位參與竊聽的美國語言專家告訴他的同事：「一切都過去了，約翰。」

被東德領土圍繞的西柏林再度落入危險的處境。蘇聯紅軍開始在這座資本主義孤島的周圍強化軍事戍守，蒼白而明亮的探照燈不斷來回地掃過西柏林的邊界地帶，此時沒有人不了解蘇聯的意圖。西柏林居民由於失去生活安全感，便開始設想一些逃亡路線。哈維身為中情局柏林情報站主任，當時也有所準備，他已把一枚鋁熱劑燃燒彈貼在他辦公室的保險櫃上，萬一遭到敵方入侵，便可以立刻引爆。黛德麗從前演唱的那首金曲〈我在柏林還有一口行李箱〉此時已帶有雙重涵意：西方盟國在戰後打從心底要守護西柏林，但西柏林人卻已將一只裝滿衣物的行李箱塞在床底下，隨時準備離開！不過，如果世界末日即將來臨，他們還能逃往何處？

一九六一年，蘇聯共黨總書記赫魯雪夫在維也納的美、蘇高峰會上，對剛上任的美國總統約翰・甘迺迪毫不客氣地下馬威。當時已公然違背史達林投機、攻擊性對外政策的赫魯雪夫，決定要在這個場合貶損這位國際政壇的新人。他稱柏林是「西方世界的睪丸」，然後自誇地說道，「每次我要讓西方失聲尖叫時，就擠壓柏林一下。」

赫魯雪夫要求美軍撤離西柏林，而且還威脅將與東德簽署「和平條約」，以阻擋西方勢力入侵。當甘迺迪拒絕赫魯雪夫的撤軍提議時，這位蘇聯領導人便當面揚言：「以武力制伏武力。假如美國想要戰爭，那就是美國的問題……我們和東德簽署和平條約的決定已堅定不移，而且無從改變。」「那麼，總書記先生，到時將會有戰爭，那將是一個寒冷而漫長的冬天。」甘迺迪回答。

一九六一年，由於逃往西方的東德人——包括迪特．威爾納的同班同學——在幾個月內已高達數萬名，既震怒又沮喪的甘迺迪已有發動核子戰爭的準備。他為美國國防預算追加數十億美元，並嚴正重申攻擊西柏林就是攻擊美國。然而，柏林圍牆在該年八月的建造卻頓時讓他鬆了一口氣，因為這位年輕的美國總統發覺，赫魯雪夫在沒有違背西方盟國的利益下，找到了一個解決共產陣營的西逃難民潮以及保全東德的方法。這種可憎、卻能顧全面子的妥協方式，確實減緩了冷戰時期的國際衝突危機。

「這並不是很好的解決方案，但一堵牆總比一場戰爭好得多！」甘迺迪曾這麼告訴他的部屬們。

但是，西方媒體卻把共產陣營興築柏林圍牆的行動視為己方的失敗，而紛紛譴責甘迺迪姑息養奸，相關的新聞標題也非常聳動，比如「西柏林一百萬名自由世界的人民已被關進籠子裡！」這類的句子。當時西柏林人上街示威時，身上會掛著告示牌，上面寫著：「美國人在哪裡？」「慕尼黑一九三八年——柏林一九六一年」。一九三八年，實行綏靖外交政策的英國首相張伯倫（Arthur Neville Chamberlain）在慕尼黑與希特勒簽署〈慕尼黑協定〉，允許納粹德國併吞捷克的蘇臺德地區，並希望希特勒不要發動戰爭。為了諷刺甘迺迪是另一位張伯倫，西柏林的大學生還寄給甘迺迪一把類似張伯倫在慕尼黑與希特勒會晤時手持的黑傘。那時的西柏林市長布蘭特甚至不顧外交禮節，直接寫信警告白宮，如果西方國家對於共產國家依然「反應遲鈍而且堅持防守的態度」，將會讓西柏林人產生嚴峻的「信任危機」。

甘迺迪為了表示美國絕不會放棄西方盟軍駐守的西柏林，同時為了加強自己的公共形象，便派遣副總統詹森與魯修斯・克雷（Lucius Dubignon Clay）將軍——「柏林空橋計畫」（Berliner Luftbrücke）的英雄——到這座岌岌可危、位於共產世界中的孤島進行訪問。後來他還親自造訪西柏林，在搭機抵達後，先登上柏林圍牆旁邊的一處木造瞭望臺，眺望柏林圍牆那條殘酷的分界線。在他身後，數千名西柏林居民因為他的蒞臨而歡聲雷動；在他前方，在柏林圍牆的另一邊，十幾位東柏林人在沉默中向他致意。這些市民的勇氣鼓舞了——或甚至改變了——這位美國總統，所以，當他的車隊在前往軒納柏格區的路途中，他已決定修改原先準備好的演講稿。他當時曾請教隨行的德語翻譯員，該如何用德語說「我是柏林人」，然後把這句話的發音潦草地記在他的草稿上。

「自由存在許多困難，民主也不完美。然而，我們從未建造一堵牆，把我們的人民關在裡面。」甘迺迪站在軒納柏格區的西柏林市政府（Rathaus Schöneberg）露臺上，面對聚集在廣場上以及站在周邊樓房的屋頂與陽臺上一共五十萬名柏林人，發表他在美國總統任內最知名的演講，在冷戰最膠著的時期為西方陣營打了一劑強心針。甘迺迪的講詞句句打在這些市民的心坎裡，由於深受鼓舞，他們立即在現場報以熱烈的回應。

「世界上有許多人確實不懂，或者說他們不了解，什麼是自由世界與共產世界的根本差異。讓他們來柏林吧！」他感性地說著，幾乎沒有低頭看一下手上那份精心準備的講稿，似乎已脫稿演出。

「有些人說，共產主義是未來的潮流。讓他們來柏林吧！」他拉高聲調繼續說著。六月暖和的微風輕拂著他的頭髮以及幾面升起的旗幟：西柏林、西德以及守護西柏林的美、英、法三國的旗子。

「而且，有些人說，我們能在歐洲及其他地方與共產黨人合作。讓他們來柏林吧！」他強調著，聲音抑揚頓挫，充滿活力。「甚至還有一些人說，共產主義確實是一種邪惡的制度，但它可以使我們取得經濟發展。讓他們來柏林吧！」這位美國總統在高聲呼喊時，還輔以握拳的手勢，講詞完全切合要點，毫無贅詞，最後還疾聲呼籲：「所有自由的人，不論他們生活在哪裡，都是柏林市民，因此，身為一位自由的人，我為『我是柏林人』（Ich bin ein Berliner）這句話感到自豪。」

甘迺迪這場歷史性演說一結束，群眾們便開始號叫、喝采與啜泣。在這座已被蘇聯二十個師層層包圍、卻仍受西方盟軍保護的自由之島中，命運飄搖的西柏林人已開始重新定義自己。原先被納粹摧毀的城市認同後來藉由「柏林空橋計畫」、柏林圍牆以及從二戰犯罪者到蘇聯紅禍受害者的角色轉換而逐漸恢復。甘迺迪告訴西柏林市民，有一天，他們的城市將再度合而為一，在一個和平且充滿希望的世界裡，他們將因為數十年站在面對共產陣營的最前線，將因為沉著地應變與反省，而獲得內在的滿足。

甘迺迪總統的演說已不只是冷戰時期的一件大事紀，它還凸顯了普魯士數百年來崇軍尚武文化的終結。因為，此時它在西歐陣營裡，只能接受美國戰略力量的保護並藉此維持內部的和平。

五個月後，甘迺迪總統在美國達拉斯遇刺。前往達拉斯之前，他曾在白宮接見哈維。這位外形肥胖的愛國志士已成為中情局最重要的情報專家。身為西柏林地道監聽的發起者、KGB強而有力的對手、吸收失算的投誠蘇聯者成為中情局幹員（他還認識曾投奔蘇聯、被視為槍殺甘迺迪的主嫌李・奧斯華〔Lee Harvey Oswald〕）以及「傑出情報員獎」（Distinguished Intelligence Medal）[3]的祕密獲獎者，他的人生宿命就是扮演美國頂尖情報員的角色。

---

3「傑出情報員獎」是美國中情局針對服務績效優異的員工所設置的獎項。

當哈維受召前往白宮的橢圓形辦公室（即美國總統辦公室）時，愛德華．蘭斯代爾（Edward Lansdale）（美國空軍准將及甘迺迪祕密推翻古巴共產政權的「古巴計畫」指揮官）曾問他：「你來這裡，該不會還帶手槍吧？」

「我當然帶了！」哈維回答，同時從口袋裡取出一把左輪手槍。

「把那要命的東西收在你的褲子裡，」蘭斯代爾低聲說道，同時環顧四周，尋找一位能暫時替哈維保管手槍的警衛。他後來找到了一位美國特勤局（Secret Service）的特工，並把手槍交給他。當他搖著頭，再次伸手抓門把準備開門時，哈維清清喉嚨，然後對他說：「對不起！」他似乎在為自己的疏忽而道歉，接著便把手伸進隱藏在他斜紋防水夾克後面的手槍皮套裡，取出一把三八口徑的幹員特製型左輪手槍。當他把第二把手槍遞給那位滿臉驚訝的特勤局特工時，只是簡單地表示：「我忘了！」

當他們兩人走進橢圓形辦公室時，甘迺迪從他的辦公桌起身。

「總統先生，很榮幸跟您介紹我們美國的詹姆士．龐德。」蘭斯代爾幽默地說道。

大約就在那時候，英國幹員布雷克因事蹟敗露在倫敦遭到逮捕，被位於老貝利街（Old Bailey Street）的「中央刑事法院」（Central Criminal Court）判刑四十二年，這也是英國法院有史以來所宣判的最長刑期。西方陣營後來根據布雷克的自白指控蘇聯曾藉「黃金行動」散布錯誤的反情報，實際上，布雷克這樣的背叛行為只是沒有讓英、美大量取得各種各樣、且需要交叉比對的訊息。當然，KGB——包括它的東柏林情報站主任皮托拉諾夫——早已知道中情局挖掘的那條祕密地道以及整起竊聽行動。在地道「被發現」的那個夜裡，祕密地道裡的錄音機最後還錄下兩位皮托拉諾夫手下情報員的對話：「我們知道發生什麼事了，所以我們說話要小心。」

既然KGB早已掌握「黃金行動」，何以蘇聯方面遲遲不採取行動反制西方這項祕密竊聽計畫？原因有三：

第一，KGB需要保護在西方臥底的布雷克。假如這條祕密地道提早曝光，英國與美國的情報組織就會懷疑有內奸與敵方裡應外合。

第二，「黃金行動」主要是竊聽蘇聯軍方的通話。紅軍內部的情報組織——「情報總局」（GRU）——專門負責與軍事安全相關的情蒐，與KGB處於競爭關係，就如同美國的中情局和聯邦調查局（FBI）也在相互較勁一般。KGB知道自己的通訊管道遭入侵後，為了讓GRU灰頭土臉，只是改換本身的通訊線路以避免被竊聽，並未將這則至關重要的情報告知GRU。

第三，蘇聯不採取行動是要替自己爭取時間，這也是蘇聯一開始不想揭穿西方「黃金行動」最主要的原因。一九五〇年代，美國的先進武器占有絕對優勢，蘇聯自知不如，也無法發動任何攻擊。隨著美國人耽於自滿，蘇聯才有機會逐步迎頭趕上，成功地建立自己的核子軍火庫。

那條祕密地道因遭敵方入侵而關閉。沒多久，「大比爾」便離開西柏林，從此未再回返。在他因酗酒過世之前，科技的進步——比如U-2偵查機及偵查用人造衛星——已讓那些想截取對方通話內容的人們不需再親自竊聽電話。而後在一九六二年至一九八二年間，人們在柏林的沙質土壤裡還挖了大約七十一個地道，一共讓兩百多名東柏林人成功地鑽過柏林圍牆下方投奔自由。不過，哈維在一九五〇年代主持開挖的那條有助於避免第三次世界大戰爆發的地道，依然是冷戰時期西方陣營最重要、且最富想像力的情報計畫。

然而，情況是否真的如此？

幾年後，間諜小說大師勒卡雷——本名大衛・康威爾（David Cornwell）——回想起他在波昂的英國大使館擔任二等祕書時，於一九六一年第一次造訪柏林。那時剛興建的柏林圍牆景象讓他感到既噁心又粗暴，這種負面的情緒刺激讓他在五週內密集完成了《冷戰諜魂》這部相當具有影響力的小說。柏林當時已滲進他的靈魂裡：冬天裡漆黑的運河、深沉的暗影，還有那些「已遭洗腦、護衛克里姆林宮最後城垛的小惡棍和他們如黃鼠狼般的嘴臉」。而且，這部在兩年後出版的間諜小說，也用它的描述改變了柏林這座已分裂成東、西兩半的城市：作者勒卡雷把這個城市錯綜複雜的事物編織成它的神話集，如巫師念咒般，從中召喚出一個充滿冒險與神祕的地方。它已遠離從前黑白截然分明的城市景象，呈現出細膩、深淺不一的灰色色調。

勒卡雷告訴我，那項原先備受重視、耗費數百萬美元的「黃金行動」後來被英國祕密情報局與美國中情局擱置。「由於內部走漏風聲，柏林那條祕密地道在開挖之前，其實已形同炸毀。它不只沒有成功，反而還一團糟！」

# 第十九章

# 約翰·甘迺迪：政治如戲

# 西柏林市政府，一九六三年

六月二十六日，星期三

## 第一幕

### 第一景　泰格爾機場（Flughafen Tegel），西柏林（一九六三年）

上場人物：美國總統約翰．甘迺迪與空軍上將魯修斯．克雷。甘迺迪總統，四十六歲，棕色頭髮，一雙似乎展望著未來的眼睛。克雷將軍，六十六歲，已退休，被暱稱為「皇帝」（the Kaiser），曾主持「柏林空橋計畫」，全身豐沛的戰鬥力讓他足以在混亂中建立秩序。

美國總統專機空軍一號的引擎聲在幕後逐漸平息。

甘迺迪與克雷從一架波音七〇七飛機的艙門走下活動扶梯。全體接待官員正在他們前方恭候：德國政壇人士站在舞臺右側，西方盟軍指揮官在舞臺左側。軍樂隊開始演奏〈向統帥致敬〉（Hail to the Chief）這首美國總統頌歌。

甘迺迪與在場人士一一握手致意並登上典禮臺，正式展開他在西柏林八小時的訪問行程。

甘迺迪：西柏林市民展現的傳奇士氣與精神已為全世界燃起一把熱情的火焰。但這並不令人訝異，因為歷史告訴我們，那些在最危險、最接近敵方生活的人，那些在大門邊守望的人，總是比那些遠遠在後方苟活的人更勇敢、更活躍，而且更能挺直腰桿。

場面盛大而隆重。甘迺迪檢閱已完成集合的美軍、英軍與法軍儀隊以及一支西柏林警察特遣隊。幕後響起車隊發動引擎的聲音。

甘迺迪、克雷與隨行人員退場。

## 第二景　一座廢墟的山頭上（一九四七年）

時間：十五年前。數百名衣衫襤褸、飢腸轆轆的西柏林孩童聚集在一座堆滿碎磚殘瓦的廢墟山頭上，看著一架美國「糖果轟炸機」運送食物與民生必需品到這座被圍困的城市。史達林封鎖西柏林的陸路聯外交通，意圖逼使美國人撤出柏林，以美國為首的西方盟國則展開「柏林空橋計畫」，藉此反制蘇聯這項全面封鎖行動。

上場人物：「柏林空橋計畫」主持人克雷將軍（看起來年輕許多）及陸軍上校法蘭克・豪利（Frank Howley）。

克雷：為什麼我們會在歐洲？我們丟掉了捷克斯洛伐克。我們失去了芬蘭。挪威這時也受到威脅……假如我們存在的意義就是要保住歐洲以對抗共產主義，那我們絕對不能動搖。如果美國不知道這一點，不相信問題已在此刻浮現，而且從來都不願意面對這個問題，那麼共產主義將會在歐洲氾濫成災。

克雷與豪利在舞臺上，仰視夜空布景上方一排排珍珠般的飛機降落燈號。在這個史上最大規模的空投補給行動中，美國與英國空軍自一九四八年六月開始，陸續為受困的西柏林居民運送二百三十二萬五千噸的食物、燃料、藥品及工具等，前後超過十一個月，一共動用二十七萬多飛行架次。蘇聯空軍則出動機鼻短寬的雅克型（Yak）戰鬥機，從上方俯衝美國無武裝配備的道格拉斯C-47、DC-3與英國的阿弗羅·約客（Avro York）運輸機，並以探照燈照射駕駛艙，企圖讓西方飛行員因一時目眩而暫失視力。此外，還以電波干擾盟軍飛機的無線電通訊。一百多名盟軍飛行員在這次行動中喪生。最後，顏面盡失的史達林只好放棄封鎖西柏林，並接受無法以共產主義統一德國的事實。在這個歷史轉捩點上，從前相互敵對的國家——西德與美國——已成為友邦。

豪利：我們不會離開柏林。美國人不能袖手旁觀，眼睜睜地看著德國人餓死。

一些綁著好時牌（Hershey）巧克力棒與Reese牌花生餡巧克力塊的手帕，充作迷你降落傘，從舞臺上方飄下。美國飛行員在準備降落天普霍夫機場之前，會投下這些綁在手帕上的零食，地面上的西柏林孩童因此興奮、尖叫不已。

克雷與豪利退場。

## 第三景　西柏林市區的美國總統車隊（一九六三年）

甘迺迪與克雷登場。甘迺迪與西德總理孔拉德．艾德諾（Konrad Adenauer，高齡八十七歲）及西柏林市長布蘭特（四十九歲）步入一輛藍色林肯敞篷車。克雷坐進第二輛車。車隊由三十八輛汽車組成，其中包括十二輛滿載媒體記者的巴士。

車隊浩浩蕩蕩地離開機場，剛轉入裏維伯街（Scharnweberstraße），路邊兩旁已站滿大批熱情的西柏林民眾，歡欣雀躍、興高采烈地夾道歡呼。彩帶、氣球以及色彩繽紛的紙片如下雨般落在這列車隊上。甘迺迪的司機為了保持視線清晰，還使用雨刷以清除殘留在擋風玻璃上的雜物。沿途長達五十公里的路程中，總共有一百多萬名民眾站在路旁列隊歡迎。當車隊經過時，他們紛紛伸手致意，獻上花束，並齊聲歡唱。

群眾高喊：甘——迺——迪！甘——迺——迪！

甘迺迪、艾德諾、布蘭特及克雷全站在敞篷車上，向路旁的市民揮手致意，同時深深地感受到民眾傾瀉而出的激情。美國總統甘迺迪魅力十足，在德國，從沒有——未來可能也不會有

——外國元首像他這般，能讓如此眾多的德國人為了歡迎外賓蒞臨而自發地聚集。

## 第四景　選帝侯大道

五十名穿著發亮的白色制服、戴著頭盔的西柏林警察騎著摩托車在選帝侯大道上引導車隊進入西柏林熱鬧的市中心，途經老牌的「克朗茲勒咖啡廳」（Café Kranzler）以及那座被二戰砲火摧毀卻刻意不修復的威廉皇帝紀念教堂。當時已無人提及這座教堂在二戰中慘遭盟軍空襲摧毀，因為人們當時關心的焦點是冷戰與柏林圍牆。甘迺迪此前曾兩次造訪柏林，也沒有被提起：一九三九年八月，在德國對波蘭發動閃電突襲的前夕，時年二十二歲的他曾為當時擔任美國駐英大使的父親到柏林祕密蒐集一些資訊；一九四五年，他任職於美國赫斯特媒體集團（Hearst）旗下的報社，曾以駐柏林特派員的身分回到這座已被炸毀的德國首都。

群眾高喊：甘——迺——迪！甘——迺——迪！

車隊後來穿越動物公園，並在六月十七日大道上繞行勝利紀念柱（上方豎立著鍍金的勝利女神像）所在的圓環一圈。當時已沒有人談論法國占領軍於一九四五年納粹投降後，曾在勝利紀念柱頂端掛上法國三色旗，以及他們打算摧毀勝利紀念柱的計畫以報復納粹長期占領法國與巴黎。

## 第五景　國際會議中心

上場人物：甘迺迪、德國工會領袖格奧格．列伯（Georg Leber）[1]以及隨行人員。

柏林是一個政治舞臺，也是德國與美國之間的連結點。西柏林的國際會議中心坐落於動物公園內的約翰．福斯特．杜勒斯大道（John Foster Dulles[2] Allee）旁。這座會議暨文化中心是美國送給西柏林的禮物，建造於柏林圍牆旁一處人造土墩上，因此，圍牆另一邊的東柏林人可以清楚地看到它的存在。此外，在它附近還有阿爾瓦．阿爾多（Alvar Aalto）、勒．柯比意（Le Corbusier）、華爾特．葛羅培斯（Walter Gropius）等西方建築大師設計的一些風格大膽的新建築。

列伯把那天早上在東柏林採摘的一束鮮花獻給甘迺迪。

甘迺迪在致詞時引用班傑明・富蘭克林（Benjamin Franklin）的名言：「上帝不只賜予人類對於自由的熱愛，還有關於人類權利的所有知識，而且祂對人類的這項允諾還遍及地球上所有國家。因此，一位哲學家可以走到這個世界的任何地方，並說『這是我的家鄉』。」

甘迺迪是第一位在德國勞工會議上致詞的西方國家領袖。

甘迺迪：西柏林是我的家鄉。

在與會人士集體鼓掌致意中，甘迺迪向大家揮手並退場。在國際會議中心的停留時間：二十五分鐘。

---

1 社會民主黨籍的列伯後來在西德政壇平步青雲，曾先後擔任交通部長、國防部長以及聯邦下議院副議長。

2 杜勒斯是美國共和黨政治人物，曾任美國國務卿。

# 第二幕

## 第一景　布蘭登堡門

甘迺迪沉默地登場。他走上一座木造瞭望臺，柏林圍牆就在他的前方，圍牆的另一邊就是柏林的象徵——布蘭登堡門。東德當局為了不讓甘迺迪看到東柏林的菩提樹下大道，特地在它的圓柱之間插滿了血紅色的大型旗幟。

電視臺的攝影機此時全把鏡頭聚焦在甘迺迪身上，群集的記者也把麥克風擠向甘迺迪，並豎起他們的耳朵，準備洗耳恭聽，但他卻未發一語，因為劇本的編寫禁止他在那個地點、那個時刻進行演說。他的沉默反而傳遞了更多訊息，此時只剩下照相機快門的咔嚓聲以及Arriflex牌攝影機呼呼的轉動聲。

甘迺迪隔著柏林圍牆觀看位於東柏林的布蘭登堡門，同時他也被觀看。每一個停留、每一件道具以及每一個時刻都包含如何發揮他影響力的考量。他在那一千五百位奉派而來的媒體記者眼前，眺望柏林圍牆。他注視那條由鋼筋水泥構築的分界線，而全世界則在觀看他的注視。甘迺迪造訪此地，由德國公共電視第一臺（ＡＲＤ）與第二臺（ＺＤＦ）聯合轉播。

甘迺迪從瞭望臺走下並退場。

## 第二景　查理檢查哨

甘迺迪、艾德諾及布蘭特坐在林肯敞篷車裡，這次他們的座車卻不是車隊第一輛。他們前面還有一部卡其色福特小卡車，沒有遮棚的後車廂擺著一排排長板凳，幾十位攝影師坐在上面，把鏡頭對準後方的甘迺迪，盡可能捕捉他的每個手勢、每個表情。這群攝影記者也跟這位美國總統一樣，感染了群眾們興奮的情緒，並熱情地對他們揮手，還被他們拿著相機拍照。此時這些攝影記者既是觀者，也是被觀者。

位於腓特烈大街的查理檢查哨是盟軍人員前往東柏林的主要進出點。十八個月前，柏林圍牆剛興建時，蘇聯與美國的坦克還在這裡劍拔弩張地對峙著，當時只要一擦槍走火，雙方的衝突便有可能擴大成一場可怕的核子戰爭。

甘迺迪上場。美軍指揮官詹姆斯·波爾克（James Polk）帶領他及他的隨從登上柏林圍牆旁邊的另一個瞭望點。在這座瞭望臺上也不准使用麥克風，所以記者們什麼也無法錄到，只聽到甘迺迪與身邊的人低聲地交談。再次緘默、停止交談，這反而讓甘迺迪為接下來的演講蓄積更多能量。甘迺迪當時按照劇本指示，望向東邊的東柏林，不過，他後來卻照著自己的意思演出：他的舉動帶有一股深刻的情感，甚至當他的隨從已轉身準備走下瞭望臺時，他仍繼續凝視著東柏林城區。當他要走下階梯時，還不捨地回頭張望，嘴角已不再掛著微笑。

當甘迺迪一行人越過查理檢查哨的邊界線，來到附近的林登街（Lindenstraße）時，一小群東柏林人還向他們高喊致意。

時間：正午十二時。

## 第三景　甘迺迪乘坐的林肯敞篷車裡

甘迺迪、艾德諾及布蘭特搭乘林肯敞篷車登場。身為接待者的西德總理與西柏林市長正與甘迺迪交談（布蘭特自行擔任英、德語翻譯），但這位美國總統似乎顯得心不在焉，甚至當座車經過天普霍夫區的「柏林空橋計畫紀念碑」時，他依然如此。車隊行進間，他一直摸著胸前口袋裡那疊以打字機打上講稿的小卡片。此時軒納柏格區的西柏林市政府廣場上已聚集四十五萬名柏林人，正等候他的到來。

**第三幕**

場景 軒納柏格區的西柏林市政府

甘迺迪登場。聚集在西柏林市政府廣場上的群眾響起雷鳴般的叫喊聲。在市長布蘭特的辦公室裡，甘迺迪和他的講稿撰寫人泰德·索倫森（Ted Sorensen）以及幾位口譯者坐在一起，並在那幾張以打字機打上講稿的小卡片上，親筆補入可能派得上用場的訊息。此刻他站上了舞臺，當西德總理艾德諾向群眾介紹他時，他的雙手在背後相互緊握著。

艾德諾：親愛的朋友們，你們今天來這兒聽甘迺迪總統……

場面盛大而隆重。甘迺迪穿過市政府擁擠的露臺而走上講壇。當他用將近一分鐘的時間等待廣場上那些欣喜若狂的歡呼聲逐漸平息時，還面帶微笑地從口袋裡抽出那幾張打上講稿的卡片，而且還從右側依序地往左側向民眾揮手致意。

甘迺迪：我很榮幸地在我同僚克雷將軍的陪伴下來到這裡。在這個城市最危急的時刻，克雷將軍曾與你們在一起，而且只要有需要，他還會再度前來支援。

此時，克雷將軍從舞臺右側入場，與一些西德政治人物站在一起。克雷對於在場民眾熱烈的鼓掌表示感謝，並向他們保證美國對西柏林的承諾。他和甘迺迪握手後退場。

甘迺迪：兩千年前，最自豪的誇耀是「我是羅馬公民」。今天，在自由世界，最自豪的誇耀是「我是柏林人」。

為了不激怒蘇聯、而且不讓德國人失望，甘迺迪的幕僚對這次的演說內容已著墨數月之久。在演講時，這位美國總統一一細數戰後在柏林發生的一些重大事件：「柏林空橋計畫」、一九五三年東柏林起義、赫魯雪夫的威脅以及柏林圍牆的建造。因此，他主張一種有助於東、西方和解與和平共存的新政策。

甘迺迪：我不知道還有哪一個城鎮或都市被圍困十八年，還能保有西柏林的這種生機、力量、希望及決心。

此刻，站在講臺上的甘迺迪似乎放棄了原先準備好的講詞，即席脫稿演說，打自心底呼應群眾和他自己的情緒。

甘迺迪：自由存在許多困難，民主也不完美。然而，我們從未建造一堵牆，把我們的人民關在裡面，防止他們離開我們。

他的聲音透過擴音器與新聞轉播，在廣場上以及全球各地引發人們的共鳴。他把柏林圍牆視為一種對歷史與人性的冒犯，它硬生生地拆散許多家庭，造成妻離子散，骨肉分離，而且還分裂了一個希望統一的民族。

甘迺迪：在我要結束講話時，讓我請求你們抬起目光，超越今日的危險而看到明日的希望；超越柏林市或你們祖國德國的自由，而看到自由在世界各地的進展；超越這道圍牆而看到正義和平來臨的一天；超越你們自己和我們自己而看到全人類。

當甘迺迪總統把這些柏林市民帶離他們納粹的過往與當前的共產主義，帶離從前的國族主義以及具有破壞性的民族習性時，他們便如釋重負地呼喊起來。接下來，甘迺迪還在演講中把西柏林的認同與美國的國家神話連結起來。

> 甘迺迪：自由是不可分割的，只要一人被奴役，所有的人都不自由。當所有的人都自由了，那時我們就能期盼這一天的到來——這座城市將合而為一，這個國家以及偉大的歐洲大陸將存在於充滿和平與希望的地球上。當這一天終於來臨——而且必將來臨——時，西柏林人民將對他們站在第一線將近二十年這一點感到欣慰。

現場的口譯員每完成一句講詞的翻譯，甘迺迪都停頓了一下。

> 甘迺迪：所有自由的人，不論他們生活在哪裡，都是柏林市民，因此，身為一位自由的人，我為「我是柏林人」這句話感到自豪。

當演說結束時，這齣西柏林戲劇的男主角便悄悄地把那疊打上講稿的卡片放進上衣口袋裡。「我是柏林人」這個句子並未以打字的方式出現在那幾張卡片上，而是甘迺迪用英語的拼音方式——Ish bin ein Bearleener——潦草地在其中一張卡片的空白背面拼寫出這個德語句子。

當西柏林市政府的「自由鐘」（Freedom Bell）[3]響起時，市民們便紛紛低著頭，衷心盼望甘迺迪這場雖然僅八小時、卻深具象徵意義的西柏林之旅能擔保他們城市的自由。這位美國總統已將人類新的政治前景人性化，而柏林人的熱情則有助於重塑國際政治秩序。甘迺迪後來從講壇轉身，低聲地和講稿撰寫人索倫森說話。

甘迺迪：我們一輩子都不可能再有像今天這樣的日子了！

退場。

[3] 作者註：這座「自由鐘」是由美國民眾捐款打造的。美國於一九五〇年把這口大鐘連同一千六百萬名美國人的簽名一起送給西柏林市政府。

# 第二十章 大衛・鮑伊：「英雄」

# 科特納街，一九七七年

十幾隻鴿子在頭上盤旋，白色的肚腹在春天明亮的陽光中顯得格外耀眼。一位騎著自行車的青年低頭閃過頭頂上方旋繞的鴿群，搖搖擺擺地把車子騎離豪普特街（Hauptstraße），轉入一條長長的、看不見盡頭的林蔭大道。自行車的輪胎在不平滑的鋪石路面上震動前進，溫暖的和風拂亂了他的頭髮。他一路騎過伊舍伍德和萊芬斯坦住過的公寓樓房。在一間學生宿舍的咖啡部裡，他看到一些面色蒼白、披戴巴勒斯坦解放組織黑白格子圍巾的學生從他們埋首研讀的祈克果（Søren Kierkegaard）哲學原著裡抬起頭來，再為自己點了一杯義大利濃縮咖啡。他們上方的牆壁上寫著「美軍回家去」這幾個塗鴉字眼，在他們的另一邊，有一群玻利維亞的街頭藝人正在吹奏排笛。窗戶外，一位老婦逆向地騎著自行車經過，臉頰塗著脂粉，淡紫色的獵人帽上縫著一朵黑色的絲質人造花。她一面踩著腳踏板，一面抽著雪茄，前方的車籃裡坐著一隻吉娃娃狗。

這位青年騎著自行車，在從前布萊希特居住的胥畢亨街住宅街區——在二戰末期炸毀

——轉彎往北，同時親身體驗這位已故劇作家平日從住家公寓閒逛到「羅馬咖啡廳」的路線。他曾在某本書中讀到，劇作家布萊希特與畫家葛洛茲會在這家咖啡廳碰頭，他們一邊喝咖啡，一邊下棋，便能激盪出新的藝術，並把它送給這個世界。

有些早晨，這位青年會騎著自行車往左轉，而非往右，然後騎到南邊那間恩斯特・基爾希納（Ernst Kirchner）——德國表現主義繪畫先驅之一——從前的畫室。當他沿著可爾娜街（Körnerstraße）往下滑行時，腦子裡還在思索基爾希納如何從舊有、既定的體制中奮力解放自己的過程。這位表現主義畫家在從前與當代之間建造了一座「橋梁」（Die Brücke）[1]，但卻遭納粹拆毀，而且還有六百幅畫作被毀壞，這些遭遇最後逼得他尋短自盡。

這輛三段變速的萊禮自行車（Raleigh）帶這位在西柏林落腳的年輕人經過了一些已不復存在、卻總是有幽靈出沒的地方：已廢棄的地下碉堡；已拆除的「柏林體育宮」，戈培爾曾在此呼籲德國人民投入一場「全面性戰爭」；一九四四年，一群希特勒的暗殺者被判處死刑的人民法院（Volksgerichtshof）。當天普霍夫機場巨大的入境大廳以及那些冰冷的老鷹石雕矗立在他身後時，他還繼續踩著踏板，一直騎到老柏林市中心的波茨坦大街，才停下來喘氣休息。這裡正是年幼的迪特・威爾納在東柏林組成「兒童十字軍」往西柏林前進而被驅散

1 Die Brücke在這裡是雙關語，它不只表示「橋梁」，還意指「橋派」，即基爾希納於一九〇五年成立的表現主義藝術團體。

的地方，但這件往事並沒有留下任何蹤跡。

每次騎著自行車穿梭在已被圍牆分割的柏林，都會讓這位青年更加感受到這座城市的整體性。每踩一下腳踏板，就可以讓他在這個富於故事性的地方穿越空間與時間，這些體驗讓他轉向自己的內心並邁向未來。在美、蘇冷戰的那個時代，柏林在歐洲似乎是已發生和即將發生的每起事件的焦點。他那部自行車讓他每次出門都能興高采烈、精神昂揚，讓他可以立刻在西柏林這個新居處立穩腳跟並獲得解放。

「此刻的我已真正具備了意志力。我要活下去，而且我要工作。」他當時在日記裡這麼寫著。

德國現代主義建築大師密斯．凡德羅（Mies van der Rohe）設計的新國家藝廊（Neue Nationalgalerie）就建造在許倍爾的日耳曼尼亞廢棄地基上。這位青年騎著自行車在此右轉，而後沿著運河前進。在河岸邊，他看到一群步履蹣跚、爭吵不休的醉漢們正在揮拳打架。他飛快地騎過他們身邊，接著轉入科特納街（Köthenerstraße），避開路面上那些已不再行駛電車的鐵軌，一路往柏林圍牆滑去。他在柏林圍牆旁邊停了下來，然後推著他的自行車走進著名的漢薩錄音室（Hansa Tonstudio）。

這位剛到柏林落腳的青年就是英國傳奇搖滾歌手大衛．鮑伊（David Bowie, 1947-2016）。他在九歲時便已決定投入音樂，當時他父親買給他一臺全新的電唱機，還有一疊四十五轉的唱片，其中包括唱盤合唱團（Platters）、月光合唱團（Moonglows）、胖子多米諾（Fats Domino）以及藝名「小理查」（Little Richard）的美國歌手理查・潘尼曼（Richard Wayne Penniman）所錄製的歌曲。當年輕的鮑伊第一次聽到「小理查」的〈什錦水果〉（Tutti Frutti）這首歌時，簡直高興得心花怒放。

鮑伊，本名大衛・瓊斯（David Jones），生長於遭德軍空襲摧毀的南倫敦地區，從小就住在南郊布羅姆利區（Bromley）一間小型的連棟住宅裡，在成長過程中，總是想以某種方法逃離舒適而愜意的郊區生活。透過音樂，他接觸了一個寬廣而狂野的世界，比如他父親的那些唱片、他母親隨著收音機的歌曲哼哼唱唱。每當廣播節目在播放厄聶斯特・拉夫（Ernest Lough）演唱的名曲〈如鴿子般高飛而去〉（O for the Wings of a dove）時，他的母親總是唱得特別起勁。

他首次上場演出音樂是在小學時期：他與一群布羅姆利區的幼童軍（年齡八至十歲半）一起到英國南部的懷特島（Isle of Wight）表演當時英國流行的「民歌爵士樂」（skiffle music）。之後透過他同父異母哥哥泰利的引介，他開始閱讀二戰後美國「垮掉的一代」（The Beats）所創作的文學作品，此外，傑克・凱魯亞克（Jack Kerouac）撰寫的小說以及倫敦蘇荷區的那些爵士地窖也讓這位青少年深受震撼。鮑伊在這期間還學習吉他與鋼琴，並加入「喬治與龍」這支學校樂團。他父親後來買給他一把中音薩克斯風，此外，他還以一臺雙盤式磁帶錄音機與幾捲黏性膠帶把自己的臥室變成一間簡單的錄音工作室。他曾先後組成The Kon-Rads和The King Bees這兩個樂團，從英國的摩德音樂（mod）到美國的搖滾樂，他都加以合成或變異，而且還想像自己是英國的「小理查」。他的腦子裡有好幾千個點子，早期的樂團團友大衛．哈德菲爾（David Hadfield）曾這麼談起鮑伊：「他每天都不一樣，都有一些新的想法：我們應該改變我們名字的拼法，或是我們的形象，或是我們的服裝……他也為樂團提出許多效果很好的廣告宣傳。」鮑伊往後便以變色龍般明亮鮮豔的色彩包裝自己的形象及音樂。

當他十七歲還在就讀高中時，便已開著一輛老舊的救護車巡迴演出。為了形塑個人的舞臺魅力，他會跑到「大帳幕俱樂部」（Marquee）這間倫敦爵士樂酒吧，研究英國滾石合唱團主唱米克．傑格的表演，而且還跑到「劉易士罕．奧狄翁電影院」（Lewisham Odeon），把美國節奏藍調、搖滾歌手波．迪德利（Bo Diddley）在電影中的演唱看個仔細。為了找到適合自己的服裝造型，他會在卡納比街（Carnaby Street）——蘇荷區時尚購物街——的舊衣回收箱裡翻找一些可以利用的免費服飾。當英國歌手戴維．瓊斯（Davy Jones）加入「頑童合唱團」（The Monkees），並在美國電視臺的音樂節目一炮而紅後，由於他的姓名大衛．瓊斯與戴維．瓊斯過於類似，便決定將自己的姓氏改為鮑伊，開始以大衛．鮑伊的藝名展開他的演唱生涯。他在完成個人第一張重要的單曲專輯〈無法不想著我〉（Can't Help Thinking about me）的錄製後，便親自將它交給前披頭四主唱保羅・麥卡尼（Paul McCartney）的錄音工作室。但這首歌曲的錄音卻未獲回應，鮑伊在失望之餘，便把他收藏的所有唱片搬到住家屋頂上，然後全部拋往下方。

當鮑伊在英國南部沿海小鎮柏格諾里吉斯（Bognor Regis）與伯恩茅斯（Bournemouth）演出時，已逐漸在當地建立一批死忠歌迷，這個成果讓他開始有自信，不再害怕闖入流行音樂的主流世界。他的挫折讓他渴望了解大眾，同時還促使他接觸藝術的世界並進入文學作品裡。他貪婪地閱讀布萊希特、柏洛茲（William Burroughs）[2]、卡繆及卡夫卡的著作，其中，《變形記》這部中篇小說更是令他廢寢忘食。它的作者卡夫卡是一個勇於追尋、富有想像力的創作者，他已建構了另一個我（alter ego），而且也跟鮑伊一樣，都曾在柏林生活過一段時間。

鮑伊與英國默劇藝術家林賽・坎普（Lindsay Kemp）一起在英國巡迴演出。坎普曾鼓勵鮑伊在演唱時表現自己的特色，因此，鮑伊便在舞臺上測試法國舞臺劇導演安東寧・亞陶（Antonin Artaud）的表演理論。亞陶希望將觀眾置於戲劇的中心，如此便可讓他們沉浸在戲劇裡。鮑伊透過自己的作品而認知到，觀眾應該在劇場中被暴露、而非被保護。他視藝術為

[2] 柏洛茲是美國小說家，也是影響流行文化的前衛作家，屬於所謂「垮掉的一代」。

一種冒險的媒介，他知道表演如何使生命具體化與強烈化，如何重現生命經驗的震撼性。此外，他還嘗試接觸音樂劇以及藝術實驗室。他玩票電影，將敘事文學、默劇與綜藝雜耍混在一起，而且還將一些新穎想法引入他的音樂裡，然後像巫師念咒般地召喚出一個豐富而華麗的個人神話。

他在二十一歲便已創作〈太空奇遇〉（Space Oddity）這首歌，但卻無法說服任何一家唱片公司錄製這首歌曲。出生於紐約布魯克林區、日後為鮑伊發行十幾張專輯的唱片製作人湯尼．維斯康提（Tony Visconti）當時認為，這首曲子只是個噱頭，披頭四的唱片製作人喬治．馬丁（George Martin）也拒絕它的發行。〈太空奇遇〉的歌詞是在敘述一位叫做湯姆少校的太空人，由於太空船故障而孤獨地漂流於外太空的故事。最後，這首關於這位太空英雄的歌曲終於在一九六九年——即美國太空人登陸月球那一年——推出，鮑伊也因為這張單曲專輯而開始走紅，一舉成名。

在下一個五年裡，鮑伊在倫敦、紐約與洛杉磯那些出色的表演，讓他躍升為第一位重量級的後現代流行巨星。為了在舞臺上扮演《殞落星塵》（*Ziggy Stardust*）這張專輯裡那位來自外太空、雌雄同體的陰陽人，他把頭髮染成紅色，穿著火焰般燦爛的服裝，將自己的生命投入這個華麗炫爛的虛構角色中。

「離開舞臺，我就是個僵化的機器人。在舞臺上，我才能表達我的情感，這大概就是為什麼我偏好把自己裝扮成《殞落星塵》裡的外太空雙性人，而不是表現我自己。」當他在角色扮演中失去自我時，曾如此澄清。

號稱「搖滾變色龍」的鮑伊在《阿拉丁精神》（*Aladdin Sane*）這張於一九七三年發行的專輯裡，以華麗搖滾風格取代主流的美國搖滾樂；隔年推出的專輯《鑽石狗》（*Diamond Dogs*；它巡迴演出的舞臺設計是從德國電影大師弗利茲·朗的科幻默片《大都會》獲得的靈感）則屬於浩劫後風格（post-apocalypse style）；一九七五年的第九張專輯《年輕的美國人》（*Young Americans*）又轉為「冒牌的靈魂音樂風格」；在第十張專輯《場所至場所》（*Station to Stastion*）裡，鮑伊則藉由裝扮成「瘦白公爵」（The Thin White Duke）的人物造型而把自己隱藏起來。自我冒險是他改變自我及開展事業的動機。他一次又一次地將前衛概念導入流行音樂的主流中，卻無損於這些音樂本身的顛覆與解放力量。然而，在每次的音樂蛻變裡，他已愈來愈無法從自己創作的作品裡抽離，就如同從前伊舍伍德與黛德麗所陷入的情況。「這讓一切都變得不愉快，我整個性格都因此受到影響。一切變得如此危險，我甚至對於自己的神智是否清楚都感到懷疑。」他曾如此表示，而且還把自己的演藝生涯描述為一場戲劇演出。

鮑伊由於服用大量古柯鹼以及受到內在那股毫無保留的衝動驅使而從事創作。他的自我價值感低落，只把工作視為唯一有價值的事物。他生活在創作的狂熱中，特別是在巡迴演出時：寫歌、閱讀、談話、聆聽德國電子音樂團體「發電廠」（Kraftwerk）的音樂、在表演結束後開始規畫新的節目。他是個夜貓子，晚上不睡覺，而且食量很少，體重曾一度掉到八十磅。他曾認為他的經紀人騙了他好幾百萬美元；他相信超自然的神祕力量，曾一連七、八天不睡覺，讓自己陷入一種即將毀滅以及埃及神祕主義奇異虛無的幻想世界。他的女助理蔻蔻．舒瓦布（Coco Schwab）曾有幾個早晨在他位於南加州棕櫚泉附近的多埃尼路（Doheney Drive）租屋處，發現他像死人般躺在水已排乾的游泳池旁，而且在乾涸的池底還留下一幅曾被焚燒過的惡魔圖像。為了確定鮑伊是否還活著，她會在他鼻下放一面小鏡子，看鏡面上是否出現呼氣時留下的水氣。

鮑伊一離開舞臺就變得很不快樂，看起來——他自己也承認——就像剛從墓穴走出來的死人一般。他需要逃離洛杉磯的名人圈以及他為自己在舞臺上所塑造的角色。「我已體會到，我必須從事的是表演的實驗。我必須找到一種新的創作形式，確實發展出一種新的音樂語言。這是我打算進行的事，也是為什麼我要從美國回到歐洲的原因。」他說道，彷彿是在回應柏林的布萊希特與葛洛茲的呼喚。

一九七六年，這位閃亮的搖滾巨星搭機抵達柏林。他在大洛杉磯地區的英格伍德（Englewood）論壇體育館（Forum）舉行音樂會時，曾在會後與定居當地的英國小說家伊舍伍德會面，雙方大約交談了一個小時，這兩位名人當時碰面的情況就像穩健的老太后對上了魯莽的新國王。伊舍伍德曾在《再見，柏林》這本小說裡寫道：「柏林是一副骸骨，它在寒冷中作痛，宛如我自己的骨骼在發疼一般。」鮑伊讀過伊舍伍德的著作，也看過《酒店》這部從《再見，柏林》改編的歌舞電影，但卻要求伊舍伍德能為他而給柏林這具骸骨穿上衣服。此外，他還請求伊舍伍德告訴他——就如同一位說故事者告訴另一位說故事者——關於柏林那神話般的、創意十足的地下世界。六個月後，身心均處於崩潰邊緣的鮑伊便搬到已從二戰戰火中浴火重生的西柏林。

甘迺迪造訪西柏林之後的十幾年裡，柏林既有改變、也有不變之處。西柏林外圍，包括柏林圍牆東側，仍有二十五萬名紅軍沿線駐守，虎視眈眈，西柏林內部依然有一萬兩千五百名美、英、法三國盟軍在捍衛這座孤島的自由。對於柏林圍牆這道障礙物，西柏林人後來已逐漸習以為常。他們會沿著牆邊種植灌木叢與鐵線蓮屬植物，而且索性還把這條綿延一百五十五公里的長牆當作畫布，在上面塗寫著：「改變你的生活」、「學習和平」、「平凡地死去」等。

為了從備受摧折的戰敗國民生活中重新開始，大部分從國外戰場返鄉的德國退伍軍人閉口不提自己從前對納粹的順從。二戰過後，西德曾流傳一則關於一位奧地利猶太人吉察克·賓—阿里（Jitzhak Ben-Ari）的真實故事：一九三八年，他曾搭乘火車前往慕尼黑北邊的達豪集中營探望被囚禁的父親，當他在慕尼黑火車站向當地人詢問如何到達該集中營時，他們還「開心地告訴他那個關押猶太人的地方」。但是，當賓—阿里在戰後成為以色列駐德大使而重回達豪集中營時，那個集中營似乎已被德國人民從記憶中抹去，因為，當他再次在慕尼黑詢問達豪集中營的位置時，似乎已沒有人能指引他該如何前往那裡。

然而，到了六〇年代，西德人民就必須面對這種不光彩的選擇性失憶：對於當時的新世代而言，西德的經濟奇蹟並非建立在國民積極進取的精神與勤奮的工作態度上，而是建立在無法面對過往歷史的謊言上。他們認為，納粹大屠殺的悲劇是因為自己的父母那時無條件地服從希特勒。有鑑於奴性甚深的普魯士人曾為納粹政權盲目地犧牲奉獻，而幾乎摧毀這個國家，當時西德的年輕人——尤其是西柏林的年輕人——終於首次否決了幾世紀以來普魯士社會賦予年長者的領導權，並選擇以被害者的觀點檢視歷史，而非加害者。

一九四六年之後，已被蘇聯紅軍包圍的西柏林必須透過大量的資金補助與挹注，才得以撐持下來。西德政府為了避免西柏林人口流失，便制定一些優惠政策，鼓勵西德人民遷往備受共產勢力威脅的西柏林。比方說，西柏林居民可以免稅，而且從前的欠稅也毋需償還，男性居民還可以免服兵役，因此，數萬名西德年輕人便紛紛前往這座孤島上大學或就業。由於當時共產主義的威脅已明顯減弱，再加上西德人民對於美國參與越戰愈來愈憤慨，因此這些青年在柏林落腳沒多久後，便開始反抗給予他們優惠待遇的西德當局。那些仍殘留於西德社會的納粹遺毒讓他們進一步相信，西德的資本主義就是第三帝國的化身。他們為了減輕從父輩承繼而來的歷史罪愆，便公開對抗西德政權，並加入負責營運學生宿舍的大學合作住宿協會（co-ops）、參與靜坐抗議活動，而且還公然反對美、英、法三國盟軍「占領」西柏林。這些學運分子焚燒美國的星條旗，並發動街頭遊行以支持被西方打壓的越南共產黨。他們當時在「美國之家」（America Haus）外面，不斷高喊越共領導人「胡——志——明」，而非曾在西柏林颳起一陣反共旋風的美國總統「甘——迺——迪」。

一九六七年，伊朗國王巴勒維（Mohammad Reza Pahlavi）訪問西柏林，由於許多人認為他是美國中情局的同路人，因此憤然上街抗議這位國賓到訪。後來示威遊行的民眾還與警方發生衝突，演變成一場激烈的街頭暴力事件並造成一名抗議者死亡。這名抗議人士的喪生後來還激化了西柏林的學生運動，許多大學生紛紛加入街頭示威活動，並呼籲大家推翻西德政府，其中有一位學生領袖還宣稱：「這個法西斯主義國家已被組織起來要殺死我們大家，所以我們必須採取有計畫的抵抗。只有以暴制暴，才能解決問題。現在西德的當權者都屬於建造奧許維茲集中營的世代。」

這場暴動從柏林擴散到巴黎與布拉格。法國的學生和工人紛紛守著路障，而且還有理想主義者宣告：「我們將重新創造一個初始的世界。」然而，他們的樂觀精神後來卻被政治極端分子以及沙特（Jean-Paul Sartre）與傅柯（Michel Foucault）的教條誤導。當華沙公約組織的成員國軍隊於一九六八年八月入侵捷克，血腥鎮壓「布拉格之春」的民主運動時，西柏林那些同情共產主義的知識分子，便陷入憂慮不安及彼此意見不合的情況中。

當那些歷經血腥鎮壓、曾奮力拉下共產蘇聯紅旗的捷克難民在逃到西方後，簡直不敢相信，西方的極左派分子竟打算找機會升起那些紅旗。在西柏林威廉皇帝紀念教堂旁邊的新教堂裡，數百人在藍色玻璃壁面發出的柔和、且充滿撫慰的藍光中，跪身禱告，因為他們內心懼怕蘇聯的坦克車隊有一天將攻占西柏林的選帝侯大道。

然而，西德一些把馬克思、列寧與毛澤東思想奉為神主牌的左派分子——例如，以安德烈亞斯・巴德（Andreas Baader）、烏莉可・麥茵霍芙（Ulrike Meinhof）為首的左翼恐怖組織「紅軍派」(Rote Armee Fraktion)——卻由於厭惡納粹世代的父母並支持社會主義，竟天真地漠視蘇聯對於西方的威脅。這些搞不清楚狀況的左派年輕人會採取隨機的暴力行動，以對抗西德的「納粹聯邦共和國」。在莫阿比特區，記者出身的麥茵霍芙曾為了解救坐監的同志巴德而戴上一頂假髮，並把手槍放在公事包，而且在劫獄的過程中，還射殺了一名旁觀者。在學潮過後的一九七〇年代，「紅軍派」恐怖組織——一個刻意仿效蘇聯陸軍及英國皇家空軍的武裝組織——曾挾持人質、在百貨公司放置炸彈，並依照計畫謀殺了三十幾條人命。他們的行動目標在於逼使西德政府通過一些會激怒人民並引爆內戰的編狹法案，然而，當時的民意調查卻顯示，四分之一的西德青年其實很同情這個左翼恐怖組織的行動。而後麥茵霍芙被捕，在判刑前夕於牢房內上吊自盡後，還有四千名哀悼者到西柏林瑪麗安朵夫區（Mariendorf）的公墓參加她的葬禮。

德國的六八世代——弔詭的是，這些西德反美分子的安全竟由美國擔保——在歷經一連串的恐怖行動、與警方交戰以及引爆炸彈之後，開始在這個關鍵時期與德國納粹掠奪與犯罪的過往切割，他們把自己從數百年的恐懼不安中釋放出來，並因此而改變了德國社會。

兩輛自行車在一條如劍一般筆直的小徑上行駛並穿越了樹林。車輪在地面的沙質土壤上搖搖晃晃地前進。整齊排列的樹木往各個方向延伸而去，它們的樹冠遮蔽了天空，葉縫的間隙裡透下了些許陽光。這條如直線般的小路地勢高低不一，忽上忽下，一路往西延伸，最後通向一個草木突然消失不見的地點。美國歌手伊吉・帕普（Iggy Pop）從一位準備搬家的鄰居那兒借來一輛漆上豹紋的黃色自行車，然後和鮑伊一起騎車出遊。鮑伊後來加速前進從他的後方超車，由於車速過快，還一度失去平衡感，但又很快地回穩，然後便起身站在踏板上高聲地呼叫。這種無拘無束、自由的感覺讓他很受震撼。他當時彷彿覺得，他們真的可以騎車穿越柏林圍牆，離開這座被蘇軍包圍的孤島，最後到達法國東北鄰接英吉利海峽的海岸邊。

一九七六年底，當鮑伊和他的朋友帕普首次抵達並落腳西柏林時，他們又再度落入從前那些不良的生活習慣。他們那時開著一輛曾屬於獅子山共和國總統的賓士敞篷車，在這座孤島城市裡四處巡遊，或到選帝侯大道「喬的啤酒屋」（Joe's Beer House）喝國王牌皮爾森啤酒（König Pilsener；簡稱KöPi），然後帶著醉意，踉踉蹌蹌地跑到貧民窟或一些變性裝扮者的酒吧，或前往以會員制經營的「叢林」（Dschungel）與「無限」（The Unlimited）等夜總會。在下榻的豪華旅館——蓋魯斯大飯店（Hotel Gehrus）——的房間裡，他們會觀看警匪電視影集《警網雙雄》（*Starsky and Hutch*）、萊芬斯坦的納粹宣傳影片《意志的勝利》、還閱讀小說《流浪者之歌》及《冷戰諜魂》，並吸食古柯鹼。

「一星期有七天：兩天狂歡作樂，兩天休息，以恢復體力，剩下那三天就從事其他的活動。」帕普曾這麼描述當時他們在西柏林的生活。這位前Stooges樂團主唱以及未來的「龐克搖滾」教父已因藥物濫用而墮入深淵。他很想把自己從懸崖邊拉回，但同時他似乎已準備讓自己跳下這個深淵。

有一晚——是在柏林還是在洛杉磯，他們當中已沒人記得——鮑伊開著某位經銷商的車子載著帕普猛踩油門五分鐘，然後開始在旅館的地下停車場繞行，等到時速飆到一百公里時，他還聲稱要開車撞水泥牆，結束這一切，後來因為他突然踩煞車，輪胎便發出軋軋的刺耳聲。等到車子的燃油耗盡而停止時，車上的朋友們也都陷入了歇斯底里的狀態。

為了打敗心魔，鮑伊需要外在的空間以及內在的穩定性，但他的妻子安姬（Angie）卻已無法滿足他在這方面的需求。安姬當時已與他長期分居，獨自帶著他們的兒子佐伊（Zowie）——後來改名為喬伊（Joey），然後再改為鄧肯．瓊斯（Duncan Jones）——住在倫敦或瑞士，因此，他的女助理蔻蔻便在軒納柏格區一棟新藝術風格（Art Nouveau）的住樓裡為他租下一間樸實的、位於二樓的公寓，正好就在少女黛德麗經常登上的那座跨越鐵路線的人行鐵橋——「朗恩謝特橋」（Langenscheidtbrücke）——不遠處。蔻蔻把這間公寓布置成鮑伊的私人藝廊，將屋牆漆成白色，以懸掛他創作的那些色調晦暗的繪畫。她為鮑伊訂購空白畫布與油畫顏料，並為他整理公寓，撿拾他丟在地板上的衣服以及散置各處的畫作。在那幅鮑伊以螢光色描繪日本作家三島由紀夫的畫像下方，她坐在他身旁閱讀尼采的哲學著作。在這裡特別要提到的是，她還會跟他一起去參觀專門展出德國表現主義藝術團體「橋派」畫作的「橋派美術館」（Brücke Museum），一起在那兒凝視基爾希納、柯爾維茲與艾里希・赫克爾（Erich Heckel）的作品。赫克爾的木刻版畫〈羅奎洛爾〉（Roquairol）的主角擺出令人焦躁不安的姿勢，強烈地呈現著精神錯亂的狀態，而後這個畫作裡的主角便成為帕普個人專輯《白癡》（*The Idiot*）的封面人物原型。德國表現主義繪畫粗獷的風格、大膽的筆觸以及憂鬱的情緒，成功地攫住一種稍縱即逝的感知以及鮑伊的想像力。他被葛洛茲畫作的毫無顧忌與那股蘊含的力量深深吸引。埃貢・席勒（Egon Schiele）[3]那些扭曲、如骷髏般的人物畫作也讓他傾倒不已。他還曾在展覽裡目不轉睛地看著埃貢・席勒的〈花園圍牆內的一對戀人〉（Liebespaar zwischen Gartenmauern）這幅描繪第一次世界大戰生離死別的油畫約一

3 英年早逝的席勒是奧地利二十世紀初期最重要的表現主義畫家之一。

小時之久，並開始將它重新構思成往後一個更冷酷的戰爭以及柏林圍牆的故事。

在柏林圍牆旁邊、位於柯特納街的漢薩錄音室裡，鮑伊為他的第十一張專輯《低迷》（*Low*）裡的歌曲〈總是撞在同一輛車上〉（Always Crashing in the Same Car）進行混聲。在那些陰鬱的歌詞裡，他對於自己無力改變、對於雖抓住機會卻仍陷入困境而感到絕望。沒錯！他個人的情況就如同這首歌的歌名：總是撞在同一輛車上。

事實上，鮑伊正在擺脫吸食古柯鹼所導致的精神障礙，逐漸從極端的生活方式裡找到一條脫困的出路。他既把自己視為一般人，卻又認為自己是二十世紀最偉大的藝術家之一。他穿著鬆垮的長褲與樣式過時的襯衫，同時享受著柏林人對他的淡漠，因為沒有居民會因為他的名氣而在街上貿然打擾他。有一晚，他突然在夜店一時興起，主動上臺演唱了幾首法蘭克．辛納屈（**Frank Sinatra**）的歌曲。然而，臺下那些柏林觀眾卻不解地聳聳肩，並要求他下臺，因為預定演出的節目是一齣諷刺歌舞劇，而不是他的歌唱表演，儘管他當時已是名氣響亮的搖滾歌手。鮑伊走下舞臺、遠離聚光燈時，會嘗試作曲與繪畫，並在這幾年來頭一次感受到「生命的喜悅以及因為獲得解放與療癒而出現一種很棒的感覺」。對他而言，柏林是「一座如此容易令人『迷失』、同時又能讓人們在迷茫中『找回』自己的城市」。

鮑伊那時已察覺到，他的目標不只是要找到一種創作音樂的新方法，他其實更需要重塑他自己，或回到自己本身。為了歌曲的演唱，他已不再需要扮演什麼人物或角色。現在的他已經有勇氣拋棄那些道具、服裝及舞臺布景。

一九七七年至一九七九年，鮑伊陸續推出了著名的《柏林三部曲》（*Berlin Trilogy*），其中第一張專輯就是簡約主義風格的《低迷》（*Low*）。他在巴黎附近的埃魯維爾城堡（Château d'Hérouville）開始錄製這張專輯，歌曲內容不僅描繪陰鬱、還表露內心如何排除這些暗影。鮑伊把他那些受創的情感與鐵幕裡東歐的不確定性連結起來，並描述那些處於邊緣的生命與場所。這張專輯中〈藝術十年〉（Art Decade）這首歌曲的內容是關於西柏林這座被共產勢力包圍、切斷與世界聯繫的孤島，它的藝術與文化正一步步地走向衰敗、卻沒有揚眉吐氣的期待。〈住在地底的人〉（Subterraneans）喚醒了被禁錮的東柏林人靈魂，微弱的爵士薩克斯風樂音還激起人們對於過去的回憶。〈華沙〉（Warszawa）這首單曲則以近乎念咒的方式召喚共產主義的首都波蘭，鮑伊以一種想像的斯拉夫語言歌唱，以凸顯這個共產陣營國家的黯淡與淒楚。

《低迷》是一張能淨化人們情感的音樂專輯，它是鮑伊、唱片製作人維斯康提、吉他手卡洛斯·阿洛馬（Carlos Alomar）以及復興英國流行音樂熱潮的音樂創作者布萊恩·伊諾（Brian Eno）通力合作的成果。伊諾素來被譽為「流行音樂界的愛因斯坦」，他曾表示，音樂人有必要創作一種音樂，「這種音樂可以讓人們覺得它存在於世界上某個地方，且覺得它已立穩腳跟，完全適得其所」。

「我所有的歌曲都非常個人化，而且還混入一些誇張的詮釋，因此，聽眾都能明白它們的意涵。」鮑伊曾在一九七〇年這麼告訴英國流行搖滾音樂週報《旋律創造者》（*Melody Maker*）。

經過幾年的紛紛擾擾後，鮑伊的創作模式已變得更精進。他在錄音室創作一首歌曲時，首先會和三或四名樂手在節奏的音軌上盡可能即興地互飆音樂。他會挑選歌聲與音質能配合他嗓音的歌手以及能表現他作品所需某種氣質的音樂工作者，而且在挑選合作伙伴時，總是可以激發出靈感。他給予他們創作的自由，同意他們——正如吉他手阿德里安・貝柳（Adrian Belew）所說的——「在獨奏時，可以自行增添許多色彩與音響，並讓自己融入音樂本身的形式與形態中。」

等節奏音軌的音樂製作完成後，鮑伊便以慢速播放它們，仔細斟酌它們的修改與替代，並再賦予某些音響效果。當處理音樂的觀點需要改變時——比如從中挑出一條新的吉他音樂線，再配以薩克斯風或鋼琴演奏——吞服古柯鹼還可以讓這些「潤飾音樂的過程」更順利，取得更豐美的創作成果，創作者可以因此而精神愉快、頭腦清醒地徹夜工作，直到天亮都還精神飽滿，還能繼續工作不輟。總之，鮑伊的創作祕密在於：當創作已上手、已步入軌道之後，就持續地投入，不要停下來，等歌曲的音樂完成後，才著手撰寫歌詞。

「他現在在錄音室裡寫歌詞。他帶著幾個傢伙一起進入錄音室，起初腦子裡只有四個詞彙，一開始真的什麼也沒有，只從這一丁點兒的想法出發。現在他正在錄音室裡創造這首歌，讓它從無到有，逐漸成形。」前披頭四樂團主唱約翰・藍儂曾在一次訪談中語帶訝異地提到鮑伊當時創作歌曲的情況。

鮑伊後來受到帕普那種充滿冒險的工作風格啟發。他曾在帕普身邊看著他站在麥克風旁邊，為〈中國女孩〉（China Girl）這首歌創作歌詞。而後他開始模仿帕普這種創作方法，同時還採用美國小說家柏洛茲在文學創作中所運用的斷裂、不連貫的技巧。他會隨著靈感先快速記下一、兩行，然後開啟錄音設備，隨著錄音帶的轉動即興地創作。由於他的創作是先有音樂，然後再配上歌詞，因此樂曲往往無法充分呼應歌詞的意涵。

漢薩錄音室本身另有陰暗的一面，吉他手阿洛馬說：「並非什麼不祥的預兆，只是氛圍裡充斥著一種較為陰沉的氣息……德國人、納粹、柏林圍牆、壓迫。」二戰期間，納粹祕密警察「蓋世太保」曾把錄音室的演奏廳轉做舞廳使用。一些納粹高官，諸如戈培爾與許倍爾，都曾在此婆娑起舞。時移世易，現在街道另一端是人跡阻絕的柏林圍牆，東牆那裡還有武裝的東德邊防警察二十四小時全天候巡邏。

一九七七年夏天，鮑伊、伊諾與維斯康提正處於創作巔峰狀態，於是展開《柏林三部曲》第二張專輯的製作。維斯康提帶著新買的美國Eventide牌和音器——一臺被稱為「能與樂曲結構性交」的合聲效果處理機——抵達漢薩錄音室的第二工作室，伊諾則從英國帶來他那個附有藍色鍵盤與小型搖柄開關的公事包型合成器。他們為了製作一張新專輯，開始和四位主要樂手一起錄音——之前曾合作的阿洛馬、貝斯吉他手喬治・墨瑞（George Murray）、倫敦「克里遜王合唱團」（King Crimson）的吉他手羅伯特・弗利普（Robert Fripp）以及鼓手丹尼斯・戴維斯（Dennis Davis）。

維斯康提錄下他們排練時演奏的音樂，這些錄音通常已足以成為專輯的節奏音軌。伊諾則進一步調整並編輯這些錄音，讓這些樂手們翻看由他發明的「迂迴策略卡」（Oblique Strategies cards）[4]，以刺激他們進入新的思考，這些卡片的內容包括：「扭曲樂曲的速度與演奏的時間長度」、「找出你習慣的方式然後捨棄它們」、「什麼是最單純的解決方法？」等。鮑伊和伊諾用一種狂熱的颶風式能量在錄音室裡工作，他們就像一對舉止古怪的教授，會以喜劇演員彼得・庫克（Peter Cook）與杜德利・摩爾（Dudley Moore）的方式討論音樂，然後爆出陣陣傻笑。鮑伊幾乎不吃東西，在通宵達旦地工作後，會在黎明時分與伊諾一起回到豪普特街的家中，然後打一顆生蛋到嘴巴裡，便倒頭睡幾個小時，然後再回到錄音室繼續未完成的工作。維斯康提則編輯樂手們即興演奏所留下的錄音，讓它們成為完整的樂曲。

當專輯的器樂部分已錄製、修剪並潤飾完成後，鮑伊便開始把他的注意力轉向作詞。那年夏天，他錄下的頭一批歌曲當中，只有一首仍屬於器樂音軌的狀態，尚未作詞。後來鮑伊便獨自坐在鋼琴邊，開始構想它的歌詞，並把這首曲子命名為〈英雄們〉（Heroes），同時它也是這張專輯的標題。

維斯康提在錄音室的演奏廳裡擺放了三支附有電閘的麥克風。第一支離鮑伊二十公分，第二支在六公尺外，第三支則放在那間寬闊而陰暗的大廳後方，距離鮑伊十五公尺。當鮑伊的歌聲超過一定的分貝量時，麥克風上的電閘就會開啟，迫使他提高音量嘶喊，同時還可以錄下這個大空間的自然迴音。當維斯康提在調整音響的層次時，鮑伊就在一旁繼續撰寫歌詞，往往在幾次沉思之後，靈感便泉湧而出。當那首歌的歌詞寫到一半時，他便要求維斯康提離開，讓他可以和那架鋼琴以及腦子裡的思緒單獨在一起。維斯康提便趁這個機會溜出錄音大廳，沿著科特納街走去，然後和這張專輯的合音女歌手安東妮雅・瑪絲（Antonia Maaß）碰面。瑪絲是維斯康提的情婦，鮑伊當時還從錄音控制室的窗戶看到他們在柏林圍牆邊擁吻著。

兩小時後，鮑伊的主唱已錄製完成，他和維斯康提便開始為這首歌曲添入合音的背景歌聲。由於〈英雄們〉的歌詞內容提及一對年輕男女曾被東德邊防軍開槍射過他們的頭頂，因

---

4 「迂迴策略卡」是伊諾於一九七五年發明的一副白色卡片，每張卡片提供一則格言，旨在幫助創作者突破思維限制，走出創作困境。從一九七五年至今，已發行了六個版本。

而變成了柏林的搖滾聖歌。一道低沉而充滿勇氣的音牆由於帶著深刻的情感而顯得熱情似火，並配上變化莫測、金屬聲響的節奏，其中一部分的錘擊聲還是維斯康提拿著工作室的一只菸灰缸敲打出來的。〈英雄們〉這首實驗搖滾歌曲後來一而再地被人們視為流行音樂最偉大、最具原創性的單曲之一，它甚至對十幾年後柏林人推倒柏林圍牆產生了催化作用。鮑伊則把這張專輯以及《柏林三部曲》的其他兩張專輯稱為他的DNA。

許多人為了追尋而來到柏林，但他們求索的目標往往是他們自己。鮑伊後來在柏林找到了自我，並讓自己從耽溺中抽離，不再扮演那些虛假的角色，而且不再像許多樂壇的前輩，仍陷入自己招致的迷思當中。「我是來自倫敦南邊布里克斯頓區（Brixton）的大衛·瓊斯，我想搞一些具有藝術價值的東西，」他在搬離柏林之前曾以飽滿而溫暖的聲音說道，當時他的體重只有一百三十磅。「但我卻沒有勇氣以自己真實的面貌去面對觀眾。如果要面對那種諂媚奉承、那種壓力，需要驚人的勇氣才不會被擊垮。」

柏林這座城市改變了他。他已呈現出他自己：一位才氣縱橫、尋求更明確未來的反抗者，而非奇異的、來自外國的超級巨星。

柏林還教會鮑伊書寫一些重要的事物。他在二戰的陰影中成長，當時他居住的倫敦南郊布里克斯頓區與布羅姆利區被德國空軍炸毀，他的母親在空襲的砲火中存活下來，參戰的父親在北非戰場上還曾與納粹名將「沙漠之狐」隆美爾（Erwin Rommel）的部隊交戰過。他與許多他同一世代的西方青年一樣，都對納粹感到著迷。他受德國納粹打動，並非因為他們鼓吹的那套意識形態，而是他們的戲劇性。他曾看過萊芬斯坦執導的納粹宣傳影片，也研究過納粹宣傳部長戈培爾製造的那些政治神話。他還曾以這位宣傳部長的人生故事草擬了一部音樂劇，而且依照他的演出構想，當主人翁「瘦白公爵」登場時，舞臺還必須布置數排燈柱，這樣的安排不禁令人聯想起納粹首席建築師許倍爾在紐倫堡黨代會集會場所設計的那座「燈光大教堂」。起初，鮑伊對納粹的嚮往還很天真，然而，在納粹邪惡的加害者與苦難受害者的雙雙包圍下，他後來還為自己與身處的新時代發展出一項有條理、有洞見的歷史見解。他捕捉並定義納粹的本質，而且還為那個困惑的、已失去理念及夢想的世代發聲。

一九七七年，就在鮑伊錄完〈英雄們〉五個月後的一個週日下午，我看到鮑伊在柏林圍牆旁的漢薩錄音室那間演奏廳裡，坐在鋼琴邊創作一首新的歌曲，而且在僅僅一小時之內，便把最初一丁點兒的靈感，像施魔法般地變成一段旋律。

當然，在與他認識之前，我曾聽過一些關於他的閒言閒語：偏執狂、自我中心的「瘦白公爵」，而且還與法西斯主義及超自然的神祕信仰牽扯不清。然而，與他一起工作的那幾個月，我只看到一位溫文儒雅、思慮清晰、待人既貼心又親切的英國紳士。他富有一種不引人注意卻令人愉快的幽默感，而且還會在人生的關鍵時刻尋找真實的自我。在那間位於豪普特街的住家公寓裡，他為我和其他的工作伙伴播放唱片，並向我們解釋樂手們如何聚在一起組成樂團，然後又各自為了追求不同的創作目標而分道揚鑣。他當時還舉二十世紀初德國「橋派」藝術家的例子，說明個別創作者與團體之間分分合合的過程：比如披頭四合唱團與藍儂、搖滾樂團「羅西音樂」（Roxy Music）與伊諾、德國表現主義的「藍騎士畫派」（Der Blaue Reiter）與康丁斯基。後來鮑伊獲邀在《只是個小白臉》（*Just a Gigolo*）[5]這部由大衛．海明斯執導的電影擔綱演出男主角。某天大清早，當導演海明斯和我花了一整夜完成腳本對白的修改後，我便去敲他那輛停在附近拖車的門，送上剛修訂的臺詞讓他背誦。

夜貓子鮑伊雖然參與電影演出，依然心繫音樂。當他從我手中接下那疊已完成打字的粉紅色紙頁後，約略翻閱一下，然後虛弱地微笑並對我說：「現在我可以掌握旋律了……」

後來，我們一起慶祝那年的耶誕夜：鮑伊、海明斯、一些工作伙伴和他們的孩子們，再加上像我這樣到場插花的。當晚，大家在葛倫納華德區一家相當隱密的餐廳裡大吃大喝，鮑伊還送我一本德國導演弗利茲．朗的傳記。當這個快樂的夜晚結束時，我和他一起下樓梯，走到那間大得驚人、牆面貼著瓷磚的洗手間裡。當我們拉開拉鏈尿尿時，還齊聲唱著美國搖滾樂先驅歌手巴迪．霍利（Buddy Holly）的歌曲（而且至少還把「小理查」的〈天哪，莫莉小姐〉（Good Golly Miss Molly）這首歌哼了幾句呢！）。

對我而言，音樂是一種神奇的創作。曲調的魅力、節奏韻律的線條與歌詞的巧妙，在我看來，都已近乎奇蹟。音樂是如此不可思議，而且變幻不定，它已超越其他的藝術，它的演唱與彈奏往往令人悸動，而且每一次演出都受到表演者與聽眾的心情、樂器與天氣狀況的影響而有所不同。我可以了解，辛克爾如何運用他對義大利文化的研究而以古典建築風格建造柏林的「舊博物館」；女畫家柯爾維茲如何將她丈夫診所裡那些哭泣的病人轉化成一幅幅震撼人心的版畫。我也可以想像，德國新浪潮電影導演文・溫德斯（Wim Wenders）如何塑造他電影裡的那些天使，並讓他們從另一個世界對世人說話。我還可以知道，文學家赫曼・赫塞如何透過文字的斟酌與呈現，驅動他短篇小說的主角哥德蒙得（Goldmund）去追求並擁抱所有將在此生消逝的東西。但我卻不明白，貝多芬如何能聽見〈歡樂頌〉的音樂而用筆把它譜下？或者，「小理查」如何能寫出〈什錦水果〉這首膾炙人口的歌曲？

該年十一月的某個週日，鮑伊在漢薩錄音室錄製的〈革命之歌〉（The Revolutionary Song），既沒有完成也沒有公開發行。然而，這首歌曲卻如此特別，讓我不禁聽了又聽，心情也跟著起伏澎湃。每當那卷錄音帶轉動時，那清晰、美好的歌聲宛若消失的夢境，變得愈來愈模糊。

---

5《只是個小白臉》是一部由德國老牌女星瑪琳・黛德麗與大衛・鮑伊主演的劇情片，它的德文名稱為《俊俏的小白臉，可憐的小白臉》（*Schöner Gigolo, Armer Gigolo*）。

我最後一次見到鮑伊是在紐約。他當時在百老匯登臺演出舞臺劇版的《象人》（*The Elephant Man*），並飾演該劇的主角，當時我已事先和他的女助理約好，等他表演結束後與他碰面。前一晚，我在朋友們位於西七十二街的地下室公寓裡看書時，聽到車輛引擎逆火的聲音，三次，四次，也許五次。一開始，我還埋首閱讀，後來因為覺得情況不對勁，便起身走到外面。當時對街的「達科他公寓」（The Dakota）已聚集一群人，警方開始在路面上置放一些交通路障。原來是四十歲的約翰・藍儂在「達科他公寓」這棟住家大樓的門前被槍殺了！

然而，音樂並沒有在那一晚死去——誠如美國創作歌手唐・麥克林（Don McLean）[6]的親身經歷——因為對於藝術家們而言，即使肉體已不存在，他們仍將繼續留在他們的作品中、在他們的歌曲裡、在他們的畫布上。隔天晚上，當十二月的冷空氣因為人們激動的情緒而顯得騷動不安時，鮑伊纏著腰布走上舞臺。他雖未戴上表演所需的那張面具，卻給予觀眾在他的演藝生涯中最熱情的表演之一。表演結束後，他只快速地謝幕一次便離開舞臺。之後我知道，他不想見我或其他的人，除了他的女助理寇寇之外。我後來在後臺門口求見他的女助理，她看起來似乎還很清醒。我交給她一朵原先打算親自送給鮑伊的白玫瑰，並請她轉達我對他的關心。當我轉身準備離開時，我還停下來叮嚀她：「請代我對他說聲謝謝。告訴他，我很感謝他送給我的那本書。」

一九八七年六月，在離開柏林十年後，也就是在百老匯演出《象人》七年後，鮑伊又回到被圍牆一分為二的柏林。他的司機那時載著他經過豪普特街那棟公寓住樓，再經過橋派博物館以及漢薩錄音室，最後來到緊鄰柏林圍牆的國會大廈。那一夜，在國會大廈前共和廣場所搭起的舞臺上，他對著現場七萬名樂迷表演，他們手上的煙火與蠟燭在廣場上閃爍著。在演出即將結束時，他還以德語大聲地朝柏林圍牆喊著：「讓我們致上最誠摯的祝福，給所有在圍牆另一邊的朋友。」接著他便開始演唱〈英雄們〉這首歌曲。

在那條令人厭惡的界牆另一側，數百位東柏林青年正側耳傾聽這場搖滾音樂會越牆傳來的迴音，而且看見了現場的舞臺燈光在那片單調無趣、彈痕累累的圍牆牆面上閃動著。他們後來還聽到鮑伊對他們致意。他們正聽著他的歌。他們的歌。柏林的歌。

「我們會成為英雄，哪怕只是一天。」他向當時分裂成兩個陣營的冷戰世界以及自己過往的人生唱出這首大膽而嘲諷的哀歌。每個人都能成為英雄，成為他們自己的英雄，而且人類的愛將會獲勝，即使只是一天，即使只在神話裡。

---

6 美國搖滾樂先驅巴迪・霍利的英年早逝曾帶給唐・麥克林極深刻的影響。麥克林曾為他的專輯《美國派》（*American Pie*）創作一首非常膾炙人口的抒情歌曲〈音樂死去的那一天〉（The Day the Music Died）。

當鮑伊把〈英雄們〉這首歌唱到最熱烈的高潮時，一些東德群眾紛紛擁向柏林圍牆旁的布蘭登堡門，嘴裡吹著口哨並反覆地高喊：「讓圍牆倒下！」他們羞辱東德的人民警察，而且還對他們丟擲瓶子，在這個難得出現的抗議時刻裡，他們已同心反抗這些為獨裁政權服務的劊子手。當舞臺上的鮑伊聽到從柏林圍牆另一邊傳來陣陣的歡呼聲時，他的眼裡已噙著淚水。

「那場音樂會是我最感性的演出之一。」他後來曾表示，「那種情況令我心碎。在我的生命裡，那是僅有的一次，我覺得我並不想再重新經歷一次……這首歌就是在這座城市裡寫下的，這首歌的內容就是關於這座城市的一些特殊情況。反正它就是很特別。」

由此可見，是創作的心靈改變了這個世界，創作的成果持續不斷地從詩人、畫家以及歌曲的作詞、作曲者口中及筆下流瀉而出。藝術家獲得天賦才能，並努力地為這些天賦服務。他們把辛勞耕耘的成果奉獻給我們大家，而且還能藉此喚起我們每個人的能力或夢想。透過〈五年〉（Five Years）、〈灰飛煙滅〉（Ashes to Ashes）及〈花落何處？〉（Where Have All the Flowers Gone?）這些奇妙的歌曲，藝術家把他們自己奉獻給我們，就如同我們在生命中也曾獲得一些真正有價值的東西：冬天的白霜、蘋果的滋味、戀人的笑容、內心鍾愛的樂曲旋律。

在柏林，建築師辛克爾為了實現他的建築構想而奮鬥不懈；女畫家柯爾維茲為了將內在的恐懼轉化為藝術作品而孜孜不倦地努力；小說家伊舍伍德為了在文學作品中再現生活的現實，只能靠著英文家教的鐘點費維生過活。英國搖滾歌手鮑伊來到柏林後，已讓自己從耽溺而自立，從名人的偏執狂變成一位卸下面具的信息傳遞者。他告訴我們，所有的人——不論胖瘦——所有沒沒無聞、夢想平等新世界的人都是美好的，而且都可以成為他們自己。

# 第二十一章
# 廖文河：槍

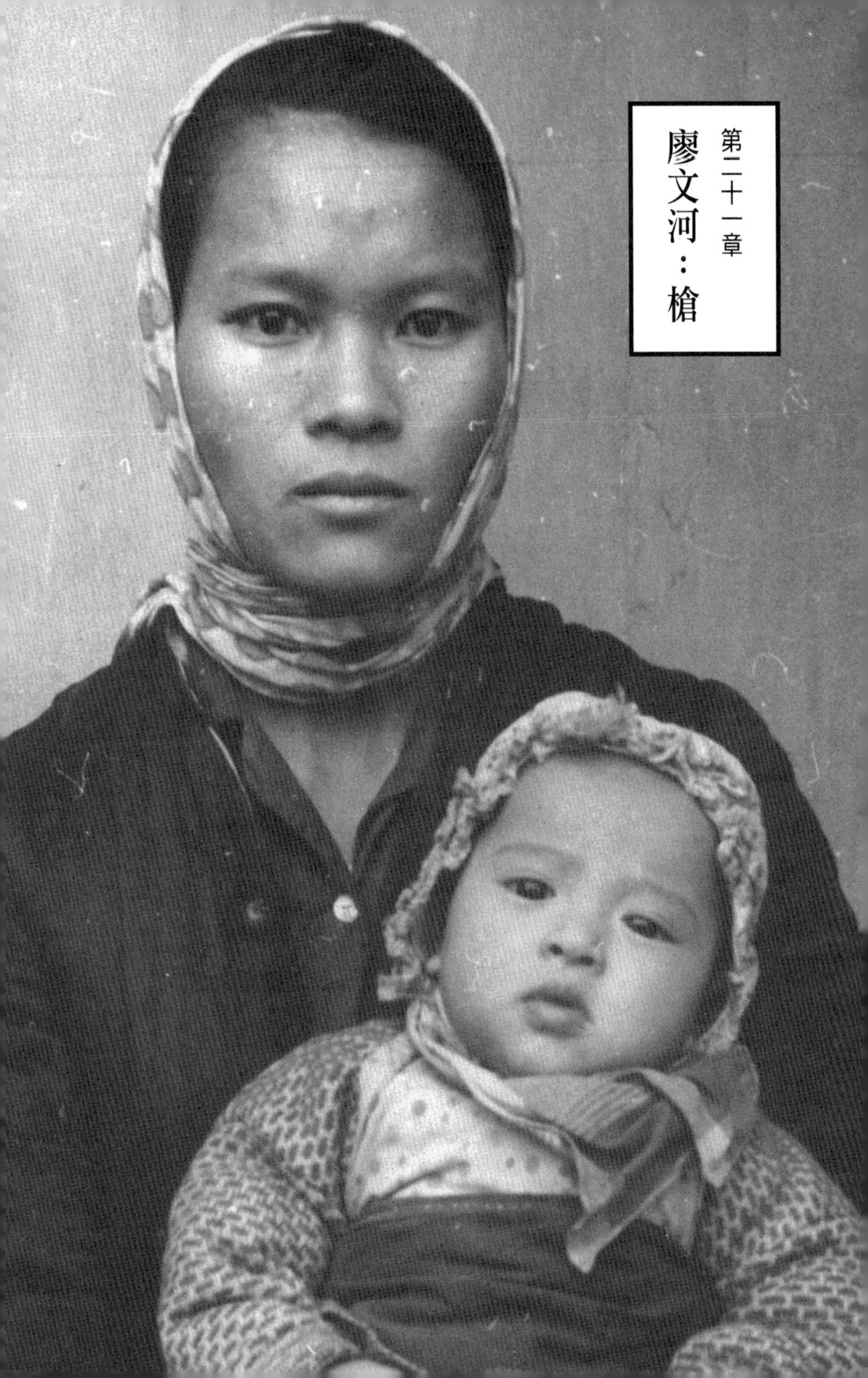

# 軒尼菲德機場，一九八六年

越南外勞廖文河（Lieu Van Ha）並不知道，已經過了多少時間。

他已經坐在車內好幾個小時，持續從後視鏡注視著那個在樓上公寓裡四處移動的影子。他看到屋內電視的藍光在那面薄透的窗簾上閃爍著，而他仍獨自在外頭守候並等待。住樓的訪客來了又走，裡面的住戶已熄掉他們的床頭燈，準備就寢。一群貓兒在戶外的幾個大型垃圾桶後面彼此悄悄地走近，後來還出現一隻狐狸，在覆滿白雪的停車場上蹣跚地四處走動。一對年輕男女在一輛汽車的前門旁邊逗留，依依不捨地互道晚安，他們呼出的兩股溫暖氣息在冷空氣中蒸騰，像是兩個彼此交纏的靈魂。當他們終於分別時，廖文河的內心在哀傷中翻攪著。

而後，廖文河看到那個身影出現在三樓的窗戶邊，而再度感到憤怒不已。那個男人的手中拿著一只閃閃發光的水晶玻璃杯，杯內應該注滿了約翰走路紅牌威士忌（Red Label）吧！他這麼推想。這個男人正在抽菸，還歪著頭講電話，廖文河當時幾乎要採取行動，他很想把握此刻，圓滿地解決問題，然而，那個人影卻帶給他既奇怪又困惑的感受。

廖文河那一晚開車來到靠近葛倫納華德區的策倫朵夫區，距離他在柏林窩居的那個隱僻角落頗遠。他的車子停在一排低矮的連棟建築物後面，就在幾棵高大而陰暗的樹木底下，那裡一片幽暗，沒有一絲燈光，只有白雪灑落在擋風玻璃上的輕微聲響。松木的氣味從微微打開的車窗透入車內，黑夜如此靜悄無聲，以至於他連片刻都不敢發動引擎讓車內的暖氣運轉。越南外勞廖文河從未習慣柏林冬天的寒冷，他也從不明白，為何手裡的槍，無論天氣如何，總是讓他感到溫暖。此時車內的他直打哆嗦，為了保暖，只能用身上那件皮夾克緊緊地把自己包裹住。

那個男人的側影讓他想起越南的故鄉，一個距離柏林非常遙遠的地方。他出生於一個南越的村莊，當他還年幼時——大約三或四歲——他的母親總是在靠近河邊的千里花（thien ly）花棚下鋪著竹蓆，讓他的頭枕著她的大腿躺下，一起聽著唧唧的蟬鳴與咕咕的鴿啼。他母親喜歡大量種植可以入菜的千里花，讓它們攀爬上那一片由竹竿搭起的棚架，而廖文河的第一個工作就是給這種藤蔓植物澆水，讓它們的根部獲得水分滋潤。在他的故鄉回憶裡，盡是金黃色千里花的濃郁香氣，還有加入千里花烹煮的那道蟹湯的滋味。那些螃蟹還是從稻田裡現抓的呢！

當南越落入北越人民軍的掌控時，廖文河的父親便帶著家人從湄公河三角洲遷往越南北部的永福省（Vinh Phúc）。他當時認為，他們一家在那兒落腳應該會比較安全，而且他還可以在一處熱帶農場工作。這次搬家確實讓他們免於被越共政府送進「改造營」（re-education camps），但卻也讓他們付出很大的代價。後來，農場因為咖啡樹枯死而倒閉，而且貧瘠的山區土壤也不適合種植千里花，經過幾年折騰後，他母親才成功地讓這種藤蔓植物攀爬到棚架上。那塊丘陵地抓不到螃蟹，千里花即使好不容易栽種成功，廖文河的父母卻沒有錢購買炒食千里花所需的野豬絞肉。他父親後來卑微地以砍柴謀生，母親則負責把那些木柴拿到市集換取米糧。他母親希望能回到南越平地上的家鄉泰通（Tay Thon），因此，父母雙方經常對於是否返回南方而爭論不休。他父親的聲音會從空蕩蕩的房間裡突然爆發出來，然後開始咆哮謾罵。廖文河每次被父親毆打時，就跑到架高的住屋底下躲起來，雙手不是摀住耳朵，就是憤怒地搔著那顆開始發疼的頭。

一個多雲的六月天，他父親在雨中離家前往城裡，卻一去不回。接著一群穿著制服的男人來到家中詢問他的去處，當他的母親無法回答時，他們便命令她拔起園裡的千里花，改種甜番薯。她當時因為拒絕這樣的要求而挨揍，從家中被帶走之後，由於遠離自己的家庭，沒有人可以保護她，所以沒過多久便過世。她死於某個午後，就在木棉花（kapok）深紅色花瓣掉落到土壤多石的北越山地的那個月份。

頓失雙親的廖文河自此成了孤兒。他在十七歲時離開越南，搭乘「德意志民主共和國（東德）國際航空公司」（Interflug）的蘇聯製伊留申四引擎客機（Ilyushin）來到東柏林。當他走下那架抵達東柏林國際機場——軒尼菲德機場——的班機時，立刻感受到生命中前所未有的寒冷；這種冰冷並不存在於北越的山區或孤兒院，甚至他先前在偏遠的中越邊境受訓時，也沒有經歷過這種低溫。坐進那部前來接機的交通巴士裡，裡面的溫度與接待人員的態度並沒有讓他覺得比較溫暖。在車內，除了那些來自河內的男孩與女孩之外，沒有人會說越南話，而他們當中也沒有人會說一句德語。車子行駛在一條朝著遠處森林一直延伸的鋪石道路上，前頭沒有路燈亮起。每當車子開到山丘的頂端，他就會在座位上挺身坐直，往前方注視著，希望能一睹歐洲的風貌，但外頭卻是一片漆黑，什麼也看不見。

他跟大部分在東德的越南「外籍技術勞工」一樣，曾在越南自願加入一個社會主義國家的國際合作組織，並與該組織簽下五年的勞動合約。六萬名左右的越南勞工在抵達東德後，便被分配到耶拿的蔡司公司（Zeiss）擔任光學技工，或在工業重鎮茨維考（Zwickau）的衛星牌汽車（Trabant）[1]工廠，或艾爾福特（Erfurt）與瑪格德堡的水泥廠工作。他們薪俸中的百分之十二必須交給越南政府，另一部分則以消費性物資支付，例如：糖、

1 衛星牌汽車是東德的國民車，這種小型車亦被暱稱為「特拉比」（Trabi），在柏林圍牆倒塌後，成為前東德的象徵。

肥皂、縫紉機與自行車等。他們必須加入東德的自由德國工會聯合會（Freier Deutscher Gewerkschaftsbund），而且還被要求繳交社會保險費，但卻無法獲得社會保險的保障與福利。他們的月薪只有四百元東德馬克，但實際領到的現金卻比這個數目少了許多。

廖文河一下飛機，便被那輛前來接機的巴士送往柏林北方一百三十五公里處的新布蘭登堡市（Neubrandenburg）接受短期德語培訓。入住的宿舍就像一座軍方的營房，語言訓練員睡在鋪位的上層，越南人則在下層。學員們每天持續上課八小時，課後還必須完成家庭作業，而且依照規定，只能以德語交談。當時東德政府並不鼓勵這些越南外勞與當地人往來，融入當地的生活圈，而且只要越南女性勞工一懷孕，就必須被迫墮胎。在那所德語培訓中心裡，廖文河和其他的越勞餐餐都在一處像軍隊食堂的餐廳裡用餐，而且整整三個月培訓期間從未供應他們習慣吃食的米飯。夜裡，照射在天花板四周那幾盞警示燈還散發著硫磺的臭味；白天，他朝著教室四周望去，目光越過一旁的閱兵場而落在裝上帶刺鐵絲網的圍牆上。此時，他不禁問自己：「我是在監獄裡嗎？」

在德語培訓中心裡，廖文河用功地學習，而不像那些越共官員的兒子們經常在課堂上打瞌睡。他知道自己必須在這個寒冷的「新家鄉」奮發向上，努力打拚，因為他在越南已一無所有，除了那些不好的回憶。

德語培訓結業後，他被派到東柏林利希登伯格區的一家成衣工廠工作。在一個多霧的早晨，他來到這家工廠門口排隊等候，抬頭望著四周灰濛濛的建築物，心裡還忖度著，東柏林是否看起來就像莫斯科。刺鼻的白煙從一支工廠的煙囪裊裊升起，一群沮喪的工人在晦暗的天色下緩緩移動，從一條骯髒、以玻璃覆蓋的通道往下走到集會廳。在他這位越南外勞看來，身旁那些東德勞工看起來很倦怠，他們的氣色不好，臉頰還因為喝酒而泛紅。然而，在工廠裡，在那些用衣架掛起的聚酯纖維材質的長褲之間，在那一長排縫紉機的旁邊，卻坐著一大群亮麗、年輕、穿著白色上衣及藍色工作服的越南女工。廖文河與她們一起工作，幫她們取走已縫製好的衣服，並搬給她們一些依規格裁切好、等著她們車縫的布料。由於他的手指很靈巧，他甚至還會跟著輪班，和這些女性同胞一起踩著縫紉機工作。在那間牆面掛著東德總書記何內克肖像的工廠裡，廖文河為了配合官方在五朔節舉行的大型集會，幫忙趕製一些連帽夾克、制服以及紅色旗幟。

這家成衣廠的副經理是一位敢於冒險的越南苗族陸軍少校，曾參與一九七九年的中越戰爭。他在工廠裡注意到廖文河工作很勤快，於是便說服他，讓他相信為他這位越南上司效勞的好處遠勝過為東德廠方賣命。「一個聰明的男人口袋裡必須有錢，這樣才能擁有手表或女人，或在星期六晚上跟別人賭一把。」他一面在員工餐廳吃德國血腸（Blutwurst），一面對廖文河說道，聲音中還帶著習於發布命令的男人那種精確而宏亮的語調。

這位越南少校認為，只在成衣廠當個副經理實在與自己的家世不相稱。為了獲得更好的發展，他曾指示手下那些縫紉女工私底下製作剪裁新穎的牛仔褲，再將它們拿到廠外販售，這麼一來，就可以額外增加東德馬克的收入。但他並未就此感到滿足：為了進一步賺取西德馬克這種強勢貨幣，他後來還請人到西柏林的卡爾斯塔特百貨公司購買具有設計感的品牌牛仔褲，然後再依照尺寸大小一一仿製。在東柏林，每條在成衣廠裡私下仿冒的牛仔褲售價是廠方生產牛仔褲的十倍；若有機會拿到圍牆另一邊的西柏林販售，利潤則更可觀，因為，可以賣到二十倍的價錢。

後來，東德當局准許持有越南護照者可以前往西柏林。廖文河由於本身開朗的談吐以及流利的德語而成為上校的得力助手，負責與業者交涉以及貨物遞送。廖文河被少校相中的另一個原因是：如果這種不合法的生意出了差錯，已失去親人的廖文河就是最好的代罪羔羊。

這是廖文河生平第一次擁有錢財與自由，他很喜歡這種富足而自在的感覺，眼裡也因而閃爍著新的光芒。在腓特烈大街火車站陰冷而昏暗的外頭，一位東柏林家庭主婦在販售龍頭花，每束一元東德馬克。廖文河向她買了十束，準備送給成衣廠的縫紉女工，而且還以一個五元西德馬克的新硬幣付帳，根本不知道在東德使用西德馬克是非法的行為。那位賣花老婦在拿到錢後，便從他的身後追上他，很高興地把剩下的龍頭花全給了他，因為五元西德馬克的價值相當於五十元的東德馬克。

當他們從事非法生意的規模愈來愈大時，少校還向廖文河保證，他已不需要到成衣廠打卡上班，雖然形式上他還是這家工廠的正式員工。實際的情況不用想也知道：反正就是他假裝為他們工作，而他們假裝付他薪水，如此而已。

而後，少校指示廖文河到西柏林採買一部電腦。當時東德政府為了維持共產主義者掌握優越技術的假象，並不准許西方的機器與科技用品輸入東德。然而，許多在東德各部會以及卡爾．馬克思大學——即萊比錫大學——任職的人士卻願意私下用較高價格購買這些西方的進口貨。少校、廖文河以及幾位越南友人一共湊出三萬元東德馬克，然後找到一位黎巴嫩籍的貨幣匯兌商把這些現金換成三千元西德馬克。廖文河便拿著這些西德馬克通過柏林圍牆，在西柏林的康德街買下一部安裝微軟MS-DOS 3.0軟體的IBM個人摺疊型電腦（PC Convertible），也就是IBM早期的筆記型電腦，然後把它裝在一個有異味的榴槤箱子裡，以走私的方式運回東柏林。少校後來透過管道把這臺IBM電腦以十二萬元東德馬克私下賣出，這個成交價是他們合資進貨成本價的四倍。

此時廖文河已經把成衣廠的工作完全擱在一邊，專注地從事走私電腦的暴利買賣，而且還接到一些特別的訂單，例如：戴爾Turbo系列的個人電腦、惠普的感熱式印表機以及艾康公司（ARM）生產的處理器等。由於生意興隆，接單頻繁，他後來在穿越邊界的檢查哨時，變得很大膽。當時東德的邊防警察只是馬馬虎虎地檢查一下，就讓他開著借來的車子通關，並未起疑。他當時很年輕，而且過於自信，認為自己不會受到傷害，還稱自己是「刀槍不入」，幾乎不理會少校已打算從走私活動撤退的計畫。

多金的他開始在西柏林縱情歡樂，恣意揮霍皮夾裡的現金。他在卡迪威百貨公司為自己購買一只金戒指；在永無止盡的紙牌遊戲中豪賭；與美麗的西方女子進行性交易；為了讓自己開心，他還把紙鈔塞進西柏林夜店女舞者的丁字褲裡。在這十八個月期間，他總共從西柏林非法輸入八十幾部電腦，直到他的少校上司突然失去行蹤，史塔西幹員強力撞開他宿舍的房門，這場走私活動才戛然中止。

「你在一九八八年十月七日賣掉一部IBM 3090型電腦，現在那筆貨款在哪裡？」負責訊問他的幹員質問著。「一九八九年一月十二日，你非法進口一臺蘋果MacPlus系列的電腦，產品序號C6330ROM0001AP，這筆買賣賺來的錢現在到哪裡去了？」

在訊問室裡，廖文河發現，史塔西握有他們每一筆交易的紀錄。他們凍結了他的銀行帳戶，沒收了他辛苦走私所賺得的存款以及那些從西柏林輸入的電腦。這些電腦有些還散發著榴槤的臭味，有些或許已經優雅地擺在史塔西總部的辦公桌上。在引渡程序的處理過程中，廖文河被關在一間小囚房裡，他當時已經知道，東德當局如何刻意地利用他和他少校上司的這場走私活動。在那架準備遣送他返回河內的班機於軒尼菲德機場起飛之前，他向押送他的幹員要求上廁所。透過事前的祕密安排，他在廁所裡與少校碰面，兩人快速互換外套後，他便走出廁所。當他經過監督他行蹤的守衛面前時，這位守衛卻對他的逃離渾然不覺，因為他也跟大多數的德國人一樣，無法分辨亞洲人的臉孔。廖文河在成功脫逃後，便從南郊的飛機場搭乘電車回到東柏林。

三個月後，柏林圍牆倒塌。廖文河也從東柏林的藏身之處跨越這條已開放的邊界，來到西柏林。他走進選帝侯大道知名的克朗茲勒咖啡廳——二十幾年前，甘迺迪的車隊就是在這個咖啡廳前的十字路口轉彎，往布蘭登堡門前進——偶然間遇到了一群移民西柏林的南越人正聚在一起喝酒聊天，於是他便點了一杯啤酒，加入他們的聚會。

越戰結束後那十年，當執政的越共支持者基於社會主義國家的友好合作關係而紛紛以外籍勞工的身分飛往東德時，大約有一百五十萬名反對越共政權的越南人逃離越南，成為海上難民。這些難民乘坐擁擠而破舊的船隻在海上漂流時，其中多達二十萬人因為船隻沉沒而喪命。順利抵達公海海域及西方的難民，有三萬八千人被安置在西德，其中有許多人在西柏林落地生根。因此，一九八九年十一月柏林圍牆倒塌後，來到西柏林的廖文河赫然發現，自己與過去的敵人面對面地碰上了！

這群越南人在克朗茲勒咖啡廳熱熱鬧鬧地聚會時，一開始並沒有人提起越南那幾十年的悲劇。成長於北越的廖文河和在場其他的南越人有說有笑，還分享那些田蟹與千里花的回憶，但他那鏗鏘有力的北方腔卻與輕軟、富音樂性的南方腔顯得格格不入。此外，他也很快地發現，他和這群南越同胞存在著一些明顯的差異。

定居西柏林的南越人在越共占領南越而逃亡海外時，曾在逃難過程中歷經可怕的折磨而深受驚嚇，因此，他們渴望擁有比較平靜的生活、穩定的工作、國家提供的社會福利保障以及一瓶已開瓶、隨時可以享用的約翰走路紅牌威士忌。他們只想在這個充滿苦難的世界裡，選擇一個和平、可以安居樂業的小角落，因此，對他們而言，欣然以高風險的方式在東德奮鬥的廖文河似乎野心太大。然而，弔詭的是，他們從前為了逃離共產主義而歷經許多危險，後來卻張開雙臂擁抱西德基於社會主義精神而實施的社會福利制度。當那晚的聚會接近尾聲時，大家突然沉默不語，特別是在廖文河提到他母親娘家在南越的村落名稱之後。

東德政府垮臺沒幾個星期，廖文河就跟其他的東德外勞一樣，失去了工作與居留權。莫三比克、古巴與安哥拉籍的外籍勞工後來接受了德國政府發給他們每人三千馬克的返鄉津貼，紛紛打包行李回國。但廖文河卻決定留在德國發展，即使仿冒牛仔褲與走私電腦已不再有利可圖。他一度從事盜版光碟買賣，但報酬同樣少得可憐。後來他透過一位朋友的私人關係，得以優先而大量地取得德東的茲蕭堡（Zschopau）摩托車工廠生產的ＥＴＺ單汽缸系列機車，不需跟著一般消費者排隊訂購並久候，然而，當人們後來轉買日本的鈴木機車時，這筆生意只好收攤。後來隱身匿跡的少校突然現身，要他幫忙一位東柏林卡爾霍斯忒蘇聯兵營（Russenkaserne Karlshorst）的前蘇聯軍官。

當東德被西德合併後，仍駐守於原東德境內的蘇聯軍人，仍可用低於德國市價頗多的免稅價格毫無限制地購買香菸。由於少校發現賺取免稅香菸的高額價差是快速賺錢的管道，於是便向卡爾霍斯忒兵營的某位蘇聯軍官訂購兩百條進口香菸。但這位軍官當時卻把數量誤聽為兩千條，廖文河在取貨時，便立刻以賒帳的方式買下另外的一千八百條，然後以課稅後的市價五折賣掉它們。不到一週，他又回到這座蘇聯軍營批貨，一口氣買下四千多條萬寶路（Marlboro）與金美國（Golden American）這兩個品牌的香菸。十天後，他再次進貨五千條。在他從事這起黑市買賣的兩週後，他便給自己買了一部二手賓士車，不到一個月，他所累積的獲利已足夠讓他支付一棟十字山區小型公寓的頭期款。後來，他便和三位成衣廠的女工住進這間公寓裡。這三位越南小姐原本住在馬爾燦區（Marzahn）簡陋的員工宿舍，搬進廖文河剛買下的公寓後，便顯得欣喜不已。她們尖叫、傻笑、喋喋不休，甚至整個人還倒在地板上，評論著他買給她們的新衣服——時髦的粉紫、淺黃褐與黃棕色。他喜歡她們穿上的新衣服可以襯托出本身暗褐的膚色以及烏黑發亮的長髮。

廖文河喜歡富有的滋味以及那些可以用金錢買到的快樂。這些從德國人身上賺來的錢財讓他獲得安全感與勢力。他把成疊的現金裝在藍色垃圾袋，然後擺入冷凍櫃裡，每次當他從中抽出一疊冰冷的紙鈔時，似乎覺得它們會在他的手指之間融化掉。

廖文河手下那些街頭小販在超市外頭、在卡爾・馬克思大道（Karl-Marx-Allee）沿路或聚集在亞歷山大廣場上兜售進口香菸。這筆獲利豐厚的交易受到他自己以及其他人的聰明才智與野心所驅動，如滾雪球般越來越大，後來連KGB幹員也參與了這項暴利買賣。大量的香菸透過船舶、軍用卡車與軍機運到柏林。總之，德東所有的蘇聯軍營全都投入這起走私交易。根據未發布的官方統計數字，這場香菸走私在巔峰時期，三十五萬名仍駐紮於德東地區的蘇聯士兵，平均每人每天要抽三條香菸，也就是六百根香菸。這些滯留於德東地區的蘇軍多數仍被限制行動，只能鬱悶地待在兵營裡，德國政府為了緩和他們的情緒並轉移他們的注意力，以免群起鬧事，便睜一隻眼、閉一隻眼地容忍這種黑市交易以及大筆的稅收損失。

蘇聯紅軍在一九九四年撤出德國後，源源不絕的免稅香菸貨源便隨之中止。私販香菸的大盤商們只好改變他們的策略，假裝透過白俄羅斯的一些假公司訂貨，並讓一些裝滿香菸的貨櫃車從鹿特丹開往首都明斯克。當這些貨櫃車穿越德國後，就會被攔下，一群人會把貨櫃裡的香菸搬空，然後再裝入同等重量的磚頭，並予以密封。當貨櫃車一路穿越德國開到東邊邊界的過磅站準備離境時，由於載重不變，海關人員便以過境貨櫃處理而不予課稅。之後，這些香菸走私客還把裝載貨物的底艙焊接在農業用油輪的下方，透過這種方式，從波蘭、立陶宛與斯洛維尼亞這些東歐國家輸入數十萬條免稅香菸。

廖文河後來對這種偷偷摸摸的香菸交易已不再感到欣喜。他每個月都會趁著深夜和十幾位司機開著一列車隊，在柏林周邊那些一望無際的松林裡與一部七噸半的卡車會合一次。這些越南司機在幾分鐘內便可把卡車上的箱子快速地搬到他們車上，隨後便立即交給對方一只裝有紙鈔的垃圾袋，畢竟沒有人數錢能像越南人那般快速。廖文河手下的越南男子工作認真，而且因為睪固酮分泌旺盛，體力絕佳，在兩小時內，便能將到手的香菸分配給那些在街頭兜售的小販，而且還能在黎明時分及時回到「國王俱樂部」（King's Club）這家西柏林的夜店。

少校曾經下令，在每一座預定交貨的森林裡，必須先規畫兩條可以脫逃的路線。但廖文河那一次卻過於大意，並未事先規畫。時值盛夏，當月光隱去，黑暗徘徊於天際時，他跟往常一樣，依照約定和波蘭的供貨者在市郊的森林裡碰頭。那是他入行以來最大的一筆交易，四萬八千條香菸不到二十分鐘便已完成卸貨，廖文河在欣喜之餘，還舉起遞過來的伏特加酒杯，祝賀雙方的情誼如兄弟般穩固，殊不知，車隊準備駛出森林的路徑已在一百公尺外遭到封鎖。一群武裝的俄羅斯人包圍了他們的車隊，命令他們下車，走進那片黑漆漆的森林裡，然後對空鳴槍，把他們嚇得四散奔逃。廖文河頭頂上方的那棵樹還被炸開，樹液和樹皮碎片灑了他一身。那群俄羅斯人偷走了他們的車子、所有的香菸和現鈔，甚至連波蘭人的那輛卡車都不放過。

人性貪婪和買賣暴利讓私販香菸的生意發生了變化。其實，在俄羅斯黑幫涉入之前，暴力行為早已存在於越南人的圈子裡——比如，貧民區廉價公寓裡的懲罰性毆打、卡拉ＯＫ吧外頭的謀殺案等——然而，德國警方卻不關切這類的刑事犯罪。直到更大的玩家從基輔和莫斯科來到柏林後，德國當局才無法再坐視他們那些令人髮指的暴力行徑、走私海洛因、販賣人口，以及插手私售香菸的買賣。那些在柏林因為爭奪地盤而彼此對立的外國幫派行為非常囂張，他們行賄當地的政客，將烏克蘭女人賣為性奴隸，還曾把一位塞爾維亞籍的敵手埋入土坑裡，只露出頭部，然後再以大鐮刀行刑，割下他的頭顱。總之，柏林在蘇聯瓦解後，已成為買賣毒品和女性人口的集散地，而且充斥著可怕的暴力。

廖文河雇用的手下和他們的妻子開始擔心工作的危險性，生怕捲入東歐的黑幫火併而無法脫身。有些越南人會到柏林的墓園祭拜那些喪命的友人，在墓旁為亡魂灑下米酒並為他們祈禱。一九九八年，大部分受雇於廖文河的越南人都已洗手不幹，他們把股份兌現之後，便拿著這些資金轉入正當行業，成為亞洲食品的批發商或開設壽司餐廳。但廖文河似乎沒有抽身的打算，因為他那時還買了一把槍。這位號稱刀槍不入的男子在他人生的第三階段，將從強壯轉為虛弱，就像二十世紀柏林的演變。俄羅斯人奪走了他所有的錢，而且他的眼目已被種種生存的不堪玷污。他詛咒並悲嘆那些已逝去的舊日時光以及他在越南的孩提時代。這個世間似乎只有兩種人，他若有所思地說著。這句話似乎在呼應十七世紀三十年戰爭時期的科林・阿巴尼、一戰時期化學家弗利茲・哈伯的妻子以及一九四五年二戰結束後，迪特・威爾納父親的想法：狂放與柔順之人、軍人與平民。然而，不具軍人身分的平民卻也會彼此相殘。

現在，廖文河需要重新開始。他打算往電腦方面發展，但卻不是從前他走私進東柏林的那些電腦硬體，而是軟體設計以及網際網路這個新興領域。柏林房租低廉，而且青年失業率頗高，因此他相信，在這座城市開設網路公司應該是一個很理想的選擇。由於網路公司的資本支出額較小，再加上柏林英語普及，因此，他打算在柏林架設類似美國的線上賭博以及不動產買賣的網站。他先以干擾德國的同業競爭者為營業目標，然後迫使他們在短短幾年內結束相關業務。

為了籌措資金，他決定求助西城區那些處事謹慎的南越移民。畢竟東、西柏林的越南人在柏林圍牆倒塌後，雙方經過幾年的交流和互動，原先對彼此的敵意已有緩和，其中通婚是最主要的原因。西柏林那些反共的越南難民以男性居多數，東柏林的越南女工——比如那些在東柏林利希登伯格區的成衣工廠工作、曾與他同床的女縫紉工——在東德瓦解後，若要繼續留在德國，透過婚配取得德國國籍（比方說，與西柏林具有德國國籍的南越人結婚）不失為一種可行的方式。往昔的宿敵不僅已達成和解，而且廖文河還可以透過從前那些穿著藍色工作服的女同事，進入位於策倫朵夫區富裕越南家庭的客廳。

有一晚，當廖文河在西城區向一群越南年長者說明他網路公司的經營計畫後，現場有一位太太便把廖文河叫到一旁問他，他父母的家鄉是不是泰通？「因為，我們隔壁有一位老先生說他是在那裡出生的。」她說。

廖文河立刻詢問他的姓名。

「他叫廖文瘋（Lieu Van Khung）。我曾經跟他提過你，但他似乎不是很想見你。」

「廖」（Lieu）在越南並不是一個常見的姓氏，而且「瘋」（Khung）這個名字更罕見，因為，這個越南字就是「瘋狂」的意思。沒錯！那就是他父親的姓名，那位不負責任、害他母親喪命的父親！但說也奇怪，廖文河的父親既然出身南越，為何從前老是表示自己在南方的家鄉覺得很不自在。

「我們這位鄰居的太太已經過世，我想，或許你小時候就已經認識他，因為他會特別提到，從前在泰通曾沿著湄公河岸種植許多千里花。」那女人停了一下，接著還補充說道，「他說，他的家鄉在南越，不過，他說話的口音聽起來卻像北越人。」

現在廖文河正坐在車子裡，注視著在那間公寓窗戶間移動的一個影子。那條可憎的邊界線把一個原本完整的國家分割為東邊與西邊、南邊與北邊。甘迺迪所謂的「一個大大的半圓」（a great half-circle）不僅包圍了西柏林，它還往東延伸到南越的西貢。這條壁壘分明的分界線不僅撕裂了家庭、製造兄弟之間的敵對，還讓無數的心因而破碎。廖文河經常覺得，冷戰、柏林圍牆、北越與南越對他而言，就像古代的歷史。但他內心也很清楚，這些東西其實就是他的歷史，如果他不對過往的背叛展開報復，他就無法繼續往前，無法跨入現代世界。當他坐在車內靜靜等待並望穿那漫長而黑暗的夜色時，還不時觸摸著手裡那把溫暖的槍。

他當時並不知道，已經過了多少時間。

## 第二十二章

# 我們去跳舞吧

# 柏林動物園，二〇一一年

這位青年並不知道那位年輕的小姐叫什麼名字，或至少當他醒來時，已經無法記得。不過，他知道她的父親是俄國人，在柏林圍牆倒塌沒幾天就來到柏林的猶太裔俄國人。他在柏林從事汽車買賣，而且是先學會以越南語打招呼，而不是德語。初到柏林落腳時，他在馬爾燦區租下一間專供外國人居住的廉價公寓，頭幾個月只靠蒸食粗麥粉揉成的麵團果腹維生。在順利取得難民身分的那一夜裡，他在柯爾維茲廣場旁的一家龐克夜店裡喝了一瓶半的俄羅斯「蘇托力」（Stolichnaya）伏特加，然後在舞池裡與女兒的母親邂逅並倒在她的懷裡。

這位柏林小姐的母親是美國人，比她父親早來柏林幾年，曾在紐約當外務員，而後來到柏林，在電影《慾望之翼》（*Wings of Desire*）[1]的拍攝片場找到一份工作，柏林圍牆倒塌後，與那位俄國猶太人陷入熱戀，隔年生下這個女孩，但後來卻被這個男人給甩了。不過，她仍依照原先的打算而繼續留在柏林，等到女兒六歲時，便把她交給她的生父扶養，而獨自回到美國。她後來在美國好萊塢的夢工廠電影公司（DreamWorks）找到一份很理想的工作並再度結婚。她的女兒曾有三年九個月未曾見到自己的母親。

那個女孩生長於柏林，是一位真正的柏林女孩。自從她母親回美國之後，她便由父親養育長大。她會在老莫阿比特街（腓特烈大帝曾在這個街區栽種皇室的馬鈴薯，柏林最早的工業區也在此設立）的家中，為父親那些精神狂亂的朋友表演俄羅斯民族舞蹈「齊格諾西卡」（Ziganochka），在上學之前，還會清理他們留下的酒瓶和菸蒂。她透過自修而學會看樂譜，而且還會搜尋並聆聽她父親收藏的一些舊CD，比如美國歌手盧・里德（Lou Reed）與胡安・阿特金斯（Juan Atkins）以及德國女歌手妮娜・哈根（Nina Hagen）和西柏林女DJ愛倫・阿莉安（Ellen Allien）等人的音樂。她在十六歲便製作了第一張專輯，十八歲已自行找到工作，在夜店「克納克」（Knaack）的吧檯後面，讓那些已結束正式表演來到店裡的DJ們繼續為大家播放音樂。在這座聚集全球夢想家的德國首都裡，她懷有一個夢想：她希望能用自己混音的電子舞曲跳舞。這些透過混音而創作的新舞曲是她的一切，也就是前輩女DJ阿莉安口中所說的「腦輕鬆」（brain candy）——亦即讓大腦感到輕鬆愉快的體驗。這些電子音樂可以把舞客推向極限，讓他們搖擺、汗流浹背，直到現場的氣氛嗨到最高點，直

1《慾望之翼》是德國大導演文・溫德斯最為人津津樂道的電影，德文片名為《柏林蒼穹下》（*Der Himmel über Berlin*）。文・溫德斯還因為這部影片榮獲一九八七年坎城影展最佳導演獎。

到這個世界臣服於舞蹈之下。

這位青年也認為自己是柏林人，只是後來離開了這座城市。他跟她一樣，都是二十一歲。他在柏林的博愛慈善醫院（Charité）出生，沒多久便跟著父母搬到南德的斯圖加特（Stuttgart）和英國的倫敦。他在孩提時期曾在沙箱裡用樂高積木建造好幾座城市，後來就讀於倫敦的英國建築學院（Architectural Association School of Architecture），並順利取得建築師資格。他一畢業、便在斯圖加特的「米拉與伙伴」建築事務所（Milla & Partner）找到工作。這家事務所正準備為柏林皇宮廣場打造一座自由暨團結紀念碑（Freiheits-und Einheitsdenkmal），即標題為〈參與公民運動的市民〉（Bürger in Bewegung）的大型公共藝術作品：一座置於基臺上的超大型秤盤，走在上面的訪客可以透過自己在這片大秤盤上的施力與移動方向，讓它上下左右地擺動。這種設計主要是想提醒人們，確實可以透過自身的努力，一起改變這個世界。

自童年離別以來，昨天晚上他第一次回到柏林，並在舞池裡遇到那個正在自己的生命大唱盤上旋轉的女孩。他當時情不自禁地注視她的眼眸，直到現在，他還記得她那綠色的雙眼。綠如玉石，他這麼告訴她。

「抱歉，我比較喜歡女孩。」她回答時，臉上仍掛著笑容。

她的美國籍母親曾告訴她，她從未投票給共和黨的雷根。她沒有選他當加州州長，也沒有選他當美國總統，而且對於他那些掃街造勢活動也不贊同。一九八七年，當雷根訪問西柏林期間，她母親還走在兩萬四千名示威群眾的前頭，抗議這位美國總統訪問西柏林。總之，她反對美國的霸權勢力，反對好萊塢系列科幻電影《星際大戰》，甚至反對華德・迪士尼製作的那些動畫片。她已確信她那個年代的某些事物，關於這個世界應該如何、或至少不應該如何。柏林建城七百五十週年那一天，她並沒有參加美國人為了共襄盛舉而在天普霍夫區大量發放蛋糕與氣球的活動，而是像個小人物一般，與綠黨、無政府主義者以及一些幫派上街遊行。他們沿著選帝侯大道前進，在全副鎮暴裝備的警察隊伍之間橫衝直撞，向店面的櫥窗丟擲瓶子並焚燒車輛。美國總統雷根本來就是個演員，當時七十幾歲的他已準備進入退休狀態，然而，站在緊鄰布蘭登堡門的柏林圍牆旁邊——美國總統甘迺迪、中情局幹員比爾・哈維和英國歌手大衛・鮑伊都曾在此停留——他仍顯得活力十足，而且還以漂亮、具說服力的修辭公開呼籲：「戈巴契夫先生，拆掉這道圍牆吧！……柏林只有一個！」此時，她的雙眼含著淚水，因為她受到這些話語的感動——雖然她不喜歡承認——而不是因為警方丟擲的那些催淚瓦斯。

之後，東德人很快地發現了一個逃離他們那個「烏托邦監獄」的新方法：經由政治環境比較自由的匈牙利前往西方。一九八九年，由於蘇聯共黨總書記戈巴契夫拒絕出動紅軍，以制止東歐鐵幕國家的外流人潮，不消幾個月，東德政權便因此而終結於混亂與恥辱中。當東德當局撤除柏林圍牆的邊境控管時，成群的東柏林人便衝過柏林圍牆。他們的眼睛閃爍著光芒，先喊出「我們是人民！」（Wir sind das Volk!）然後把口號換成「我們是一個民族！」（Wir sind ein Volk!）而且還在警車的擋風玻璃上擺滿了花束。在波茨坦廣場上，一群英軍忙著為那些欣喜不已的東柏林民眾——其中包括那位青年建築師的父母——遞上熱茶。這些來到西柏林的東柏林人簡直無法相信自己終於獲得自由，當時還一再地回頭注視那座鋼筋水泥的障礙物，並把中指彎扣在食指上祈求好運，以防美夢突然破碎。那些在辛克爾設計的「新崗哨」裡踢著正步、負責守衛的東德人民軍已撤離，只剩下一位警察站在那裡。蘇聯大使館外頭的列寧半身塑像已取下，並被裝入一個塑膠箱內帶走。分裂的東、西德在柏林圍牆倒塌的隔年正式統一。德國人後來把國家的統一稱為「轉捩點」（Die Wende）。

在柏林圍牆倒塌後那個不尋常的冬天，這位女孩的母親在柏林圍牆廢棄的瞭望塔之間逡巡，並意外地發現一道隱密、通往地下的階梯。她當時順著階梯往下走，還經過一處已被磚塊封閉的地鐵站入口，然後便進入了萊比錫街從前韋特罕百貨公司保管貴重物品的保險金庫——一座用鋼筋水泥建造的地下室。隔年，西柏林夜店的老闆便著手改裝這個已荒廢數十年的地下空間，成立柏林第一家專攻鐵克諾音樂的夜店「保險庫俱樂部」（Tresor）。在這座重新合為一體的城市裡，柏林的夜店咖便從四方聚集在曾經隔離他們的柏林圍牆——也就是東、西雙牆之間布滿地雷與尖刺物的死亡地帶——下方，一起跳舞狂歡。

在柏林圍牆倒塌的十年前，美國搖滾歌手盧．里德就如同他的成名曲〈走在狂野的一邊〉（Walk on the Wild Side）而確實來到圍牆狂野的一邊：西柏林。他發表的那張描述一對柏林毒蟲情侶愛情悲劇的專輯《柏林》，曾巧妙地利用這座被圍牆切割的城市做為隱喻，而後他的音樂還成為一股新浪潮，衝擊著十字山區及軒納柏格地區的搖滾樂文化。鮑伊與帕普在西柏林生活時，經常光顧位於十字山區歐拉寧街的SO36，而讓這家知名的龐克搖滾俱樂部出現一番嶄新的氣象。澳洲創作歌手尼克．凱夫後來就搬到歐拉寧街落腳，經常流連於「風險」（Das Risiko）這家由德國歌手、演員布里克薩．巴蓋爾德（Blixa Bargeld）經營的酒吧，而後他們兩人還一起成立「壞種子」（the Bad Seeds）搖滾樂團，果真把「壞種子」播撒在西柏林幽暗而狂熱的夜店圈裡。「葛雷克斯」（Grex）是這座城市第一家「倉庫音樂」（House music）夜店，「黎莫斯」（Riehmer’s）則是夜店咖提振精神的絕佳地點。此外，一些沉迷於夜店生活的年輕人還喜歡到「熱帶叢林」、「渦輪羅森罕」（Turbine Rosenheim）及Loop di Loop鬼混。由哈雷機車俱樂部「地獄天使」（Hell’s Angels）經營的電子音樂舞廳「垃圾」（Trash）在每年五月一日都會舉辦五朔節派對，當來自美國的「涅槃樂團」（Nirvana）在戶外場地演唱他們最著名的歌曲〈少年心氣〉（Smells like Teen Spirit）時，店內所有的舞客都會擠到位於三樓的窗戶邊，居高臨下欣賞這個搖滾樂團的表演。

夜店裡的男男女女從未停止舞動他們的身體。

當柏林圍牆倒塌後，這些夜店咖發現東柏林的建築物有三分之一全空著。一群西柏林的鐵克諾音樂迷便越過史普雷河，到東十字區（Ostkreuz）及腓特烈罕區（Friedrichshain）那些廢棄的地下室、倉庫以及儲油槽裡，臨時搭建了一些新夜店。他們的音樂——誕生於美國汽車城底特律，繼而在德國柏林發揚光大——隨著東柏林據點的建立，跨越了原先柏林圍牆所造成的東、西城區鴻溝，並向未來敲出新的脈動。

那些夜店咖從來不知道，黑夜將持續多久？光顧的夜店將營業到幾點？或接下來要去哪裡？柏林的夜生活因為富於變化而帶有一種神祕感。廣受歡迎的「保險庫俱樂部」並未被不斷變化的潮流淘汰，它仍然屹立於競爭激烈的柏林夜店圈，那些厚重的鋼製庫門總是可以立刻吸引並解放那些前來飲酒、跳舞的夜店咖——正如柏林圍牆從前對於藝術家的啟發——俱樂部的那臺BOSE牌高功率管狀揚聲器，幾乎每隔幾星期就可以把裡面所有的玻璃杯震破。當那條曾經分隔東城區共產主義與西城區資本主義的柏林圍牆拆除後，東柏林的集權主義已完全被夜店的縱情狂歡所取代。那位女孩的母親當時經常在夜店裡徹夜跳舞，直到柏林市政府把這些土地一一賣給不動產開發業者為止。就在那時，她聽到了美國好萊塢夢工廠電影公司對她的呼喚。

濃煙帶來一股刺鼻味。聚光燈五顏六色的光束在一大群舞客半裸的身軀上不停地掃射，此外，還有忽隱忽現的閃光燈把他們的勁舞切割成片段、不連貫的動作。金屬材質的樓梯在煙霧中隱約可見，走上它，便可以通往上方那座由幾個隱密吧檯、獨立陽臺以及幽暗、擠滿客人的凹室組成的超現實迷宮。

夜店入口處那位面容兇惡、身材粗壯的龐克保鏢帶著耳環，所有外露的皮膚全都刺青，活像從地獄出來的哨兵。他先擋住那位準備入內消費的青年建築師，然後帶他走進一旁的暗室：一個水泥牆面的小房間。就在德國當代畫家彼得・納坦（Piotr Nathan）創作的壁畫〈消失的儀式〉（Rituals of Disappearance）下方，他被脫下夾克搜查全身，然後被蓋上允許入場的圖章。進入場內的他立刻被一陣節奏強烈、如打雷般的聲響環繞著。那些如波浪般的低音不斷地重擊他的胸膛與身體，由於它們如此強而有力，因此，在它們停下的瞬間，他彷彿覺得自己就像一粒往上飄浮的微塵，正飄向上方十八公尺高、看似洞窟入口的天花板。

柏林的「伯格罕」（Berghain）曾被美國《時代》雜誌評為「全世界最棒的夜店」，不過它實際上並不神祕。這座從東柏林廢棄電場改建而成的夜店可以容納一千五百人，場內既是同性戀者的天堂，也是異性戀者的樂園，同時還可以接受一些比較溫和的脫軌行為。既然已經入場，他知道，自己遲早會到上面那座人多擁擠、吧檯包覆著黑皮革的景觀酒吧探險。在那裡，他可以坐在那些已沾著髒污的沙發上，聆聽那些令人精神放鬆、情緒舒緩的「倉庫音樂」。沙發旁邊是一張從肉鋪店搬來的屠夫剁肉的木板桌，四周則圍繞著一些粗大鋼筋水泥柱，柱頂還掛著一些光線下射的照明設備。

然而，在走上樓梯之前，他只是舞動著身體。

一群打赤膊的男孩和身材細瘦修長的女孩，以及一位理著小平頭、穿著短皮靴、背著凱蒂貓小背包的男同性戀在他的周圍舞動著。一位模仿英國先驅歌手艾維斯·柯斯提洛（Elvis Costello）戴著無鏡片眼鏡的男人推著一位光著上身、坐在輪椅上大笑的病人轉圈子。通常到「伯格罕」玩樂的夜店咖都盡可能以簡單、黑色或勞動階級的穿著為原則，除了那位身穿白色婚紗禮服、頭戴皇冠、站在人群上方的一個方形臺座、以手中魔杖攪動煙霧的舞蹈皇后之外。他還在現場看到一對貼靠在一臺Funktion-One牌揚聲器的男女尚未脫衣，可能只是拉開褲子的拉鍊，就在他面前做起愛做的事。後來他身邊出現了一位面帶微笑、身材高䠷、穿著連身洋裝的美女輕撫著他的手臂，但仔細一瞧卻發現，「她」根本不是女人。

後來，他看到她在一群彼此對舞的男女中，獨自地跳著。於是他便踩著舞步加入他們，然後朝著她移動。她並沒有反對和他互動，很快地他們就一起對跳起來。她穿著一件長而寬鬆的上衣和一條黑色緊身褲，在舞動肢體時，有時動作顯得非常輕盈，看起來似乎雙腳沒有著地。

在舞曲結束、大家高舉雙手歡呼後，他提議要請她喝一杯飲料。她便帶他上樓，走到那個景觀酒吧。她為自己點了一杯檸檬汽水，還在交談中介紹自己的名字，但由於現場過於喧鬧，他並沒有聽清楚。他們聊到許多夜店，當她把嘴直接湊在他的耳邊說話時，一種刺激的快感讓他頓時全身發顫。她告訴他，自己很喜歡出生於英國的加拿大DJ里奇・豪廷（Richie Hawtin），他是她心目中電子音樂的先驅，然後她還稱讚西柏林的女DJ阿莉安成功地融合了音樂與時尚：她穿著的運動T恤經常印有舞者在煙霧中高舉雙手熱舞的圖案。「如果一位DJ無法感受現場的舞客要什麼，他所播放的舞曲就沒有人會感興趣，舞池就會變得空蕩蕩一片！」她喊著，希望他能聽到她說話的聲音。「你必須能夠掌握情緒，能夠了解別人。」她告訴他，她非常渴望開創一個能發揮自我特色的音樂品牌。正如阿莉安在二〇〇一年推出的第一張專輯《城市之子》（*Stadtkind*）的名稱，她也把自己視為「城市之子」。

接著他們重回舞池，由於很擁擠而立刻覺得彼此很親密。那裡的氛圍充斥著來自某個角落赤裸裸的慾望悸動：肌肉強健的身體、束帶、眼罩、性奴。冒著水氣的水泥牆似乎在鼓勵人們享樂的行為以及肉體的愛慾。她輕觸他的手臂，他伸手摟住她的腰部。當黎明的曙光透進景觀酒吧那幾面拉下百葉簾的窗戶時，他再次告訴她，他無法停止注視她的眼睛。她大笑並握住他的雙手說：「那就讓我們看看，接下來會怎麼樣。」

他們相偕離開這家以鐵克諾音樂為號召的夜店。旭日雖已升起，戶外依然冰冷，他們一起走進東火車站（Ostbahnhof）附近的一家餐飲店，他買了一杯咖啡給她。一位年輕而瘦弱的男子坐在角落的桌子旁不停地咳嗽，交叉著雙臂與雙腿的模樣彷彿就只是一個血液和骨骸的組合物。

在搭乘計程車回到這位建築師下榻的旅館路上，他們還經過皇宮廣場。辛克爾曾在十九世紀負責部分皇宮的重新裝修，現在他所服務的建築事務正在這座廣場上修造以〈參與公民運動的市民〉為標題的紀念碑。他當時心想，如果設計師、建築師及都市計畫專家能一起行動，如果這座城市的考古學家願意停止挖掘那些中世紀的墓穴與骸骨，這座紀念碑的竣工落成也就指日可待了！在經過腓特烈大帝東山再起的這座宮殿前面，這位一生豐功偉業的普魯士國王吹奏的長笛音樂，似乎正穿透開啟的車窗，在他的耳邊縈繞著。

一分鐘後，女孩把手伸向他，然後指著窗外那個文．溫德斯從前拍攝《慾望之翼》的地點。

二戰過後，德國大導演文．溫德斯的《慾望之翼》和法斯賓德（Rainer Werner Fassbinder）的《柏林亞歷山大廣場》與戰前拍攝的電影《大都會》及《藍天使》一樣，都以柏林做為故事背景與拍攝地點。這位女孩滔滔不絕地談論導演文．溫德斯以及她母親跟她提到的那些關於電影編劇彼得．漢德克（Peter Handke）的故事，接著還提到電影裡一個又一個的鏡頭。她說，那家電影製片公司設在地鐵站「鐵路三角帶」（Gleisdreieck）附近的藝術部門，曾以實物比例複製了好幾段柏林圍牆，即使真正的圍牆僅位於十五公尺之外。在《慾望之翼》這部影片裡，溫德斯的天使們在狹窄巷弄裡傾聽自己內心最深處的恐懼，以及那些寂寞、精神受創的柏林居民的慾望。當時她的母親在西柏林的「哈維爾電影製片廠」（Havel Film Studio）負責為雕塑家德拉克那尊勝利女神像的石膏複製品漆上金漆——就是勝利紀念柱上頭那尊塑像，它被柏林人暱稱為「金色艾爾莎」（Goldelse），但為何如此稱呼，已無人知曉其中緣由。在《慾望之翼》裡，那兩個守護柏林的天使所扮演的角色是要「表明並保存真實」，而不是去感受真實，也不是生活在真實當中。直到其中一個天使達米爾（Damiel）——由演員布魯諾・岡茲（Bruno Ganz）飾演——因為無法壓抑對於肉身的渴望而決定放棄永恆的存在狀態，於是他變成了血肉之軀，進入了真實的人間生活，看見了世界繽紛的色彩（天使眼中的世界是黑白的），跟著人們享用飲食，最後還墜入情網。

這位年輕的建築師不僅對這部電影很熟悉，他甚至還能想像，當片場正式的工作人員和穿著納粹制服的演員們一起玩彈珠遊戲時，這位女孩的母親——當時是一位年輕的美國小姐——只能站在他們後面，離得遠遠的。他還記得電影畫面裡的天空、浮雲、繫在高速公路旁的緞帶，以及這座被一分為二的城市裡數百萬居民孤獨的聲音。但最重要的是，他認為這部電影透露了柏林真正的空虛：炸毀的房屋、戰火破壞的街道、安哈特火車站後面那片慘遭空襲的廢墟，以及那位意志堅決卻迷失方向的老人——由德國演員庫特．波伊斯（Curt Bois）飾演。他越過漢薩錄音室——所謂的「柏林圍牆邊的音樂殿堂」——後面那片雜草抽高的草地，心裡很想知道，從前首都的那些市民後來怎麼了？由馬匹拉動的公車以及他年輕時光顧的「優斯蒂咖啡廳」（Café Josty）變成什麼樣了？「我找不到波茨坦廣場。這裡根本不是波茨坦廣場。」老人在影片中哭喊著。

隨著柏林圍牆倒塌與德國統一，關於如何重新規畫那片空蕩蕩的、因為柏林圍牆穿越而荒廢數十年的波茨坦廣場——從前繁華的市中心——已紛紛出現許多相互衝突的見解。起重機拆除了柏林圍牆，卸下的水泥塊分別被賣到洛杉磯、芝加哥及新加坡等地，甚至還被收藏在美國的甘迺迪總統紀念圖書館及雷根總統紀念圖書館。裝設在柏林圍牆上方那些帶刺鐵絲網已被移到德國其他的邊界地帶使用。在那片已被挖土機整平的地面上，四處插著頂端被漆上橙色的測量木樁。一條又一條的膠帶標示出預定興建的購物中心、辦公大樓區、五星級飯店以及一座賭場的位置。移民紐約的德國藝術家漢斯．哈克（Hans Haacke）那時曾在柏林圍牆最後僅存的一座瞭望塔上頭，擺設一盞賓士汽車商標圖案的霓虹燈，因為，他想透過這件以〈自由的有限性〉（Die Endlichkeit der Freiheit）為標題的裝置藝術作品提醒德東地區的人民：在資本主義的制度下，自由是受限制的，因為資本主義的自由取決於個人財富的多寡。

一些國際與德國本土的財團後來把波茨坦廣場及其周邊那一大片荒地變成歐洲最大的建築工地，而且還興建一些風格俗麗、玻璃帷幕的新式大樓，並以德意志帝國那個富裕年代流行的華貴風格裝修這些建物，而讓這個柏林新的市中心顯得很乏味。一些反對這類城市開發的人士便團結起來，試圖阻止龐大的外來資金挹注柏林的不動產開發，進而導致房價和房租攀升，即都市發展的「仕紳化」（gentrification）。總之，一場新的戰鬥正在圍牆倒塌後的柏林展開，不論是貧窮或富裕的城區均無法倖免。無法負擔較高生活消費而被迫遷往條件較差城區的弱勢者紛紛挺身發起公民運動，希望能把這些外來的地產商與投資客趕回萊茵河畔的科隆和美國的加州。

後來有些柏林人甚至把他們的城市視為充滿活力的藝術作品，比如市中心那座由美國猶太裔建築師丹尼爾·李伯斯金（Daniel Libeskind）設計的猶太博物館；位於博物館島、由英國建築師大衛·齊博菲德（David Chipperfield）在兩德統一後改建的「新博物館」；以及一些原先遭廢棄而藉由「資產活化計畫」得以重新運用並對民眾開放的建築物，例如「塔合勒斯藝術中心」（Kunsthaus Tacheles）。德國剛統一時，一些激進的藝術家便自行進駐前東柏林市中心歐拉寧堡街的一棟破舊大樓，他們在裡面設置藝術家工作室、造景沙灘酒吧、醜陋不堪的樓梯井，為牆面畫上許多色彩繽紛的塗鴉風格壁畫，而且還在大樓後方設置了一座雕塑公園，而逐步發展成名聞遐邇的「塔合勒斯藝術中心」。

可惜的是，柏林市一些主事官員們卻拒絕嘗試更大膽的建築實驗。這些行事慎重的都市計畫專家當時參考了一些不易出錯的美國處理模式，幾乎把柏林圍牆所有的遺跡全部掩埋在地面下，然後在上頭修建幾座奇形怪狀的公園。他們把查理檢查哨——從前柏林圍牆邊最重要的過境出入點——變成大量觀光客聚集的景點，而且還著手重建腓特烈大帝居住的那座占地面積廣大、建築風格粗笨、在一九五〇年被東德執政黨視為可厭的普魯士帝國主義象徵而被拆除殆盡的柏林皇宮。二〇一二年，出現財務危機的「塔合勒斯藝術中心」在最後一批藝術家被債權銀行請走之後，便正式關閉。在這期間，種種關於同質性與多樣性、社區與財團、勇氣與無動於衷的討論，也刺激了這位青年建築師的專業思考。他知道，設計一座夢想中的城市並不難，但要改造一座已經存在的城市——正如都市思想家珍・雅各（Jane Jacobs）在她著作中所提出的見解——就需要豐富的想像力。

這位建築師後來和那位在夜店認識的女孩搭乘計程車，到柏林動物園附近他下榻的那間旅館。當他們進房後，女孩雖一夜未闔眼，卻無法入眠。她說她睡不著，他便從房間的小冰箱裡取出一瓶德國香檳，他們一面對飲，一面朝著窗外看著這個正在甦醒的城市。他親吻她的頸子，用舌頭舔舐她跳舞時留在肌膚上已乾燥的鹹汗漬。窗外栗子樹暗沉的枝條在微風中擺動著。

「我不累，」她再次說著。她背靠著窗戶，並打開話匣子，跟他談到她母親那個時代以及現在的音樂與柏林的夜店，例如：「伯格罕」的前身「東方莊園」（Ostgut）、「砰！砰！」（Bang Bang）這家夜店，以及出生於蘇聯的德國作家、也是舞廳DJ的弗拉迪米・卡米納（Wladimir Kaminer）經營的「俄羅斯迪斯可舞廳」（Russendisko）。那是一處人多擁擠、散發著汗臭味的娛樂場所，而且如果客人當晚不想孤枕獨眠，還可以在那裡遇到雖不是很理想、卻還可以將就湊合的一夜情性伴侶。

此時她的手機響起，她拿起來接聽。「米夏？」裡頭的聲音說著。「我要跟米夏說話。」「你打錯電話了，」她回答，她的英語聽起來既有美國腔，也有俄國腔。「請別再撥這個號碼。」

她隨即掛斷。過了一會兒，她的手機再度響起，於是她便把它切換到語音信箱。她鬆開頭髮，並對他說：「我想沖個澡。可以嗎？」

他為她打開淋浴間水龍頭的熱水，並把飯店擺放的白色浴袍指給她看。當熱騰騰的水蒸氣飄進房間時，他便把浴門關上。他還拉上窗簾，打開床頭燈，然後躺在羽絨被上，靜靜地聽著淋浴間傳來的歌聲，但由於聲音太輕柔，無法清楚地聽到她在唱什麼。麻雀在屋簷下吱吱喳喳地鳴叫著。早晨陽光穿透窗簾的縫隙照射在天花板上，並且緩慢地位移，就像在日晷儀上移動一般。

當他聽到淋浴間的水聲停止時，想像著殘餘的小水滴正從蓮蓬頭上滴落，滑下她的肌膚。他很喜歡女人洗完澡後、獨自在浴室裡的那個安靜時刻：整理頭髮，照著鏡子，為了看個仔細，還把臉湊近鏡面，用手指碰觸一下眼角那條新發現的皺紋。

她穿上白浴袍後，便屈膝坐在房間那張銅床上，背部靠著那塊涼沁沁的金屬床頭片，雙手抱著弓起的膝蓋。「你有菸嗎？」她問。他沒有香菸。

「我真羨慕我媽媽，」她說，「她對於什麼事情是對是錯，總是有自己的看法。」

「那種古老年代的確信，」他說，「就像《慾望之翼》裡那兩個沿著柏林圍牆走動的天使。」

「她和我父親都擁有可以信仰的事物：共產主義、資本主義，不管是什麼。」她繼續說。「而我們現在擁有什麼？」她問，開始像個孩子似地擺動自己的身體。「生態環境？我們自己？新的iPhone？」

「音樂？」他以試探的口吻回應，還伸手去拿那瓶已開瓶的香檳酒，想再斟滿她的酒杯。「再來一杯？」

她轉身面向他，然後在床上伸展著身子而弄縐了被單。

「我在夜店的舞池裡，情緒就會很嗨，我喜歡那個時刻，我就是我。不過，這些小小的內在慾望很重要嗎？我們是不是忽視了某些……更重要的事物？」

他伸手輕撫著她的秀髮。

「你想抱我嗎？」她問他。「我現在覺得很冷。我不累，但是我很冷。」

他擁她入懷並親吻她。她碰觸他的手背，不希望他再進一步。

「先抱住我就好了。」

他拿了一個枕頭擺在他們頭下，並拉著羽毛被蓋住她的身體，然後躺下，仰望著天花板。煙霧探測器的紅色二極體以微弱的燈光閃動著，自從他飛抵柏林後，尚未闔眼入眠。他累了。

「妳知道那首鮑伊的歌嗎？〈永不變老〉？」她問。他搖搖頭。「歌詞內容是關於把握正在消逝的時刻，而且當電影的情節成真時，要深深地吸一口氣。我媽媽很喜歡這首歌。」

然後她又興高采烈地談起她的音樂。她表示，她將會打造自己的音樂品牌，因為，對於一個女人來說，建立品牌可以展現她的品味，而且還可以拉抬她的名氣。他把高腳杯遞給她，她喝了一口香檳，酒液的氣泡還嗆入鼻腔。她大笑起來，雙腳還在羽毛被下踢著他的腳。

「小時候，我的父母為了試著讓我了解這個世界，會跟我講故事。」她說。「在那些如夢幻般、不可思議的故事裡，我可以達成願望、完成夢想、實現自我，並成為真實的自己。這就是他們所告訴我的。」

「那是一種想法，一種感覺與思考的方式。」他說著，然後開始談到他任職的「米拉與伙伴」建築事務所準備在皇宮廣場打造的那座會擺動的裝置藝術〈參與公民運動的市民〉，接著又把話鋒轉到她的問題上。「我們可以相信某些我們可以達成的事物。一件雕塑作品不單單是供人觀賞的客體，它還承載著人們所賦予的意義，等皇宮廣場的這件公共藝術工程落成後，人們就可以在那座大秤盤上踩踏，透過自己在上面的移動與施力而搖動它。妳可以想像，一位建築師跟一名女舞蹈家會激盪出什麼作品。」他補上這番話，以便讓自己可以更容易地親近她。〈參與公民運動的市民〉這件公共藝術是由他的老闆和編舞家莎夏．娃爾慈（Sasha Waltz）所設計的。

女孩一邊笑著，一邊移動著身體，當她滾到床尾時，被單已經弄亂。她還順手拿了三個枕頭，拍一拍之後，便拿它們墊在背後，然後在他身邊躺下，把頭靠在他的腳邊，將手放在他的膝蓋上。

「你有沒有聽說，柏林動物園那隻剛死掉的明星北極熊『克努特』（Knut）即將被那位『死亡醫生』做成標本並且公開展示？」她用這個突如其來的問題揶揄他的嚴肅，希望能改變一下當時的氣氛。

「那是開玩笑的，」他說。

「不，是真的。我在新聞報導裡看過這個消息。」

坊間曾有傳言，極富爭議的「人體世界」（Body Worlds）巡迴展主辦人與解剖學家鈞特．馮．哈根斯（Gunther von Hagens）打算把剛暴斃不久的北極熊「克努特」剝皮，將牠的遺體進行防腐塑化處理，並以暴露牠的肌肉、神經與肌腱的方式進行展示。

「那太奇怪了！」他邊說邊搖頭。

「而且他也想在死後讓自己變成標本。」她繼續說。

「誰？死亡醫生？」

「他說他得了一種病，我想是帕金森氏症。當他過世後，他的太太會用他發明的生物塑化技術保存他的身體。」她不禁打個寒顫，伸手拉著羽絨被，把自己包得更緊。「馮．哈根斯博士的『人體世界』巡迴展上一次在柏林展出時，還出現一對性交男女的標本，是用真人的屍體剝皮製成的。如果你進入展場，就會看到這對沒有皮膚的男女已藉由生殖器進入彼此體內並交纏在一起。」

此時他笑了起來。

女孩環視著房間，還把四面的白色牆壁看個仔細。他的素描本擺在桌上，那只未打開的背包則放在角落。一小束陽光射落在她的髮絲上，當她把一側的秀髮塞向耳後時，光線還微微地發亮。他注意到，她除了耳垂上掛著一副小圓錐形的彩色耳環之外，並沒有佩戴任何首飾。他開始輕柔地、緩慢地按摩她的雙腳，她則閉上了眼睛。

他靠近她並親吻她，然後從容地解開她身上的那件白浴袍。他的呼吸變得深沉，當他感受到她肌膚的體溫時，全身彷彿觸電一般。這對男女開始在床上親熱而進入運動狀態，他們如此親近，以至於彼此最後的分隔也似乎隨之消解了。

好一陣子以後，他在枕頭上傾聽著她的呼吸聲並對她說：「我聽到妳在淋浴間裡唱歌。」她霎時睜開雙眼，似乎覺得自己的隱私被侵犯了！接著她的態度軟化並輕聲地唱起歌來：「月神遊樂園與人造波浪池，還有動物園裡的小白熊。」

「不要再想那隻北極熊了！」他說。

「我在柏林還有一口行李箱。因此，我下次得再回去。從前的歡樂與幸福，還全在我那只小行李箱裡。」她唱著瑪琳．黛德麗從前唱紅的名曲〈我在柏林還有一口行李箱〉，後來德國流行歌手希德嘉．柯聶芙（Hildegard Knef）和烏鐸．林登伯格（Udo Lindenberg）還翻唱過這首歌。雷根在一九八七年訪問西柏林時，甚至還用這首歌的歌名做為他在柏林圍牆邊那場知名演說的講題。此刻，這個柏林女孩彷彿把這首哀傷而過時的曲子——歌詞一開始先提到巴黎、羅馬與維也納的美好，然後是歌者對於柏林情有獨鍾的眷戀——唱成一首搖籃曲。

「那是老一輩的歌曲。」他低聲說著。

女孩一面搖著頭，一面哼唱著，那位青年建築師則用手臂緊緊地摟著她。當她唱完後，他們都沉默不語，讓歌詞與音樂持續迴盪在他們的小房間裡。畢竟此時此刻就是一切，所有紙頁上的文句、詩歌的聲韻以及繪畫的色彩表現只存在於當下。當人們把美好的事物——美麗的風景、親密的關係、溫柔的情愛——緊握在手中的那一刻，它們同時也在消逝。

此時，遠處的教堂鳴起鐘聲，一架飛機從旅館上方的高處飛過。

「我母親生病之後，開始參加電視節目的錄影，」女孩說出了她內心的陰影。「那些錄影的內容很多，她在生前還來不及把它們看完。藉由錄影而留下生命的軌跡是她延伸生命的方式，或至少是她對於生命的想法。」

「我不知道……」

「三年又九個月之前，」她停頓一下，然後補充說道，「我有許多想做的事。」

睡覺並非許多人承認會在柏林做的事，但在憂鬱而微弱的室內燈光中，這對青年男女卻閉上他們的眼睛，靜靜地入眠。他們的呼吸和緩，肢體放鬆，彼此依偎地進入夢鄉。他們手牽著手坐在一個灑滿陽光、人潮擁擠的廣場上，而且所有的行人都和他們一起走進這個夢境裡。

這位在睡夢中的女孩突然開口辱罵，躺在床上猛揮拳頭。當被褥從他們身上滑落時，她還喊出一個名字，身旁的他瞬間驚醒，嚇個半死。他彎身向前，用臂膀抱住她的上身，並輕撫著她的額頭。就在這一刻，她的手機響了。她在床上摸索了一下，找到手機後，立刻接聽，還不假思索地說：「別再打來。讓我獨自安靜一下。」她結束通話後，便把手機丟到房間的另一頭，然後靠向他，兩人頭頂著頭，肢體交纏在一起。她心跳很快，肌膚溫熱，還喃喃地說著：「我不想死。」

當他再度醒來時，房間裡卻只剩他一人。她穿的那件白浴袍丟在電視機上，她那雙強調舒適感與個人風格的「馬汀大夫」牌（Dr. Martens）靴子已不在書桌底下，她的上衣也沒有披在椅子上。他掀開被單，希望能找到她——或是他們——留下的一些痕跡，但卻什麼也沒發現，他竟找不到這個女孩曾進入他生活的任何證據。他們的故事僅發生在柏林的某一個夜晚，但他心裡卻很明白，必須把它鎖進自己的記憶裡，而且以某種方式將它呈現出來。

他坐在床沿，嗅聞空氣中的氣味，並想像她身上的那股香水味。而後他起身，走到窗邊拉開窗簾，窗戶外頭原本灰暗的柏林市此時似乎染上了各式各樣的色彩。他已體會到，每個來到柏林的人，都以某種方式發現自我或完成自我，讓自己成為它的一部分，並且讓它成為自己的一部分，而成為所謂的「柏林人」。「我是柏林人。我們都是柏林人。」柏林是一座以想像為本質的城市，它的市民創造並擁抱它的神話，而且還塑造出——至少在他們的想法裡——一種凝聚彼此的意識，讓「柏林人」可以團結一致，邁向共同的目標。

這位年輕的建築師走進浴室並開啟蓮蓬頭。當熱水的霧氣飄出，並瀰漫整個房間時，他轉頭看著房內鏡子上以紅色唇膏書寫的、那句人們曾塗鴉在柏林圍牆上的名言：「任何事情都有一個尾端，香腸卻有兩個。」（Alles hat ein Ende, nur die Wurst hat zwei.）其實，事情的發展不一定會有明確的結局，有時是模稜兩可、曖昧不明。

WOHNTE
PHILIPS
1883
RT 4.3.1943
HWITZ
ORDET
HIER WOH
FLORA PHIL
GEB. WALLACH
JG. 1896
DEPORTIERT 2.3.1943
AUSCHWITZ
ERMORDET

HIER WOHNTE
HANS ADOLF
JACOBSOHN
JG. 1938
DEPORTIERT 23.2.1944
THERESIENSTADT

第二十三章

# 伊爾絲・菲利普斯：另一個柏林

# 基瑟勒街，二〇一三年

一大片由好幾面玻璃窗構成的彎月造型落地窗，朝著屋外的菩提樹打開。接近黃昏的下午時分，斜射的陽光灑在室內的拼花地板上。我把書桌擺在這間採光良好、裝潢典雅、有著挑高天花板以及大型對開式雙門的舞廳後方。這樣的生活空間已足以讓我興奮地跳起舞來。

我現在住在柏林。為了撰寫這本關於柏林的著作，我從寬闊的、占地四分之一英畝的英國鄉間住家，搬到柏林市中心這座優美的橡樹園旁邊。在這本書已幾近完成時，我決定在這座城市再停留一段時間，或至少在我本身情況許可的範圍內，盡量待久一點。在夏日夜晚，我喜歡坐在窗邊，看著外面的街道，看著那間整天亮著燈的地窖酒吧，看著那些上方蓋有陽臺的樓房外觀，看著一些有創意的城市造訪者玩弄他們的吉他，當起街頭藝人，看著對面那位穿著日本和服、留著雷鬼頭、正在梳洗滿頭細髮辮的女子。

約莫住了一年後，我聽到窗戶下方傳來鐵鎚的敲打聲。幾位工人正在路邊的人行道上重新鋪砌路面，在沙土裡親自動手把它們鋪平。我走下樓，出去查看個究竟，地面上那塊覆蓋於鋪路石塊上的黃銅厚片——也就是所謂的「絆腳石」（Stolpersteine）[1]——立刻吸引了我的目光。我跟其他十幾位路人一樣，站在那裡低頭念著刻在上面那幾行文字：

> 芙蘿拉·菲利普斯（Flora Philips）曾在此居住
> 出生於一八九六年
> 被驅逐於一九四三年二月三日
> 被殺害於奧許維茲集中營

在它旁邊，還有七塊相同形制的黃銅片，分別紀念七位從這個充滿林蔭綠意、環境寧靜的街區被拉出住家而在集中營被殺害的猶太居民：芙蘿拉的丈夫胡果·菲利普斯（Hugo Philips）；他們的女鄰居瑞吉娜·艾德爾（Regina Edel）、塞爾瑪·許奈（Selma Schnee）和朵莉絲·沃爾瓦（Doris Warwar）；庫特·雅可布森醫師（Dr. Kurt Jacobsohn）和他的太太莉絲貝特（Liesbeth）以及被毒氣毒死的六歲兒子漢斯·阿道夫（Hans Adolf）。

一九三九年，愛因斯坦及拉特瑙的好友威爾弗利·以色列——伊舍伍德小說《再見，柏

---

1「絆腳石」是德國行動藝術家袞特·得姆寧（Gunter Demning）為了紀念納粹時期的猶太受難者，於一九九六年在柏林展開、而後擴及全歐洲的藝術計畫。

林》裡的猶太企業家班哈特・藍道爾就是以他為原型人物而塑造的角色——在英國籌畫營救猶太兒童的「兒童載運行動」（Kindertransport），胡果與芙蘿拉便利用這個機會把十六歲的女兒伊爾絲（Ilse）送上一列西行火車，輾轉前往倫敦而逃離納粹的魔掌。二戰過後，當伊爾絲得知她的雙親及一些猶太裔鄰居全遭謀殺時，她便發誓永不再回柏林！然而，就在我看到那些覆上黃銅片的「絆腳石」嵌入人行道，旁邊還擺上幾朵白玫瑰的六個月後，白髮蒼蒼的她終於回來了！

一個晴朗的春天早晨，年近九十高齡的伊爾絲從英國風塵僕僕地搭機抵達柏林，帶著四代的家人站在基瑟勒街（Gieselerstraße）那棟在七十二年前便已離開的故居門口，接受聚集的住戶們熱烈的歡迎，雖然他們當中沒有人與她真正為鄰，沒有人在二戰期間便已住在這棟建築物裡。這些熱淚盈眶的柏林市民以英語和德語謙卑地表示，伊爾絲和她的家人所公開展現的友誼讓他們非常感動，並提到「紀念從前的市民所遭遇的那些不堪命運」之必要。他們還指出，當人們走到嵌在鋪石路面的「絆腳石」旁邊，並停下來閱讀上面的文字時，他們同時也彎著腰，敬悼那些無辜的、被殘忍殺害的犧牲者。那些歡迎伊爾絲的居民們大聲地一一念出那八位刻在「絆腳石」上的猶太前輩姓名，以及他們被驅逐的日期與被殺害的地點。他們沉痛的聲音滿載著豐富的感情，迴盪在這些亡者生前曾行走、談天、歡笑……與哭泣的街道上。

接下來，輪到伊爾絲的家人發表談話。她的女兒米莉安告訴在場的居民，她的先人已經在德國生活了好幾個世紀，外祖父胡果還曾在一戰期間從軍，在戰壕裡為德意志帝國賣命作戰。她的外祖父母都是普通的德國公民，只是因為猶太人的身分而被納粹謀害。他們在生命最後的那幾年，只希望孩子們能順利逃過納粹的迫害——伊爾絲已過世的弟弟當時也被送走而存活下來。當米莉安握住她母親伊爾絲的手時，幾位男性家屬便戴上他們的猶太小帽（kippah），全家人一起吟誦猶太教的讚美詩（Kaddish）。最後，滿頭白髮、身軀佝僂且沉默不語的伊爾絲，便把兩顆白色小圓石擺在她父母的「絆腳石」黃銅片上。

那天稍晚，米莉安在伊爾絲從前的住家公寓裡告訴我，她母親讀過我在部落格裡發表的那篇關於「絆腳石」的文章後，才決定回到已別離數十年的柏林。作為一個肅殺年代的老柏林最後一批見證人，她希望參與這項具有紀念意義的行動。米莉安說：「我們由衷地希望可以讓這個行動達到圓滿。」

當我們在聊天時，一位陌生人加入了我們的交談。一開始，他介紹自己是住戶，後來他告訴我，他從事藝術創作，是一名畫家。他已在一旁聽到我們談論關於「絆腳石」的追思聚會、關於柏林的歷史以及關於我本人選擇生活在這個鬼影幢幢、令人悸動、卻又貧乏的城市。當然，我們還談到過去，因為每位在柏林生活的人都無法逃避過去，而且一些關於過去的紀念活動是崇高而必要的。

「我不想說他們──納粹親衛隊軍官集中營的衛兵，甚至包括那些戍守在柏林圍牆邊的東德邊防士兵──和我們類似，」那位畫家說著，他的目光掃過房間而落在伊爾絲身上。「我覺得情況更糟糕。他們其實『就是』我們，而且我們在各自的人生裡，都有可能『成為』他們。我說這番話並不表示我認為德國人以後可能再度成為納粹或共產主義者。德國現在已經是個很不一樣的國家，一些歷史的鉅變已永遠改變了它的認同。不過，至今我們卻還無法完全排除，我們不會再讓這些負面的歷史事件捲土重來，這也是德國人當前的恐懼所在。」

為了療癒歷史的創傷，現代的德國正以一種充滿勇氣、人道關懷以及令人動容的方式接受集體的心理分析治療。這個痛苦的反省過程清楚地呈現在歐洲猶太人受難紀念碑園區、猶太博物館、一九四三年被盟軍炸毀而刻意不修復的威廉大帝紀念教堂，以及後來改為博物館的東德史塔西的霍恩軒豪森監獄這些紀念性建築當中，在「絆腳石」這項或許可被視為有史以來最大規模的行動藝術計畫裡，尤其明顯。在德國各地大約五百個鄉鎮與城市裡，已有四萬塊左右的「絆腳石」嵌入鋪石路面，上面刻著納粹主政時期被害者的姓名，而且每一塊「絆腳石」的行文格式完全一樣：都以「這裡曾住著」的文字開始，接著是受難者的姓名、被驅離的年份，以及被殺害的集中營或被處死的地點。特別值得一提的是，設置每塊「絆腳石」所需要的費用，幾乎全由現在住在從前受難者住屋的屋主主動捐獻。

這種處理負面歷史經驗的過程，其核心概念源自於維也納猶太裔精神分析學家佛洛伊德的見解：內在受壓抑的，或未表達的東西就跟身體罹患潰瘍一樣，只有處理它們，把它們揭露出來，才能解決痛苦。古代猶太人堅持將過往的傷痛保留在記憶當中，而現在的西方人則相信，為了社會的——同時也為了個人的——心理健康，從前的暴行必須公開、承認，歷史的傷口才會癒合。

「那麼，到底是什麼因素讓一個德國人後來成為不義政權的合作者，而另一個德國人卻成為異議分子？」我問這位年輕的德國畫家。

他在回答之前，先停頓一下。「我只能這麼說：即使是現在，甚至是許多年後，我們德國人仍然無法信任自己，儘管納粹的歷史陰影已逐漸遠離。一九四五年之後，每位西德以及統一後的德國領導人，總是根據自己的戰爭經驗而不斷提防人民的侵略性。或許這種作法可以防止德國再度發動自殺性戰爭，再度占領歐洲其他的國家。」

「但是，現在德國的政治人物幾乎都是在戰後出生的。」我說。

「他們對於戰爭並沒有個人的經驗，所以現在只能傾聽所謂的民意，訴諸公眾的意見。」畫家搖著頭回答。「大文豪歌德曾在著作中寫道：『德國其實是虛幻之物，每一位個別的德國人才是實實在在的存在。然而，德國人民的想法卻剛好相反。他們反倒認為德國是實實在在的存在，而每位德國人只是虛幻的個體。』總之，德國人在德意志的歷史當中太常讓自己屈服於群體。因此，我希望我們德國人可以明白，究竟是什麼因素讓一個德國人後來成為不義政權的合作者，而另一個德國人卻成為異議分子？答案已經很清楚。」

當我們談到這裡時，我突然想起四十年前我第一次造訪西柏林的一個親身經歷：一個週六早晨，我突然想出門買一條麵包。當時人行道很擁擠，我和其他的行人一起站著等紅燈，準備穿越一條大馬路。沒過多久，我便不耐煩地往左邊瞧瞧，往右邊張望，當時我發現路上根本沒有來車。我試著吸引旁人的目光，希望他們能主動告訴我，為什麼車道上沒有車輛行駛，大家卻還要傻傻地在路旁的號誌燈下等候？不過，沒有人理會我，因此，我只好開口問身旁的德國人：「您在等什麼？」

「現在是紅燈。」

「但沒有車子過來呀！」

「現在是紅燈。」

我不想跟那些德國人浪費時間，於是邁著大步，穿越那條路面沒有行人、也沒有車輛的街道。

但這下子卻引起了一陣騷動。

對街的人行道上，有一小群人也在等紅燈。當我走近他們時，他們竟不約而同地靠攏，試圖擋住我的去路。他們當中並沒有人發號施令，做出如此一致的舉動其實是一種直覺、集體的回應。我那時一動不動地站在他們面前，一方面很訝異他們的行為，一方面卻想放聲大笑。這些德國人不只像一群經過牧羊人訓練的綿羊般徹底服從號誌的指示，同時還集體抵制我個人的違規行為。反正那群德國人當時就是想教訓我，不讓我走到人行道上，當時我確實很擔心，因為，隨時會有車輛快速接近這個十字路口。

當我朝左邊走，這群德國人便跟著我一起往左移動；當我向右走，他們也跟我做一樣的動作，總之，他們就是要懲罰我，把我留在路面的車道上。我已進退兩難，既沒時間和這些擋路的德國人進行一場哲學討論，也沒有辦法退後回到馬路的另一邊。簡單地說，我當時只差幾秒鐘就要因為不合群而被逼近的汽車輾了過去。

受納粹迫害而流亡海外的奧地利猶太裔小說家茨威格曾在他的自傳《昨日世界》（*Die Welt von Gestern*）裡這麼評論德國人：「他們可以忍受任何事情，包括戰敗、貧窮與匱乏，但卻不能沒有秩序。」我在德國闖紅燈、過馬路時，還嘲笑德國的行人需要秩序，然而，他們的反應非但沒有不安，反而還把我當成一隻無恥的昆蟲般，讓我在眾人面前抬不起頭來。

幾十年前我剛到柏林時，一直很想知道這座首都城市是否存在著某種根本的欠缺。這種缺乏不僅塑造了這個城市與它的居民超過五世紀，而且還可以解釋德國人對於規則的執著、對於一致性的渴求、甚至是種族的大屠殺。我當時認為這些現象應該可以歸因於同理心的缺乏。

同理心是人性的核心價值。一個社會如果沒有同理心——或類似的替代物——將會自行毀滅。我曾告訴十幾歲、初到柏林的自己，德國人為了彌補這方面的匱乏，於是發展出嚴格的法律，讓公民之間可以藉由遵守法律而相互尊重對方。因此，他們願意排隊，願意服從秩序，願意在過馬路時等紅燈，即使車道上沒有來車。

然而，這個世界並不像一個天真的十九歲青年所想像的那麼簡單！一九七〇年代，我第一次到西柏林時，距離蘇聯紅軍攻入柏林才不過三十年，距離迪特・威爾納的父親——最後一批從西伯利亞勞改營歸返的德國戰俘——在街角咖啡廳啜飲回鄉後的第一杯咖啡，眼淚滴落在凹陷的臉頰上，還不到二十年。後來當我愈來愈了解這座城市後，我才明白，柏林人並非缺乏同理心，而是處於精神受創的狀態。由於他們的集體記憶受到歷史苦難的折磨與傷害，因此柏林人——還有所有的德國人——便發展出一些規則以便於自我防衛。

規則可以幫助人們克服不穩定感，可以讓人們藉此處理苦痛與匱乏的共同記憶，並促進集體認同的形成。當我對於十七世紀的三十年戰爭以及霍亨索倫王朝在戰後努力解決失序狀態的歷史有所認識後，我才開始重視集體性的一些優點。我領會到，精神創傷的另一面是心理韌性，所以，德國人會在二戰過後一味地強調秩序與效率，而創造了經濟奇蹟。我還意識到，德國人集體的反省已發展出人類對於過去歷史最令人感動的公開表達：林立於這座城市的紀念碑以及紀念性象徵已實實在在地表明，德國人其實具有深沉而充滿同理心的情感。

以順從權威為主流的社會自然而然會出現激進分子；成規的沿襲會滋長反叛的因子。由此可見，背反的東西其實彼此相生相依。因此，當工作勤奮、有責任感的市民基於內心隱藏的恐懼、基於持續不懈地努力而為柏林建立一定的基礎時，自由的思考者、改革者、無政府主義者及藝術家卻猛力抨擊現狀，而迫使那些墨守成規者提出問題、重新思考、並建立自身的獨立性。

在柏林殘酷的歷史中，這兩股背反的力量已彼此交融，變成一位反覆無常、性情陰鬱的悍婦。這兩股力量已滋長出一個充滿矛盾與糾葛的複雜社會：既焦慮不安又充滿自豪、既禁慾克己又縱情狂歡、既堅韌剛勁又脆弱不堪、既順服又叛逆。穿耳洞且身體刺青的龐克族仍然在空無一人的十字路口安分地等紅燈；納粹兇手的孩子們會向他們父母的受害者低頭道歉。

當我向伊爾絲與米莉安這對母女以及那位青年畫家道別時，我試著尋找適合表達的話語。然而，身為柏林的外國人，我並沒有立場感謝伊爾絲專程造訪柏林，談論失去家人的痛苦，或提及新世代柏林人面對歷史陰暗面的勇氣。我並不需要問，有誰將會在紀念其他死者的「絆腳石」上擺放小圓石，以示紀念。我們都知道，許多到「以色列猶太人大屠殺紀念館」（Yad Vashem）尋找親人下落的猶太人，最後往往徒勞無功。因此，一些從事相關研究的編年史作家應該大聲說出這些受難者的姓名，以確保他們能繼續活在世人的記憶與想像裡。那一天，當我與伊爾絲一家告別時，頂多只是用充滿情感的聲音對他們說：「很高興在柏林認識你們！」

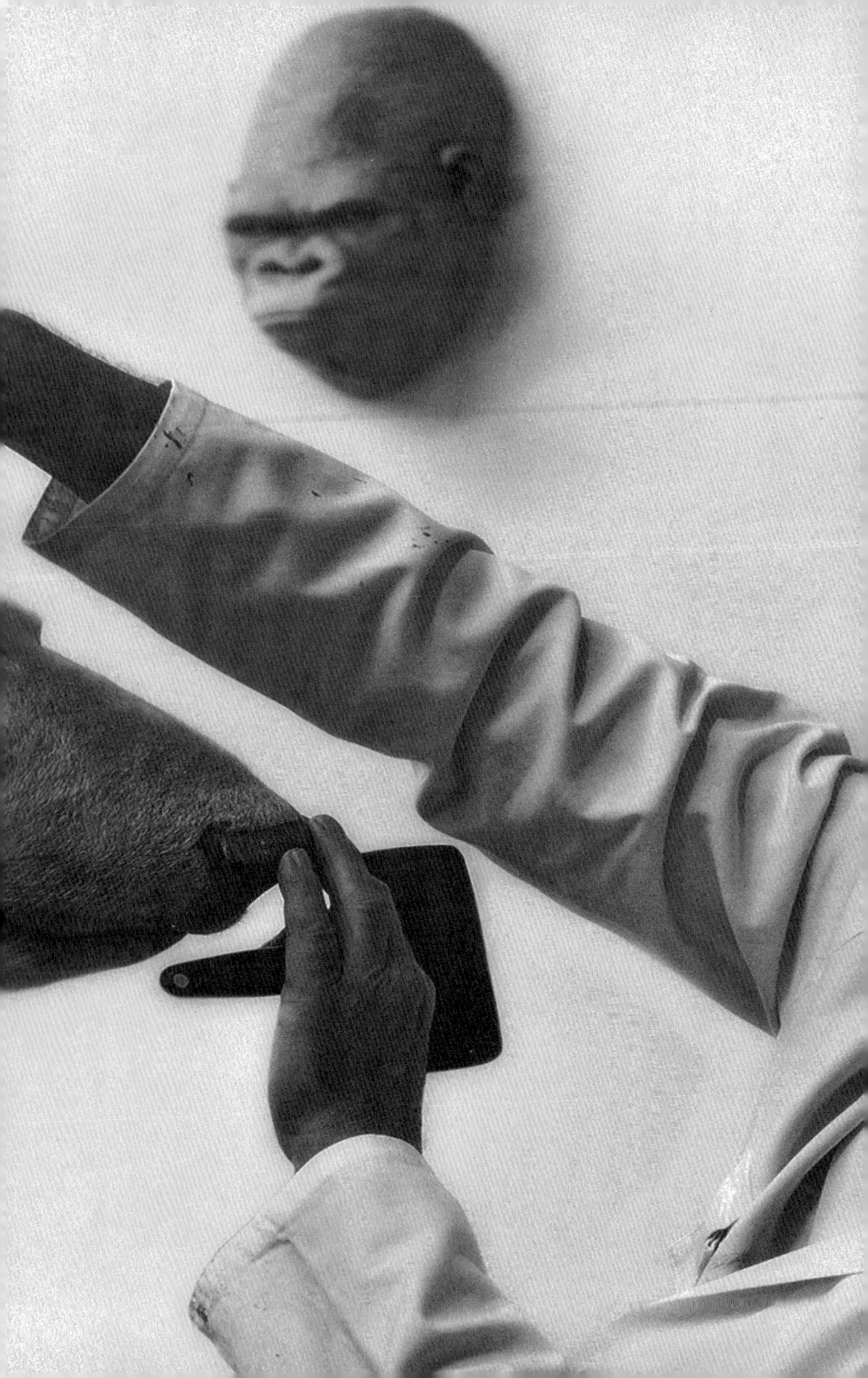

# 終章
# 想像柏林

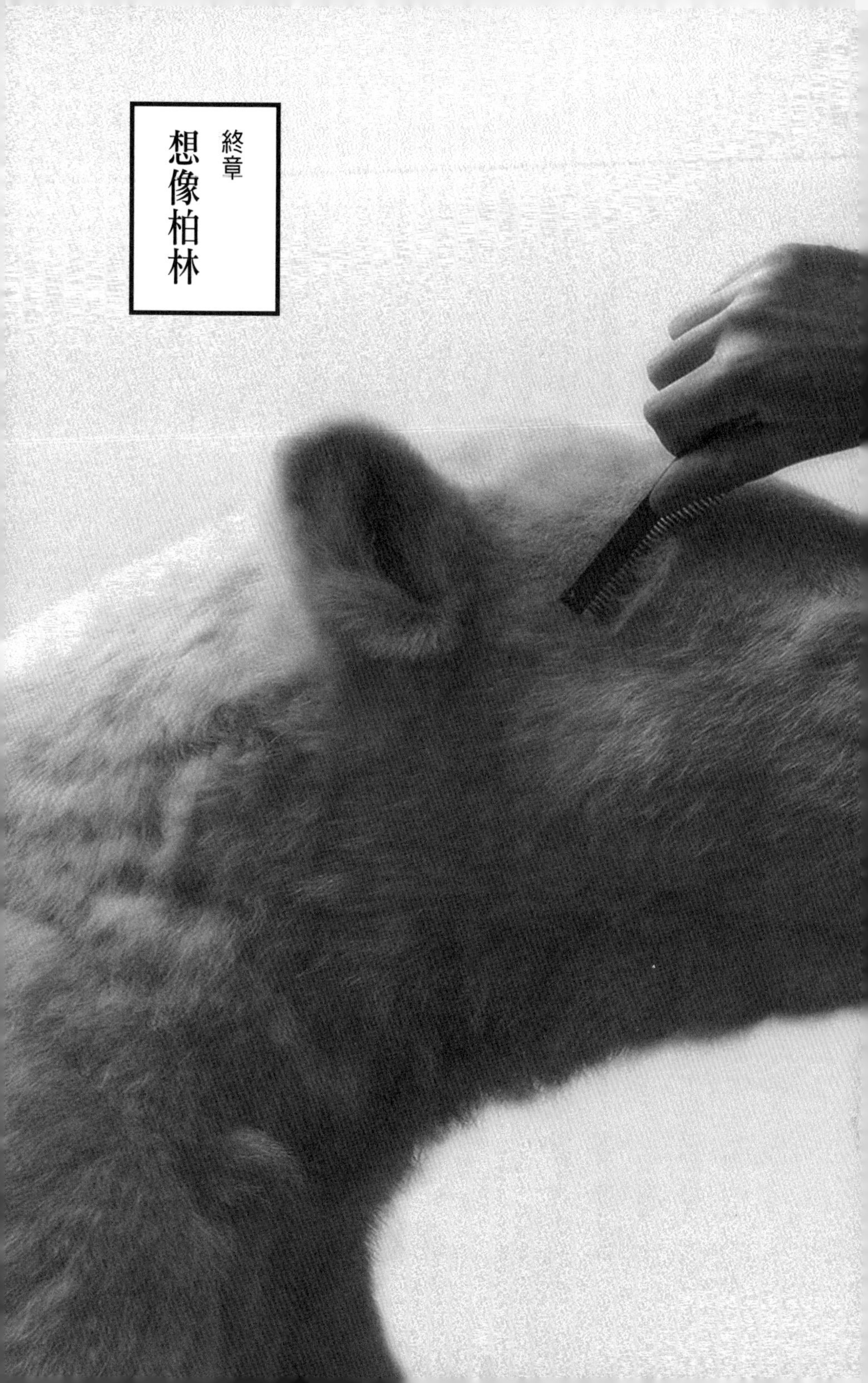

親愛的讀者，請想像一下柏林！想像這座支離破碎且鬼影幢幢的城市！想像這個曾激發無數藝術家靈感並已見證多不勝數謀殺事件的大都會！想像這塊思想的實驗場，它曾為人類歷史上最血腥的世紀提出最光明與最黑暗的構想！想像這座歐洲最傲慢的首都，它曾被盟軍的炸彈摧毀並且一分為二！想像這個歷經浩劫的城市重新合而為一、重獲新生，而成為目前全世界最具創造力的中心之一！

在這幾十年期間，我一共認識了三個柏林：我和大衛·鮑伊一起搞電影的西柏林、我為了進行研究並撰寫第一本著作的東柏林，以及柏林圍牆拆除後、已合為一體的柏林。在這幾十年裡，由於我經常造訪這座中歐城市，因此，如果我現在留意的話，幾乎可以在它的每個角落裡找到年輕的自己所留下的足跡。

如果我在「柏林動物園」火車站等候夠久，就會看到十九歲的自己從荷蘭角港（Hoek van Holland）搭乘火車來到西柏林，然後敞開臂膀與前來迎接我的人相互擁抱。如果我在夜晚來到薩維尼廣場，就會看到二十三歲的自己在夏日的雨天騎著自行車回家，全身淋得濕透，一路上還和同伴們脫下濕答答的衣服，並隨手把它們扔掉——把襯衫丟在動物公園裡，把裙子拋入史普雷河裡。如果我沿著腓特烈大街行走，就會看到三十幾歲、頂上頭髮已逐漸稀薄的自己，在一九八九年柏林圍牆倒塌之前還奔波於東德各部會之間，只為了申請一份以後可能不再存在的東歐共產國家（當時沒有任何東德官員可以確實知道）入境許可。

如果時間允許，我還會在西柏林西緣的葛倫納華德區那座茂密的森林裡徘徊流連，直到我看到手裡拿著筆記本的自己，在森林的公墓裡低頭凝視腳下黑土中那些無名的墓碑。那些石碑僅僅刻上「無名男子」（Unbekannter）、「無名女子」（Unbekannte），甚至只刻著無法得知死者性別的「無名氏」（Unbekannt）字樣，因為這些因盟軍空襲而喪命的柏林市民有一部分遺體嚴重毀損，人們在收埋時已無法辨別他們的性別。

最後，我還看見自己迷失在市中心葛特魯德—科爾瑪街（Gertrud-Kolmar-Straße）那座興建於一處已封閉的納粹地下碉堡上方的歐洲猶太人受難紀念碑園區。這座占地廣大、由數千個高度不一的水泥墓碑所構成的迷宮，在視覺上有如波浪般起伏不定。我在這些稜線筆直堅硬、易使人迷路的水泥碑林裡緩緩地走著，那些陰沉的聲響與影子雖讓我覺得幽暗可怕，但孩童們的叫聲及腳步聲回音卻又令我感動不已。

就跟許多人一樣，我住在柏林裡面，而柏林也住在我裡面。

我們的記憶並非像圖書館架上那些滿是灰塵的書籍，全依照固定的擺放位置各就各位，它們也不是一些毫無生氣、彼此沒有關聯的片段。我們的記憶其實可以促進過去的自己和現在的自己展開一種漸進式的對話。我們所有的歷史——不論屬於個人或集體——都可以變成富於想像的再造之物，它們會依隨我們如何理解一些新事件所造成的混亂，不斷地變換樣貌。

同樣地，柏林的認同並未固定在那些由石材或磚塊建造而成的建物上。柏林的故事仍在演變。這座城市一次又一次地改變自己，並透過虛構的意識與本身那些痛苦、血腥卻有潛力轉變的過去展開和解：當德國躍升為歐盟龍頭時，柏林人便開始重建幾十年前被東德當局拆除的柏林皇宮；美國導演梅爾．布魯克斯（Mel Brooks）執導與編劇的《製片人》（Producers）這部諷刺納粹的喜劇電影有一段關於音樂劇《希特勒的春天》（*Springtime for Hitler*）的演出。這部影片在柏林上映時，還特地選在希特勒曾擁有私人專屬包廂的「海軍上將宮殿」（Admiralspalast）戲劇院播放；《地平線後方》（*Hinterm Horizont*）這齣於二〇一一年首演、以冷戰時期為背景的愛情音樂劇在每次演出結束後，一群觀眾便用口哨吹著該劇的主要歌曲〈來自東柏林的少女〉（Mädchen aus Ost-Berlin），然後一起穿越從前柏林圍牆雙牆之間的「死亡地帶」；突然死亡的柏林動物園明星北極熊「克努特」後來並未被「死亡醫生」馮．哈根斯進行防腐塑化處理，並以暴露牠肌肉、神經與肌腱的方式展示，不過，人們還是用牠的毛皮製成標本，並陳列在柏林自然史博物館（Museum für Naturkunde Berlin）中；一些失業的演員會在布蘭登堡門下穿著中國工廠製造的東德軍隊制服，並兜售前東德的假護照，用這種搞噱頭的方式賺錢謀生；柏林的「厚輪胎單車公司」（Fat Tire Bicycles）每小時固定為遊客舉辦一場納粹與共產柏林之旅。不久前，曾有一位參加導覽的遊客詢問帶隊的導遊：「可不可以請您告訴我，該怎麼去第三帝國？」「就沿著這條街一直往前走，然後在門牌一千九百三十三號[1]右轉。」導遊回答。

隨著冷戰結束以及兩德統一這個「轉捩點」的到來，柏林人終於可以自行承擔自己的歷史，也因而有能力再度相信某些事物。德國統一後，環境研究先驅約翰・薛恩胡伯教授（John Schellnhuber）在波茨坦的愛因斯坦科學園區（Wissenschaftspark Albert Einstein）創立「氣候衝擊研究所」（Institut für Klimafolgenforschung）。他在談到人們應該為明天承擔責任時，毫不避諱地觸及了一些人們最黑暗的記憶：「為氣候變遷負起責任是人類的百年大計。但是，我們在面臨錯誤的發展時，卻從不會想再另外尋找出路。」

網路行動家布克哈特・波聶洛（Burckhardt Bonello）已在他那間位於城中區、裝潢優雅、事業目標遠大的工作室裡，成功地建立了幾個虛擬世界，並以自己在專業方面的努力，支持柏林市成為歐洲的創業首都。身為德國新世代企業家，他和線上音樂分享平臺SoundCloud的創辦人亞歷山大・律榮（Alexander Ljung）為二十一世紀創造的財富，其實與一百年前的德國工業鉅子波爾西及拉特瑙不相上下。「今天的創業環境就跟早期的電氣業一樣，」波聶洛說。「任何事物似乎都可能大有發展。」

德意志銀行總裁在聯邦總理府舉辦六十歲生日派對時，許多德國政界高層人士及企業領

1 門牌一千九百三十三號是在隱喻納粹取得德國政權的一九三三年。

導人均到場參加，其中還包括一些電信業、保險業與汽車集團的首腦，也就是迪特・威爾納極度恐懼的「貪婪的西德商業菁英」。然而，在總理府外邊，在一排防彈賓士車的另一頭，一群活躍分子正試圖擾亂這場冠蓋雲集的生日派對。他們亟欲改變既有的運作方式，並運用「大數據」（big data）——即巨量資料——進一步揭發這些大人物如何濫用自身的勢力與特權。舉例來說，他們曾在二〇一一年揭發貴族出身的德國前國防部長卡爾—提奧多・楚・古騰堡（Karl-Theodor zu Guttenberg）的博士論文有多處涉嫌抄襲與拼湊網路資料，之後，這位原本相當被看好的政治明星便迫於強大的民意壓力辭職下臺，而且還被德國民眾戲稱為馮・「谷歌堡」男爵（Baron von Googleberg）。除此之外，他們還揪出一些曾嘗試將遊說團體的要求偷偷納入德國及歐盟立法的政客。

另一方面，一群身上刺青的遊客們正快速地走進現代柏林的舞臺上、畫布裡及電影布景前。他們就像臨時演員一般，在自己的派對上扮演他們的角色，重新塑造自己，或被塑造——誠如這座城市不斷重複發生的——並擁抱這類虛構的神話。

在曾被切割、分據而顯得支離破碎的柏林，每位市民——不論是完美主義者或革命者、政權的合作者或異議人士、當地居民或外來訪客——都敢於想像一個沒有人曾看過的地方。柏林的詩人、科學家、表演工作者、政治人物與數位世代所召喚出的幻象，已與現實具有同等的說服力與影響力。柏林市中心以及各個城區現在所孕育的，正是源源不絕的創意，而非軍國主義與種族主義的邪惡。這股創造力正在填補柏林原有的匱乏與空虛，並讓這座始終處於變化的城市的幻想性與其真實性並駕齊驅。

對於柏林所有的幽靈而言，它是一座朝氣蓬勃的城市。它的清新與綠意除了因為保留大量的森林與湖泊之外，主要是因為它能不斷地改變與創新。德國知名的藝術評論家卡爾・薛弗勒（Karl Scheffler）曾在一百多年前寫下這個名句：「柏林注定是一座不斷改變的城市，它永遠不會有固定的形貌。」在它的市街上，在它的林蔭大道上，在勝利紀念柱的柱頂上，活人伴隨著死者，記憶混和著遺忘，柏林人將再一次重新構想這個世界。

# 後記

柏林是一座想像之都。人們如果要捕捉這座城市的本質，生動地呈現它的街道和居民，就必須兼顧它的虛構性和真實性，以及一些與它有關的想像與事實。為了講述柏林的故事，為了呈現它的創造力以及一些人們看得到與看不到的面向，我在本書中使用了一些小說創作的技巧。我從相關的史料裡塑造了一些人物，選擇及裁剪他們的個人經歷，並再現他們人生的發展，力圖賦予這些故事具體的形貌與動能，讓柏林與柏林的歷史更平易可親，更生動迷人，同時藉此反映這座城市持續創新的本質。這也是本書的寫作目標。

人們對於君主與王公貴族的歷史書寫已變得更個人化，更傾向從該個體出發，這種轉變或許可以歸因於人類社會集體性的鬆動與個人主義的興起。這樣的時代風氣讓歷史學家在撰寫歷史時擁有更多主觀的空間。在我們這個喜歡質疑權威的時代，在一些以敘事體裁描述生活事實的傳記裡，作者和讀者都在挑戰從前那些斷言歷史客觀性的主張，因為他們都已認定，非虛構敘事（non-fiction）本身的真實性根本是一種迷思。

英國傳奇搖滾歌手大衛・鮑伊曾表示：「所有的藝術都是不穩定的。藝術的意義不一定來自創作者，作品的解讀本來就具有多重性，並不存在權威性的說法。」個人的經驗會影響本身對於一切的詮釋，會讓認知的對象蒙上一層又一層的主觀性。這種現象不僅存在於文學與各類別的藝術創作裡，連高舉客觀性的科學界後來也認同這一點。從前貴為物理學界「教皇」的愛因斯坦就是在柏林發展出他的相對論，亦即真實不是恆定不變的，而是相對的。儘管必須面對諸多的不確定性，人們的認知卻也隨著這種主體與客體的互動過程而豐富起來。

# 參考書目

本人在下方所附上的相關參考書目，可以讓有興趣的讀者了解本書的資料來源，而且在某種程度上有助於讀者掌握本書的各個章節。

No records exist of Konrad von Cölln. His story, and that of the *Berliner Unwille* or citizens' defiance, was assembled from the fourteenthcentury Codex Manesse, the *Berliner Stadtbuch* and the *Dialogverse zum Totentanz in der Berliner St Marienkirche* (translation from Niederdeutsch by Renate HermannWinter). Modern texts which enabled me to portray medieval times include Alwin Schulz's *Das höfische Leben zur Zeit der Minnesinger* (1889), H.F.M. Prescott's *Jerusalem Journey: Pilgrimage to the Holy Land in the fifteenth century* (1954), Margaret Aston's *The Fifteenth Century: The Prospect of Europe* (1979), *The Medieval German Lyric: The development of its themes and forms in their European context* (1982) by Olive Sayce, Bronislaw Geremek's

*The Margins of Society in Late Medieval Paris* (1987), *Voices and Instruments of the Middle Ages* (1987) by Christopher Page, Ronald Taylor's *Berlin and its Culture: An Historical Portrait* (1997), Alexandra Richie's superb *Faust's Metropolis: A History of Berlin* (1998), *The Oral Epic: Performance and music* (2000) edited by Karl Reichl and Leoni Hellmayr's *Berlin im Mittelalter—auf den Spuren einer Doppelstadt* (2012, in *Archäologie in Deutschland*).

Colin Albany's wartime story is based on *Simplicius Simplicissi mus*, the great epic of the Thirty Years' War, from which I borrowed freely both incident and language in an attempt to give the nar rative—as Brian Eno said almost 400 years later— "a place in the world... that felt rooted and properly positioned". I first read of John Spencer and his peripatetic *Englische Comödianten* in Taylor's *Berlin and its Culture*. Also consulted were Gothard Arthusius's *Comet Orientalis* (1619), Daniel Defoe's *A Journal of the Plague Year* (1722), Schiller's *History of the Thirty Years' War* (1789) and Ricarda Huch's *Der grosse Krieg in Deutschland* (1914).

By the 18th century there was no paucity of written records. In addition I could visit the places which Frederick the Great had known. I could stand in the rooms where he had argued with Vol taire, follow the paths along which he had walked his greyhounds, feel the geography of his world. Frederick's story springs from his own writings as well as Nathaniel William Wraxall's

*Memoirs of the Courts of Berlin, Warsaw and Vienna 1777-79* (1806), Thomas Carlyle's *History of Friedrich II of Prussia* (1899), *The Scottish Friend of Frederick the Great* (1915) by Edith Cuthell and Nancy Mitford's *Frederick the Great* (1970). General Hasso Freiherr von UslarGleichen, who in 1990 oversaw the incorporation of the East German Volksarmee into the Bundeswehr, gave me an understand ing of Prussian military tradition. I am grateful to him and to the Projektgruppe Friederisiko of the Stiftung Preußische Schlösser und Gärten BerlinBrandenburg.

Schinkel's biography and the story of his restless imagination were distilled from the vast body of available literature. In English an accessible work about him is *Karl Friedrich Schinkel: A Universal Man* (1991) edited by Michael Snodin. Also read was Alfred von Wolzogen's *Aus Schinkels Nachlaß: Reisetagebücher, Briefe und Aphoris men* (1862, 1863) and Stephen Spender's 1992 essay *The Significance of Schinkel*. Both Prof. Dr Helmut BörschSupan and British archi tect David Chipperfield, who recreated Friedrich August Stüler's Neues Museum, helped me to understand the practical, political and aesthetic pressures that weighed on Schinkel's mind and influ enced his work.

As with Konrad von Cölln, no records exist of Lilli Neuss. She was one of the hundreds of thousands of migrants whose lives have been totally forgotten and can now only be imagined.

Her story was related to me by a friend in AltMoabit (during our discussions about her uncle who had worked with Albert Speer). Else Hirsch's history could not have been told without Jill Suzanne Smith, Bow doin Professor of German, who shared with me her *Reading the Red Light: Literary, Cultural, and Social Discourses on Prostitution in Berlin 1880-1933* (2004) and the then unpublished manuscript of her provocative *Berlin Coquette: Prostitution and the New German Woman, 1890-1933* (2014). I fleshed out the material by reading be tween the lines of Margarete Böhme's *Diary of a Lost Girl* (1905), for which additional thanks are due to Andrea Claussen and Ange lika ZöllmerDaniel.

Central to my understanding of Emil and Walther Rathenau were Harry Kessler's *Walther Rathenau: Sein Leben und sein Werk* (1928), David Felix's *Walther Rathenau and the Weimar Republic* (1971), D.G. Williamson's *Walther Rathenau* (1971), Zara Steiner's *The Lights That Failed: European International History 1919-1933* (2005) as well as Walther's own books and official AEG histories. Fritz Fischer's *Griff nach der Weltmacht: Die Kriegszielpolitik des kaiserlichen Deutschland 1914/18* (1961) and *World Power or Decline: Controversy Over Germa ny's Aims in the First World War* (1974) were my main sources on the economic motivation for war. Details of Otto von Bismarck's life are from A.J.P. Taylor's *Bismarck: The Man and the Statesman* (1955).

The two other First World War biographies are of Fritz Haber and Käthe Kollwitz. For my research on Haber I consulted Charlotte Haber's *Mein Leben mit Fritz Haber* (1970), Dietrich Stoltzenberg's *Fritz Haber* (1998), Daniel Charles's *Between Genius and Genocide: The Tragedy of Fritz Haber, Father of Chemical Warfare* (2005) and G.W. Fraser's BBC Radio 4 play *Bread from the Air, Gold from the Sea* (2001) as well as Bretislav Friedrich's *Fritz Haber* (2005, in *Angewandte Chemie*). The Kollwitz narrative was distilled from her diaries and letters (excluding those from her lover Hugo Heller, all of which were burnt before her death) as well as from *Käthe Kollwitz: Woman and Artist* (1976) by Martha Kearns, Elizabeth Prelinger's *Kollwitz Reconsidered* (1992) and *Kollwitz in Context* (1992) by Alessandra Comini. Also vital for creating a picture of those years was Erich Maria Remarque's *All Quiet on the Western Front* (1929) and Hans Gatzke's *Germany's Drive to the West* (1950).

In the 1920s Christopher Isherwood conjured up his own Berlin and parts which went into its creation—along with my portrait of it—were drawn from his *Goodbye to Berlin* (1937) and related stories, *Kathleen and Frank* (1971) and *Christopher and His Kind* (1976). Also read were Cyril Connolly's *Enemies of Promise* (1937), Jonathan Fryer's *Isherwood* (1977), Edward Upward's *Christopher Isherwood: Notes in Remembrance of a Friendship* (1996), Norman Page's *Auden and*

*Isherwood: The Berlin Years* (1998) and Peter Parker's *Isherwood: A Life* (2004). I am grateful to the Kinsey Institute for the succinct history of Magnus Hirschfeld's Institut für Sexualwissenschaft.

To many, the 1928 premiere of Bertolt Brecht's *The Threepenny Opera* was the greatest night in the greatest decade of twentieth century theatre. The musical ran for two years at the Theater am Schiffbauerdamm and—over the coming decades—was trans lated into eighteen languages and performed over 10,000 times around the world. Both Berlin's image (as an anarchic, amoral, free thinking capital) and Brecht's fame were further enhanced by his death, after which East Germans elevated him from troublemaker to theatrical genius, and West German intellectuals laid the foun dations of the "Brecht industry". As a result almost nothing original can be gleaned from the exhausted facts. To try to imagine him anew I created an earnest, everyman narrator from my readings in *Brecht Directs* by an anonymous colleague (1952, in *Theaterar beit*), Walter Benjamin's *Understanding Brecht* (1983) and Ronald Hayman's *Brecht: A Biography* (1983). For better or worse, Brecht remains one of the most dominant influences on—or obstacles to—the development of German theatre.

Marlene Dietrich's portrait emerged from my own diaries from the time of *Just a Gigolo* (1977/8), Alexander Walker's *Dietrich* (1984), Steven Bach's *Marlene Dietrich: Life and Legend*

(1992) and her daugh ter Maria Riva's biography of the same year. Other sources include Heinrich Mann's *Professor Unrat* (1905), Josef von Sternberg's script of *The Blue Angel* (1929) and his "Acting in Film and Theatre" from *Film Culture* (1955), Lotte Eisner's *Fritz Lang* (1976) as well as Ken neth Tynan's *Curtains* (1961) and *Profiles* (1989).

Of the some hundred books read and films screened on the Na tional Socialist years, the main titles include:

—— for Leni Riefenstahl, Susan Sontag's *Fascinating Fascism* (1975), Ray Muller's documentary *The Wonderful, Horrible Life of Leni Riefenstahl* (1994), Clive James's *Splurge of the Swastika* (2007), Susan Tegel's *Nazis and the Cinema* (2007), Steven Bach's *Leni: The Life and Work of Leni Riefenstahl* (2007) as well as Riefenstahl's au tobiography *Memoiren* (1987) and films *Ways to Strength and Beauty* (1925), *The Holy Mountain* (1926), *The White Hell of Pitz Palü* (1929), *The Blue Light* (1932), *Victory of Faith* (1933), *Triumph of the Will* (1935) and *Olympia* (1938).

—— for Albert Speer, his memoirs *Inside the Third Reich* (1970) and *Spandau: The Secret Diaries* (1976), the biographies of Joachim Fest (1999) and Gitta Sereny (1995) as well as Robert R. Taylor's *The Word in Stone: The Role of Architecture in the National Socialist Ideol ogy* (1974), Léon Krier's *Albert Speer: Architecture, 1932-1942* (1985), *Hitler's Berlin: The Speer Plans for*

*Reshaping the Central City* (1985) by Stephen D. Helmer and the recollections of the niece of Stefan Schönecker.

—— for Joseph Goebbels, extracts from his diaries (1923/45), Andrea Morgenthaler's NFP/ Das Erste documentary *Joseph Goebbels* (2008), *Dietrich's Ghosts: The Sublime and the Beautiful in Third Reich Film* by Erica Carter (2008), Toby Thacker's *Joseph Goebbels: Life and Death* (2009) and Georg Bönisch's *Das böse Genie* (*Der Spiegel* 2010).

Other general books on the Third Reich read include Klaus Mann's *Mephisto* (1936), *The Rise and Fall of the Third Reich* (1960) by William Shirer, A.J.P. Taylor's *The Origins of the Second World War* (1961), Renata Stih and Frieder Schnock's *Orte des Erinnerns: Denkmal im Bayerischen Viertel* (1993), Ian Kershaw's biography of Hitler (1999, 2000), Michael Burleigh's *The Third Reich: A New His tory* (2001), Sebastian Haffner's *Defying Hitler* (2002), *A Woman in Berlin* (1954, 2002) by Marta Hillers, Saul Friedlander's *The Years of Extermination* (2007) and Antony Beevor's *Berlin: The Downfall* (2007).

The portrait of East Germany, and of Dieter Werner, is based on many journeys to and meetings in that vanished country during the 1970s and 1980s. The uncounted books read since those grey days include Hans Reichhardt's *Raus aus den Trümmern: Vom Beginn des Wiederaufbaus 1945 in Berlin* (1987), Anna Funder's *Stasiland: Sto ries from Behind the Berlin Wall* (2003) as well as works by Timothy Garton Ash, Thomas Brussig, Robert Cooper, John Lewis Gaddis, Josef Joffe, Robert Kagan, Don Oberdorfer, Gabriel Partos, Joseph Rothschild, Angus Roxburgh, Bernhard Schlink, Ingo Schulze and Christa Wolf. Dieter Werner is a pseudonym.

In 1984 when I first wrote about Bill Harvey and the tunnel many of the participants were still alive. John Wyke, leader of the Brit ish tunnelling team, became a friend and provided introductions in London and Washington. Through them and at the Library of Congress I was given access to declassified documents including NSA reports, CIA Special Evaluations and Clandestine Services Histories (*Berlin Tunnel Operation 1952/56*). Subsequently I con sulted David C. Martin's *Wilderness of Mirrors: Intrigue, Deception and the Secrets that Destroyed Two of the Cold War's Most Important Agents* (1980), David Stafford's *Spies Beneath Berlin* (2002), Niko Rollmann and Eberhard Elfert's *Die Stadt unter der Stadt* (2006) and *Flawed Patriot: The Rise and Fall of CIA Legend Bill Harvey* (2006) by Bayard Stockton. Most recently John le Carré generously provided fresh insight into the operation.

JFK's script is based on research at the John F. Kennedy Pres idential Library in Boston and at the Allied Museum in Berlin as well as on Andreas W. Daum's *Kennedy in Berlin* (2003,

2008) in which I learnt the origin of "Ich bin ein Berliner". The template for his crucial, Cold War performance was a short speech given a year earlier in New Orleans. In it Kennedy expressed pride for that city and his country, quoting Cicero, saying, "Two thousand years ago the proudest boast was to say, 'I am a citizen of Rome'. Today, I believe, in 1962, the proudest boast is to say, 'I am a citizen of the United States'."

My diaries (1977/80) provided the heart of the David Bowie chap ter, as did the memories of some of the friends he left behind in Berlin. These were put into context by Kevin Cann's *David Bowie: A Chronology* (1983), David Buckley's *Strange Fascination: David Bowie—The Definitive Story* (1999), *Gimme Danger: The Story of Iggy Pop* (2002) by Joe Ambrose, *Helden: David Bowie und Berlin* (2008) by Tobias Rüther, Thomas Jerome Seabrook's *Bowie in Berlin: A New Career in a New Town* (2008) and Peter Doggett's *The Man Who Sold the World: David Bowie and the 1970s* (2011). Notable among the many articles consulted were William S. Burroughs's *Rolling Stone* interview (1974), Steve Turner's 'The Great Escape of the Thin White Duke' (1991) and 'The Forgotten Hero' by Torsten Hampel (2009, in *Der Tagesspiegel Berlin*). Victoria Broackes of the V&A Museum kindly let me read an early draft of her *Designing David Bowie* and shared a few pages of Bowie's 1976 diary.

Finally, Lieu Van Ha's history came to me through members of Berlin's two Vietnamese communities under the guidance of Kristóf Gosztonyi. The truth of the story—although not its facts—was checked by author and translator Nguyen Ngoc Bich. The portrait of twentyfirstcentury Berlin is the result of long conversa tions and nights with Berghain/Ostgut Ton's Ben Klock, the Balkan Beat *Wunderkind* Shantel and Dr Oliver Scholz. Thanks to them as well as to Ellen Allien, Bas Böttcher, Martin Dammann, Marianne Faithfull, Heidi Lüdi, Mark Thomson for *Die Endlichkeit der Frei heit: Art in the TwoHearted City* (1990), Sasha Waltz & Guests and Milla & Partner Architects. I am grateful also to Ilse Newton (née Philips), Miriam and Tony Book for letting their story be told.

Libraries used—and not yet mentioned—include the Staatsbibli othek zu Berlin, the Staatliche Museen zu Berlin, the Gedenkstätte Berliner Mauer, the Bundesarchiv and the British Library.

As essential as historical research and recce trips may be, as ever my real travelling is done at my desk, in the intense distillation of the journey. It is on the page that I am best able to understand the lives of my subjects. And then, by enabling readers to empathise with those lives, I hope we will better know them and ourselves, and to sense the real meaning of things.

# 謝辭

本書在撰寫與成書的過程中，曾得力於數百人的協助。他們付出的時間、提供的知識和訊息，以及展現的包容、耐心與善意，令我感激不已。

我在柏林時，曾受益於一些舊識友人的洞察力、專業知識與友誼——Burckhardt Bonello、Corinna Brocher、Molly、Mark、Henry & Oscar Brown、Thomas & Kathrin Brussig、Jan & Steffi Bullerdieck、Jens Casper、David Chipperfield、Suparna Choudhury、Katy Derbyshire、Kristina van Eyck、Kristóf Gosztonyi、Matthias & My-Linh Kunst、Sharmaine Lovegrove、Axel Monath、Dana Monzer、Alina & Maren Niemeyer、Nadine Rennert、Niko Rollmann、Clemens Schaeffer、Anne-Marie Weist、法官陛下Percy MacLean以及任職於柏林圍牆紀念館（Gedenkstätte Berliner Mauer）的Maria Nooke博士。此外，畫家Martin Dammann清晰的思路也讓我獲益匪淺，Wilfried Rogasch則鼓勵我從不同的角度重新審視末代德皇威廉二世。

Prune Antonie、Greg Baxter、Rachel Hill以及我在從前的著作中提到的Ben Klock和Oliver Scholz博士都曾引領我體驗柏林這個大都會享樂的那一面，Andreas Uthoff曾向我說明一九八〇年代西柏林的夜店生態。前英國駐德大使Michael Arthur爵士和他的夫人Plaxy在我剛提筆撰寫本書、內容仍相當貧乏的寫作時期曾給予我溫暖的關照（包括餐食的招待）。還有，當大使卸任離開柏林後Richard Wyldes對我的照應。

在英國方面，我很感激Frank Barrett、Martyn Bond、David Chater、Jane Cornwell、Peter Doggett、Marlie & Michael Ferenczi博士夫婦、Christine Gettins、Mwape Will Goble、Rosie Goldsmith、Toby Latta、Jacqueline Pritchard、空運飛行員Paul Nathan Sapirstein、Sarah Spankie、Christopher Thornhill、Colin Thubron、Lord Weidenfeld、David Thomson以及聲譽卓著的倫敦現代衝突檔案館（Archive of Modern Conflict），尤其是該館的工作人員Timothy Prus和Ed Jones。我還要向巴黎的Dimitri de Clercq和Sophie Schoukens致謝，因為他們提供的訊息對於我的幫助，絕不止於讓我更了解德國女導演萊芬斯坦。我還要感謝美國華盛頓特區的Nguyen Ngoc Bich與Penelope & Alex Privitera夫婦，還有洛杉磯溫德博物館的工作人員Justin Jampol曾與我分享許多令人難忘的照片與想法。

此外，我還要鄭重地向德國歌德學院表達我的謝忱，尤其是Elisabeth Pyroth、Claudia Amthor-Croft和Sabine Hentzsch在我這五年的撰書期間不斷給予我的支持。對於作家基金會

（Authors'Foundation）和皇家文學基金會（Royal Literary Fund）曾慨允的協助，在此一併致上謝意。

Bea Hemming是一位充滿關懷、講原則、而且具有直覺力的夢幻編輯；Peter Straus雖與我交談不多，卻總是堅定地支持我。我非常珍視他們為了達到工作的盡善盡美所展現的直率、熱心、能量和決心。最後，我還要感謝我的妻子Katrin長期以來對我的指教與引導。她在我展開寫作生涯、一共撰寫十本著作的這二十年期間，總是不斷地支持我，鼓勵我，為我打氣，並包容我內在那股提筆書寫的需求。

總之，沒有他們，這本書是不可能完成的。

羅里・麥克林

# 圖片說明

〈圖片說明〉第一章

濕壁畫〈死亡之舞〉的局部，柏林聖母教堂，一四六九年左右。（資料來源：akg-images/ullstein bild）

〈圖片說明〉第二章

一六一八年掠過歐洲上方的大彗星。這是十六、十七世紀之交的日耳曼作家勾特哈德·阿圖西烏斯（Gothard Arthusius）的拉丁文著作《來自東方的彗星》（*Cometa Orientalis*）封面圖片，下方還以拉丁文寫著「危險的時代即將來臨」。（資料來源：Royal Astronomical Society/Science Photo Library）

〈圖片說明〉第三章

腓特烈大帝和他的「波茨坦巨人近衛隊」。十八世紀德國蝕刻銅版畫家彼得·哈斯（Peter Haas）

的銅版畫，一七五五年左右。（資料來源：akg-images）

〈圖片說明〉第四章

一座從未建造的侯爵府邸大門入口，辛克爾的建築設計圖，一八三五年。（資料來源：bpk/Kupferstichkabinett, SMB/Reinhard Saczewski）

〈圖片說明〉第五章

一位軍備工廠的女工，攝於一八五八年前後。（資料來源：Archive of Modern Conflict）

〈圖片說明〉第六章

華爾特·拉特瑙在擔任威瑪共和政府重建部部長期間於威斯巴登（Wiesbaden）參與會議，攝於一九二一年。（資料來源：Topfoto）

〈圖片說明〉第七章

柏林勝利紀念柱上的勝利女神雕像是柏林雕塑學派的德拉克最著名的作品。這尊鍍金的勝利女神像被柏林人俗稱為「金色艾爾莎」（Goldelse），完成於一八七三年。

〈圖片說明〉第八章

柏林廊道咖啡廳（Café Passage）的情景，攝於一九〇九年。（資料來源：akg-images/Arkivi UG）

〈圖片說明〉第九章

一九一二年十月二十三日，威廉皇帝物理化學暨電化學研究所舉行落成啟用典禮。跟隨在威廉二世後方的人士分別為阿道夫．哈納克（Adolf Harnack）、艾米爾．費雪（Emil Fischer）與弗立茲．哈伯。（資料來源：akg-images）

〈圖片說明〉第十章

柯爾維茲的炭筆畫〈母親與亡兒〉（Frau mit totem Kind），一九〇三年。（資料來源：bpk/Kunstsammlungen Chemnitz/May Voigt）

〈圖片說明〉第十一章

英國知名小說家伊舍伍德，攝於一九三五年。（資料來源：Humphrey Spender /Topfoto）

〈圖片說明〉第十二章

布萊希特劇作《三便士歌劇》於一九四五年二戰甫結束後的表演節目冊封面圖片。（資料來源：

Bildarchiv Pisarek/akg-images）

〈圖片說明〉第十三章

黛德麗、萊芬斯坦、好萊塢首位華人女星黃柳霜（Anna May Wong）與一名男士在一場柏林化裝舞會的留影，一九二八年。（資料來源：Alfred Eisenstaedt, Time & Life Pictures/Getty-images）

〈圖片說明〉第十四章

萊芬斯坦在紐倫堡的納粹全國黨代會集會場「路易特波德場」執導宣傳紀錄片《意志的勝利》的拍攝，一九三四年。（資料來源：Corbis）

〈圖片說明〉第十五章

由許倍爾設計及建造的第三帝國新總理府，攝於一九三七年。（資料來源：Roger-Viollet/Getty-images）

〈圖片說明〉第十六章

一九三一年十二月十九日，戈培爾與妻子瑪格達結婚。後方的戴帽者是證婚人希特勒。（資料來源：Gamma-Keystone/Getty-images）

〈圖片說明〉第十七章

「讓我們在柏林高舉勝利的旗幟！」維克多．伊凡諾夫（Viktor Semenovich Ivanov）為蘇聯設計的宣傳海報，一九四五年。（資料來源：Archives Charmet/Bridgeman）

〈圖片說明〉第十八章

東、西柏林分界線旁的東柏林孩童，攝於一九六一年八月十三日。綿延一百多公里的帶刺鐵絲網在一夕之間架設完成，東德人民自此無法再自由進出西柏林。（資料來源：Archive of Modern Conflict）

〈圖片說明〉第十九章

一九二三年六月二十六日，美國總統甘迺迪訪問西柏林，並在軒納柏格區的西柏林市政府露臺上發表他的知名演說〈我是柏林人〉。（資料來源：akg-images）

〈圖片說明〉第二十章

大衛．鮑伊飾演《只是個小白臉》這部電影的男主角。工作團隊在西柏林的老聖馬太教會墓園（Alter St.-Matthäus-Kirchhof）取景拍攝，鮑伊當時就站在十九世紀雕塑家德拉克和文學家格林兄弟的墓地附近，一九七八年。（資料來源：Alain Dejean/Sygma/Corbis）

〈圖片說明〉第二十一章

北越永福省的一對母子，攝於一九七一年左右。（資料來源：Archive of Modern Conflict）

〈圖片說明〉第二十二章

情侶們把象徵愛情的扣鎖鎖掛在柏林史普雷河上的奧鮑姆橋（Oberbaumbrücke）。（資料來源：Travelstock44/Juergen Held/Getty-images）

〈圖片說明〉第二十三章

嵌在基瑟勒街人行道上的「絆腳石」，柏林維默斯朵夫區，二〇一三年。（資料來源：本書作者）

國家圖書館出版品預行編目資料

想像之城：與二十三位經典人物穿越柏林五百年／羅里．麥克林（Rory MacLean）著；莊仲黎譯. -- 初版. -- 臺北市．麥田，城邦文化出版：家庭傳媒城邦分公司發行，民105.06
面；　公分
譯自：Berlin : Imagine a City
ISBN 978-986-344-355-1（平裝）
1. 人物志　2. 人文地理　3. 德國柏林
743.7187　　105008259

麥田叢書 84

# 想像之城
## 與二十三位經典人物穿越柏林五百年
## Berlin : Imagine a City

作　　者／羅里．麥克林（Rory MacLean）
譯　　者／莊仲黎
責任編輯／江灝
校　　對／吳淑芳
主　　編／林怡君

國際版權／吳玲緯
行　　銷／艾青荷　蘇莞婷　黃家瑜
業　　務／李再星　陳玫潾　陳美燕　枻幸君
副總經理／陳瀅如
編輯總監／劉麗真
總 經 理／陳逸瑛
發 行 人／凃玉雲
出　　版／麥田出版
10483臺北市民生東路二段141號5樓
電話：(886)2-2500-7696　傳真：(886)2-2500-1967
發　　行／英屬蓋曼群島商家庭傳媒股份有限公司城邦分公司
10483臺北市民生東路二段141號11樓
客服服務專線：(886) 2-2500-7718、2-2500-7719
24小時傳真服務：(886) 2-2500-1990、2-2500-1991
服務時間：週一至週五09:30-12:00、13:30-17:00
郵撥帳號：19863813　戶名：書虫股份有限公司
讀者服務信箱E-mail：service@readingclub.com.tw
麥田網址／http://ryefield.com.tw
香港發行所／城邦（香港）出版集團有限公司
香港灣仔駱克道193號東超商業中心1樓
電話：(852)2508-6231　傳真：(852)2578-9337
E-mail：hkcite@biznetvigator.com
馬新發行所／城邦（馬新）出版集團【Cite(M) Sdn. Bhd. (458372U)】
41, Jalan Radin Anum, Bandar Baru Sri Petaling, 57000 Kuala Lumpur, Malaysia.
電話：(603)9057-8822　傳真：(603)9057-6622
電郵：cite@cite.com.my

封面設計／許晉維
印　　刷／前進彩藝有限公司

初版一刷／2016年6月

定價／560元
ISBN／978-986-344-355-1

cite 城邦 媒體 麥田出版
Rye Field Publications
A division of Cité Publishing Ltd.

| | |
|---|---|
| 廣　告　回　函 | |
| 北區郵政管理局登記證 | |
| 台北廣字第000791號 | |
| 免　貼　郵　票 | |

英屬蓋曼群島商
家庭傳媒股份有限公司城邦分公司
104 台北市民生東路二段141號5樓

▼
請沿虛線折下裝訂，謝謝！

文學・歷史・人文・軍事・生活

麥田出版
Rye Field Publications

書號：RL4084　　書名：想像之城

# 讀者回函卡

cite城邦媒體

※為提供訂購、行銷、客戶管理或其他合於營業登記項目或章程所定業務需要之目的，家庭傳媒集團（即英屬蓋曼群島商家庭傳媒股份有限公司城邦分公司、城邦文化事業股份有限公司、書虫股份有限公司、墨刻出版股份有限公司、城邦原創股份有限公司），於本集團之營運期間及地區內，將以e-mail、傳真、電話、簡訊、郵寄或其他公告方式利用您提供之資料（資料類別：C001、C002、C003、C011等）。利用對象除本集團外，亦可能包括相關服務的協力機構。如您有依個資法第三條或其他需服務之處，得致電本公司客服中心電話請求協助。相關資料如為非必填項目，不提供亦不影響您的權益。

☐ 請勾選：本人已詳閱上述注意事項，並同意麥田出版使用所填資料於限定用途。

姓名：________________ 聯絡電話：________________

聯絡地址：☐☐☐☐☐________________

電子信箱：________________

身分證字號：________________（此即您的讀者編號）

生日：______年______月______日 性別：☐男 ☐女 ☐其他________

職業：☐軍警 ☐公教 ☐學生 ☐傳播業 ☐製造業 ☐金融業 ☐資訊業 ☐銷售業

☐其他________________

教育程度：☐碩士及以上 ☐大學 ☐專科 ☐高中 ☐國中及以下

購買方式：☐書店 ☐郵購 ☐其他________________

喜歡閱讀的種類：（可複選）

☐文學 ☐商業 ☐軍事 ☐歷史 ☐旅遊 ☐藝術 ☐科學 ☐推理 ☐傳記 ☐生活、勵志

☐教育、心理 ☐其他________________

您從何處得知本書的消息？（可複選）

☐書店 ☐報章雜誌 ☐網路 ☐廣播 ☐電視 ☐書訊 ☐親友 ☐其他________

本書優點：（可複選）

☐內容符合期待 ☐文筆流暢 ☐具實用性 ☐版面、圖片、字體安排適當

☐其他________________

本書缺點：（可複選）

☐內容不符合期待 ☐文筆欠佳 ☐內容保守 ☐版面、圖片、字體安排不易閱讀 ☐價格偏高

☐其他________________

您對我們的建議：________________

________________________________